강제동원편

전시 노동력 동원 번역자료집(2)

강제동원편

일제침탈사
자료총서 83

전시 노동력 동원 번역자료집(2)

동북아역사재단 일제침탈사 편찬위원회 기획
오일환·김봉식 번역

동북아역사재단
NORTHEAST ASIAN HISTORY FOUNDATION

| 발간사

일본이 한국을 침탈한 지 100년이 지나고 한국이 일본의 지배로부터 벗어난 지 70년이 넘었건만, 식민 지배에 대한 청산은 이루어지지 못하고 있다. 일본의 독도영유권 주장은 도를 넘어섰다. 일본은 일본군'위안부', 강제동원 등 인적 수탈의 강제성도 인정하지 않고 있다. 일본군'위안부'와 강제동원의 피해를 해결하는 방안을 놓고 한·일 간의 갈등은 최고조에 이르고 있다. 역사문제를 벗어나 무역분쟁, 안보위기 등 현실문제가 위기국면을 맞고 있다.

한·일 간의 갈등은 식민 지배의 역사를 어떻게 볼 것인가 하는 역사인식에서 기인한다. 역사는 현재와 과거의 대화이며 이를 기반으로 미래로 나아갈 수 있다. 과거 침략의 역사를 미화하면서 평화로운 미래를 말하는 것은 불가능하다. 식민 지배와 전쟁발발의 책임을 인정하지 않고 반성하지 않으면 다시 군국주의가 부활할 수 있고 전쟁이 일어날 위험성도 배제할 수 없다. 미래지향적 한일관계를 형성하고 나아가 동아시아의 평화와 번영의 기틀을 조성하기 위해 일본은 식민 지배의 책임을 인정하고 그 청산을 위해 노력해야 할 것이다.

식민 지배의 역사를 청산하기 위해서는 식민 지배는 어떻게 이루어졌는지 그 실상을 명확하게 규명하는 일이 긴요하다. 그동안 일본제국주의에 맞서 조국의 독립을 위해 헌신한 독립운동가들의 활동을 찾아내고 역사적으로 평가하는 일에는 상당한 성과를 거두었다. 반면 일제 식민침탈의 구체적인 실상을 규명하는 일에는 충분한 노력을 기울이지 못했다. 제국주의가 식민지를 침탈했다는 것은 너무나 당연한 사실로 여겨졌기 때문에, 굳이 식민 지배에서 비롯된 수탈과 억압, 인권유린을 낱낱이 확인할 필요가 없었는지도 모른다. 그러는 사이 일본은 식민 지배가 오히려 한국에 은혜를 베푼 것이라고 미화하고, 참혹한 인권유린을 부인하는 역사부정의 인식을 보이는 데까지 이르고 있다. 일제의 통치와 침탈, 그리고 그 피해를 종합적으로 조사하고 편찬할 필요성이 여기에 있다.

일제침탈사를 체계적으로 정리하는 일은 개인이 감당하기 어렵다. 이에 우리 재단은 한국학계의 힘을 모아 일제침탈사 편찬위원회를 꾸렸다. 편찬위원회가 중심이 되어 일제의 식민지 침탈사를 정치·경제·사회·문화 모든 방면에 걸쳐 체계적으로 집대성하기로 했다. 일제 식민침탈의 실체를 파악하기 위해 2020년부터 세 가지 방면으로 사업을 추진하고 있다. 하나는 일제침탈의 실상을 구체적이고 생생한 자료를 통해서 제공하는 일로서 〈일제침탈사 자료총서〉로 편찬한다. 다른 하나는 이들 자료들을 바탕으로 연구한 결과물을 〈일제침탈사 연구총서〉로 간행한다. 그리고 연구의 결과를 대중들이 이해하기 쉽게 〈일제침탈사 교양총서〉를 바로알기 시리즈로 간행한다. 자료총서 100권, 연구총서 50권, 교양총서 70권을 기본목표로 삼아 진행하고 있다.

〈일제침탈사 자료총서〉에서는 정치·경제·사회·문화 모든 방면에 걸쳐 침탈의 역사를 자료적 차원에서 종합했다. 침략과 수탈의 역사를 또렷하게 직시할 수 있도록 생생한 자료를 제공하는데 목표를 두었다. 그동안 관련 자료집도 여러 방면에서 편찬되었지만 원자료를 그대로 간행한 경우가 많았다. 이번에 발간되는 자료총서는 해당 주제에 대한 침탈의 실상을 체계적으로 이해할 수 있는 구성방식을 취했으며, 지배자의 언어로 기록되어 있는 자료들을 독자들이 쉽게 읽을 수 있도록 모두 번역했다. 자료총서를 통해 일제 식민 지배의 실체와 침탈의 실상을 있는 그대로 이해할 수 있게 되기를 기대한다.

2021년

동북아역사재단 이사장

| 편찬사

1945년 한국이 일제 지배로부터 해방된 지 76년의 세월이 지났다. 그럼에도 불구하고 일본 사회 일각에서는 여전히 일제의 한국 지배를 합리화하고 미화하는 주장이 나오고 있으며, 최근에는 한국 사회 일각에서도 일제 지배를 왜곡하고 옹호하는 주장이 나오고 있다. 이는 한국과 일본 사회, 한일 관계와 동아시아 국제관계의 미래를 위해서도 결코 바람직하지 않은 일이다.

이에 동북아역사재단은 일제의 한국 침략과 식민 지배에 대한 학계의 연구 성과를 총정리한 〈일제침탈사 연구총서〉를 발간하기로 하였다. 이에 따라 2019년 9월 학계의 전문가를 중심으로 편찬위원회를 구성하였으며, 편찬위원회는 학계의 연구 성과를 토대로 정치·경제·사회·문화 부문에서 일제의 침탈이 어떻게 이루어졌는지 정리하여 연구총서 50권을 발간하기로 하였다.

주지하듯이 1905년 일제는 러일전쟁에서 승리한 뒤, 한국에 군대를 주둔시키면서 한국의 외교권을 빼앗고 통감부를 두어 내정에 간섭하였다. 1910년 일제는 군사력으로 한국 정부를 강압하여 마침내 한국을 강제 병합하였다. 이후 35년간 한국은 일제의 식민 통치를 받았다.

일제는 한국의 영토와 주권을 침탈하였을 뿐만 아니라, 군사력과 경찰력으로 한국을 지배하면서, 정치·경제·사회·문화의 모든 부문에서 한국인의 권리와 자유, 기회와 이익을 박탈하거나 제한하였다. 정치적으로는 군사력과 경찰력, 각종 악법을 동원하여 독립운동을 탄압하고, 한국인의 정치활동을 억압하고 참정권을 박탈하였으며, 집회와 결사의 자유를 억압하였다. 경제적으로는 일본자본이 경제의 주도권을 장악하고, 일본인 위주의 경제정책을 수행했으며, 식량과 공업원료, 지하자원 등을 헐값으로 빼앗아 갔고, 농민과 노동자 등 대다수 한국인의 경제생활을 어렵게 하였다. 사회적으로는 한국인들을 차별적으로 대우하고, 한국인의 교육의 기회를 제한하고, 한국인으로서의 정체성을 박탈하여 결국은 일본의 2등 국민으로 만들고자 하였다. 문화적으로는 표현과 창작의 자유, 종교와 사상의 자유를 억압하고,

한글 대신 일본어를 주로 가르치고, 언론과 대중문화를 통제하였다. 중일전쟁, 아시아태평양전쟁을 도발한 뒤에는 인적·물적 자원을 전쟁에 강제동원하고, 많은 이들을 전장에 징집하여 생명까지 희생시켰다.

〈일제침탈사 연구총서〉는 침탈, 억압, 차별, 동화, 수탈, 통제, 동원 등의 단어로 요약되는 일제의 침략과 식민 지배의 실상과 그 기제를 명확히 밝히고자 하였다. 이를 통해 일제의 강제 병합을 정당화하거나 식민 지배를 미화하는 논리들을 비판 극복하고, 더 나아가 일제 식민 지배의 특성이 무엇이었는지, 식민 통치의 부정적 유산이 해방 이후에 어떤 영향을 미쳤는지를 밝히고자 하였다.

편찬위원회는 연구총서와 함께 침탈사와 관련된 중요한 주제들에 관하여 각종 법령과 신문·잡지 기사 등 자료들을 정리하여 〈일제침탈사 자료총서〉도 발간하기로 하였다. 아울러 일반인과 학생들이 보다 쉽게 읽을 수 있는 〈일제침탈사 교양총서〉를 바로알기 시리즈로 발간하기로 하였다.

일제의 한국 침략과 식민 지배의 역사는 광복 후 서둘러 정리해냈어야 했지만, 학계의 연구가 미흡하여 엄두를 내기 어려웠다. 이제 학계의 연구가 어느 정도 축적되어 광복 80주년을 맞기 전에 이와 같은 작업을 할 수 있게 된 것을 다행으로 생각한다. 한일 양국 국민이 과거사에 대한 올바른 역사인식을 갖고 성찰을 통해 미래를 향해 함께 나아갈 수 있기를 기대하면서 삼가 이 책들을 펴낸다.

2021년

동북아역사재단 일제침탈사 편찬위원회

| 차례

자료2 공장광산 산업보국회의 조직과 운영

| 일러두기

1. 일제침탈사 자료총서는 가급적 일반 시민들이 읽고 이해할 수 있는 현대적인 문장과 내용으로 구성했다.
2. 인명 및 지명 등 고유명사는 처음 등장할 때 원어를 병기하고 이후에는 한글만 표기하는 것을 원칙으로 하되, 문맥을 이해하는 데 필요한 경우 원어를 재차 병기했다.
3. 한글 표기는 국립국어원 외래어표기법에 따랐다.
4. 연도는 서력 표기를 원칙으로 하고 관련 연호는 병기했다.
5. 숫자는 천 단위까지 아라비아 숫자로 표기하고 만 단위 이상은 '만'자를 넣어 표기했다. 도표 안의 숫자는 가급적 그대로 표기했다.
6. 국한문혼용체와 같이 탈초만으로 문장을 이해하기 힘든 경우 가급적 현대어에 가깝게 윤문했다. 단 풀어 쓰기 어려운 낱말이나 문구는 원문을 병기하거나 역자주를 이용했다.
7. 낱말이나 문구에 대한 설명이 필요한 경우, 또는 편찬사업의 취지에 따라 자료 해설이 필요한 경우 역자주를 적극 활용했다. 하단의 각주는 모두 역자주이고, 원자료의 주석은 본문에 함께 표기했다.
8. 판독이 불가한 글자의 경우, 원문에 따라 □로 표기했다.
9. 원문의 그림은 가급적 그대로 인용하되 필요한 경우 원문에 따라 재구성하였다.

| 역자 서문

그동안 일제에 의한 강제동원의 역사적 사실, 특히 노동력 착취의 실태에 관해서는 생존 피해자의 생생한 증언 등을 통해 널리 알려져 왔다. 하지만 시간이 흐를수록 생존자는 줄어들고 후손들의 기억이 희미해짐에 따라 엄연한 역사적 사실을 왜곡하고 심지어 부인하는 세력들이 늘어나고 있다.

현재 일제 강제동원의 역사적 사실은 체험과 기억의 영역을 넘어 객관적 사료와 증거, 입증과 분석이 필요한 연구와 학술의 단계로 접어들고 있다. 게다가 이 단계는 점차 역사적 사실을 부정하려는 세력 때문에 '논쟁'과 국가 간 '역사전쟁'으로 전선이 확대되고 있다. 일제 강제동원과 노동력 착취의 역사적 실체를 기록하고 논증하는 작업이 필요한 가운데 그 첫 번째 단계로서 가해자의 기록물을 발굴하고 분석하는 작업이 절실한 시점이다.

일제침탈사 자료총서 제82권과 제83권은 전시 노동력 동원 번역자료집(1)·(2)로 구성했다. 일제의 조선인 강제동원의 실태를 보여주는 객관적 자료로서 일본제국 정부의 공식 조사보고서, 조선총독부의 노무자원 조사 결과, 조선인을 대거 동원한 기업이 산하 작업장의 노무관리자들에게 조선인 노무관리를 교육시키기 위해 만든 매뉴얼, 노무관리 전문가의 조선인 노무관리 지침서, 일제의 요구에 부응하여 민간 연구소와 출판사 등이 추진한 조선인 노무관리 실태에 관한 조사 결과, 공장·광산에서 노조를 해체하고 조직한 산업보국회의 운영에 관한 설명서 등 6건을 번역한 것이다.

일제의 강제동원을 역사적 사실로서 입증하는 데는 피해자의 체험과 증언, 구술뿐만 아니라 가해자인 일제가 직접 실행한 공적 기록물과 실무자들이 집계한 통계와 기술한 내용들도 함께 제시되어야 한다. 이 책에 번역된 기록물과 자료들은 그야말로 가해자들의 속내와 의도, 그리고 그 결과를 있는 그대로 비춰주는 역사적 '엑스레이 사진'이라 할 수 있다.

번역자료집 제2권에는 『반도노동자 근로상황에 관한 조사보고』, 『공장광산 산업보국회의 조직과 운영』 등 2건의 자료를 번역하여 수록했다. 전자는 오일환 박사가, 후자는 김봉식 박사가 각각 번역하였다.

『반도노동자 근로상황에 관한 조사보고』(이하 '조사보고')는 1943년 노동과학연구소가 기획한 '노동과학연구소보고'의 제1부 '공업노동 및 노무관리'에 관한 시리즈 중 여덟 번째 책이다. 이 책은 조선인 노무자 동원계획이 추진된 이래 경영 부문에서의 동화(同化)가 제대로 이루어지지 않는 현실을 반영하여 1941년 12월 일제 당국이 각 지역에 조선인에 대한 경영관리를 철저히 하라는 통달을 내려보낸 데에서 기인한다.

이에 노동과학연구소는 1943년 1월부터 2월까지 홋카이도(北海道)와 혼슈(本州), 규슈(九州)에 걸쳐 광산, 토건사업장, 공장 총 20개소에 대해 직접 조사를 실시하였다. 그리고 일종의 설문조사에 해당하는 '사상질문표'(118개소)와 '생활조사표'(342개소)의 결과를 취합하여 이를 5월에 출간하였다.

조사 내용은 크게 '생산관리'와 '노무자 관리상태', '조선인 후생시설', 그리고 노무관리 담당자 등에 대한 '좌담회 청취 사항'으로 대별하고, 여기에 설문조사에 해당하는 '생활조사표' 등을 덧붙였다. '생산관리'는 각 작업장에 대해 일본인과 조선인 등 노무자의 인원, 배치, 전환, 작업시간, 고용 및 해고, 가동(稼動) 상황, 재해, 그리고 조선인 생산관리의 유의사항을 다루고 있다. 이 내용은 조선인 강제동원의 실태를 숫자와 통계, 나아가 일본인과 비교한 데이터 등으로 분석했다는 점에서 매우 중요한 사료라 할 수 있다.

'노무자 관리상태'는 각 작업장의 노무관리 조직과 인원, 훈련 내용 등을 다루는데 특히 조선인을 모집하는 방식과 인력, 비용, 애로사항 등을 자세하게 조사하고 있다. 이 대목은 일제 당국과 민간이 조선에서 조선인을 동원하는 데 조직적으로 연계되었음을 보여준다는 점에서 큰 의미가 있다.

'조선인 후생시설'에 관한 조사 내용은 조선인에 대한 교육과 훈련, 숙소 사정, 의복, 저금, 위생, 보건, 체육, 여가 등의 실상에 관한 사항을 담고 있다. 일부 조선인을 배려하는 듯한 내용과 개선 사항 등이 담겨있지만 이 역시 생산증강과 능률향상, 즉 원활한 '착취'를 위한 조치의 일환일 뿐 그 실상은 현실과 매우 달랐다는 점을 이해할 필요가 있다.

『조사보고』의 장점 중 하나는 '과학적 조사'를 표방한 만큼 조사 결과를 숫자로 집계하고 통계를 작성하여 총괄표로 정리했다는 데 있다. 각 작업장별로 조선인 노무자의 숫자와 비율, 직종, 작업시간, 해고율, 출근율, 근속 연수, 사망·중상·공상·부상 비율, 임금, 사택,

저금, 송금, 도망자, 재계약율, 모집 비용 등에 관한 숫자와 통계는 가히 조선인 강제동원의 실태 연구에 참고할 만하다.

『공장광산 산업보국회의 조직과 운영』은 대일본산업보국회 노무국 감리부 부부장 사사키 마사노리(佐々木正制)가 산업보국회 조직과 운영 등에 관한 방안을 제시하기 위해 1940년 11월에 출간한 책이다.

전쟁 수행을 위한 총동원정책에서 핵심은 물자동원이다. 군수물자의 생산, 또는 자원 채굴에 반드시 필요한 요소가 노동력이다. 이러한 의미에서 중국 침략전쟁을 본격화한 일본제국주의에게 체제에 협력 순응하는 안정적인 노동력을 확보하는 것은 중요한 과제였다. 이에 노동자의 통제를 강화하고자 하는 취지에서 산업보국운동을 전개했는데, 우선 기존의 노동조합이나 노동단체를 해산하였다. 그리고 이를 대신하여 각 회사나 공장에 조직한 것이 산업보국회이다. 이들 조직은 기존의 노동단체가 노동자의 권익을 위해 투쟁한 것과 달리 오히려 정부의 입장을 대변하고, 노동자 모두가 힘을 합쳐 전쟁 수행에 협력해야 한다는 논리로 노동자의 인내를 요구하며 정부의 시책을 전파하고 노동자의 행동을 통제하고자 하였다. 일본에서 전개된 산업보국운동은 식민지 조선에서는 광산, 공장 연맹, 사봉대의 형태로 조직, 추진되었다.

이 책에서 사사키 마사노리는 대일본산업보국회의 결성에 의해 본격화되는 산업보국 조직을 어떻게 정비하고, 그것을 어떻게 운영할 것인지에 대한 방안을 구체적으로 제시하고 있다. 모두 3장으로 구성되어 있으며, 1장에서는 산업보국운동의 전개 과정을, 2장에서는 산업보국회의 조직문제를, 3장에서는 산업보국회의 운영문제에 대해 서술하고 있다.

이상의 내용과 조선인 노무동원의 실태를 좀 더 폭넓게 이해하기 위해서는 『전시 노동력 동원 번역자료집(1)』을 함께 일독할 것을 권한다.

부디 제1권과 제2권의 번역 사료를 통해 현재와 미래의 독자들이 역사적 사실을 직시할 수 있기를 고대한다.

역자를 대표하여

오일환

자료1

반도노동자 근로상황에 관한 조사보고

勞動科學硏究所, 『半島勞務者勤勞状況に關する調査報告』

'제1부 공업노동 및 노무관리 제8책, 1943년'[1]의 번역

---

1 '労働科学研究所, 『報告半島労務者労働状況に関する調査報告』, 第1部 工業労働及労務管理 第8册'을 저본으로 하였다.

차례

C광업소 노무관리 다카키 다케히코(高木武彦)

D광업소 노무관리 다카키 다케히코(高木武彦)

E광업소 노무관리 다카키 다케히코(高木武彦)

F광업소 노무관리 다카키 다케히코(高木武彦)

G광업소 노무관리 하시모토 다쓰오(橋本達男)

H광업소 노무관리 요시에 요시노부(吉江良信)

I광업소 노무관리 안도 마사요시(安藤正吉)

K광업소 노무관리 고다마 다쿠(児玉 琢)

L광업소 노무관리 고다마 다쿠(児玉 琢)

M광업소 노무관리 고다마 다쿠(児玉 琢)

N광업소 노무관리 고다마 다쿠(児玉 琢)

3. 각 사업장 후생시설에 관한 보고

A광업소 후생시설 후지이 지로(藤井次郎)

B광업소 후생시설 후지이 지로(藤井次郎)

C광업소 후생시설 후지이 지로(藤井次郎)

D광업소 후생시설 후지이 지로(藤井次郎)

E광업소 후생시설 후지이 지로(藤井次郎)

F광업소 후생시설 후지이 지로(藤井次郎)

G광업소 후생시설 하시모토 다쓰오(橋本達男)

H광업소 후생시설 요시에 요시노부(吉江良信)

I광업소 후생시설 안도 마사요시(安藤正吉)

L광업소 후생시설 고다마 다쿠(児玉 琢)

4. 총괄표

1) 조사사업장의 반도노무자 비율

2) 일본인 및 반도인의 직장 배치

3) 취업시간 및 교대제

4) 반도인 해고율

5) 일본인 해고율

6) 반도인 출근율

7) 일본인 출근율

8) 반도인 근속 연수

9) 일본인 근속 연수

10) 반도인 사망 및 중상

11) 일본인 사망 및 중상

12) 일본인 재해별 공상(公傷)

13) 반도인 재해별 공상

14) 임금 상황

15) 반도인 사택인구 세대수

16) 일본인 사택인구 세대수

17) 사택설비

18) 사택에 관한 비용

19) 기숙사 설비 및 비용

20) 저금 상황

21) 송금 상황

22) 도망자 상황

23) 재계약자 상황

24) 반도인 이입 상황

25) 모집 비용 1인당 평균

제1장 조사 취지 및 조사 방법에 관해

1. 취지

대동아전쟁 이래 민족의 노동문제는 그 중요성이 증가하였고, 그 대책의 기본이 되는 과학적 연구의 필요성도 점점 더 중요해졌다. 대책 확립에 필요한 과학적 방법 중 하나는 내지(內地)의 생산력 확충을 위해 타 민족을 이용하는 문제이고, 다른 하나는 지배하고 있는 모든 지역에서 민족별 노동 문제에 대처하는 것이다. 이 두 가지 문제는 모두 중요한데 서로 시급히 해결해야 하는 것은 당연하다.

전자의 경우 전통적으로 지리상 여러 가지가 관련되는데, 반도노무자 문제가 특히 중요하기 때문에 우선 이번 연구에 중점을 두었다. 이번 연구에서는 현재의 반도노동력의 본질을 파악하고 이어서 이것의 관리 단계에서 발견된 특이한 성격에 관해 고찰하고 이를 지배하고 있는 여러 가지 요인에 대해 연구를 진행하였다.

이상 연구에 필요한 자료는 거의 다 볼 수 있지만 기존에 연구가 이루어지지 않았기 때문에 실지조사 계획을 세워서 이를 착착 진행하였다.

앞으로 우리가 당면하게 될 타 민족의 노동문제는 더욱 복잡해질 텐데, 반도노무자[2]만큼 문화와 인종적 특징이 밀접하고 동화되기 쉬운 조건 아래에 있는 경우는 드물다. 반도노무자 문제에 대해 충분한 성과를 거두지 못하는 현실에 비추어 볼 때 앞으로 민족동화가 매우 어렵다고밖에 할 수 없다.

---

2 일반적으로는 '반도인'을 '조선인'으로 풀어쓰는데, 이 책에서는 종전에 일본에 정착하여 살고 있던 '기주(旣住) 조선인'과 중일전쟁 이후 부족한 노동력을 메꾸기 위해 조선에서 집단적으로 이주(이입)시킨 조선인, 즉 조선인 강제동원 노무자를 '이주(移住) 반도인'으로 각각 구분 또는 통합하여 조사하고 통계를 만들었다. 이에 이 책의 번역 역시 기주 조선인과 이주 조선인을 아우르는 차원에서 '반도인'으로 직역하고 각각 '기주 반도인'과 '이주 반도인'으로 번역하고자 한다. 그 밖에 이 책에서 명백하게 '朝鮮人' 또는 '鮮人'으로 표시한 경우에는 '조선인'으로 번역하였다.

각종 자료를 종합하면 현재까지 내지에 체류하고 있는 반도인에 대한 당국의 태도는 다음의 네 가지 단계를 거쳤다고 할 수 있다.

1) 방임 시대(1910~1922년)

이 시대에는 해마다 신규 도래자도 적었으며, 대부분은 귀환했기 때문에 내지에 체류하는 자가 매우 적었다. 따라서 일본인과 조선인 간에 크게 문제가 발생하지 않았고 세상의 주목을 끌 정도는 아니었다. 이런 사정 때문에 당국이나 민간에서 별도의 대책을 세우지 않았고 그럴 필요도 없었다.

2) 민간융화 시대(1923~1933년)

그 후 반도인의 도일이 해마다 급격하게 증가함에 따라 체류자 수도 급증했다. 게다가 대지진(1923년 9월 관동대지진)이 발생하여 내선융화가 시급하다고 주창하자 각 지역에서 융화단체가 생겨났다. 일본인과 반도인이 문화적, 경제적으로 대등한 조건에 있다고 상정하고 양자 간의 융합을 도모했다. 정부는 이에 대해 어떠한 적극적 대책을 취하지 않았고 민간이 임의로 추진하는 사업에 일임하는 태도를 취했다.

3) 동화정책 시대(1934~1939년)

이어서 정부는 이러한 방침을 재검토할 필요를 인정하고 관계관을 파견하여 점차 연구를 하기 시작했는데, 기존의 방침을 일소하고 정부가 직접 적극적으로 이 문제에 나섰다. 내지에 체류하는 반도인을 보호·선도하고 그 생활을 개선·향상하고 동시에 일반 일본인을 계몽하여 반도인에 대한 이해를 제고하고 반도인을 내지의 생활에 동화시키는 데 주안점을 두었다. 1936년 8월 사회국 장관은 9개 부현(府縣) 지사(知事)에게 협화사업(協和事業) 실시에 관한 방침을 통달했다.

4) 경영적 동화 시대(1940년 이후)

마침 조선에 가뭄이 극심하여 생활이 궁핍해진 자가 속출하고 동시에 내지에서는 노동력 부족 문제가 맞물려서 집단이민 제도가 실시되자 각 사업장마다 반도노무자를 대량 고용하고 업체가 이들의 생산, 노무, 후생을 모두 관리하게 되었다.

1941년 12월 각 지역 장관에게 협화사업을 철저히 하라는 통달이 내려졌는데, 바로 이때 반도노동자에 대한 각종 경영관리상의 문제가 제기되기 시작했다.

반도노동자 대책의 네 번째 시기에 해당하는 경영적 동화인 현 단계에서 최선의 노력을 기울여야 하는 한편, 전시하의 요청에 따라 생산력 확충에 부응함과 동시에 동화정책 시대에 실현될 수 없었던 여러 가지 대책을 추구할 필요가 있다. 그리고 이를 실천하는 기본은 다음의 자료에 근거하여 별도로 연구하고자 하는 반도노동력의 본질, 반도인 관리의 본질에 대한 이해를 제고하는 데 있다고 생각한다.

2. 실지조사 방법

다음과 같은 의도 아래 실지조사를 계획하였다.

1) 조사 항목

(1) 반도인 취업 사업장에서의 생산조직, 작업지도 노무관리 및 후생시설 상태

(2) 반도노무자의 사상 및 생활 사정

(3) 사업장 지역 내 제(諸) 단체 간담회 개최

2) 조사 장소

이하의 사업장을 선택하여 조사하였다.

(1) 광산

홋카이도 (A. B. C. D. E. F)

본토[3] (G. H. I)

규슈 (J. K. L. M. N)

계 14

(2) 토건

본토 (O. P. Q)

계 3

(3) 공장

본토 (R. S)

규슈 (T)

계 3

합계 20

3) 조사 사항

위의 항목마다 A. B. C. D. E. F. G의 조사표를 준비했다. 내용은 다시 상세하게 구분되는데 주요 항목만을 열거하면 다음과 같다.

A. 생산관리 상태 조사 사항

(1) 노무자 총수

(2) 작업장 배치

(3) 생산관리 직원, 조직 및 인원

(4) 직장 전환

(5) 작업훈련 조직

---

3 이 책에서 '본토(本土)'는 홋카이도와 규슈를 제외한 나머지 '혼슈(本州)'와 '시코쿠(四國)' 등을 모두 포함한 개념이다.

(6) 생산관리 방법

(7) 작업 과정

(8) 작업시간, 교대제, 휴식시간 및 휴일

(9) 고용(雇入) 및 해고 상황

(10) 가동(稼動)상황

(11) 근속 연수

(12) 재해 상황

(13) 반도인의 생산관리에서 특히 유의할 점

B. 노무자 관리 상태 조사 사항

(1) 노무관리 조직 및 인원

(2) 노무계초소의 소재지와 조직 및 인원

(3) 노무계초소 소재지가 관할하는 호수 및 세대수와 인구

(4) 위의 소재지에서 후생시설의 종별 및 규모, 이용 상황

(5) 위에서 영리시설의 종별 및 호수, 규모

(6) 노무계 중 반도인 노무관리자 유무, 노무계원 중 조선말을 이해하는 자의 유무

(7) 반도인 노무관리를 담당하는 직원에 대한 특별 주의사항

(8) 반도인 노무관리자인 직원에게 특별훈련을 하는지 여부와 훈련의 내용

(9) 반도인 의식주에 대한 특별 고려 사항 유무

(10) 반도인의 가정생활에 대해 특별지도를 하거나 특별히 주의해야 할 점이 있는지 여부

(11) 반도노무자의 기숙사에 대해 특별훈련과 교양의 방법을 강구하는지 여부

(12) 반도인 부녀자에 대해 노무관리자 관리상 특별히 주의해야 할 사항 및 소감

(13) 반도인 노무관리자의 자격, 근속 연수 및 대우

(14) 5인조 제도를 실시하고 있는지 여부와 방법의 여부

(15) 특별히 반도청년대를 결성하고 있는지 여부와 그 결과의 여부

(16) 반도인의 질병 중에서 특히 일본인과 다른 현상이 있는지 여부

(17) 반도인의 도항취업 후 3~6개월간의 건강 상태 여부

(18) 위 기간 중 건강상 장해가 발생한 경우 어떤 질병인지?

(19) 위 경우 대책은 무엇인지?

(20) 반도인의 건강관리상 특히 유의해야 할 점은 무엇인가?

(21) 반도인에 대해 순회간호부제를 실시할 수 있는지?

(22) 위에 대해 반도의 청년여성을 채용할 가능성이 있는지?

(23) 모집 지역

(24) 모집 절차

(25) 모집 인원

(26) 모집 자격과 대우

(27) 모집 조직

(28) 모집 방법

(29) 모집 비용

(30) 모집 성적

(31) 반도인 모집에서 개선이 필요한 점

(32) 임금 형태

(33) 임금 수입

(34) 임금 지불 기일 및 각종 수당

(35) 실물 급여 및 대여

(36) 반도인 노무관리에서 특히 유의할 점

C. 반도인 취로 사업장 후생시설 조사 사항

a. **교양에 관한 시설**

(1) 반도인훈련소의 조직, 관리, 운영

(2) 강연회 개최 및 이용 상태

(3) 종교적 훈육의 종류 및 방법

(4) 예의, 작법, 회화 등의 강습회

(5) 도서관 및 개인 독서 지도방법

(6) 기타 교양에 관한 시설

b. **경제에 관한 시설**

(1) 주택 양식, 난방, 취침 상황, 위생 조건

(2) 기숙사 관리 운영 및 훈육 상황

(3) 구매 관련

(4) 저리자금 관련

(5) 상호구제 관련

(6) 식당 설치 운영 관리(영양, 메뉴, 조리인)

(7) 의복 급여(신발, 장갑, 모자 등)

(8) 저금

(9) 농원, 기타

c. **보건에 관한 시설**

(1) 진료소

(2) 요양소

(3) 보육소

(4) 건강보험

(5) 목욕탕, 이발

(6) 기타 보건에 관한 시설

d. **체육에 관한 시설**

(1) 구락부 및 집회소

(2) 영화회

(3) 음악 관련

(4) 기타 위락시설

D. 사업장 및 지역 제(諸) 단체 좌담회의 청취 사항

(1) 반도노무자의 신체, 정신, 사회관계 및 경제적 특이성

(2) 사업장의 생산관리, 노무관리 상태 및 개선 의견

(3) 사업장의 후생시설 상태 및 개선 의견

(4) 반도인의 생활이 지역 주민에게 미치는 영향 및 개선 의견

(5) 반도노무자의 현지화 문제

(6) 반도노무자를 위한 사업장, 시정촌과 제(諸) 단체 및 국가가 해야 할 대책

(7) 기타 반도인에 관한 문제

E. 사상 질문표(생략)

F. 생활 조사표

(1) 씨명

(2) 생년월

(3) 출생지

(4) 교육 정도

(5) 가족 구성

(6) 주거 관련

(7) 조선에서의 직업

(8) 도항 동기

(9) 도항 후 직업

(10) 현재 직업

(11) 지도 희망 사항

(12) 장래 방향 및 전망

(13) 수입 상태

(14) 지출 상태

(15) 1년 중 주요 행사

(16) 1일 생활기록

(17) 의복, 가구 관련

(18) 식사 관련

(19) 사교 관련

(20) 가정에서의 위락

(21) 일본문학 이해 정도

(22) 일본어 이해 정도

(23) 배우자 동반

(24) 반도노무자로서

이상의 준비를 갖추어 다음 양식에서 조사반을 구성하여 1월 15일부터 2월 7일까지 조사를 실시하였다.

홋카이도	A. B. C. D. E. F	三好 소원(所員), 高木, 藤井, 佐々木 연구원
본토	G	三好 소원, 鈴木, 田中, 橋本 연구원
	O	桐原 소원, 金子, 田中, 近藤 연구원
	H. I. P. Q. R. S	安藤 소원, 吉井, 篠村, 近藤 연구원
규슈	J. K. L. M. N. T	暉峻 소장, 児玉 池田 宇高 연구원[4]

4 일본인 이름 중 정확한 독음을 알 수 없는 경우 본문에 표기한 한자 그대로 표기하였다.

이상의 조사 결과에 따라 다음과 같이 E, F 조사표를 수집할 수 있었다.

조사 지역		사업장 종별	F	E
홋카이도	광산	6	33	128
□□	□□	1	4	20
도쿄	토건	1	8	-
주쿄(中京)[5] 및 간사이(関西)	광산	2		
	토건	2	61	115
	공장	2		
규슈[6]	광산	5	12	79
	공장	1	-	-
합계		20	118	342

E, F표에 대해서는 기입 사항과 기타를 참조하여 F100표, E250표로 다시 선별하여 3월부터 5월 말까지 집계와 정리를 진행하였다.

또한 지면 관계상 실지조사 보고는 광업소 관련만을 본 보고에 포함시키기로 했다.

(미요시 도요타로)

5 도쿄(東京)에서 교토(京都)의 중간에 위치하는 중부 지역의 통칭

6 이하 일본 지명(地名)의 경우 도도부현(都道府縣) 단위까지는 일본어 발음 그대로 번역하고, 그 이하의 세부 지역 명칭은 본문에 표기된 한자 그대로 표기하였다.

제2장 실지조사 보고

1. 각 사업장 생산관리에 관한 보고

여기에서는 각 사업장에 대한 실지조사 결과를 그대로 게재하기로 한다. 2와 3도 여기에 준한다.

A광업소 생산관리

1) 노무자 총수 6,684명
일본인 5,648명
반도인 1,036명(1941년 12월 말 현재)

2) 작업장 배치(1941년 12월 말 현재)

갱내부				갱외부			
직업별	현재 인원	일본인	반도인	직종별	현재 인원	일본인	반도인
채탄부[7]	1,439	1,400	39	운반부	22	22	-
지주부	328	319	9	도취부	69	67	2
운반부	2,227	1,294	933	송탄부	135	133	2

7 광산의 직종 명칭 중에서 우리말로 이해할 수 있는 것은 그대로 번역하고 그 외의 용어는 한자 독음으로 표기하고 한자를 병기한다. 단, 자주 등장하는 사키야마(先山)와 아토야마(後山)는 일본어 발음을 그대로 옮긴다.

도취부(棹取夫)[8]	89	88	1	여자송탄부	145	145	-
마정부(馬丁夫)	1	1	-	궤도부	33	33	-
통기부(通氣夫)	65	65	-	목공부	78	78	-
산수부(散水夫)	1	1	-	금공부(金工夫)	145	145	-
위생부	6	6	-	운전부	66	66	-
전차운전	49	49	-	화부(火夫)	50	22	28
압전(壓轉)	8	8	-	전기부	70	71	1
선전(扇轉)	9	9	-	안전등부(安全燈夫)	45	45	-
권전(捲轉)	39	39	-	잡부	584	565	19
즉전(喞轉)	27	26	1	여자잡부	244	244	-
기부(機夫)	173	172	1	계원조수	122	122	-
궤부(軌夫)	39	39	-	**계**	1,810	1,758	52
전공부(電工夫)	56	56	-				
배전부(配電夫)	3	3	-				
견장부(見張夫)	2	2	-	비고) 갱내부 중 충전부는 채탄부에 포함시킨다.			
잡부	80	80	-				
계원조수	233	233	-				
계	4,874	3,890	984				

3) 생산관리 직원, 조직 및 인원

산업보국대 조직을 형성하고 있는데, 각 갱장(坑長)이 부대의 장(部隊長)으로서 그 밑에 부대장(副隊長)을 1명 내지 약간 명을 두어 부대장(部隊長)을 보좌하게 하고 2개 이상의 중대를 장악하고 있다. 또한 부대장(副隊長) 아래에 '부대장보좌'(副隊長保佐)를 두는 경우도 있다. 중대장은 각 계장이 이를 겸하고 약간 명의 구장(區長)이 소대장을 하는 소대를 관리하고 있다.

8 광차(鑛車)를 조작하는 작업원을 가리키는 말이다. 운반원 또는 조작계라고도 한다.

소대는 다시 분대로 나뉘는데, 계원이 분대장을 한다. 분대 아래에 반(班)이 있고 주로 사키야마(先山)[9]가 반장을 맡는데 최말단의 소위 5인조를 가리킨다. 반도인으로서 계원인 자는 노무와 현장에서 각각 한 명뿐인데, 반장인 자가 다수 있다. 그러나 그 숫자는 상세히 나와 있지 않다. 생산관리 직원의 인원도 마찬가지이다.

이하 조직의 일면을 도식으로 나타내면 다음과 같다.

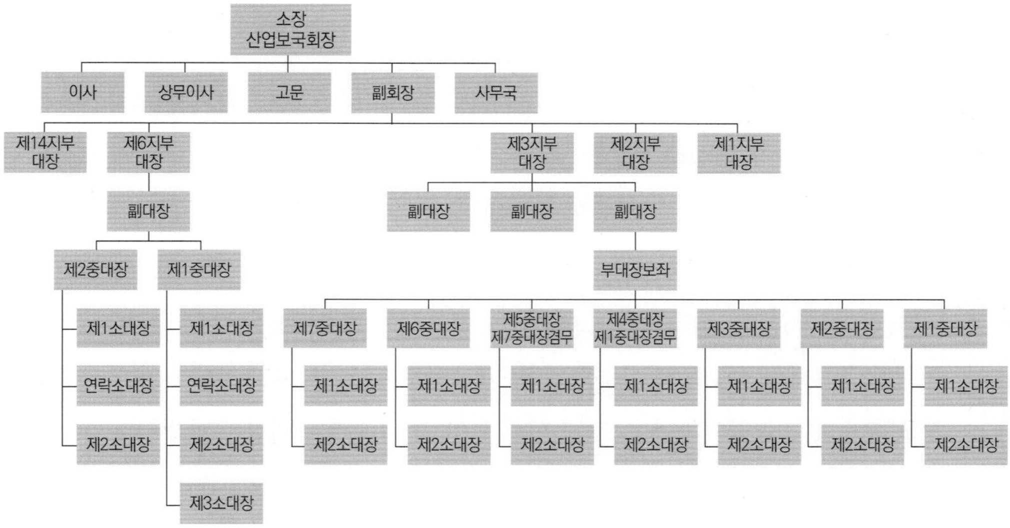

4) 직장 전환

(1) 일본인 무경험자는 일단 모두 잡역부로 사용하고, 경험자는 곧바로 기술적인 작업에 사용하기도 한다. 잡역부에서 기술적 작업으로 이동하는 것은 영전이다. 1년에 500~600명이 이동하는데, 이를 직명변경이라 한다. 반도인은 처음에 운반부로 시작해서 각각 다른 직종으로 이동시킨다.

잡역부 또는 운반부에서 다른 직종으로 옮긴 다음부터 직종들 간에 서로 이동하기도

9 막장에서 앞장을 서서 탄을 캐는 숙련된 광부. 막장에서의 우두머리에 해당한다. '前山'이라고도 쓴다.

하는데, 특히 지주부는 최소 2년 이상의 근속과 오랜 경험이 필요하고, 채탄부는 반년 정도 근속 경험이 있어야 하기 때문에 다른 직종의 경험이 반드시 필요하다.

지주부는 수입이 채탄부의 거의 1/2 정도이지만 두 직종 모두 상여금이 타 직종보다 20% 많고 급여에서 근속 연수에 1.25가 가산된다.

(2) 아토야마(後山)[10]에서 사키야마로 진급

사키야마가 될 수 있는 조건은 다음과 같다. ①정근자로서 3년 이상 근속할 것 ②기술이 우수할 것 ③책임감이 강할 것.

이상의 조건을 만족해야 사키야마가 되는데, 사키야마는 다시 계원조수로 승진할 수 있다. 이는 최근에 계원이 부족한 데 따른 것인데, 1년에 대략 60명 정도가 계원이 되고 있다. 그리고 이들 조수 중에서 우수한 자가 '직원=계원'이 되는데 1년에 20명 정도이다. 다시 말해, 아토야마 → 사키야마 → 계원조수 → 직원(계원)으로 승진하는 것이다.

이외에 승진하는 방법으로 특선종업원(特選從業員)이 있다. 이는 기술이 우수하고 됨됨이도 좋지만 통솔력이 부족한 자에 대해 오직 그 기술만 우대하는 방법이다. 퇴직수당 및 상여는 보통 종업원보다 5할 증액하는데 직원에 준하는 자로 대우하고 있다.

반도인으로서 진짜 사키야마가 된 자는 없다. 사키야마라고 불리지만 대개가 임시 사키야마이다.

(3) 갱내 작업에서 갱외 작업으로

갱외 작업으로 옮기는 것은 영전이 아니라 병약하거나 부상 등 신체적 결함에 따른 경우가 대부분인데, 1년에 대략 120건으로 추정된다.

갱외부는 갱내부에 비해 급료와 승진 비율 등에서 불리하며, 조수, 계원을 선발할 때도 갱내부를 우선하고 있다.

---

10 막장에서 사키야마를 도와 탄을 뒤로 보내거나 운반하는 역할의 인부

5) 반도인 작업훈련 조직

(1) 훈련 기간 3개월

(2) 작업 및 보안훈련

반도인 숙련종업원 또는 반도인 지도에 경험이 있는 일본인 종업원을 배속시켜 작업의 초보에서부터 지도훈련을 실시하는데 간단한 작업에서 점차 복잡한 작업으로 나아간다.

계원은 작업 전후에 수시로 보안교육, 작업교육을 시행한다.

훈련기간 종료 후 조치는 일본인 노무자와 마찬가지로 한다. 우선 운반부로 사용하는 것은 4)의 (1)에 기재한 것과 같다.

(3) 작업지도에 주의해야 할 점

연장자를 존경하고 더러운 작업을 마다하지 않고 참을성이 뛰어난 장점을 강조하고 갱내 작업 또는 동작이 느리다는 단점을 교정하도록 철저히 지도한다.

6) 생산관리 방법

(1) 생산관리에서 유의해야 할 반도인 노무자의 장점과 단점(좌담회 기록을 참조할 것.)

- **장점**
  - ① 동료에 대한 동정심이 강하다.
  - ② 더러운 작업도 별로 마다하지 않는다.
  - ③ 육체노동에 참을성이 강하다.
  - ④ 부모에 대한 희생정신이 강하고 연장자를 존경한다.
- **단점**
  - ① 사고가 천박하고 부화뇌동하는 성향이 강하다.
  - ② 인내심이 부족하고 빈둥거리는 버릇이 있다.
  - ③ 지능적인 작업에 약하다.

④ 동작이 느리다(지도훈련을 통해 일반적인 노무자 수준이 될 수 있다.).

(2) 반도인을 작업에 배속할 때의 이해득실

① 일본어를 몰라 지휘·지도에 장애가 된다.

② 동작이 느린 점

③ 참을성이 부족하고 어떻게든 이유를 만들어서 쉴 생각만 하는데, 이러한 경향이 일본인에게도 전염될 수 있다.

이상이 특별히 어려운 점이다.

(3) 동일 작업장에 반도인만 배치할 경우 기술적으로 부족하고 느리기 때문에 위험성이 높다. 또한 다른 작업 분야에도 영향을 미쳐 일관된 작업의 진행에 차질을 빚을 우려가 있기 때문에 감시할 필요가 있다.

이에 일본인과 반도인을 섞어서 같은 작업장에 배치하는 것이 결론이다. 이 경우에 사키야마만 일본인으로 하고 아토야마는 반도인도 대개 충분히 해낼 수 있다. 단, 이러한 배치가 가능하기 위해서는 사키야마가 기술적으로 숙련되어 있을 뿐만 아니라 됨됨이도 뛰어나서 각 작업에 대해 한 수 가르쳐 줌으로써 막장의 인원을 일정 한도 내에서 유지하고 인원을 최소화할 필요가 있다.

(4) 위와 같이 현재는 한 작업장에 반도인만 배치할 수 없지만 장래에 기술이 뛰어나고 인품을 갖춘 반도인이 사키야마가 된다면 그의 지도 아래 반도인으로만 구성되는 막장이 출현할 가능성도 있다.

7) 작업 과정

상세하지는 않지만 다음 도급임금표에 나타난 수열을 살펴보자.

<table>
<tr><td>(1)</td><td>일본인</td><td></td><td>4명</td><td>총길이</td><td>350cm</td></tr>
<tr><td rowspan="2">(2)</td><td>일본인</td><td>1</td><td rowspan="2">3명</td><td rowspan="2">〃</td><td rowspan="2">100cm</td></tr>
<tr><td>반도인</td><td>2</td></tr>
<tr><td rowspan="2">(3)</td><td>일본인</td><td>1</td><td rowspan="2">2명</td><td rowspan="2">〃</td><td rowspan="2">320cm</td></tr>
<tr><td>반도인</td><td>1</td></tr>
<tr><td rowspan="2">(4)</td><td>일본인</td><td>1</td><td rowspan="2">2명</td><td rowspan="2">〃</td><td rowspan="2">100cm</td></tr>
<tr><td>반도인</td><td>1</td></tr>
<tr><td rowspan="2">(5)</td><td>일본인</td><td>1</td><td rowspan="2">2명</td><td rowspan="2">〃</td><td rowspan="2">210cm</td></tr>
<tr><td>반도인</td><td>1</td></tr>
<tr><td rowspan="2">(6)</td><td>일본인</td><td>1</td><td rowspan="2">3명</td><td rowspan="2">〃</td><td rowspan="2">120cm</td></tr>
<tr><td>반도인</td><td>2</td></tr>
<tr><td rowspan="2">(7)</td><td>일본인</td><td>1</td><td rowspan="2">3명</td><td rowspan="2">〃</td><td rowspan="2">100cm</td></tr>
<tr><td>반도인</td><td>2</td></tr>
</table>

8) 작업시간, 교대제, 휴식시간 및 휴일

2교대제를 주로 하는데 현장의 필요에 따라 3교대제를 하는 곳도 있다. 2교대제의 경우 노동시간은 1반이 오전 5:00~오후 2:00, 2반이 오후 2:30~11:00(또는 12:00)인데, 할당량과 탄차 배차가 원활하지 못하기 때문에 1시간 또는 2시간의 잔업이 많다. 능률을 올리기 위해서는 3교대제가 좋을 것 같은데 현재의 운반능력에 비춰볼 때 불가능하다.

휴식시간은 식사할 때 30분으로 되어 있는데 실제는 일이 비는 시간에 맞춘다. 예를 들면 탄차가 돌아오는 상황을 보며 식사를 하고 휴식을 하기 때문에 실제 가동 시간은 5시간 정도이다(노무과장 이야기).

휴일은 순휴제(旬休制)이고 휴일에는 무급이다. 이외에 4대 절기가 휴업일인데 이 날은 표준보수일당의 6할이 지급된다.

9) 고용 및 해고 상황(1941년)

월별	고용			해고			월말 재적수		
	일본인	반도인	계	일본인	반도인	계	일본인	반도인	계
1월	288	-	288	220	2	222	5,772	1,108	6,880
2월	394	-	394	197	3	200	5,969	1,105	7,074
3월	363	-	363	400	39	439	5,932	1,066	6,998
4월	359	-	359	448	16	464	5,843	1,050	6,893
5월	293	-	293	289	51	340	5,847	999	6,846
6월	293	-	293	208	28	236	5,932	971	6,903
7월	319	-	319	245	41	286	6,006	930	6,936
8월	427	-	427	194	26	220	6,239	904	7,143
9월	424	-	424	523	24	547	6,140	880	7,020
10월	287	203	490	304	17	321	6,123	1,066	7,189
11월	326	68	394	228	143	371	6,221	991	7,212
12월	509	73	582	440	28	468	6,290	1,036	7,326
계	4,282	344	4,626	3,696	418	4,114	6,290	1,036	7,326

- **재적수 대비**

① 고용률 63.14% ($\frac{\text{고입수}}{\text{연말 재적수}} \times 100$)

② 해고율 56.15% ($\frac{\text{해고수}}{\text{연말 재적수}} \times 100$)

③ 이동률 6.99% ($\frac{\text{고입수 - 해고수}}{\text{연말 재적수}} \times 100$)

(이하 특기하는 것 외에 산출방법은 이에 준한다.)

10) 가동 상황(1941년)

월별	구분	출근자 수	현재 인원	출근율 평균(%)
1월	일본인	120,279	142,413	84.4
	반도인	23,472	30,142	77.8
2월	일본인	113,899	139,778	81.4
	반도인	20,956	28,879	72.5
3월	일본인	135,199	161,165	83.8
	반도인	24,224	30,708	78.8
4월	일본인	119,791	146,868	81.5
	반도인	20,332	27,624	73.6
5월	일본인	124,063	152,716	81.2
	반도인	20,058	27,868	71.8
6월	일본인	122,576	154,235	79.4
	반도인	17,976	26,874	66.8
7월	일본인	123,708	153,936	80.3
	반도인	18,471	25,893	71.3
8월	일본인	122,219	155,334	78.6
	반도인	18,966	24,933	76.0
9월	일본인	126,715	155,600	81.4
	반도인	17,461	24,503	71.2
10월	일본인	128,568	161,166	79.7
	반도인	18,276	26,575	68.7
11월	일본인	125,175	154,256	81.1
	반도인	19,690	29,009	67.8
12월	일본인	–	–	–
	반도인	–	–	–

비고) 1. 현재 인원은 1개월 재적 연(延)인원을 가리킨다.
2. 출근자 수는 1개월(조업일)의 출근 연인원을 가리킨다.

11) 근속 연수(1941년 12월 말 현재)

	1년 미만	1~2 년	2~3 년	3~4 년	4~5 년	5~6 년	6~7 년	7~8 년	8~9 년	9~10 년	10년 이상	합계
일본인	2,624	610	533	722	498	294	151	133	209	84	430	6,290
반도인	349	571	116	-	-	-	-	-	-	-	-	1,036
계	2,973	1,181	649	722	498	294	151	133	209	84	430	7,326

12) 재해 상황(1941년)

월별		1월	2월	3월	4월	5월	6월	7월	8월	9월	10월	11월	12월	계
내지	내지	2	3	2	2	2	-	3	3	4	4	4	4	33
	반도	-	1	-	-	-	3	-	1	2	1	-	1	9
중상	내지	-	-	1	2	-	1	-	-	-	-	-	1	5
	반도	-	-	1	-	-	-	-	-	-	-	-	-	1
계		2	4	4	4	2	4	3	4	6	5	4	6	48

(미요시·사사키)

B광업소 생산관리

1) 노무자 총수　6,374명

일본인　5,427명

반도인　947명(1941년 12월 말 현재)

2) 작업장의 배치(1941년 12월 말 현재)

	채탄부 (굴진부 포함)	사조부 (지주부 포함)	충전부 (充塡夫)	기타 갱내부	갱외부	계
제□갱	163	36	56	123	38	416
제□갱	241	39	172	246	33	731
제□갱	292	48	43	227	39	649
瀧□□갱	268	25	90	147	120	650
□갱	711	160	362	584	433	2,250
通□갱	152	37	162	185	11	547
갱외	-	-	-	-	1,131	1,131
계	1,827	345	885	1,512	1,805	6,374

비고) '通□갱'은 '□갱'에 인접해 있기 때문에 갱외 작업의 대부분은 '□갱' 소속의 갱외부가 담당한다. '갱외'란 어떠한 갱에도 속하지 않는 갱외 작업장, 사무소 등을 총칭한다.

주) '기타 갱내부' 중에서 운반부가 많은 부분을 차지하는 것으로 추정된다.

3) 생산관리 직원, 조직 및 인원

산업보국대 방침에 따라 분대 조직으로 편성되어 있는데, 아직 단순한 조직에 불과하며 앞으로 새로운 명령 계통과 일치시키는 쪽으로 계획하고 있다.

분대 조직의 계통을 나타내면 다음과 같다.

우반(友班) 사키야마 중에서 우수한 자를 반장으로 하고, 반원(班員)은 약 10명이 된다.

분대 막장의 크기에 따라 우반의 수는 미정인데, 1개의 막장을 1분대로 하는 경우와 2개 또는 1개의 막장에 1분대를 하는 경우가 있다.

소대(小隊)－구대(區隊)－지대(支隊)－부대(部隊)

기존의 명령 계통은 다음과 같다.

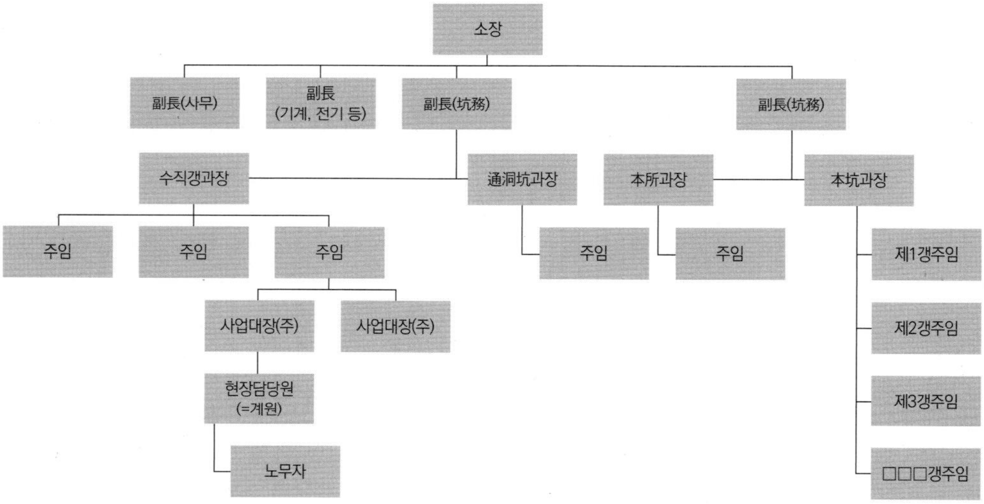

주) 주야 교대이므로 많게는 7명인데, 기사(技師)이다.

계원 중에 반도인은 없다.

4) 직장 전환

(1) 사키야마는 제도적인 것이 아니라 관습적인 것이기 때문에 별도의 통계적 숫자로 명확하게 알 수 없다. 반도인 사키야마는 상당수 있다.

(2) 갱내 작업에서 갱외 작업으로 나오는 것은 본인의 신체 상태, 예를 들면 공상(公傷), 질병에 따른 경우와 본인의 희망에 따른 경우가 있다.

(3) 잡역에서 기술적 작업으로 옮기는 데는 우선 3개월간의 충전부 경험이 필요하다. 그 후에 본인의 희망, 현장 사정, 그리고 능력 등에 따라 채탄, 사조(仕繰), 또는 굴진으로 나아간다.

(4) 사키야마와 아토야마의 적정한 비율은 능률상 필요하지만 이동이 많기 때문에 적정한 비율을 유지하기 어렵다. 게다가 근래에 들어 사람이 부족하기 때문에 예전처럼 기술이 우수한 사키야마를 찾기가 쉽지 않고 사키야마의 질이 점차 떨어지고 있다. 또한 일정한 현장에서 매일의 작업량이 확정적이지 않기 때문에 인원 배치에 적정성을 유지하기 어렵고 이에 따라 능률상 손실이 상당히 크다.

가장 곤란한 점은 계원의 부족이다. 갱내부에서 보충을 하고 있는데 계원이 될 수 있는 정도의 갱내부는 기술이 우수하고 급료도 많이 받기 때문에 급료가 적은 계원을 희망하는 사람이 적다. 따라서 계원으로 등용하는 조건 역시 과도하게 할 수 없어서 주로 상식 정도의 시험을 치를 뿐이며 시험성적이 우수하지 않더라도 대체로 통과시킨다. 다만, 계원이 되기 위해서는 25세 이상으로 2년 이상 근무해야 한다. 시험에 합격한 자는 삿포로(札幌)공업학교 부속 기술원양성소에서 교육을 받은 자와 광업소에서 재교육을 받은 자로 나뉜다. 전자의 경우는 주로 연소자가 많다.

5) 작업훈련 조직

그동안 별도의 조직을 만들어 훈련을 하지 않았다. 보통의 공원(工員)에게는 입갱할 때 1주에 한 번 정도 보안전무가 보안상의 주의를 주고 신입 공원에게는 입갱 전후에 입갱의 마음가짐 등에 대한 보안교육을 실시한다. 그 밖에는 별도로 선발한 사키야마 또는 계원이 기술에 대해 현장에서 가르쳐주는 정도이고 저절로 숙련되게 하는 정도라고 한다.

그리고 반도인에 대해서는 별도로 교육하거나 훈련시키지 않았다. 그러나 앞으로는 기술, 보안에 대해 그리고 시국인식에 관해서도 군대식으로 엄격하게 훈련하는 방식을 생각중이다. 이 경우에도 기술은 현장에서 가르칠 방침인데 그 외는 일찍 출갱시켜서 일정한 장소에 집합시켜 훈련과 기타를 실시하는 방법을 생각중이다.

6) 생산관리

(1) 반도인 노무자의 장단점과 대책

반도인은 대체로 동작이 느리기 때문에 천공(穿孔), 나가시코미(流し込み), 와쿠이리(枠要) 등의 작업에서 내지인에 비해 능률이 낮다. 채탄부, 충전부로는 내지인의 약 80% 정도의 능률이다. 단, 하나의 사례이기 때문에 전부가 그렇다고 단정할 수 없지만 석탄층을 따라 굴진하는 실험에 따르면 일본인과 반도인의 능률은 다음과 같다. 작업시간은 10시간.

일본인	4명	14톤
반도인	4명	12톤

또한 반도인은 일반적으로 기계기술을 이용하는 작업에 적합하지 않아서 사키야마보다는 아토야마에 적합하며, 석탄 쌓기, 손수레차 등의 간단한 육체작업에 적합하다. 또한 전체적으로 말이 통하지 않고 시국인식이 결여되어 생산관리에 커다란 장해가 되고 있다. 여기에 더하여 신참 반도인 노무자는 종종 사정에 따라 이입 초기 능률이 일본인의 약 60% 정도이다. 다시 말해, 일본인에 비해 기력이 떨어지고 일시적으로만 노동 근성이 있고 온정주의에 휘둘리는 성향이 있으며 작업장에서 행동하는 데 표리부동한 경우가 매우 심하다.

그러므로 이러한 반도인 노무자의 능률을 어떻게 향상시킬 것인가가 커다란 문제가 되고 있기 때문에 본 연구소는 다음과 같이 그 대책을 생각하고 있다.

① 기술경쟁을 시켜 기술을 향상시킬 것.

② 개인별 할당제를 실시하여 능률을 향상시킬 것.

③ 반도인 노무자 중에 기술이 우수한 지도원으로 하여금 신참을 양성하도록 할 것.

④ 적정한 작업에 배치하고 충전과 같이 단조로운 일을 부여할 것.

⑤ 정신훈련을 실시할 것.

(2) 일본인이 반도인 노무관리를 담당한 경우에 특별히 곤란한 점은 없었다. 반도인을 받아들이게 된 이래 오늘날까지 감정적인 원인 때문에 분쟁이라든가 어떤 문제가 발생

한 적이 전혀 없다. 이는 반도인을 대할 때 친절하고 자상하게 하라는 본 연구소의 방침을 위에서부터 아래까지 철저하게 한 결과일 것이다. 그리고 문제는 대우가 불량해서 생긴 분쟁이 아니라, 오히려 '재수 없이 걸렸다'는 듯한 반도인의 태도이다. 도박에 빠지고 놀러나가서 돌아오지 않고 직원이 아무리 설명해도 일하러 나오지 않는 일이 많아서 점차 입갱률이 감소하고 있다. 이러한 경향을 시정하는 데는 온정주의만으로는 소용이 없기 때문에 처음으로 군대식 훈련을 도입하여 엄벌주의로 대할 필요가 있다고 생각하고 있다.

(3) 일본인과 반도인의 비율에 대해서는 따로 고려하지 않았는데 기술적으로나 생산관리면에서 반도인은 전체의 1/3 정도가 괜찮은 편이다. 사실 어떤 비율이 좋을지 구체적으로 결정하지는 않았지만 어쨌든 일본인보다 반도인이 많아지는 것은 탐탁지 않다. 반도인들은 단결하지 못하게 하면서 일본인이 이끌어 가도록 해야만 한다.

아직까지 한 작업장을 신참 반도인으로만 구성한 적은 없다. 다만, 반도인 사키야마가 늘어남에 따라 그 밑에 반도인 아토야마를 붙이는 것을 예상해야 하는데 그것이 좋을지도 모른다. 그러나 반도인 사키야마가 늘어난다고 해서 감독할 계원을 증원할 필요는 없다. 왜냐하면 사키야마가 될 정도의 사람이라면 대체로 성적이 좋은 사람이고 또한 채탄이나 굴진 등과 같은 일은 그 작업량을 결정하는 데에 따라서 감독을 할 수 있기 때문이다. 지금도 채탄, 굴진, 충전, 통기, 운반 등에는 계원의 감독이 충분하다. 이렇게 할 필요가 있는 것은 일당 때문인데 이것도 아침저녁으로 관찰하기 때문에 괜찮다. 계원의 증원이 문제인 것은 단순히 반도인 노무자의 증가 때문이 아니라 전체적으로 관련이 있기 때문이다.

(4) 이상과 같이 반도인만으로 구성된 현장은 아직 없지만 장래에 우수한 사키야마가 출현할 가능성이 있기 때문에 언젠가는 있으리라 생각한다. 반도인 부녀자는 현재 사용하지 않는다. 우선 거의 없기 때문이다. 만약 장래에 사용하고자 한다면 갱내 청소부 정도일 텐데 기껏해야 남자 노무자에 대한 자극제 역할에 지나지 않을 것이다.

7) 작업 과정

실험에 따르면 다음과 같다.

석탄층 굴진 10시간.

일본인	4명	14톤	(100.0%)
반도인	4명	12톤	(85.7%)

이하에 임금계산서의 내용을 제시한다.

				황(荒)함수	정미(正味)함수
(1)	일본인	4명	7명	35	31.3
	반도인	3명			
(2)	일본인	2명	4명	13	11.6
	반도인	2명			
(3)	일본인	2명	6명	73	51.8
	반도인	4명			
(4)	일본인	4명	8명	37	23.7
	반도인	4명			
(5)	일본인	1명	4명	13	7.2
	반도인	3명			
(6)	일본인	5명	8명	90	82.5
	반도인	3명			

8) 작업시간, 교대제, 휴식시간 및 휴일

(1) 2교대제를 주로 하고 일부 급한 곳에서만 3교대제로 하고 있다.

2교대제	1반	오전 5시 30분~6시 조업착수
		오전 6시 30분~오후 4시 30분 갱내 작업
		오후 4시 45분 출갱
	2반	오후 4시 30분~5시 조업착수
		오후 5시~오전 3시까지 갱내 작업

2교대제에서 작업시간은 갱내 작업시간의 60%에서 80% 정도이고 나머지는 휴식 시간이 된다.

1반의 입갱을 이른 아침으로 정한 것은 2반의 야근 시간을 단축하기 위해서이다. 야근을 하게 되면 피로가 많고 능률이 주간에 비해 약 20% 떨어진다. 또한 능률이 오르는 것은 작업 개시 후 약 2시간 정도가 되기 때문에 2반을 빨리 투입할 필요가 있다.

3교대제	1반	오전 6시~오후 2시
	2반	오후 2시~10시
	3반	오후 10시~오전 6시 (모두 갱내 작업시간)

3교대제에서 작업시간은 갱내 작업시간의 80% 정도이고 나머지는 휴식 시간으로 되어 있다.

2교대제의 경우나 3교대제도 휴식 시간이 정해진 것이 아니라 각각 일의 성격에 따라 적당히 짬이 나면 식사를 하고 휴식을 하는데, 대체로 채탄부 쪽의 휴식 시간이 많고 운반부는 탄차가 왔다가는 사이에 짬을 내어 쉰다. 또한 3교대제는 사람이 많이 필요한 만큼 능률이 오르지 않는데 예를 들면 2교대제에서 2만큼의 일을 한다면 3교대제에서는 2.3 정도의 일밖에 나오지 않는다.

(2) 휴일은 순휴제이다.

9) 고용 및 해고 상황(1941년)

항목별		1월	2월	3월	4월	5월	6월	7월	8월	9월	10월	11월	12월	계	평균
월말 재적수	일본인	5,343	5,320	5,084	4,630	4,593	4,675	4,657	4,867	4,592	4,711	4,951	5,427	58,850	4,904
	반도인	1,180	1,164	1,117	1,093	1,081	1,075	1,038	1,034	1,024	972	946	947	12,671	1,056
	계	6,523	6,484	6,201	5,723	5,674	5,750	5,695	5,901	5,616	5,683	5,897	6,374	71,521	5,960
고용수	일본인	460	333	321	135	228	300	250	506	299	346	448	769	4,395	366
	반도인	23	7	7	2	14	31	10	35	19	30	32	102	312	26
	계	483	340	328	137	242	331	260	541	318	376	480	871	4,707	392
해고수	일본인	366	356	557	589	265	218	268	296	574	227	208	293	4,217	351
	반도인	25	23	54	26	26	37	47	39	29	82	58	101	547	46
	계	391	379	611	615	291	255	315	335	603	309	266	394	4,764	397
고용률	일본인	8.6	6.3	6.3	2.9	5.0	6.4	5.4	10.4	6.5	7.3	9.0	14.2	7.5	7.5
	반도인	1.9	0.6	0.6	0.3	1.3	2.8	1.0	3.4	1.9	3.1	3.4	10.8	2.5	2.5
	계	7.4	5.2	5.3	2.4	4.3	5.8	4.6	9.2	5.7	6.6	8.1	13.7	6.6	6.6
해고율	일본인	6.9	6.7	10.9	12.7	5.8	4.7	5.8	6.1	12.5	4.8	4.2	5.4	7.2	7.2
	반도인	2.1	2.0	4.8	2.4	2.4	3.4	4.5	3.8	2.8	7.4	6.1	10.7	4.3	4.4
	계	6.0	5.8	9.9	10.7	5.1	4.4	5.5	5.7	10.7	5.4	4.5	6.2	6.7	6.7
이동률	일본인	1.8	**0.4**	**4.6**	**9.8**	**0.8**	1.8	**0.3**	4.3	**6.0**	2.5	4.8	8.8	0.3	0.3
	반도인	**0.2**	**1.4**	**4.2**	**2.2**	**1.1**	**0.6**	**3.6**	**0.4**	**1.0**	**5.3**	**2.7**	0.1	**1.9**	**1.9**
	계	1.4	**0.6**	**4.6**	**8.4**	**0.9**	1.3	**1.0**	3.5	**5.1**	1.2	3.6	**7.5**	**0.1**	**0.1**

비고) 표에서 진하게 표시한 것은 고용수보다 해고수가 많은 것이다.
고용률이란 (고용수/월말 현재수)×100
해고율이란 (해고수/월말 재적수)×100
이동률이란 {(고용수 – 해고수) / 월말 재적수}×100을 의미한다.

10) 가동 상황(1941년)

항목별		1월	2월	3월	4월	5월	6월	7월	8월	9월	10월	11월	12월	계	평균
평균재적수	일본인	5,107	5,146	5,073	4,627	4,387	4,470	4,438	4,489	5,202	4,301	4,468	4,937	56,646	4,720
	반도인	1,191	1,171	1,152	1,110	1,073	1,088	1,052	1,028	1,024	1,007	946	947	12,789	1,066
	계	6,298	6,317	6,225	5,737	5,460	5,558	5,490	5,517	6,226	5,308	5,414	5,885	69,435	5,786
평균출근수	일본인	3,946	4,111	3,970	3,626	3,543	3,575	3,532	3,595	3,476	3,657	3,838	4,251	45,123	3,760
	반도인	968	930	837	820	798	777	768	749	734	680	665	647	9,373	781
	계	4,917	5,041	4,807	4,446	4,341	4,352	4,300	4,344	4,210	4,337	4,503	4,898	54,496	4,541
출근율	일본인	77.3	79.9	78.3	78.4	80.8	80.0	79.6	80.1	66.8	85.0	85.9	86.1	79.7	79.7
	반도인	81.3	79.4	72.7	73.9	74.4	71.4	73.0	72.9	71.7	67.5	70.3	68.3	73.3	73.3
	계	78.1	79.8	77.2	77.5	79.5	78.3	78.3	78.7	67.6	81.7	83.2	83.2	78.5	78.5

11) 근속 연수(1941년 12월 말 현재)

항목별		1년 미만	1~ 2년	2~ 3년	3~ 4년	4~ 5년	5~ 6년	6~ 7년	7~ 8년	8~ 9년	9~ 10년	10~ 11년	11~ 12년	12~ 13년
인원수	일본인	2,263	861	523	448	305	187	126	72	146	26	12	6	39
	반도인	194	524	215	–	–	–	–	–	–	–	–		1
	계	2,457	1,385	738	448	305	187	126	72	146	26	12	6	40
백분율	일본인	41.7	15.9	9.6	8.3	5.6	3.4	2.3	1.3	2.7	0.5	0.2	0.1	0.7
	반도인	20.4	55.3	22.7	–	–	–	–	–	–	–	–	–	1
	계	38.6	21.7	11.6	7.0	5.6	3.4	2.3	1.3	2.3	0.4	0.2	0.1	0.6

항목별		13~ 14년	14~ 15년	15~ 16년	16~ 17년	17~ 18년	18~ 19년	19~ 20년	20~ 21년	21~ 22년	22~ 23년	23~ 24년	24~ 25년	25~ 26년	26~ 27년	27~ 28년	계
인원수	일본인	63	58	55	39	38	31	37	9	13	16	22	12	7	0	3	5,427
	반도인	6	1	4	1	1	–	–	–	–	–	–	–	–	–	–	947
	계	69	59	59	40	39	31	37	9	13	16	22	12	7	0	3	6,374
백분율	일본인	1.2	1.1	1.0	0.7	0.7	0.6	0.7	0.2	0.2	0.3	0.4	0.2	0.1	0	0.1	100
	반도인	0.6	0.1	0.4	0.1	0.1	–	–	–	–	–	–	–	–	–	–	100
	계	1.1	0.9	0.9	0.6	0.6	0.5	0.6	0.1	0.2	0.3	0.3	0.2	0.1	0	0.1	100

12) 재해 상황(1941년)

항목별		1월	2월	3월	4월	5월	6월	7월	8월	9월	10월	11월	12월	계	평균
중상	일본인	43	39	**16** 63	42	34	19	27	43	46	43	70	43	**16** 512	43
	반도인	12	15	**6** 17	12	21	9	15	21	20	17	22	7	**6** 188	16
	계	55	54	**22** 80	54	55	28	42	64	66	60	92	50	**22** 700	59
사망	일본인	3	1	**78** 79	1	–	2	1	1	2	1	–	3	**78** 94	8
	반도인	1	–	**33** 34	–	–	2	–	–	–	–	1	1	**33** 39	3
	계	4	1	**111** 113	1	–	4	1	1	2	1	1	4	**111** 133	11

비고) 진하게 표시한 것은 3월 18일 □□갱 가스폭발에 따른 재해를 나타내며 아래 숫자에 포함된다.

(미요시·사사키)

C광업소 생산관리

1) 노무자 총수 9,220명(아리키定夫[11] 및 응소자 포함)(1942년 1월 27일 현재)

일본인 6,648명

반도인 2,572명

주) 아리키에 대해서는 □□광업소 노무관리의 1)을 참조

2) 작업장의 배치(1942년 1월 27일 현재)

채탄부	2,347명
지주부	1,282명
굴진부	1,233명
충전부	329명
기타 갱내부	2,052명
갱외부	1,977명
계	9,220명

비고) '기타 갱내부'에는 운반부, 기계부, 공작부, 기타를 포함한다.
'갱외부'는 선탄부, 운반부, 기계부, 공작부, 전공잡부(電工雜夫) 등을 포함한다.

3) 생산관리 직원, 조직 및 인원

□□광은 다음의 각 갱으로 되어 있다.

제1광	□□갱
	□□갱
	□□갱

제2광	1구
	2구
	3구
	4구

11 측량을 담당하는 인부

생산관리 기구는 다음과 같다.

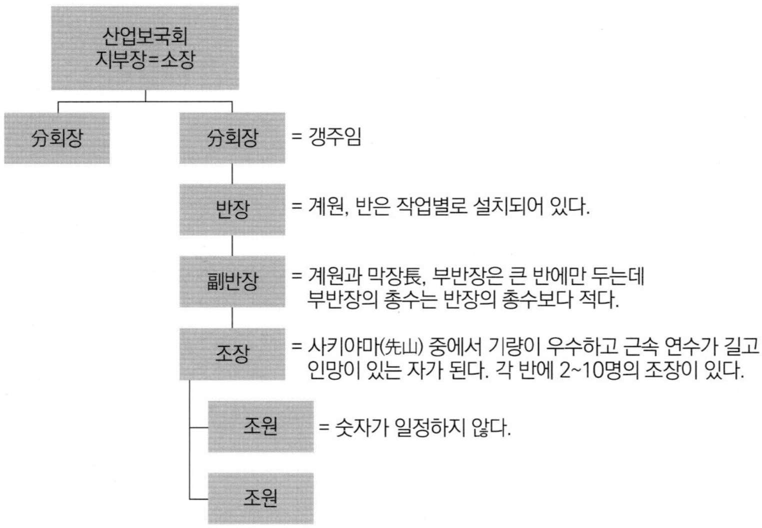

제3구(區) 분회(分會)에서 반(班)은 다음과 같다. 7개 반으로 나뉘어 있다.

채탄장	①	반장 " "
	②	2인
석굴(石掘)	③	8인
준비	④	5인
보안수선	⑤	4인
운반	⑥	3인
기계	⑦	2인

이상과 같이 반에는 여러 명의 반장이 있는데, 이는 작업의 종류와 장소와의 관계 때문에 사람의 많고 적음이 생기는 것이다.

부반장	채탄	①	5인	13인
		②	4인	
	보안		2인	
	기계		2인	

조장과의 관계는 '반장-부반장-조장'인 경우와 반장 아래에 조장과 부반장 및 부반장 아래에 조장이 있는 경우의 두 가지가 있다.

조장의 수는 현장 상황에 따라 많고 적음이 있다. 예를 들면 굴진과 같이 한 현장에 10명 정도의 조원에 조장이 한 명이 있기도 하고, 어떤 경우에는 보안을 위해 조장이 많고 조원이 적은 경우도 있다. 38명의 조장이 있는데 이것은 가장 많은 수이다. 또한 준비에는 5명의 조장이 4명의 조원을 거느린다. 조원이 가장 많은 쪽은 채탄인데, 1조에 10~15명이다.

반도인 사키야마가 30명 정도 있는데 조장은 없다. 반도인 계원(조수, 직원, 고원)은 없다.

4) 직장 전환

(1) 아토야마에서 사키야마로

현재 채탄 및 석굴에 각각 1개씩 계 2개의 양성현장을 설치하고 있다. 방법은 아토야마 중에서 유망한 자 10명 정도를 선발하고, 계원 1명과 노무자 중에서 우수한 사람 2명이 이들의 지도를 맡는다. 이때 선발된 자는 자비로 도구를 마련해야만 한다. 각자 곡괭이를 들고 사키야마의 일을 연습하는데 위의 3명의 지도원이 인정함으로써 정식으로 사키야마가 된다. 그 후에는 다시 보충한다. 1941년 9월부터 현재(1942년 1월 30일)까지 7명이 사키야마가 되었고, 채탄의 사키야마는 반드시 이 양성과정을 거치도록 하고 있다. 가장 빠른 사람은 1개월 만에 사키야마를 졸업한다. 그리고 이 양성현장은 상설 운영한다.

(2) 잡역부에서 기술 작업으로

오랫동안 잡역부를 하는 사람은 본인이 희망한 경우도 있지만 극히 드물다. 대다수는 신체가 허약한 자 또는 장애가 있는 사람이 하는데, 기술 작업으로 승진하는 사례는 없다고 할 수 있다.

(3) 계원

노무자에서 계원이 되는 길은 세 가지가 있다. 즉, 기술이 우수한 노무자를 각 갱내주임이 추천하는 것이 첫 번째 조건으로 하고, 이후 세 가지로 나뉜다. 추천받은 사람은 학과시험과 구두시험을 통과하여 다음 세 경우로 나뉜다.

① 삿포로공업학교 부속 기술원양성소

② 회사가 경영하는 채탄기술계원양성소

③ 광업소에서의 교육

①과 ②는 계원견습(係員見習)이라고 해서 3개월간 월급고원(月給雇員)이 되는데, ③은 조수이기 때문에 다시 시험을 거쳐서 일급고원(日給雇員)이 되고, 다시 추천을 받아야 1년간 월급고원이 될 수 있다. ②에게는 기숙사를 제공하고 현장 작업은 나가지 않는데 인원수는 정해진 것은 아니지만 대체로 20~30명이다.

5) 작업훈련 조직

일반적으로 신입 노무자에게 우선 채탄, 굴진 작업을 시켜서 이를 견뎌내지 못하면 잡역부로 돌린다. 반도인의 훈련기간은 3개월이다. 원칙적으로 처음 5일간 보안훈련, 정신훈육을 주로 하고 오후에 현장에 간다. 6일째에 갱내 견학을 하고 7일째부터 특별히 몸이 좋지 않은 자를 제외하는데 거의 대부분 채탄부의 아토야마가 된다. 원칙적으로 다른 작업으로 옮기지 않는데 채탄부로 근무할 수 없는 자는 선별해서 다른 작업으로 돌린다.

훈련기간 중에는 일본인 계원 2명이 일반적으로 지도를 하고 반도인 경험자 1명이 순회를 하면서 이를 돕는데 기술지도는 주로 해당 사키야마에게 맡긴다. 훈련기간 중에 임금은 일본인 사키야마의 5할이다. 훈련기간 후에는 거의 그 현장에 취업시키고 임금 수준은 실력에 따라 늘려주는데 대체로 5~7할이다(사키야마는 1.00, 아토야마는 0.85이다).

한 달에 4, 5회 갱내에서 보안, 지리 등에 대해 계원 또는 주임이 설명을 하고 있다. 조원이 입갱할 때는 반장이 당일 작업에 관해 종종 명령을 하면 조장이 이를 복창하고, 이어서 수검(搜檢)[12]을 하고, 갱 입구의 신사에 참배하고, 현장에 도착해서는 궁성(宮城)을 향해 요배(遙拜)를 하고 작업에 착수한다. 조장은 작업 중에 순회를 하러 온 상사에게 인원과 작업 상황을 보고한다.

3구(區)에 새로운 채용계(採用係) 1명이 있는데 현장을 시찰하거나 현장사정을 청취하고 때에 따라 노무자의 가정을 방문한다. 단, 노무과(勞務課)와는 관련이 없다.

6) 생산관리 방법

신입 당시의 능률은 일본인이나 반도인이나 비슷한데 3개월 지나면 일본인이 앞서나간다. 일본인은 사키야마, 아토야마의 일을 거의 다 이해하고 작업에 종사할 수 있지만 반도인의 경우에는 1년이 걸린다. 반도인은 단조롭고 반복적인 작업에 적합하고 기술적이고 복잡한 작업에는 부적합하다.

일본인과 함께 작업을 하기 위해서는 기술적으로는 물론이고 인물 됨됨이가 뛰어난 일본인 사키야마를 붙여야만 한다. 예를 들면 금전이나 시간에 대해 너무 까다롭게 잔소리하는 사키야마의 경우에는 능률이 떨어진다. 또한 반도인은 비뚤어진 근성이 있기 때문에 단어 사용에 특히 주의해야 하고 의미를 잘 알아듣고 이해할 수 있도록 노력해야 한다. 그리고 반도인의 지도를 맡으면 끈기와 친절이 필요하고 주도면밀해야 한다.

반도인만으로 구성된 작업장이 가능하기 위해서는 (1)계원의 감독이 미치거나(계원의 증원이 필요하다) 또는 (2)작업 과정의 결정이 가능한 것 중에 어느 하나가 충족되어야 하는데, 현재 (1)의 조건을 충족할 수 없기 때문에 반도인만으로 구성된 현장은 (2)의 경우에 한정된다. 반도인 사키야마 밑에 일본인 아토야마를 두는 것은 반도인이나 일본인 모두 좋아하

---

12 입갱 전에 실시하는 복장, 소지품 검사를 가리킨다. 가스와 분진 폭발에 대비하여 폭발물 또는 인화물질 소지를 점검하는 절차이다.

지 않기 때문에 현재는 전부터 거주하여 완전히 일본화한 반도인 사키야마를 제외하고는 이런 사례가 존재하지 않는다.

반도인은 우쭐하고 거만한 성향이 많아서 사람의 안색을 보아가며 일을 하는 경향이 있는데 조선말을 사용해서는 안 되고 또한 상벌을 분명하게 할 필요가 있다. 반도인 노무자는 도쿄(東京)에서 모집한 노무자에 비해 대체로 사용하기에 좋고 능력은 대체로 떨어지지만 경험을 쌓을수록 향상되기 때문에 장래에 갱내부의 8할 정도까지 증가시킬 수 있다. 단, 작업은 단순하고 틀에 박힌 일이어야 하는데 예를 들면 굴진이나 채탄의 아토야마 같은 것이어야 한다.

7) 작업 과정

채탄작업에서 반도인은 일본인의 80% 정도이고 급한 일에서는 약 50% 정도의 능률인데, 작업의 종류에 따라서는 예를 들면 굴진 또는 운반에서 일본인과 같거나 그 이상 양호한 능률을 발휘하는 자도 있다. 일반적으로 능률이 표준에 이르려면 1년에서 2년 정도 필요하다.

순수하게 능률을 향상시키기 위해서는 갱내 현장에서 일본인과 반도인의 비율을 2:1로 할 필요가 있을 것 같다.

8) 작업시간

⊙ 만 16세 이상의 남자 광부

<table>
<tr><th>업무별</th><th>교대 없는 경우</th><th colspan="2">2교대제인 경우</th><th colspan="2">3교대제인 경우</th></tr>
<tr><td rowspan="3">굴진부, 채탄부
보안부, 운반부
기계부, 공작부
잡부</td><td rowspan="3">오전 6:00부터
오후 4:00까지</td><td rowspan="2">1반</td><td rowspan="2">오전 6:00부터
오후 4:00까지</td><td>1반</td><td>오전 6:00부터
오후 3:00까지</td></tr>
<tr><td>2반</td><td>오후 3:00부터
오후 11:00까지</td></tr>
<tr><td>2반</td><td>오후 4:00부터
오전 2:00까지</td><td>3반</td><td>오후 10:00부터
오전 7:00까지</td></tr>
<tr><td rowspan="3">지주부</td><td rowspan="3">오전 6:00부터
오후 4:00까지
오후 4:00부터
오전 2:00까지
오전 10:00부터
오전 6:00까지</td><td rowspan="2">1반</td><td rowspan="2">오전 6:00부터
오후 4:00까지</td><td>1반</td><td>오전 6:00부터
오후 3:00까지</td></tr>
<tr><td>2반</td><td>오후 2:00부터
오후 11:00까지</td></tr>
<tr><td>2반</td><td>오후 4:00부터
오전 2:00까지</td><td>3반</td><td>오후 10:00부터
오전 7:00까지</td></tr>
<tr><td rowspan="2">기계부, 운반부
공작부, 전공
잡부(단, 감독을 주로 하거나 간헐적으로 업무에 종사하는 자)</td><td rowspan="2">오전 6:00부터
오후 6:00까지</td><td>1반</td><td>오전 6:00부터
오후 6:00까지</td><td rowspan="2" colspan="2"></td></tr>
<tr><td>2반</td><td>오후 6:00부터
오전 6:00까지</td></tr>
<tr><td rowspan="3">선탄부</td><td rowspan="3">오전 6:00부터
오후 4:00까지
오전 10:00부터
오후 6:00까지</td><td rowspan="2">1반</td><td rowspan="2">오전 6:00부터
오후 4:00까지</td><td>1반</td><td>오전 6:00부터
오후 3:00까지</td></tr>
<tr><td>2반</td><td>오후 2:00부터
오후 11:00까지</td></tr>
<tr><td>2반</td><td>오후 4:00부터
오전 2:00까지</td><td>2반</td><td>오후 10:00부터
오전 7:00까지</td></tr>
</table>

이상 갱내부

<table>
<tr><th>업무별</th><th>교대 없는 경우</th><th colspan="2">2교대제인 경우</th><th colspan="2">3교대제인 경우</th></tr>
<tr><td rowspan="3">선탄부</td><td rowspan="3">오전 6:00부터
오후 4:00까지
오전 10:00부터
오후 6:00까지</td><td rowspan="2">1반</td><td rowspan="2">오전 6:00부터
오후 4:00까지</td><td>1반</td><td>오전 6:00부터
오후 3:00까지</td></tr>
<tr><td>2반</td><td>오후 2:00부터
오후 11:00까지</td></tr>
<tr><td>2반</td><td>오후 4:00부터
오전 2:00까지</td><td>3반</td><td>오후 10:00부터
오전 7:00까지</td></tr>
<tr><td>운반부, 기계부
공작부, 전공
잡부</td><td>오전 6:00부터
오후 4:00까지</td><td colspan="2">위와 같다.</td><td colspan="2">위와 같다.</td></tr>
<tr><td rowspan="2">위와 같음(단, 감독을 주로 하거나 간헐적으로 업무에 종사하는 자)</td><td rowspan="2">오전 6:00부터
오후 6:00까지</td><td>1반</td><td>오전 6:00부터
오후 6:00까지</td><td colspan="2" rowspan="2"></td></tr>
<tr><td>2반</td><td>오후 6:00부터
오전 6:00까지</td></tr>
</table>

이상 갱외부

⊙ 16세 미만자 및 여자

<table>
<tr><th></th><th>교대 없는 경우</th><th colspan="2">2교대제인 경우</th></tr>
<tr><td rowspan="2">석탄부
운반부
잡부</td><td rowspan="2">오전 6:00부터
오후 4:00까지</td><td>1반</td><td>오전 6:00부터
오후 2:00까지</td></tr>
<tr><td>2반</td><td>오후 2:00부터
오후 10:00까지</td></tr>
</table>

휴식시간은 30분에서 1시간이다.

⊙ 입갱 소요시간 표준

	단체 인원수	입갱 소요시간		단체 인원수	입갱 소요시간
도보인 경우	20인 미만	각 사람별 취업시간 산정	광차 또는 궤도차인 경우	20인 미만	각 사람별 취업 시간 산정
	20~50인	15분		20~50인	15분
	50~100인	20분		50~100인	30분
	100~150인	25분		100~150인	40분
	150~200인	30분		150~200인	50분
	200~250인	45분		200인 이상	60분

⊙ 휴일

① 매주 일요일

② 4대 명절

③ 5월 11, 12일, 8월 14, 15, 16일, 12월 31일

단, 기계부, 공작부, 전공부 및 16세 미만의 자, 여자가 아닌 잡부의 휴일은 다음과 같이 정한다.

- 갑조(甲組) : 1, 3째 주 일요일

- 을조(乙組) : 2, 4째 주 일요일

그리고 매주 일요일이 ②와 ③에 가까운 때는 폐지하는 경우가 있다. 휴일에 출근시킨 경우에는 3일 이내에 이에 상당하는 대체 휴일을 준다.

9) 고용 및 해고 상황(1941년)

항목별		1월	2월	3월	4월	5월	6월	7월	8월	9월	10월	11월	12월	계	평균
월말 재적수	일본인	6,532	6,617	6,592	6,368	6,193	6,198	6,125	6,317	6,168	6,221	6,340	6,606	76,277	6,358
	반도인	2,088	2,290	2,366	2,346	2,291	2,272	2,396	2,462	2,528	2,466	2,387	2,571	28,463	2,372
	계	8,620	8,907	8,958	8,714	8,484	8,470	8,521	8,779	8,696	8,687	8,727	9,177	104,740	8,728
고용수	일본인	370	405	485	345	293	282	279	578	349	383	421	510	4,640	387
	반도인	155	250	117	30	8	20	149	122	119	108	144	274	1,496	124
	계	525	655	602	375	301	302	428	640	468	491	565	784	6,136	511
해고수	일본인	297	321	515	567	469	276	352	326	558	327	300	243	4,551	379
	반도인	46	47	41	50	63	41	32	47	54	168	223	180	992	83
	계	343	368	556	617	532	317	384	373	612	495	523	423	5,543	462
이동률		2.11	3.22	0.51	2.77	2.72	0.17	0.51	3.04	1.65	0.04	0.48	3.93	-	0.56
고용률		6.09	7.35	6.72	4.30	3.54	3.56	5.02	7.29	5.38	5.65	6.47	8.54	-	5.85
해고율		3.99	4.13	6.20	7.08	6.27	3.74	4.50	4.27	7.03	5.69	5.99	4.60	-	5.29

10) 가동률(백분율)(1941년)

반별	1월	2월	3월	4월	5월	6월	7월	8월	9월	10월	11월	12월	평균
□□	81	84	84	83	84	83	83	81	80	80	82	82	81
□□□	87	88	89	87	87	88	89	88	86	87	90	88	88

11) 근속 연수

직종별			6개월 미만	1년 미만	1~ 3년	3~ 5년	5~ 10년	10~ 15년	15~ 20년	20~ 25년	25~ 30년	30년 이상	계
갱내부	굴진부	남	**82**	**40**	**70**								**192**
			612	130	192	46	48	13	10	1	–	–	1,052
	채탄부	〃	**385**	**188**	**305**		**2**	**3**	**1**				**884**
			744	292	596	199	101	48	31	17	3	2	2,033
	지주부	〃	**221**	**86**	**100**		**2**		**1**				**449**
			390	150	352	100	55	48	48	26	10	4	1,183
	운반부	〃	**20**	**28**	**84**		**1**						**133**
			102	57	220	63	59	40	22	10	2	–	575
	기계부	〃	**6**	**4**	**7**								**17**
			70	48	80	38	27	16	18	9	4	–	310
	공작부	〃	**6**	**20**	**43**			**1**					**70**
			87	83	190	58	42	37	14	5	2	–	518
	충전부	〃	**65**	**42**	**106**				**1**				**214**
			75	45	137	33	25	17	14	8	–	–	354
	잡부	〃	**22**	**15**	**23**								**60**
			52	34	73	27	8	8	3	2	4	–	211
	계	〃	**807**	**423**	**777**		**5**	**4**	**3**				**2,018**
			2,132	839	1,840	564	365	227	160	78	25	6	6,236

갱외부	선탄부	남	–	–	–	–	–	–	–	–	–	–	–
		여	16	3	22	11	13	7	3	2	–	1	78
	운반부	남	**3** 75	**5** 36	**5** 56	**1** 28	10	12	9	5	3	2	**14** 236
		여	–	–	–	3	–	–	–	–	–	–	–
	기계부	남	**1** 18	**1** 17	30	22	24	13	19	7	2	1	**2** 153
	공작부	〃	**1** 45	**1** 40	**3** 60	38	29	22	19	10	4	–	**5** 267
	전공	〃	36	21	47	72	17	8	3	2	–	–	156
	잡부	남	**10** 40	**15** 98	**23** 48	9	4	5	**1** 7	–	–	1	**49** 212
		여	4	7	3	–	–	–	–	–	–	–	14
	계	남	**15** 214	**22** 212	**31** 241	**1** 119	84	60	**1** 57	24	9	4	**70** 1,024
		여	20	10	25	14	13	7	3	2	–	1	95
		계	**15** 234	**22** 222	**3** 266	**1** 133	97	67	**1** 60	26	9	5	**70** 1,119
합계		남	**822** 2,346	**445** 1,051	**808** 2,081	**1** 688	**5** 449	**4** 287	**4** 217	102	34	10	**2,089** 7,260
		여	20	10	25	14	13	7	3	2	–	1	95
		계	**822** 2,366	**445** 1,061	**808** 2,106	**1** 697	**5** 462	**4** 294	**4** 220	104	34	11	**2,089** 7,355

내역	가족동거	남	**8** 403	**4** 369	**31** 988	**1** 630	**5** 445	**4** 287	**4** 217	102	34	10	**57** 3485
		여	20	10	25	14	13	7	3	2	–	1	95
	단신	남	**814** 1943	**441** 682	**771** 1093	53	4	–	–	–	–	–	**2032** 3775
		여	–	–	–	–	–	–	–	–	–	–	–
아리키(定夫)		남	**7** 50	**2** 44	**21** 136	34	25	18	13	8	8	4	**30** 340
		여	37	24	83	11	5	2	1	–	–	–	163
		계	**7** 87	**2** 68	**21** 219	45	30	20	14	8	8	4	**30** 503

비고) 진하게 한 것은 반도인 노무자만 표시한 것이다.

12) 재해 상황(1941년)

항목별		1월	2월	3월	4월	5월	6월	7월	8월	9월	10월	11월	12월	계	평균
중상	일본인	2	–	–	–	–	1	2	2	3	–	–	1	11	0.91
	반도인	–	–	–	–	–	–	–	–	3	1	–	–	40	0.38
사망	일본인	–	3	2	4	3	2	–	1	2	2	6	3	28	2.33
	반도인	2	1	–	1	2	2	1	1	1	–	2	–	13	1.08

(미요시·사사키)

D광업소 생산관리

1) 노무자 총수　1,298명(1941년 12월 말 현재)

일본인　933명

반도인　365명

2) 작업장 배치

채탄부	323명	지주부	31명
굴진부	-	충전부	90명
기타 갱내부	465명	갱외부	389명

3) 생산관리 직원, 조직

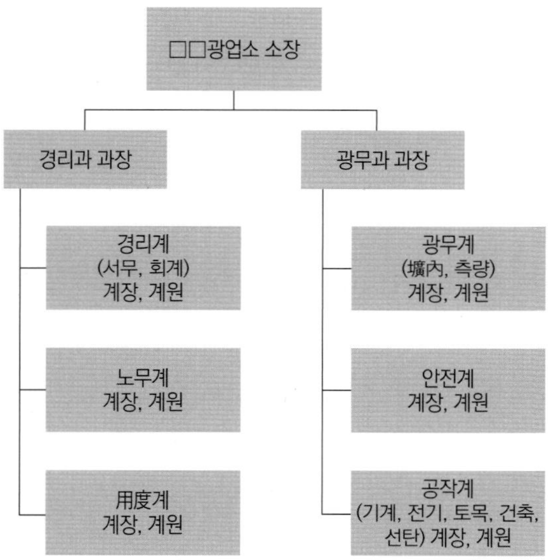

소장 이하 직원 211명(이 중 반도인 2명)

4) 직장 전환

계원이 되는 길은 두 가지가 있다. 첫째는 갱내에서 주로 주석(주임)으로부터 보안에 관해 배우는 것이고, 둘째는 삿포로공업학교 부속 기술원양성소에 보내 교육하는 것이다. 선발된 사람은 당연히 중견 기술우수자이다.

기술원양성소는 각 광산의 규모에 따라 채용 인원이 할당되기 때문에 필요하고 충분한 수만큼 보낼 수 없고 이 광업소에서는 1년에 3명 전후만 보낼 수 있다.

계원은 장래에 광부보다 대우가 좋아지지만 당장은 수입이 감소하기 때문에 젊고 전도유망한 사람을 제외하고 제법 나이가 들고 가족이 있는 사람 중에서는 계원이 되기를 꺼려하는 사람이 있는데 현재 추천을 거절한 사람이 1명 있다.

기술원양성소는 심상학교 졸업자는 2년, 중졸자는 1년 과정이다. 또한 이 광업소에는 없지만 □□□광업소에는 회사가 설립한 양성소가 있다.

(1) 아토야마에서 사키야마가 된 경우

20건(채탄 아토야마를 채탄 사키야마로 한 경우)

(2) 갱내 작업에서 갱외 작업으로 전환한 경우

5건(신체 허약 때문에 갱외 잡무로 전환)

(3) 잡역에서 기술 작업으로 전환한 경우

50건(잡역에서 채탄 아토야마로 전환)

5) 작업훈련 조직

(1) 훈련시간 : 입갱 전까지 갱외훈련 7일간

(2) 직장배치까지 경과(복리시설 항목 참조)

(3) 작업지도에 특히 유의할 점

① 동작이 완만한 점

② 일본어를 이해하는 자가 드물기 때문에 작업지도에 불편하다. 일본어 습득에 힘을 쏟을 필요가 있다.

6) 생산관리 방법

⊙ 생산관리 측면에서 본 반도인 노무자의 장점과 단점

- **장점**

① 비교적 순종적이다.

② 단순한 작업에 참을성이 있다.

- **단점**

① 업무의 책임감이 박약하다.

② 아무렇지 않게 허위 보고를 한다.

③ 부상과 병에 대해 인내성이 약하다.

④ 불결한 것을 개의치 않으며 정리정돈 관념이 없다.

⑤ 규율 관념이 없다.

⑥ 부화뇌동하는 성향이 있다.

⊙ 반도인 작업 배속에 대한 이해득실에 관한 의견

① 어느 정도의 훈련을 통해 저들에게 다소의 자각심을 일깨우면 갱내 작업에 배속하는 데 아무런 영향이 없다. 오히려 여기저기 떠돌아다니는 전업자(轉業者)를 사용하는 것보다 이득이 많다고 할 수 있다.

⊙ 일본인이 반도인 생산관리를 담당하는 경우에 곤란한 점

① 일본어를 모르는 자가 많기 때문에 명령을 철저하게 이행하지 않는 경우가 많은 점.

② 단점의 교정, 보완이 쉽지 않기 때문에 작업의 종류를 선별해야 하는 점.

③ 출근을 권유하지 않는 한 자발적인 출근율이 낮은 점.

④ 아무렇지 않게 광업소 규칙을 위반하는 것.

⑤ 유약하지만 결속력이 있는 점.

⊙ 동일한 작업장에 일본인과 반도인이 함께 있는 경우 관리상 곤란한 점

① 사소한 일로 갈등이 벌어지고 일본인과 말썽이 생기는 것 외에는 특별히 작업관리에 곤란한 점은 없다.

⊙ 일본인과 반도인을 동일한 작업장에 배치할 경우 최선의 작업조직

① 반도인이 진심으로 존경하고 복종할 만한 지도자를 배치할 것

⊙ 반도인만으로 한 작업장에 배치할 경우 이해득실, 이때 지도자를 어떻게 할 것인지 그리고 작업조직의 특이한 점

① 아직까지 한 작업장에 반도인만 배치한 곳은 없는데, 반도인 중에서 지도자를 선별하는 것은 향후 어려움이 따르며 어쩔 수 없이 반도인만으로 작업조직을 만들 경우에는 일본인 계원이 직접 지도를 하게 해야 한다.

② 극히 단순한 작업 예를 들면, 운반, 갱도 청소 등과 같은 것이라면 지장이 없지만, 복잡한 경우에는 융통성이 없으며 책임자가 없을 때 서로 떠미는 경향이 있다.

⊙ 현재 반도인만으로 구성된 작업장을 만들 수 없다면 향후 가능한지 여부

① 반도인 사키야마로서 상당한 기술과 인망을 갖추게 된다면 이 사람을 지도자로 해서 반도인만으로 구성된 작업장을 만들 수 있을 텐데, 현재까지는 아직 시기상조이다. 이것이 가능하려면 2년에 불과한 단기계약을 바꾸어 모두 다 상당히 장기간의 훈련이 필요하다.

② 반도인 숙련자의 양성을 서둘러 이들이 책임감을 갖게 하는 것은 가능하다.

⊙ 반도인에 대해 생산관리에 주의해야 할 사항 및 소감

8) 작업시간

⊙ 만 16세 이상의 남자 광부

<table>
<tr><th></th><th></th><th></th><th colspan="2">교대 없는 경우</th><th colspan="2">2교대제인 경우</th><th colspan="2">3교대제인 경우</th></tr>
<tr><td rowspan="8">갱내부</td><td rowspan="2">채탄부</td><td rowspan="4"></td><td rowspan="2" colspan="2">오전 6:30부터</td><td rowspan="2">1반</td><td rowspan="2">오전 6:30부터
오후 4:30까지</td><td>1반</td><td>오전 6:30부터
오후 3:30까지</td></tr>
<tr><td rowspan="2">2반</td><td rowspan="2">오후 2:30부터
오후 11:30까지</td></tr>
<tr><td rowspan="2">지주부</td><td rowspan="2" colspan="2">오후 4:30까지</td><td rowspan="2">2반</td><td rowspan="2">오후 3:30부터
오전 1:30까지</td></tr>
<tr><td>3반</td><td>오후 10:30부터
오전 7:30까지</td></tr>
<tr><td rowspan="2">운반부
기계부
공작부
잡부</td><td rowspan="2">좌에 해당하지 않는 자</td><td rowspan="2" colspan="2">위와 같음</td><td>1반</td><td>오전 6:30부터
오후 4:30까지</td><td rowspan="2" colspan="2">위와 같음</td></tr>
<tr><td>2반</td><td>오후 4:30부터
오전 2:30까지</td></tr>
<tr><td rowspan="2">운반부
기계부
공작부
잡부</td><td rowspan="2">감시하거나 또는 간헐적으로 업무에 종사하는 자</td><td rowspan="2" colspan="2">오전 6:30부터
오후 6:30까지</td><td>1반</td><td>오전 6:30부터
오후 6:30까지</td><td rowspan="2" colspan="2">위와 같음</td></tr>
<tr><td>2반</td><td>오후 6:30부터
오전 6:30까지</td></tr>
<tr><td rowspan="7">갱외부</td><td rowspan="3">선탄부</td><td rowspan="3"></td><td>갑</td><td>오전 6:30부터
오후 4:30까지</td><td rowspan="3" colspan="2"></td><td>1반</td><td>오전 6:30부터
오후 2:30까지</td></tr>
<tr><td>을</td><td>오전 9:00부터
오후 7:00까지</td><td>2반</td><td>오후 2:30부터
오후 10:30까지</td></tr>
<tr><td>병</td><td>오전 12:00부터
오후 10:00까지</td><td>3반</td><td>오후 10:30부터
오전 6:30까지</td></tr>
<tr><td rowspan="4">운반부
기계부
공작부
잡부</td><td rowspan="2">감시하거나 또는 간헐적으로 업무에 종사하는 자</td><td colspan="2">오전 6:30부터</td><td>1반</td><td>오전 6:30부터
오후 6:30까지</td><td rowspan="4" colspan="2">위와 같음</td></tr>
<tr><td colspan="2">오후 6:30까지</td><td>2반</td><td>오후 6:30부터
오전 6:30까지</td></tr>
<tr><td rowspan="2">위 이외의 자</td><td rowspan="2" colspan="2">오전 6:30부터
오후 4:30까지
오전 6:30부터
오후 4:30까지</td><td>1반</td><td>오전 6:30부터
오후 4:30까지</td></tr>
<tr><td>2반</td><td>오후 4:30부터
오전 2:30까지</td></tr>
</table>

⊙ 만 16세 미만자 및 여자

<table>
<tr><th colspan="2"></th><th colspan="2">교대 없는 경우</th><th colspan="2">2교대제인 경우</th></tr>
<tr><td rowspan="5">갱외부</td><td rowspan="3">선탄부</td><td>갑</td><td>오전 6:30부터
오후 4:30까지</td><td colspan="2" rowspan="3"></td></tr>
<tr><td>을</td><td>오전 9:00부터
오후 7:00까지</td></tr>
<tr><td>병</td><td>오전 12:00부터
오후 10:00까지</td></tr>
<tr><td rowspan="2">운반부
기계부
공작부
잡부</td><td colspan="2" rowspan="2">오전 6:30부터
오후 4:30까지</td><td>1반</td><td>오전 6:30부터
오후 2:30까지</td></tr>
<tr><td>2반</td><td>오후 2:30부터
오후 10:00까지</td></tr>
</table>

⊙ 입갱 소요시간

단체 인원수	도보의 경우	인차의 경우
20인 미만	개인별 작업시간을 산정	좌와 같음
20~50인	15분	15분
50~100인	20분	30분
100~150인	25분	40분
150~200인	30분	50분
200~250인	45분	1시간
250인 이상	1시간	1시간

⊙ 휴일

원칙적으로 일요일. 단, 업무 사정상 다음과 같이 할 때도 있다.

갱내부 중에서 채탄부, 지주부, 운반부, 기계부, 공작부, 잡부

갱외부 중에서 준산부(遵散夫), 기계부, 공작부, 잡부

- 갑조(甲組) : 1, 3째주 일요일
- 을조(乙組) : 2, 4째주 일요일
- 그리고 정월 3일간
- 산신제 3일간(5월 11, 12, 13일)

- 백중[13] 3일간(8월 14, 15, 16일)
- 기원절(紀元節)[14], 천장절(天長節)[15], 명치절(明治節)[16], 12월 31일

단, 일요일과 다른 휴일이 연속 또는 근접한 때는 어느 한쪽의 휴일을 취소할 수 있다. 휴일에 출근시킨 경우에는 3일 이내에 이에 상당하는 휴일을 준다.

9) 고용 및 해고 상황

항목별		1월	2월	3월	4월	5월	6월	7월	8월	9월	10월	11월	12월	계	평균
월말 재적수	일본인	972	980	975	928	923	917	967	936	876	859	863	933	11,068	992
	반도인	182	367	371	369	347	343	340	330	308	291	282	365	3,895	325
	계	1,154	1,347	1,346	1,297	1,270	1,260	1,247	1,266	1,184	1,150	1,145	1,298	14,963	1,247
이동률		−1	14	−	−4	−2	−1	−1	2	−7	−3	−	12	−	1
고용수	일본인	29	50	36	25	27	10	32	85	43	33	44	113	527	44
	반도인	1	185	11	−	−	5	3	−	1	−	13	129	348	29
	계	30	235	47	25	27	15	35	85	44	33	57	242	875	73
고용률		3	17	3	2	2	1	3	7	4	3	5	19	−	6
해고수	일본인	38	41	41	71	33	16	45	56	103	50	39	43	576	48
	반도인	4	−	7	3	21	9	3	10	23	17	23	46	166	14
	계	42	41	48	74	54	25	48	66	126	67	62	89	742	62
해고율		4	3	4	6	4	2	4	5	11	6	5	7	−	5

---

13 음력 7월 보름을 중심으로 조상의 영혼을 제사 지내는 불교 행사, 백중맞이

14 2월 11일. 고대 일본 천황의 즉위일을 기념하는 휴일

15 4월 29일. 쇼와 천황의 탄생일을 기념하는 휴일

16 11월 3일. 메이지 천황의 탄생일을 기념하는 휴일

10) 가동 상황(1941년)

(단위: %)

구 분	1월	2월	3월	4월	5월	6월	7월	8월	9월	10월	11월	12월	평균
일본인	86	88	83	86	85	87	84	87	83	87	85	87	86
반도인	81	85	79	84	76	80	82	87	77	76	76	81	81

11) 근속 연수(1941년 12월 말 현재)

구 분	1년 미만	1~2년	2~3년	3~4년	4~5년	5~6년	6~7년	7~8년	8~9년	9~10년	10년 이상	계
일본인	276	123	106	101	42	29	21	17	28	–	190	933
반도인	273	53	39	–	–	–	–	–	–	–	–	365
계	549	176	145	101	42	29	21	17	28	–	190	1,298

12) 재해 상황(1941년)

항목별		1월	2월	3월	4월	5월	6월	7월	8월	9월	10월	11월	12월	계	평균
중상	일본인	–	–	–	–	–	–	–	1	–	–	1	–	2	0.17
	반도인	–	–	–	–	–	–	–	–	–	–	1	–	1	0.08
	계	–	–	–	–	–	–	–	1	–	–	2	–	3	–
사망	일본인	1	–	1	2	–	–	–	1	1	1	–	–	7	0.58
	반도인	–	–	2	1	–	1	–	–	–	–	–	1	5	0.42
	계	1	–	3	3	–	1	–	1	1	1	–	1	12	–

(미요시·사사키)

E광업소 생산관리

1) 노무자 총수　1,350명
일본인　1,036명
반도인　314명

2) 작업장 배치

갱내부	채탄부	427명
	지주부	105명
	운반부	404명
	기타 갱내부	107명
갱외부		321명
계		1,364명

주) 1)에 보이는 노무자 총수와 일치하지 않는데 이유는 불명이다.

3) 생산관리 직원, 조직 및 인원

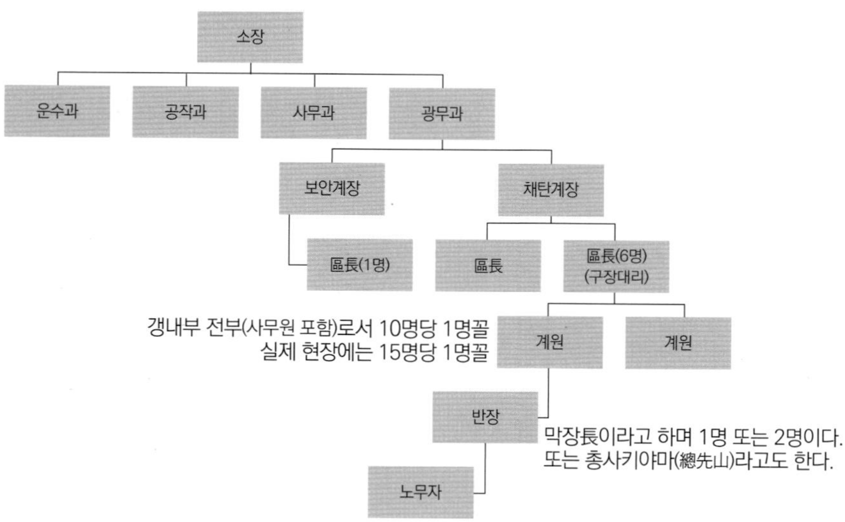

주) 이상의 노무자는 직할 소속인 자만 가리키는데, 이외에 2조에 속하는 자가 400명 있다.
반도인으로서 생산관리 직원인 자는 없으며 일본인 92명이 이를 담당한다.

4) 직장 전환

1년에 네 차례 직명 변경이 이루어진다. 미경험자는 주로 운반부로 사용하며, 계원의 추천을 받아 구장(區長), 계원의 승인을 받아 채탄, 지주 등으로 변경한다. 갱내부 중에서 아토야마인 자로서 사키야마가 된 숫자는 불명이지만 작년에 반도인 25명 정도가 사키야마가 되었고 현재 반도인 사키야마는 25명이다.

갱내부에서 갱외부로 변경된 자는 부상자, 허약자 그리고 의사의 증명을 받은 희망자이다. 1개월에 5명, 1년에 20명 정도가 승진한다. 반도인 갱외부는 4명 또는 5명 있다.

잡역에서 기술 작업으로의 이동은 1년에 네 차례로 제한한다.

1941년 중에 전환된 사례는 다음과 같다.

	일본인	반도인	계
아토야마인 자가 사키야마가 된 경우	137	101	238
갱내 작업에서 갱외작업으로 전환된 경우	35	4	39
잡역에서 기술 작업으로 전환된 경우	38	14	52

5) 작업 훈련

훈련기간은 3개월 – 청취주)

신입 반도인은 우선 2일간 갱내 작업을 견학하고 그 후 채탄 아토야마 또는 운반 아토야마에 취업시키는데 10명당 1명의 지도원(일본인 혹은 경험 있는 반도인)을 붙여서 지도한다.

지도할 때 주의해야 할 것은 친절하고 자상하되 거만하지 않은 태도로 엄격하게 대해야 한다. 지나치게 비위를 맞춰주면 폐해가 생긴다.

주) 광업소에서 보내준 자료에 따르면 기간의 설정은 없다.

6) 생산관리 방법

⊙ 반도인 노무자의 장단점

동작이 완만하고 궁리하거나 창의성이 없고 책임감이 없다. 부화뇌동하는 성향이 있는데 순수하게 근육을 사용하고 지구력이 필요하고 반복적인 작업, 예를 들면 운반부와 같은 직종에 적합하다. 단, 사키야마에게 필요한 감각이나 통솔, 지도와 같은 재능이 부족하기 때문에 아토야마의 작업에 적합하다. 따라서 현재까지 반도인은 운반을 주로 하고 있다.

반도인 생산관리에서 가장 어려운 점은 말이 통하지 않는 것이다. 일반적으로 잘 모르는 것 때문에 싸움이 되기도 하고 반도인은 자기에게 불리한 경우 일본말을 몰라서 그렇다고 한다. 그 밖에는 동작이 느린 점, 책임감이 약한 점 등이다.

반도인은 대부분 운반에 종사하기 때문에 막장에 들어가는 사람이 적으며 반도인이 많은 막장에서 일본인과 반도인이 6:4의 비율이고, 보통은 7:3의 비율이다. 운반부는 반도인이 많은데, 앞으로 일본인이 석탄야적 작업의 감독지도를 하고 나머지는 모두 반도인이 할 수 있다. 반도인만으로 구성된 현장이 가능하기 위해서는 열심히 일하고 숙련된 반도인 사키야마가 필요한데 이 경우에 작업조직을 변경할 필요가 없다. 다만 미숙련자만으로 구성된 경우에는 계원을 증원할 필요가 있을 것이다.

반도인 부녀자는 사용하지 않는데 임금이 낮기 때문에 사용을 생각중이다. 이 경우에 작업은 선탄(選炭)인데 지금은 사람이 전혀 없다.

전체적인 문제로 어려운 점은 계원이 부족하다는 것인데, 특히 새로 개광한 곳에는 계원을 구하기 어렵다. 현재 광무과(鑛務課)에만 80명 가까이 계원이 있지만 이 가운데 15명을 제외하면 대체로 채탄부에서 승진한 사람이다. 이들은 적어도 6, 7년의 경험을 쌓아 현장 작업에는 숙련되어 있지만 계획성이 부족하기 때문에 이 점이 가장 어렵다.

7) 작업 과정

탄갱 굴진에서 4명이 1일 7척(尺) 4방(方)의 탄층을 120cm 파는 것이 평균이다. 일본인과 반도인을 비교하지는 않는데 대체로 10:8.5의 비율로 추정한다.

이하 채탄부, 사조부 임금계산표에 표시된 행정 수를 인용해 본다.

<table>
<tr><td rowspan="2">(1)</td><td>일본인</td><td>5</td><td rowspan="2">8명</td><td rowspan="2">정연
(正延)</td><td rowspan="2">375 cm</td><td rowspan="2"></td><td rowspan="2"></td><td rowspan="2"></td><td rowspan="2"></td></tr>
<tr><td>반도인</td><td>3</td></tr>
<tr><td rowspan="2">(2)</td><td>일본인</td><td>2</td><td rowspan="2">4명</td><td rowspan="2">同</td><td rowspan="2">180 cm</td><td rowspan="2"></td><td rowspan="2"></td><td rowspan="2"></td><td rowspan="2"></td></tr>
<tr><td>반도인</td><td>2</td></tr>
<tr><td rowspan="2">(3)</td><td>일본인</td><td>3</td><td rowspan="2">7명</td><td rowspan="2">同</td><td rowspan="2">44 m</td><td rowspan="2">(충전)</td><td rowspan="2"></td><td rowspan="2"></td><td rowspan="2"></td></tr>
<tr><td>반도인</td><td>4</td></tr>
<tr><td rowspan="2">(4)</td><td>일본인</td><td></td><td rowspan="2">2명</td><td rowspan="2">同</td><td rowspan="2">200 cm</td><td rowspan="2"></td><td rowspan="2"></td><td rowspan="2"></td><td rowspan="2"></td></tr>
<tr><td>반도인</td><td></td></tr>
<tr><td rowspan="2">(5)</td><td>일본인</td><td>1</td><td rowspan="2">3명</td><td rowspan="2">同</td><td rowspan="2">190 cm</td><td rowspan="2"></td><td rowspan="2"></td><td rowspan="2"></td><td rowspan="2"></td></tr>
<tr><td>반도인</td><td>2</td></tr>
<tr><td rowspan="2">(6)</td><td>일본인</td><td>3</td><td rowspan="2">7명</td><td rowspan="2">황함수
(荒函數)</td><td rowspan="2">43</td><td rowspan="2">할인</td><td rowspan="2">90</td><td rowspan="2">순함수
(順函數)</td><td rowspan="2">42.10</td></tr>
<tr><td>반도인</td><td>4</td></tr>
<tr><td rowspan="2">(7)</td><td>일본인</td><td>3</td><td rowspan="2">4명</td><td rowspan="2">同</td><td rowspan="2">28</td><td rowspan="2">同</td><td rowspan="2">10</td><td rowspan="2">同</td><td rowspan="2">27.90</td></tr>
<tr><td>반도인</td><td>1</td></tr>
<tr><td rowspan="2">(8)</td><td>일본인</td><td>5.4</td><td rowspan="2">7.4명</td><td rowspan="2">同</td><td rowspan="2">110</td><td rowspan="2">同</td><td rowspan="2">0</td><td rowspan="2">증량
정미함수</td><td rowspan="2">1.20
111.20</td></tr>
<tr><td>반도인</td><td>2</td></tr>
</table>

8) 작업시간

일본인과 반도인의 구분은 없다.

2교대제에서	1반	오전 6:00~오후 4:00
	2반	오후 4:00~오전 2:00
3교대제에서	1반	오전 6:00~오후 2:00
	2반	오후 2:00~오후 10:00
	3반	오후 10:00~오전 6:00

휴식시간은 자기가 쉬고 싶고 짬이 날 때 쉬는데 규정대로 되지 않는다. 채탄부의 실제 가동시간은 약 8시간이며, 곡괭이를 사용하는 사람은 5~6시간 정도 된다.

휴일은 주말에 상호 교대로 순휴를 하는데, 1941년 12월부터는 모두 다 순휴하고 있다. 1개월에 4일 이상의 휴일은 주지 않는 방침이다.

주) 광업소가 직접 보내온 기록에 따르면 반도인은 10시간 2교대제로 한다고 되어 있다. 휴식시간은 1시간이라고 적혀 있다. 위의 기술은 청취에 의한 것이다.

9) 고용 및 해고 상황(1941년)

월별		1월	2월	3월	4월	5월	6월	7월	8월	9월	10월	11월	12월	계	평균
월말재적수	일본인	1,139	1,111	1,115	1,104	1,088	1,104	1,077	1,064	1,092	1,052	1,062	1,036	–	–
	반도인	404	397	348	332	328	328	322	316	328	318	318	314	–	–
	계	1,543	1,508	1,463	1,436	1,416	1,432	1,399	1,380	1,420	1,370	1,380	1,350	–	–
고용수	일본인	25	25	49	59	56	52	44	39	50	35	45	42	–	–
	반도인	49	–	–	–	–	–	–	–	14	–	–	–	–	–
	계	74	25	49	59	56	52	44	39	64	35	45	42	–	–
고용률(%)		5	3	4	5	5	5	4	3	5	3	4	3	–	–
해고수	일본인	40	53	45	70	72	36	71	52	22	75	34	68	–	–
	반도인	33	7	49	16	4	–	6	6	2	10	–	4	–	–
	계	73	60	94	86	76	36	77	58	24	85	34	72	–	–
해고율(%)		5	6	8	7	7	3	7	5	2	7	3	6	–	–
이동률(%)		1	–	–	–	–	2	–	–	4	–	1	3	–	–

10) 가동 상황(1941년도)

(단위: %)

월별	1월	2월	3월	4월	5월	6월	7월	8월	9월	10월	11월	12월
일본인	73	84	81	81	74	86	79	73	80	83	78	83
반도인	73	82	79	82	73	84	80	74	78	81	79	79

11) 근속 연수(1941년 12월 말 현재)

	1년 미만	1~2년	2~3년	3~4년	4~5년	계
일본인	64	48	431	493	-	1,036
반도인	60	165	89	-	-	314
계	124	213	520	493	-	1,350

12) 재해 상황(1941년도)

월별		1월	2월	3월	4월	5월	6월	7월	8월	9월	10월	11월	12월	계	평균
중상	일본인	2	-	2	2	1	-	2	1	-	3	1	2	16	-
	반도인	-	1	1	1	-	-	1	-	3	2	1	1	11	-
	계	2	1	3	3	1	-	3	1	3	5	2	3	27	-
사망	일본인	-	-	2	-	1	-	-	-	-	1	1	1	6	-
	반도인	-	-	3	-	-	-	1	-	-	-	-	-	4	-
	계	-	-	5	-	1	-	1	-	-	1	1	1	10	-

13) 반도인의 생산관리에서 특히 유의할 점

반도인은 사고 또는 행사가 있은 다음에 특히 결근이 많은데 그 원인의 하나는 이들이 부화뇌동하는 성향이 있기 때문인 것 같다. 이를 방지하고 나쁜 근성을 없애기 위해서는 저들을 분산시키고 일본인과 혼합할 필요가 있다.

(미요시·사사키)

F광업소 생산관리

1) 노무자 총수 1,990명

일본인 1,484명

반도인 506명

2) 작업장 배치

내선별	굴진부	지주부	채탄부	충전부	기타 갱내부	갱외부	계
일본인	159	165	266	–	343	480	1,413
반도인	162	70	186	–	76	12	506
계	321	235	452	–	419	492	1,919

3) 생산관리 조직 및 인원

산업보국대 조직을 결성하고 있는데, 그 기구는 다음과 같다. □□갱에만 21만의 반도인 사키야마가 있다.

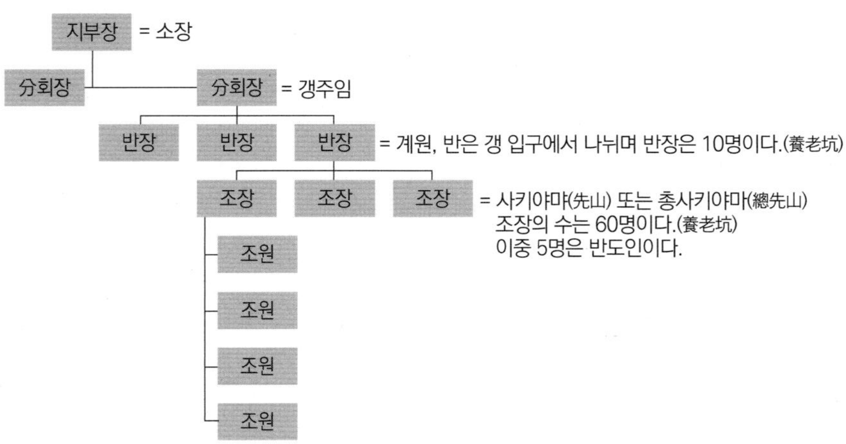

4) 직장 전환

(1) 사키야마

사키야마가 되는 조건은 오직 본인의 실력에 달려 있는데, 그 실력은 계원이 판정한다. 사키야마에도 갑, 을, 병의 단계가 있는데 이에 따라 청부임금 수준은 각각 1.00, 0.95, 0.93, 0.9로 결정되어 있다. 아토야마에서 최고는 0.8인데 이 사람을 보통 준(準) 사키야마라 부르고 사키야마가 없을 경우 이를 대신한다. 사키야마는 채탄 또는 각각의 작업에 책임을 지고 위험이 따르는 일이 많기 때문에 적극적으로 사키야마를 지망하는 사람은 없다. 그럴 만도 한데, 청부임금제의 도입은 아주 최근의 일이고 그 이전에는 사키야마와 아토야마의 임금 차이가 겨우 50전(錢)에서 70전 정도에 지나지 않았기 때문이다. 현재 양자 간에 상당한 차이가 생겼기 때문에 위험과 책임을 지는 만큼 보수가 따른다고들 한다.

반도인 사키야마를 양성할 필요가 있다고 하는데 구체적으로 정해진 것은 없다. 하나의 구상으로 다음과 같은 방법이 있는데 그 기간은 아직 미정이다. 적어도 3개월은 걸릴 것 같다. 즉, 아토야마에서 우수한 자 5, 6명을 선발하고 계원을 붙여서 교대로 사키야마로 일하게 하는 방식으로 훈련시킨다는 구상이다. 다만 어디에 내놔도 부끄럽지 않을 정도가 되려면 최소 10년은 걸린다. 게다가 사키야마는 알다시피 완장을 차고 위엄이 있으면서도 아토야마를 지도하는 데 융통성을 보여야 한다는 점도 고려해야 한다.

(2) 계원

계원의 일은 결근자 보충-이를 위한 절충, 미연에 고장 방지, 기술적 지도-을 총괄하며 순조로운 작업의 진행을 도모하는 것이다.

계원을 담당하는 인원은 현장과 작업의 성질에 따라 많고 적음의 차이가 발생하는데, 시범적으로 제시하면 다음과 같이 제각각이다.

계원	2명	-	노무자	37명
계원	3명	-	노무자	60명
계원	1명	-	노무자	25~30명

막장 채탄장에서 60명을 3명의 계원이 담당하는 방식이 있는가 하면, 굴진에서는 현장의 2~14명 정도를 1명의 계원이 담당하는 경우도 있다. 각 현장 사이의 거리나 발파 숫자 등에 따라 제약이 있다.

계원의 부족을 보완하는 방법으로서 학교졸업자의 사용과 숙련 노무자의 등용이 있는데, 곧바로 계원으로 사용할 수 없기 때문에 아무래도 후자에 기대하는 수밖에 없다. 노무자가 계원이 되는 조건은 3년 이상 채탄을 경험해야 하는데 무엇보다 계원이 되는 것을 어렵게 하는 것은 수입의 감소이다. 즉, 계원의 자격을 갖춘 자는 대개 가족이 있는데 수입도 상당하지만 지출도 많기 때문에 계원 초기에는 수입이 상당히 감소한다. 젊은 사람은 미래에 희망을 걸고 계원과 간사에 대한 기피가 적지만 나이가 있는 사람들 중에는 계원이 되고 나서 그만두겠다는 사람이 있다. 계원 부족에 대한 대책은 이처럼 생활의 불안을 없애는 것이 절대적으로 필요하다.

5) 작업훈련 조직

(1) 기간은 3개월, 기간 중 일당은 2원 50전 정도. 기간 후에는 0.7의 보수율로 청부 작업에 종사한다.

(2) 기간에 상관없이 격일로 입갱할 때 10분 또는 15분씩 보안, 기술 및 정신교육을 실시한다. 갱내에서 반도인을 사용할 때 필요한 용어를 충분히 이해시키는 데 6개월 걸린다. 2년째 접어들면 대체로 작업을 이해하게 된다.

이전에는 훈련기간 중에 지주, 보안에서 일을 시켰는데 이 일은 계원의 눈이 미치지 못하는 데다가 숙련이 필요하고 후술하는 이유 때문에 실패했다. 지금은 첫 1주 동안 수평갱에서 석탄 쌓기를 시키는데 작업량을 할당하지는 않고 장래의 사키야마, 아토야마가 대충 판단하게 하고 있다. 충전 작업도 처음에는 어렵다.

6) 생산관리 방법

(1) 특별히 높은 임금을 바라는 자는 열심히 일하는데 대체로 책임지지 않아도 되고 편하고 쉬운 일을 하려고 한다. 따라서 막장에서 채탄에 종사하는 자든 아니든 상관없이 일을 시키고 있는 형편이다. 갱내에서 낮잠을 자는 사람이 일본인에 비해 훨씬 많고 누우면 곧바로 곯아떨어진다.

반도인 아토야마를 데리고 일하는 사키야마는 다음과 같이 말한다. 처음에 반도인에게 쉬운 일을 시키면 그다음에 위험한 일을 하려고 들지 않고 지주나 보안의 아토야마를 하고 싶어 한다. 또한 훈련기간 중에 편한 일을 시킨 결과 채탄에 들어가는 것을 싫어하게 되었다. 그래서 처음부터 어려운 현장에 들여보내 통역을 해가며 일본인과 경쟁하듯이 일을 시켜보니 결과가 좋았다. 그리고 처자를 데리고 재계약을 한 사람도 채탄 현장을 기피하고 2, 3일만에 편한 일로 옮긴다고 한다.

무책임한 사례로서 다음의 경우가 있다. 통상 막장에서 작업을 종료할 때는 아래에서부터 차례대로 작업종료를 전달하는데, 도중에 이를 전달하지 않고 자기만 돌아와 버리는 반도인이 있는가 하면, 전차가 고장을 일으킨 경우에도 이를 돕지 않고 모른척하며 그냥 지나쳐 버리고, 또는 반도인 한 사람이 부상을 입었는데 10여 명의 반도인들이 그를 돕지 않고 잡담을 한 적도 있고, 대체로 자기만 괜찮으면 된다는 식이다. 책임을 다하는 것은 자기 이익과 일치하는 경우인 것 같다.

동작이 느리고 시간관념이 없으며 창의성이나 궁리하는 것이 없다. 그러다 보니 실패를 몇 번이나 반복하는 경향이 있고 일의 순서를 스스로 생각할 수 없어서 일을 제대로 하기까지 긴 세월이 필요하다. 그 결과 일을 시키면 시킨 만큼은 하는데 일을 맡겨두면 하지 않는 경우가 많다. 반도인은 먼저 경험한 사람이 하는 말을 뒷사람에게 전달한다. 선배가 신입자에게 광업소의 사정을 설명해 주는데 예를 들면 막장은 위험하다고 하면 이를 그대로 전달하는 식이다.

장점으로는 체력이 강건한 것과 출근율이 좋다는 것인데, 후자는 명령에 복종하는 기질 때문인 것 같은데, 반도인은 이해시키는 것이 필요하고 동시에 그 이상으로 지도자의 말에 복종하도록 하는 것이 매우 중요하다. 경우에 따라 엄벌하는 방법도 필요하다.

(2) 반도인의 작업은 계원 또는 사키야마의 눈이 미쳐야 하는데 기술적인 작업보다는 단순한 작업에 적합하다. 예를 들면, 굴진의 아토야마에 적합하다. 처음에 쉬운 일을 시킬 수밖에 없는 것에 대해서는 전술한 바와 같다. 반도인을 위해 설비를 갖출 필요는 없다.

(3) 일본인이 반도인의 생산관리를 맡은 경우에 곤란한 점

언어의 불통. 갱내에서 명령하고 지도하는 데 필요한 용어가 통하기까지 대체로 6개월 내지 2년 정도가 필요하다. 저들은 자기들이 불리할 때에 말이 통하지 않아서 그렇다고 주장하는 경향이 있다. 그러므로 눈앞에서 일을 지도하고 시키는 것은 쉬운데, 어떤 일을 하라고 지시하고 돌려보내면 일이 되지를 않는다.

이에 언어가 통하지 않아서 시간의 낭비가 생기고 작업 과정의 진전을 현저하게 저해하고 있는데, 사키야마는 말만 통하면 일본인보다 부리기 쉽다고 한다.

다음으로 열거하자면, 작업에 대한 공포감이 커서 편한 일만 하고 싶어 하는 사람이 많다는 점, 동작이 느리다는 점, 시국에 대한 인식이 불충분하다는 점, 숙련자와 초보자, 기술의 유무, 경험의 정도를 무시한 채 임금에 대한 불평이 많다는 점을 들 수 있다.

(4) 동일 작업장에 일본인과 반도인이 있는 경우 작업관리상 곤란한 점

일본인 아토야마를 데리고 일하는 것이 편하고, 그 결과 능률도 올라가기 때문에 자연스럽게 반도인과의 임금에 차이가 발생한다. 이에 대해 반도인의 불평이 있으며, 또한 사키야마 입장에서는 어쩔 수 없이 반도인 아토야마를 데리고 일하는 것이 불만이기 때문에 일본인과 반도인을 섞어서 사용하는 편이 낫다. 다만 이때 일률적으로 일본인이나 반도인의 임금을 같게 하면 일본인 쪽에서 불평이 나오고 작업의 능률 때문에 차이를 두면 전술한 바와 같이 반도인 쪽에서 불평이 나오기 때문에 이 점이 가장 곤란하다. 반도인 사키야마가 일본인 사키야마를 부리는 경우는 없다.

(5) 최선의 작업조직

능률 면에서 신입 반도인의 비율이 1/3 정도 이상 되는 것은 바람직하지 않다. 예를 들어 막장의 채탄장에서 사키야마 1명과 아토야마 1명이 한 조가 되어서 작업하는데, 미경험자인 반도인을 한 번에 여러 명 집어넣으면 일이 되지를 않는다. 굴진의 경우

반도인을 전부 아토야마로 해도 작업을 할 수 있다. 훈련기간을 수료하고 상당한 경험을 쌓은 자는 1/2 정도까지 투입해도 괜찮다.

당분간 사키야마는 일본인, 아토야마는 반도인으로 하는 것이 적당한 것 같다고 한다. 갱내 노무계라 할 만한 사람을 두면 계원의 일이 줄어들어 좋을 것이다.

(6) 반도인만으로 한 작업장에 투입하기 위해서는 상당한 경험자여야 하고 현장의 작업 조건이 특별히 양호해야 한다. 일정한 형태의 작업일 필요가 있고 가급적 계원의 눈이 닿는 곳일수록 좋다. 현재 반도인 37명으로만 구성된 현장이 있다. 이 가운데 사키야마는 19명이다. 일본인 지도원 2명이 배정되어서 반도인 사키야마를 양성할 목적으로 훈련시키고 있다.

7) 작업 과정

막장의 채탄장과 같이 집단적인 작업에서 반도인은 일의 순서를 알지 못하고 창의성과 궁리가 불충분하기 때문에 일본인에 비해 능률이 떨어진다. 그러나 굴진 작업은 일정하기 때문에 체력적으로 반도인에게 적합하다. 인원은 8명 정도가 적합한 것 같다.

주) 어떤 현장에서는 능률이 1/2 정도까지 떨어진다.

8) 취업시간

교대 없는 경우	2교대제인 경우	
오전 6시부터	1반	오전 6시부터
		오후 4시까지
오후 4시까지	2반	오후 4시부터
		오전 2시까지

비고) 일본인, 반도인의 구별은 없다. 특수한 업무에 종사하는 자는 위에 따르지 않는 경우가 있다.

9) 고용 및 해고 상황(1941년도)

종별		1월	2월	3월	4월	5월	6월	7월	8월	9월	10월	11월	12월	계	평균
월말재적수	일본인	1,293	1,271	1,262	1,281	1,273	1,329	1,348	1,367	1,321	1,317	1,409	1,484	15,955	1,327.9
	반도인	394	387	382	411	403	416	472	516	493	542	514	506	5,436	453
	계	1,687	1,658	1,644	1,692	1,676	1,745	1,820	1,883	1,814	1,859	1,923	1,990	21,391	1,782.5
고용수	일본인	48	32	28	116	35	90	82	84	43	53	144	136	891	74.2
	반도인	32	-	1	34	2	14	59	60	1	55	6	27	291	24.2
	계	80	32	29	150	37	104	141	144	44	108	150	163	1,182	98.5
해고수	일본인	27	27	37	97	43	34	63	65	89	57	52	61	674	56.5
	반도인	1	1	6	5	10	1	3	16	24	6	34	35	148	12.3
	계	28	28	43	102	53	35	66	81	113	63	86	96	827	68.9

(단위: %)

고용률	일본인	5.58	반도인	5.35	평균	5.52
해고율	일본인	4.26	반도인	2.72	평균	3.87
이동률	일본인	1.33	반도인	2.63	평균	1.66

10) 가동 상황(1941년)

(단위: %)

구분	1월	2월	3월	4월	5월	6월	7월	8월	9월	10월	11월	12월
일본인	88.4	91.6	91.1	89.2	90.2	90.0	90.3	86.0	86.0	88.6	90.5	90.7
반도인	90.9	92.7	92.9	90.0	90.7	93.2	94.9	90.0	90.6	89.2	88.9	90.1

11) 근속 연수(1941년 3월 31일 현재)

구분		6개월 미만	1년 미만	1~ 3년	3~ 5년	5~ 10년	10~ 15년	15~ 20년	20~ 25년	25~ 30년	30년 이상	계
일본인		183	155	383	126	145	65	86	86	25	8	1,262
반도인		81	112	188	–	–	1	–	–	–	–	382
백분율	일본인	11.1	9.4	23.3	7.7	8.8	4.0	5.2	5.2	1.5	0.5	76.7
	반도인	4.9	6.9	11.4	–	–	–	–	–	–	–	23.3

12) 재해 상황

월별		1월	2월	3월	4월	5월	6월	7월	8월	9월	10월	11월	12월	계	평균
중상	일본인	1	4	14	9	4	7	7	7	8	18	8	12	99	6.4
	반도인	10	2	2	1	3	2	1	3	9	4	2	10	49	9.0
사망	일본인	–	2	–	–	–	–	–	–	1	–	1	–	4	0.3
	반도인	–	1	–	–	–	–	–	–	1	–	–	–	2	0.2

(미요시·사사키)

G광업소 생산관리

1) 근무자 총수　4,739명 (1941년 12월 말 현재)
　일본인　3,120명
　반도인　1,259명

2) 작업장의 배치

채탄부(갱내부)는 일본인 2,367명, 반도인 1,138명이다. 백분율로 하면 각각 전체 갱내부의 67.5%, 32.5%이다. 지주부는 겨우 몇 명에 불과한데 이들은 오로지 본갱의 갱도 지주 작업만 담당하는 전문 지주부로서 모두 일본인이다. 갱외부로는 갱외의 운반부, 운전부, 선탄부 및 잡역부를 포함하여 일본인이 753명, 반도인이 121명이며 각각 갱외부 총수에서 86.2%, 13.8%가 된다. 이 광업소에서 충전부인 자는 없다(이상의 숫자는 모두 1941년 12월 말 현재이다.).

3) 생산관리 직원, 조직 및 인원

반도인 직원은 한 명도 없고, 조직에 대해서는 특별한 점이 없다.

4) 직장 전환

반도인 아토야마를 사키야마로 만든 사례는 개소 이래 한 번 있은 정도이다. 작업의 전환은 무수히 많기 때문에 일일이 열거할 수 없다.

5) 작업훈련 조직

처음 며칠간 갱외에서 보안과 작업에 관해 약간의 지식을 가르치고 난 다음에 10일 정도 갱내에서 작업지도를 한다. 그 후 3개월 정도 사이에 부적당한 사람은 도태된다. 이는 일본인, 반도인 모두 마찬가지이다. 작업에서 특히 주의해야 할 점으로는 능력의 상이, 책임감 상이, 언어의 불통 등 보다 보안에 관해 특별히 주의할 필요가 있다고 한다.

6) 생산관리 방법

생산관리 측면에서 반도인의 장점은 체력이 뛰어나고 특히 내열작업에 우수하다고 한다. 단점으로는 제5항에서 설명한 바와 같이 책임감 부족, 작업인식 정도의 박약, 봉사정신 결여를 들 수 있다. 반도인을 작업에 배치할 때 이상의 사항을 고려해서 일본인의 지도하에 두는 것이 좋다. 보안에 관해 책임 있는 직종에는 주의가 필요하다. 반도인의 능률은 일본인에 비해 약간 떨어진다. 그리고 일본인이 반도인 생산관리를 맡을 때 가장 곤란한 점은 언어로 의사소통하는 데 충분하지 않은 점이다.

같은 작업장에서 일본인과 협동할 때 반도인은 순종하고 일본인은 지도하는 입장이라는 점을 서로 잘 자각하고 있기 때문에 불상사가 발생하지 않는다. 만약 반도인끼리만 작업을 할 경우에는 적당한 사키야마만 있으면 일단 문제가 없는데 이 광업소에는 현재 사키야마에 적합한 반도인이 없다.

7) 작업 과정

⊙ 1941년 각 월 출탄량 (1일 1인당)

단위 : 톤		1월	2월	3월	4월	5월	6월	7월	8월	9월	10월	11월	12월
채탄부	전원	1.10	1.14	1.21	0.97	0.86	0.73	0.70	0.70	0.84	0.94	1.01	0.96
	반도인	0.90	0.93	0.99	0.79	0.70	0.59	0.62	0.62	0.74	0.80	0.87	0.81
갱내부	전원	0.83	0.86	0.92	0.72	0.63	0.53	0.58	0.56	0.60	6.67	0.71	0·68
	반도인	0.82	0.83	0.89	0.70	0.61	0.51	0.53	0.58	0.62	0.71	0.76	0.70
전갱부	전원	0.64	0.68	0.72	0.54	0.43	0.37	0.38	0.42	0.45	0.50	0.51	0.51
	반도인	0.80	0.85	0.76	0.68	0.54	0.46	0.45	0.50	0.54	0.64	0.69	0.64

⊙ 1941년 12월 실수령임금(實收賃金) 예

		직종	구분	출근일수	공수 (工數)	월수령액			1일당(엔)
						청부(엔)	수당(엔)	계(엔)	
6갱	최고	사키야마(先山)	일본인	31	42	171.59	29.80	201.39	6.30
		아토야마(後山)	일본인	30	31	115.84	22.20	138.04	4.60
		同	반도인	28	34	102.19	21.40	123.59	4.41
		同	반도인	30	37	92.56	18.50	111.06	3.70
		同	반도인	31	32	104.17	20.42	124.59	4.02
	최저	지주부	일본인	23	23	83.05	9.20	92.25	4.01
		사키야마	반도인	30	30	84.00	12.00	96.00	3.20
		아토야마	반도인	27	27	57.65	11.50	69.15	2.56
4갱	최고	사키야마	일본인	31	31	131.95	10.15	142.10	4.58
		아토야마	일본인	31	31	86.26	7.75	94.01	3.03
		同	반도인	30	30	112.97	8.00	120.97	4.03
	최저	同	일본인	27	27	60.45	7.15	67.60	2.50
		同	반도인	28	28	57.78	7.00	64.78	2.31

8) 작업시간 및 교대제

일본인과 반도인의 구분은 없다. 이 광업소에서는 3교대제를 원칙으로 하고 갱내 작업시간은 8시간이다. 특수 작업장 및 갱외 작업장에서는 12시간 2교대제를 채택한 곳도 있다.

휴일은 1주일에 한 차례씩 매주 일요일인데 축일(祝日)과 제일(祭日) 때는 적당하게 안배해서 1주일에 한 차례 이상 휴일이 없도록 하고 있다. 또한 정월에 1일, 백중날에 2일, 우지가미(氏神)[17] 제일을 휴일로 한다.

휴식의 경우 갱내부가 정시에 휴식하는 일은 없고 적당하게 자기들이 쉬고 싶을 때 쉬는 형편이다.

9) 고용 및 해고 상황

⊙ 1941년 각 월 이동 상황

		1월	2월	3월	4월	5월	6월	7월	8월	9월	10월	11월	12월
일본인	채용수	200	217	130	204	84	112	157	204	110	102	112	498
	해고수	222	213	277	289	119	91	236	174	211	74	116	200
반도인	채용수	287	316	-	244	3	-	4	-	1	-	3	12
	해고수	65	44	58	37	53	38	48	100	57	59	70	29

17 각 지역마다 수호신인 우지가미(氏神)에게 제사지내는 날

10) 가동 상황

⊙ 1941년 각 월 가동률

(단위: %)

	채탄부		기타 갱내부		갱외부		평균		
	전원	반도인	전원	반도인	전원	반도인	전원	일본인	반도인
1월	73.33	77.62	79.43	75.11	79.31	80.29	75.81	75.0	77.71
2월	82.65	89.62	90.69	88.93	90.41	90.54	85.69	83.6	89.67
3월	84.73	90.96	91.30	92.06	91.98	93.62	87.39	85.7	91.23
4월	79.63	86.85	87.34	86.87	96.47	92.83	93.51	81.4	87.35
5월	81.93	88.68	87.48	91.20	90.07	89.80	84.89	79.6	89.02
6월	79.32	87.53	85.79	87.75	88.62	91.17	82.75	79.8	88.07
7월	78.01	86.30	85.29	89.50	88.15	87.18	81.85	78.9	86.70
8월	80.01	85.08	85.41	85.60	90.05	91.56	83.40	78.8	85.62
9월	78.77	85.58	86.80	90.14	88.88	89.40	82.87	81.5	86.27
10월	79.97	86.73	85.21	88.47	88.83	91.51	82.96	80.75	87.27
11월	80.87	88.07	88.58	89.50	89.49	87.68	84.59	83.2	88.16
12월	80.95	86.60	90.88	92.20	90.53	85.91	85.24	84.5	87.13

비고) 일본인 평균 항목은 본 연구소에서 산출한 것이다.

11) 근속 연수

⊙ 1941년 8월 말 근속 연수별 인원

		1년 미만	1~ 2년	2~ 3년	3~ 4년	4~ 5년	5~ 6년	6~ 7년	7~ 8년	8~ 9년	9~ 10년	10년 이상
일본인	남	689	330	288	275	291	189	143	135	64	46	398
	여	150	159	100	26	19	14	7	12	9	2	8
반도인 남자		1,194	269	–	–	–	–	–	–	–	–	–

12) 재해 상황

통계 자료를 받지 못했다. 다만 일반적으로 이 광업소의 경우 갱내에서 반도인이 내지인에 비해 재해를 당하는 횟수가 많다.

(스즈키·다나카)

H광업소 생산관리

1) 노무자 총수 3,395명

<table>
<tr><td rowspan="3">직속</td><td colspan="2">일본인</td><td>2,903명</td></tr>
<tr><td rowspan="2">반도인</td><td>이입인</td><td>452명</td></tr>
<tr><td>자유모집</td><td>40명</td></tr>
<tr><td rowspan="2">기타</td><td colspan="2">일본인</td><td>87명</td></tr>
<tr><td colspan="2">반도인</td><td>87명</td></tr>
</table>

2) 작업장 배치

<table>
<tr><th></th><th></th><th>총수</th><th></th><th>반도인</th><th>비율(%)</th></tr>
<tr><td rowspan="7">노무자</td><td>광부</td><td>345</td><td></td><td>4</td><td>1.2</td></tr>
<tr><td rowspan="2">갱내잡부</td><td rowspan="2">682</td><td>(移)</td><td>319</td><td>46.8</td></tr>
<tr><td>(自)</td><td>18</td><td>2.6</td></tr>
<tr><td>선광부</td><td>315</td><td>(移)</td><td>56</td><td>17.8</td></tr>
<tr><td rowspan="2">갱외잡부</td><td rowspan="2">151</td><td>(移)</td><td>17</td><td>11.2</td></tr>
<tr><td>(自)</td><td>13</td><td>8.6</td></tr>
<tr><td>정련잡부</td><td>134</td><td>(移)</td><td>55</td><td>41.0</td></tr>
<tr><td colspan="3" rowspan="2">기타 노무지도자</td><td>(自)</td><td>1</td><td>이입자에 대한 지도자</td></tr>
<tr><td>(自)</td><td>2</td><td>일본 직접고용자에 대한 지도자</td></tr>
</table>

비고) (移)는 이주노무자, (自)는 자유노무자를 가리킨다.

3) 생산관리 조직

(1) 각 계(係)는 다음과 같다.

갱내계	1	선광계	4
정련계	3	갱외계	1
기계전기계	1	토목건축계	1

(2) 계통

계장-계원-직장-오장(伍長)-종업원

갱내에서는 계장-구장-계원으로 되어 있다.

(3) 반(班) 제도

회사 측은 오장제도를 5인제도에 준하는 제도로 하고 있다. 직물 배치는 동일 오장 아래 1개월간 동일 종업원을 배속시키고 있는데 작업장 변경에 따라 채광구성원의 크기가 끊임없이 변동하기 때문에 동일 편성을 영구화할 수 없는 경우가 많다. 오장 이상에 반도인은 없다.

(4) 작업훈련 조직의 일례로서 착암부(鑿巖夫)를 보면 이들은 3개월간 기초훈련을 연습한 다음 다시 성적이 우수한 자를 선발하여 숙련자의 조수를 하는데 약 3개월의 수습을 거쳐 독립을 시키고 있다.

6) 생산관리 방법

(1) 반도인의 장점 및 단점

• 장점

① 순종적이며 연장자를 존경한다.

② 노동에 참을성이 있다.

③ 결근을 하지 않는다.

• 단점

① 부화뇌동하는 성향이 있다.

② 방랑 기질이 있다.

③ 위생 사상이 결여되어 있다.

④ 동작이 둔하다.

⑤ 단체훈련이 되어 있지 않다.

⑥ 습관과 언어가 달라서 사용하기 어렵다.

⑦ 한 막장을 반도인에게 맡겨두면 성적이 나쁘다.

⑧ 쉬운 일은 잘 하는데, 어려운 일은 모른 척하며 하지 않는다.

⑨ 말이 통하지 않는 것을 의식한다.

(2) 일본인이 반도인에게 나쁜 짓을 가르쳐 줄 때가 있다. 이유는 다분히 일본인이 반도인을 경쟁상대로 두려워하기 때문일 것이다.

7) 작업 과정

처음에는 일본인의 75%, 나중에는 90% 정도가 된다.

8) 노동시간

(1) 다음 세 종류의 제도가 있다.

① 3교대제	오전 6:00~오후 2:00(휴식 30분)
	오후 2:00~오후 10:00(휴식 30분)
	오후 10:00~오전 6:00(휴식 30분)
② 2교대제	오전 6:00~오후 6:00(휴식 60분)
	오후 6:00~오전 6:00(휴식 60분)
③ 전일 근무	오전 7:00~오후 4:30

(2) 휴일은 매월 2회의 공휴(公休)가 있다.

9) 고용 및 해고 상황

		1월	2월	3월	4월	5월	6월	7월	8월	9월	10월	11월	12월
월초 재적수	총수	2,772	2,882	2,961	2,947	2,872	2,780	2,823	2,951	3,009	2,810	2,930	3,098
	반도인	305	296	287	253	225	222	220	269	264	252	322	399
고용수	총수	190	236	216	211	129	127	246	248	104	193	234	373
	반도인	–	1	1	–	1	6	51	3	1	75	80	97
해고수	총수	90	147	230	286	221	104	118	190	303	73	66	76
	반도인	9	10	35	28	4	8	2	8	13	5	3	4

10) 이동률

	1월	2월	3월	4월	5월	6월	7월	8월	9월	10월	11월	12월
총수	10.1	13.4	15.0	16.8	12.2	8.3	12.9	14.8	13.5	8.2	10.2	14.5
반도인	2.9	3.7	12.5	11.1	2.2	6.3	24.0	4.1	5.3	31.8	25.8	25.3

11) 가동 상황

(단위: %)

	1월	2월	3월	4월	5월	6월	7월	8월	9월	10월	11월	12월
총수	91.6	90.2	87.8	90.5	89.2	92.1	94.9	93.6	93.0	93.8	94.7	-
반도인	82.3	86.0	85.1	80.3	83.0	86.2	85.6	83.9	83.5	84.2	85.8	-

12) 재해 상황

일본인과 반도인의 구별이 없다.

(요시에)

I광업소 생산관리

1) 노무자 총수

일본인 1,879명

반도인 284명

2) 작업장 배치

채광부	226명
기타 갱내부	954명
지주부	69명
갱외부	914명

3) 생산관리 조직 및 인원

반도인 유무 인원 1명

4) 직장 전환

갱내 작업에서 갱외 작업으로 5명

잡역에서 기술 작업으로 14명

5) 작업훈련 조직

(1) 훈련기간 3개월

(2) 직장배치까지 경과

- 3개월의 훈련기간을 거쳐 곧바로 현장에 배속한다.

(3) 작업지도에 특히 주의해야 할 점

- 말이 통하지 않는 자가 많기 때문에 작업 중의 거동(일거수일투족)에 세심한 주의가 필요하다.

6) 생산관리 방법

(1) 청부 할당량을 받으면 작업능률이 오른다.

(2) 언어가 상당히 문제가 된다.

(3) 동일한 작업에 종사시키는 것도 좋다.

8) 작업시간 및 교대제

9~10시간	1반	오전 7:00~오후 4:00
	2반	오후 4:00~오전 1:00
	3반	오전 1:00~오전 7:00
휴식시간 및 휴일	휴식시간은 1시간이다. 휴일은 1, 3째 주 목요일, 4대 명절, 산신제, 정월, 백중날이다.	

9) 고용 및 해고 상황

1941년도 중 3개월		10월	11월	12월
월말 재적수	일본인	1,860	1,872	1,879
	반도인	301	294	284
	계	-	-	-
고용수	일본인	55인	68인	41인
	반도인	-	-	-
	계	-	-	-

해고수	일본인	105	63	44
	반도인	(20)	(5)	(10)
	계	–	–	–

10) 가동 상황

(단위: %)

1941년도		10월	11월	12월
일본인	출근율 평균{(출근자수/재적)×100}	78	78	79
반도인		86	85	87

11) 근속 연수

	1년 미만	1~2년	2~3년	3~4년	4~5년	5~6년	6~7년	7~8년
일본인	654	450	324	298	257	36	17	17
반도인	96	188	–	–	–	–	–	–

12) 재해 상황

		1월	2월	3월	4월	5월	6월	7월	8월	9월	10월	11월	12월	계
중상	일본인	–	–	–	–	–	–	–	–	–	–	–	–	–
	반도인	–	–	4	2	–	4	–	2	–	3	1	–	16
사망	일본인	–	–	–	–	–	–	–	–	–	–	–	–	–
	반도인	–	–	1	1	–	2	–	1	–	1	1	–	17

(안도)

K광업소 생산관리

1) 일본인 노동자와 반도인 노동자의 구성

이 탄광에서 일본인 노동자와 반도인 노동자의 수, 그리고 구성비는 다음과 같다. 반도인 노동자는 모두 1939년 10월 이후 노무동원계획에 기초하여 이주한 반도인이다.

노동자 총수	7,981인	100.0%
일본인	6,880인	86.2%
반도인	1,101인	13.8%

비고) 1941년도 평균 1개월 재적에 따른다.

그러나 반도인 노무자는 주로 갱내 채탄 작업에 배치되고 있는데 그 직종별 배치 상황은 2)와 같다.

2) 반도인 노동자의 작업배치, 일본인 노무자의 대체 진행 상황

전항의 첫 번째에서 확인된 반도인 노동자의 진출은 작업종별로 어떠한가? 이를 1941년도 1월의 평균재적직종별표에 따라 나타내면 다음과 같다.

우선 갱내와 갱외 어느 쪽 중점을 두고 있는지 살펴보면 다음과 같이 갱내 작업을 주로 하여 배치된 갱내부의 19%가 반도인 노동자로 대체되어 있다.

내선별	갱내(명)	갱외(명)	갱내 비율	갱외 비율
반도인 노동자	1,073	28	19%	2%
일본인 노동자	4,568	1,705	81%	98%
계	5,641	1,733	100%	100%

다음으로 반도인 노동자의 작업 종류별 배치상황을 살펴보면 다음과 같다.

갱내					갱외			총계
채탄	지주	운반	공작	잡부	선탄	운반	잡부	
928	116	18	5	6	9	17	2	1,101
84%	11%	2%	-	-	1%	2%	-	100%

즉 전술했듯이 반도인 노동자는 대부분이 채탄부로 배치되어 있다.

⊙ 대체상황

다음으로 이 탄광에서 반도인이 전혀 배치되지 않은 직종을 살펴보면, 다음과 같이 갱내에서는 기계, 용원(傭員), 갱외에서는 기계부, 공작부, 전기부, 용원(傭員)에 반도인이 하나도 없다. 각 직종별로 일본인 노동자와 반도인 노무자의 구성비를 살펴보면 다음과 같이 대체상황이 판명된다.

내선별	갱내					갱외		
	채탄	지주	운반	공작	잡부	선탄	운반	잡부
반도인	928	116	18	5	6	9	17	2
일본인	2,876	648	284	95	130	112	222	294
계	3,804	764	302	100	136	121	239	296
반도인	24.4%	15.2%	5.9%	5.0%	4.4%	7.4%	7.1%	0.7%
일본인	75.6%	84.8%	94.1%	95.0%	95.6%	92.6%	92.9%	99.3%
계	100.0%	100.0%	100.0%	100.0%	100.0%	100.0%	100.0%	100.0%

즉, 대체가 가장 진행된 직종에서부터 순서대로 열거하면 채탄, 지주, 선탄, 갱외운반, 갱내운반, 갱내공작, 갱내잡부, 갱외잡부 순이다.

이를 반도인을 전혀 사용하지 않는 앞의 작업일람표와 6)의 사업장 측의 경험들을 합쳐서 생각하면 향후 앞으로의 대체 방향을 대체로 짐작할 수 있다.

3) 생산 지도를 담당한 직원 중에 반도인이 있는가

생산 지도를 담당한 직원 중에 반도인은 없다. 다만 채탄 사키야마 중에 반도인이 다소 있는데 그 정확한 숫자는 알 수 없다.

주) 이 탄광에서 사키야마라 부르는 것은 다른 광산과 같이 현저하게 작업을 이끌고 가는 입장이 아니다. 다시 말해 이 탄광은 후퇴식 수평막장 채탄 방식을 채택하고 있는데 하나의 막장에 40~50명 정도가 들어가고 대략 5명에 1명의 반장을 둔다(이것이 다른 광산의 사키야마에 해당한다.) 그러나 반원(班員) 모두가 곡괭이와 삽을 사용하고, 반장과 일반 반원 사이에 작업을 지도하고 지도받는 관계가 거의 없다. 이는 임금에서도 나타나는데, 반장(즉 다른 탄갱의 사키야마)과 일반 반원 사이에 20전 정도밖에 차이가 나지 않는다. 다른 광산의 사키야마 대 아토야마의 분배율에 큰 차이가 있는 것과는 다르다. 반도인으로서 사키야마라는 것의 의미는 이 정도 의미로 생각해야 한다.

4) 직장 전환

반도인 노동자는 앞에서 설명한 바와 같이 대개 숙련이 필요 없는 근육작업을 중심으로 배치되어 있는데, 그 중에서도 성적이 우수한 자로서 상대적으로 숙련이 필요한 작업으로 전환 배치되는 자가 상당 수 있다. 그러나 그 실제 수와 구체적인 사례는 여기에서 설명할 수 없다. 그러나 반도인 노동자를 숙련 작업으로 배치하고 촉진하는 경향과 그 가능성을 반도인 노동자 직종별 구성비와 연도비율로 나타내면 다음과 같다.

(단위: %)

직종	반도인 노동자의 직종별 구성										
	갱내						갱외				계
	채탄	지주	운반	기계	공작	잡부	운반	선탄	기계	잡부	
1937년도	96.0	-	-	-	-	-	1.3	2.7	-	-	100.0
1938년도	71.5	9.8	1.5	-	-	-	3.7	11.3	-	2.2	100.0
1939년도	65.2	8.5	0.9	-	-	-	3.4	17.8	-	4.2	100.0
1940년도	96.0	-	-	-	-	-	1.3	2.4	-	0.3	100.0
1941년도	81.3	9.6	2.6	0.1	0.3	0.4	1.6	3.6	0.5	-	100.0

비고) 각 연도의 5월 말 현재, 구성비만을 나타냈다. 1940년도 이전은 기주(旣住) 반도인이다.

다시 말해, 기주 반도인 노동자의 경우에서도 숙련 작업으로 전환되는 가능성은 표시한 바와 같이 관찰되고 있다(1939년도까지 참조). 당시 일본인 노동자가 상대적으로 질적으로 우수함에도 불구하고 이들과 경쟁할 수 있었다.

1939년 10월 반도인 이입이 허가된 이래 처음에는 주로 채탄부에 배치했는데, 노동력 시장이 계속 줄어들면서 1941년도 표에서 나타난 바와 같이 거의 탄광에서 모든 직종에 배치되기에 이르렀다. 게다가 갱내와 갱외의 기계, 갱내 공작 관련 분야까지 배치되는 것은 중일전쟁 이래 처음 있는 것으로서 주목할 만하다. 아직까지 반도인이 배치되지 않은 채 남아있는 직종은 갱외 공작 분야뿐이다.

5) 훈련 상황

훈련기간은 법규대로 3개월로 되어 있지만 자세히 설명하자면 도착 후 2일간은 갱외에서 견학을 실시한다. 이어서 4일간 갱내 견학을 하면서 작업에 필요한 주의사항, 안전 필수사항, 작업용 도구의 명칭, 사용방법 등을 개략적으로 갱외에서 교육하고 있다. 이상 합계 6일이 경과하면 갱내로 내려가 일반 갱부와 마찬가지로 작업에 종사한다. 갱을 나오면 소정의 과목을 교육한다. 그리고 약 2주간 동안 입갱하기 전에 대기장에 정렬해서 작업용구의 명칭을 외우는 교육을 실시한다.

이 탄광에서 특징적인 교육훈련은 처음 2주간에 실시하는 작업용구에 관한 실물교육이다. 이 교육은 다음 두 가지 목표를 중심으로 실시되고 있다.

(1) '안녕하십니까?', '안전하게', '감사합니다.'와 같은 작업에 꼭 필요한 작업어(作業語)를 습득시킨다.

(2) 쇼베루(삽), 핏쿠(곡괭이), 와루바시(젓가락) 등의 작업용구 명칭과 개략적인 사용방법을 가르친다.

이 교육방법은 ①구체적일 것, 즉 실물에 관해 실시한다. 또한 약간의 실습을 한다. ②구체적으로 할 것. 대체로 회화연습과 같이 일제히 소리를 낸다거나 2개조로 나누어 시키는 식이다. 효과가 크다고 한다.

⊙ 보충 훈련기간 중 임금

임금 항목을 상술하면, 임금은 입사 후 1개월간 어떤 작업이든 2.50엔의 고정급을 지급한다. 2개월째부터는 채탄 등과 같이 각각 일반 노무자와 같이 비율별로 집단청부임금을 지불한다.

보통의 노무자를 100으로 할 경우 비율은 다음과 같다. 물론 개인차가 발생한다.

1개월 이상 2개월 미만	50
2개월 이상 3개월 미만	60
3개월 이상 4개월 미만	70
4개월 이상 5개월 미만	90
5개월 이상	100

이 비율은 현장직원의 주관적인 판단에 근거하여 반도인 노동자의 비율을 비교한 것이다.

다만 일본인 노동자의 경우에도 비경험자는 이것과 대체로 비슷한 능률을 보인다.

6) 현장 직원이 바라본 반도인 노동자의 특성

요약하자면, "반도인 노동자는 기계에 관한 작업, 약간 지능적인 판단이 필요한 작업에는 적합하지 않다. 그러나 가망이 없는 것은 아니다"라는 의견이 있다. 다만, 이 탄광에서는 전 직종의 80%까지 반도인 노동력으로 대체 가능하고 또 그렇게까지 한다는 전망 아래 반도인 노동자를 채용하고 있다.

작업지도에 곤란한 점으로는 무엇보다 우선 말이 통하지 않는 점, 다음으로 작업동작이 느리다는 점, 인내력이 없다는 점, 규칙적인 것을 싫어해서 어렵다는 점 등을 진술하였다. 이 탄광의 현장 관계자가 반도인 노동자에 대해 느끼는 생각은 이상과 같다.

일본인 노동자와 함께 배치할 때 곤란한 점에 대해서는 '곤란한 점 없음'이라고 진술했다. 즉, 현재 상당히 다수의 반도인 노동자를 사용하고 있기 때문에 함께 배치하는 데 서로 익숙해졌다고 할 수 있다. 반도인 노동자의 집단생산량 임금 참가율(비율)이 일본인 노동자보다 (합리적)이라고 생각하면서부터 이런 문제는 없어졌다고 할 수 있다.

한 작업장에 반도인 노동자만 배치하는 것이 적당하다고 하는 지도자는 현재 없으며 또한 그럴 필요도 없는 것 같다.

이상 현장 지도자의 귀중한 경험을 경청하며 여러 의견을 나눈 결과, 우리는 다음과 같은 인상을 받았다.

다시 말해, 이 탄광의 채탄작업(반도인 노동자 대부분이 채탄에 배치되어 있기 때문에 이를 대표적으로 살펴본다.)은 앞의 3)에서도 다룬 것과 같이 각 반(班)에서 반원들이 서로 연락하는 정도가 반드시 크지 않기 때문에(일반적으로 채탄작업에서 부분 작업의 분업과 종합이 뒤떨어져 있다고 하는데 이 탄광은 그 정도가 더욱 낮은 것 같다.) 반도인 노동자와 일본인 노동자가 함께 일을 하는데 커다란 어려움을 경험하지 않은 것으로 생각된다.(반내 연락이 필요한 정도의 차이 또는 이를 규제하는 원인에 대해서는 여기에서 다루지 않는다.)

심지어 집단생산량제 아래에서 생산량에 따른 임금 안배 문제가 이러한 구성의 성패를 결정하는 열쇠인 것 같다. 그리고 이 탄광에서 일본인 노동자에 한해서는 이것의 차이가 꽤 큰데 이 문제는 성공한 것 같다.(이 문제는 다른 관점에서 볼 때 다르게 평가될 수 있겠지만 여기서는 다루지 않는다.) 우리가 관찰한 것은 이 두 가지 문제이다.

7) 반도인 노동자와 일본인 노동자의 능률 비교

이 문제에 관해서 우리는 오로지 현장 지도자의 '확실한' 판단에 의존할 수밖에 없지만 대체로 보통의 상태를 100으로 할 때 아래와 같은 판단을 내렸다.

2개월까지	50
3개월까지	60
4개월까지	70
4개월 이상	90
5개월 이상(대체로)	100

그런데 일본인 미경험자도 100이 되기까지 3~4개월 정도 걸린다.

최근에 일본인 노동자의 경우 주로 체력에 의존하는 탄갱작업에서 수정이 필요하다. 다시 말해, 능률 면에서 뒤떨어지고 있는 상태이다. 이는 기술이 없는 단계에서 체력을 우선하는 작업에서는 있을 수 없는 일이다.

8) 작업시간, 휴식, 휴일, 교대제 일반

채탄부, 굴진부, 사조부의 1부는 3교대제이다. 소위 막장교대라고 해서 막장 작업시간은 8시간인데 입갱해서 갱 밖으로 나오기까지 10시간(왕복시간 계산)이다. 휴식시간은 특별히 정해져 있지 않고 수시로 작업이 돌아가는 상황을 보아가며 임의로 휴식을 취한다.

휴일은 매달 4회

9) 반도인 노동자의 고용 및 해고 상황

1941년도 모집 허가 수는 4,050명인데 실제 모집할 수 있는 인원은 2,529명이다.

이 탄광은 1941년도 모집 지역 충청북도가 할당되었다. 가족동반 여부와 국어 이해 상태 등 몇 가지를 간단히 적으면 다음과 같다.

⊙ 가족 동반 여부

- 독신자 930명(전체 약 37%) 1,430명(전체 약 57%)
- 가족이 있는 자 1,430명(전체 약 57%)
- 불명인 자 169명(약 6%)

가족이 있는 자 가운데 나중에 가족을 초청한 자는 421세대(가족이 있는 자 중에서 29%), 1,121명

가족 1호당 가족 인원수는 2.6명이 넘는다.

⊙ 일본어 이해 정도

- 일본어 이해하는 자 413명(전체 16%)
- 일본어 모르는 자 2,037명(79%)
- 불명인 자 79명(5%)

일본어 이해자의 비율인 16%는 조선에서 전체 인구의 일본어 보급률인 13.9%(1939년 말)보다 높은데, 일본도항자의 질적 수준을 말해주고 있다.

⊙ 해고

다음으로 해고(현 단계에서는 해고는 도망이나 자발적 퇴직으로 나타내고 있다)에 대해 기술하면, 위의 2,529명의 이주자 중에서 1941년 1월 하순 재적자 수는 909명(즉 38.8% 잔존율), 도망과 기타 퇴사자 수는 1,620(61.2%의 퇴사율)이다. 반도인 노동자의 이동 문제는 어쨌든 큰 문제가 되고 있다(그러나 일본인 노무자의 이동보다 대체로 양호하다). 이 퇴사자 수 1,620명 중에서 대부분(약 73%) 즉 1,189명은 도망자인데 이 중에 177명은 발견되었고 이 중에 48명은 조선으로 송환되었다. 나머지 608명 가운데 인간성 불량으로 송환된 자가 94명, 병(病) 때문에 조선으로 귀환한 자가 48명, 일하기 싫은 자 12명, 가족과 기타 사고 때문에 귀선한 자가 375명이다.

현장 관계자들이 지적하는 반도인 노동자 이동의 원인은 다음과 같다.

(1) 도망이 격증하는 원인은 도항 전부터 다른 목적을 가지고 단지 잠깐 동안 일본에 도항할 방편으로 온 자가 많기 때문이다(이처럼 편승도항자는 100명 중 60명 정도로 보인다).

(2) 연고를 내세워 사람을 유혹하여 빼내는 것이 기승을 부림(다른 작업장에 사람을 소개하고 돈을 받는 기주 반도인들이 많기 때문에 이러한 일이 빈번하다).

(3) 일본인 노동자의 경우와 비슷하게 여러 탄광을 옮겨 다니는 일이 상당히 많은데, 탄광 간에 조건 차이가 크다는 점 외에도 최근에 식량부족 때문에 식량규제가 느슨한 지역[예를 들면 사가현(佐賀縣)으로 이동하거나 본토의 농촌에 일용직 인부 또는 조수로 이동하는 자가 있다.]

10) 출근 상태

이 탄광은 반도인의 출근 상태를 조사한 자료가 없어서 알 수 없다.

11) 근속 연수별 분포(자료 없음)

반도인 노동자는 모두 이주 반도인으로서 1940년 이후 채용되었다.

(고다마)

L광업소 생산관리

1) 근무자 총수

일본인	1,900명
반도인	700명
재적 계	2,600명

2) 작업장 배치

			1933년			1937년			1938년		
			일본인	반도인	계	일본인	반도인	계	일본인	반도인	계
갱내부	채탄부	남	733	1	734	664	117	781	668	88	756
	지주부	남	243	-	243	424	13	437	540	10	550
	운반부	남	68	-	68	69	2	71	83	3	86
	기계부	남	48	-	48	62	-	62	67	-	16
	공작부	남	50	-	50	65	-	65	71	-	71
	잡부	남	140	-	140	81	-	81	44	-	44
	계		1,282	1	1,283	1,365	132	1,497	1,473	101	1,574
갱외부	선탄부	남	30	-	30	18	-	18	10	-	10
		여	99	-	99	92	-	92	91	-	91
	운반부	남	32	-	32	41	-	41	35	-	35
	기계부	남	92	-	92	115	-	115	122	-	122
		여	-	-	-	2	-	2	3	-	3
	공작부	남	79	-	79	133	-	133	125	-	125
	잡부	남	76	-	76	80	-	80	75	-	75
		여	11	-	11	13	-	13	17	-	17
	계	남	309	-	309	383	-	383	367	-	367
		여	110	-	110	107	-	107	111	-	111
		계	419	-	419	490	-	490	478	-	478

전체 광부 합계	남	1,951	1	1,952	1,748	132	1,880	1,840	101	1,941
	여	110	–	110	107	–	107	111	–	111
	계	1,701	1	1,702	1,855	132	1,987	1,951	101	2,050

			1939년			**1940년**			**1941년**		
			일본인	**반도인**	**계**	**일본인**	**반도인**	**계**	**일본인**	**반도인**	**계**
갱내부	채탄부	남	558	293	881	384	473	821	437	409	846
	지주부	남	569	11	580	605	46	651	547	89	636
	운반부	남	56	4	80	85	3	88	99	4	103
	기계부	남	50	–	50	53	–	53	52	–	52
	공작부	남	55	–	55	52	–	52	48	–	48
	잡부	남	38	–	38	40	–	40	53	–	53
	계		1,376	308	1,684	1,219	486	1,705	1,236	502	1,738
갱외부	선탄부	남	7	1	8	4	1	5	3	–	3
		여	90	–	90	88	6	94	79	3	82
	운반부	남	38	2	40	47	4	51	46	3	49
	기계부	남	119	–	119	112	5	117	118	–	118
		여	8	–	8	6	–	6	8	–	8
	공작부	남	126	–	126	150	2	152	142	3	145
	잡부	남	74	–	74	78	–	78	76	–	76
		여	27	–	27	36	–	36	52	–	52
	계	남	364	3	367	391	12	403	385	6	391
		여	125	–	125	130	6	136	139	3	142
		계	489	3	492	521	18	539	524	9	533
전체 광부 합계		남	1,740	311	2,051	1,610	498	2,108	1,621	508	2,129
		여	125	–	125	130	6	136	139	3	142
		계	1,865	311	2,176	1,740	504	2,244	1,760	511	2,271

충전부는 23명(지주부)에 포함.

3) 생산관리 직원, 조직 및 인원

long 채탄과 Pillor system의 두 가지 방식이 있다. 이전에 반도인을 어느 정도 사용해 본 적이 있기 때문에 그만큼의 경험이 있다. 사키야마급에 해당하는 반도인이 다소 있다.

5) 작업 훈련

수입은 3개월간 2엔 50전이다. 바로 작업(채탄)에 배속시켜 종사시킨다. '반도인 취역 안내' 참조할 것. (5)의 2) 보도방법 참조할 것.

6) 생산처리 방법

이주 반도인 채용 이전부터 반도인 사용의 경험이 있다. 갱내 채탄작업에서 일본인 노무자와 함께 작업을 시키고 있는데 기주 반도인이 그 사이에서 연락을 담당하고 있기 때문에 큰 어려움은 없다.

7) 작업 과정

처음 3개월 정도는 능률이 낮은데 그다음에는 커다란 변화가 없다.

8) 작업시간 및 교대제

일본인과 반도인의 구별은 없다.

(1) 취업시간

1반	오전 6시부터~오후 4시까지 10시간
2반	오후 6시부터~오전 4시까지 10시간

단, 광산감독국장의 허가를 받아 2시간 이내에서 연장할 수 있다.

(2) 휴식 시간

중식 시간 40분, 업무 형편에 따라 작업이 한산할 때 수시로 휴식을 준다.

(3) 휴일

1월 1, 2일과 매월 각 일요일을 휴일로 한다. 단, 업무 형편에 따라 임시휴업을 하고 그달마다 일요일의 휴일과 휴일 사이에 10일을 넘지 않는 범위에서 3일 이내의 단축 또는 연장 조업을 하기도 한다. 이밖에 구 정월, 구 백중날 또는 대제(大祭)축일 등을 광산의 휴일로 하기도 한다.

12) 근속 연수별 공상(公傷) 통계표

근속 연수별		3개월 미만	3~6 개월	6개월 ~1년	1년~ 1년 반	1년 반 ~2년	2~3년	3~4년	4~5년	5~6년	6~7년	7~8년	8~9년	9~ 10년	10년 이상	합계
8월 휴업 이상 건수	일본인	**3**	**1**		**1**	**1**			**1**	**1**	**1**				**1**	**10**
		9	2	2	2	5	4	4	4	5	2	0	4	0	13	56
	반도인	7	3	2	1	1	3	0	0	0	0	0	0	0	0	17
	계	**3**	**2**		**2**	**1**	**1**		**1**	**1**	**1**				**1**	**13**
		16	5	4	3	6	7	4	4	5	2	0	4	0	13	13
	가동 천명당	0.275	0.086	0.069	0.050	0.103	0.120	0.069	0.069	0.086	0.034	0	0.069	0	0.223	1.254

9월 휴업 이상 건수	일본인	**2** 13	3	**1** 5	3	2	5	2	1	3	**1** 4	0	0	1	**6** 12	**10** 54
	반도인	**1** 6	2	4	**1** 2	**2** 2	1	0	**1** 1	0	0	0	0	0	0	**5** 18
	계	**3** 19	5	**1** 9	**1** 5	**2** 4	6	2	**1** 2	3	**1** 4	0	0	1	**6** 12	**15** 12
	가동 천명당	0.318	0.084	0.151	0.084	0.067	0.101	0.034	0.069	0.086	0.034	0	0.069	0	0.223	1.254
10월 휴업 이상 건수	일본인	**3** 8	**1** 4	**1** 4	**2** 3	**1** 1	3	**1** 5	4	**1** 3	2	0	1	0	**1** 10	**11** 48
	반도인	4	**1** 6	**1** 5	0	0	0	0	0	0	0	0	0	0	15	**2** 15
	계	**3** 12	**2** 10	**2** 9	**2** 3	**1** 1	3	**1** 5	1	**1** 3	2	0	1	0	**1** 10	**13** 63
	가동 천명당	0.198	0.164	0.148	0.049	0.016	0.049	0.082	0.065	0.049	0.033	0	0.016	0	0.165	1.038
11월 휴업 이상 건수	일본인	**1** 4	**2** 5	3	2	2	2	1	2	1	**1** 1	0	0	0	1	**4** 24
	반도인	5	0	**7** 10	0	1	0	1	0	0	0	0	0	0	0	17
	계	**1** 9	**2** 5	**3** 13	2	3	2	2	2	1	**1** 1	0	0	0	1	41
	가동 천명당	0.157	0.087	0.227	0.035	0.025	0.035	0.035	0.035	0.017	0.017	0	0	0	0.017	0.717
12월 휴업 이상 건수	일본인	**2** 8	3	**1** 3	**1** 3	0	1	9	0	1	2	0	2	1	3	**4** 36
	반도인	**1** 8	3	2	**1** 5	**1** 1	1	**1** 2	0	0	0	0	0	0	0	**4** 22
	계	**3** 16	6	**1** 5	**2** 8	**1** 8	2	**1** 11	0	1	2	0	2	1	3	**8** 58
	가동 천명당	0.224	0.091	0.076	0.121	0.015	0.030	0.168	0	0.015	0.030	0	0.030	0.015	0.046	0.884

원인별		2일 이하		3일 이상		14일 이상		30일 이상		일본인	반도인	계
		일본인	반도인	일본인	반도인	일본인	반도인	일본인	반도인			
낙반		–	–	7	8	2	2	–	–	9	10	19
운반장치	광차탈선	–	–	–	–	–	–	–	–	–	–	–
	기타	–	–	–	–	–	–	–	–	–	–	–
광차(전항 이외)		–	–	2	3	1	–	–	–	3	3	6
발파화약		–	–	–	–	–	–	–	–	–	–	–
가스중독 또는 질식		–	–	–	–	–	–	–	–	–	–	–
기계		–	–	2	–	–	–	–	–	2	–	2
돌 파편		–	–	1	1	–	–	–	–	1	1	2
공구		1	1	2	–	–	2	–	–	3	3	6
갱목, 경괴탄에 의한 타박		–	–	2	–	–	–	–	–	2	–	2
로프, 체인		–	–	–	2	–	–	–	–	–	2	2
염좌(捻挫)		–	–	–	–	–	–	–	–	–	–	–
구르거나 넘어짐.		–	–	1	–	–	–	–	–	1	–	1
못, 가시 등에 찔림.		1	–	1	–	–	–	–	–	2	–	2
기타		–	–	12	–	1	–	–	–	13	–	16
안구진탕(震蕩)증		–	–	–	–	–	–	–	–	–	–	–
렙토스피라증		–	–	–	–	–	–	–	–	–	–	–
합계		2	1	30	17	4	4	–	–	36	22	58

(고다마)

M광업소 생산관리

1) 노동자 총수

일본인 노무자와 반도인 노무자 수, 그 구성비는 다음과 같다.

노무자 총수	3,746	100%
일본인	3,170	84.6%
반도인	576	16.4%

반도인 중에 이주 반도인 수는 483명이다(1941년 12월 현재).

2) 작업장 배치

우선 반도인 노무자의 작업종류별 배치를 일본인 노무자의 그것과 비교하기 위해 갱내와 갱외로 크게 나누고 이를 살펴보면 다음과 같다.

내선별	갱내(명)	갱외(명)	갱내 비율(%)	갱외 비율(%)
반도인 노무자	534	42	20	3.6
일본인 노무자	2,045	1,125	80	96.4
계	2,579	1,167	100	100

(1941년 12월 현재)

즉 갱내부의 20%, 갱외부의 3.6%가 반도인 노무자로 대체되고 있다.

반도인 노무자 자체의 직종별 배치상황을 보면 다음과 같다. 가장 많은 직종은 채탄부(58.6%), 이어서 일역부(日役夫)가 36.4% 순이다.

갱내부				갱외부
채탄부	지주부	일역부	기타	
308	16	210	–	42
51.7%	2.7%	36.4%	0%	9.2%

반도인 노무자의 직종별 배치상황을 일본인 노무자와 비교하고 노동력 대체상황을 살펴보면 아래의 표와 같다.

	갱내부				갱외부
	채탄부	지주부	일역부	기타	
일본인(명)	580	659	472	334	1,125
반도인(명)	308	16	210	–	42
일본인 비율(%)	65.3	97.3	69.2	100	96.4
반도인 비율(%)	34.7	2.7	40.8	0	3.6
계	100%	100%	100%	100%	100%

반도인이 가장 많이 진출한 직종은 일역부(40.8%)이고 이어서 채탄부(34.7%)이다.

5) 작업훈련 조직

훈련막장을 설치하여 일본인 사키야마를 붙여 훈련시키는 것이 있는데, 이 방법으로는 좀처럼 직장에 익숙해지지 않기 때문에 이후 곧바로 채탄작업에 종사시킨다.

작업지도에 특별히 주의해야 할 점으로, 반도인은 단체훈련 정신이 없기 때문에 단체훈련에 중점을 두어야 한다. 반도노무자 임금은 1주까지 2엔 50전, 2주까지 3엔이다.

6) 작업시간 및 교대제

갱내부 경우는 10시간 2교대제

갱외부 경우는 10시간 2교대제

⊙ 휴식 시간

16세 미만자 및 여자에 대해서는 작업 중 1시간의 휴식을 주고, 그 밖에는 30분이 휴식 시간이다.

(곤도)

N광업소 생산관리

1), 2) 노무자 수 및 작업장의 배치

종별		채탄부	지주부	운반부	선탄부	기계부	공작부	잡역부	합계
1938년	일본인	1,816	1,827	441	383	437	246	608	5,758
	반도인	62	41	4	8	-	-	-	-
1939년	일본인	2,620	2,834	665	442	561	322	772	8,216
	반도인	182	136	7	1	-	-	21	361
1940년	일본인	2,394	3,221	723	422	585	373	905	8,623
	반도인	172	125	12	30	-	-	18	357
1941년	일본인	1,579	2,542	650	409	588	448	878	7,098
	반도인	928	412	96	38	2	-	26	1,503

3) 생산관리 직원, 조직 및 인원

생산관리를 하는 반도인 직원은 없다.

주) 1917년부터 반도인을 사용하고 있는데, 1931년 반도인들의 직장이었던 노천굴 채굴이 중지되면서 대부분 조선으로 귀환했는데(300~400명 중에 150~200명 정도 귀환) 갱내부로 직장을 전환하여 남은 자가 150~200명 정도 있다. 남아 있는 기주 노무자 중에서 사키야마가 된 사람이 상당수 있다.

주) 이를 이해하기 위해 환경, 작업조건에 대해서는 5)와 6)의 항목을 참조할 것.

소장	과장	광장(鑛長)	부장	주임	계원	계원보(補)	발파담당	합계
1	8	0	10	45	196	90	78	432

5) 작업훈련 조직

훈련기간은 3개월

도착 후 1~2일은 갱내, 갱외 견학

이어서 이 기간 중에 일본인 일반 노무자로부터 작업시간을 2시간 단축(8시간으로 한다)하여 교육을 받고, 지도막장을 설치하여(지도막장이라는 것도 낙반의 구조가 비교적 양호한 정도) 일본인 지도자가 붙어서 채탄작업을 교육한다.

매일 갱외에서 2시간씩 작업에 필요한 실물교육을 실시한다(협화회 지도방침에 따름).

주) 최초 2개월간은 고정급으로 다음과 같다. 전부 채탄으로 채용하기 때문에 채탄 임금으로 한다.

최초	1개월	2엔 50전
	2개월	3엔

취업 후 3개월부터 집단생산량제가 되어 일본인 노무자의 8할 정도가 된다.

훈련할 때 이 광산의 훈련 비율, 쉽게 작업할 수 있는 지질, 환경, 작업조건 등을 점검해야 한다. 즉, 3~5척의 탄층으로 가동하기 쉽고, 지질, 환경조건은 석탄층 비율이 양호하고 온도 조건도 섭씨 20도 이하에서 하는 게 대체로 움직이기 좋다.

채굴 방법은 long 방식 등 일본인과 조선인을 섞어서 들여보내고 있다. 기주 반도인이 많고 반도인을 사용한 경험이 오래된 것을 고려해야 한다.

6) 생산관리 방법

K광업소 등의 사례와 마찬가지이다. 다시 말해, 기계에 관한 작업, 약간 두뇌가 필요가 작업에는 부적합하다. 작업동작이 느리고 인내력이 없고 규칙을 따르지 않는 성향이라서 토목작업에 적합하다. 1917년 노천굴 시대부터, 그리고 갱내 작업에서는 1931년 이래 반도인을 사용하고 있기 때문에 이렇다 할 어려움은 없다. 또한 현재 채탄작업에서는 66%의 반도인을 사용하고 있고 일본인과 조선인을 섞어서 배치하고 있고 반도인만으로 구성된 막장은 겨우 1곳에 불과하다.

주) 위의 반도인 사용의 전통 외에 혼합배치 가능성, 그리고 채탄작업에 반도인을 사용할 수 있는 점 등 여러 작업조건을 이해하기 위해서는 위의 5) 작업훈련 조직의 주(註)와 K광업소의 5), 6)에 기재한 내용을 참조하기 바란다.

7) 작업 과정

주임자의 관찰에 따르면 3개월 정도는 일본인 노무자의 80% 정도의 능률이 되는데, 4개월 이후에도 별다른 차이가 없다고 한다.

또한 이 광업소 제2갱에서 우연히 반도인이 갱 하나를 개척하여 일본인이 함께 같은 막장에서 교대로 작업하고 있다는데, 숫자를 의뢰한 상태이다.

8) 작업시간 및 교대제

반도인, 내지인 사이에 구별은 없다. 다만 최초 3개월의 훈련기간 중에는 작업시간을 2시간 단축한다.

현재는 2교대제, 10시간의 작업시간이다. 다만 운반수는 2교대제, 12시간 작업이다.

(고다마)

2. 각 사업장 노무관리에 관한 보고

조사 사항

1) 노무관리 조직 및 인원

2) 노무계초소의 소재지, 조직 및 인원

3) 노무계초소 소재지가 관할하는 호수, 세대수 및 인원

4) 위 소재지에서 후생시설의 종별, 규모 및 이용 상황

5) 위 소재지에서 영리시설의 종별, 호수 및 규모

6) 노무계 중 반도인 노무관리자 유무, 노무계원 중 조선말을 이해하는 사람 유무

7) 반도인 노무관리를 담당하는 직원에 대한 특별 주의사항

8) 반도인 노무관리자 직원에게 특별 훈련을 하는지, 그 훈련 내용

9) 반도인 의식주에 대한 특별 고려 사항 유무

10) 반도인 가정생활에 대해 특별히 지도를 하는지, 또는 주의해야 할 점

11) 반도인 노무자의 기숙사에 대해 특별히 훈련, 교양에 관한 방법을 강구하고 있는지

12) 반도인 부녀자에 대한 노무자관리에서 특별히 주의해야 할 사항과 소감

13) 반도인 노무관리자의 자격, 근속 연수 및 대우

14) 5인조 제도를 실시하는지, 기타 방법 유무

15) 특별히 반도청년대를 결성하고 있는지, 그 결과 여부

16) 반도인의 질병, 특히 일본인과 다른 현상 있는지 여부

17) 반도인 도항취업 후 3~6개월간 건강상태 여부

18) 위 기간 중 건강에 장해가 발생한 경우 어떤 질병인지

19) 위 경우 대책은 무엇인가

20) 반도인 건강관리에 특히 주의해야 할 점은 무엇인가

21) 반도인에 대해 순회간호부제도를 둘 수 있는가

22) 위에 대해 반도의 청년여성을 채용할 가능성 유무

23) 모집 지역

24) 모집 절차

25) 모집 인원

26) 모집 자격과 대우

27) 모집 조직

28) 모집 방법

29) 모집 비용

30) 모집 성적

31) 반도인 모집에서 개선이 필요한 점

32) 임금 형태

33) 임금 수입

34) 임금 지불 기일 및 각종 수당

35) 실물 급여 및 대여

36) 반도인의 노무관리에서 특히 유의할 점

(다음 보고에서 각 번호 아래에 제목이 없는 것은 조사표의 제목에 준한다.)

A광업소 노무관리

1)

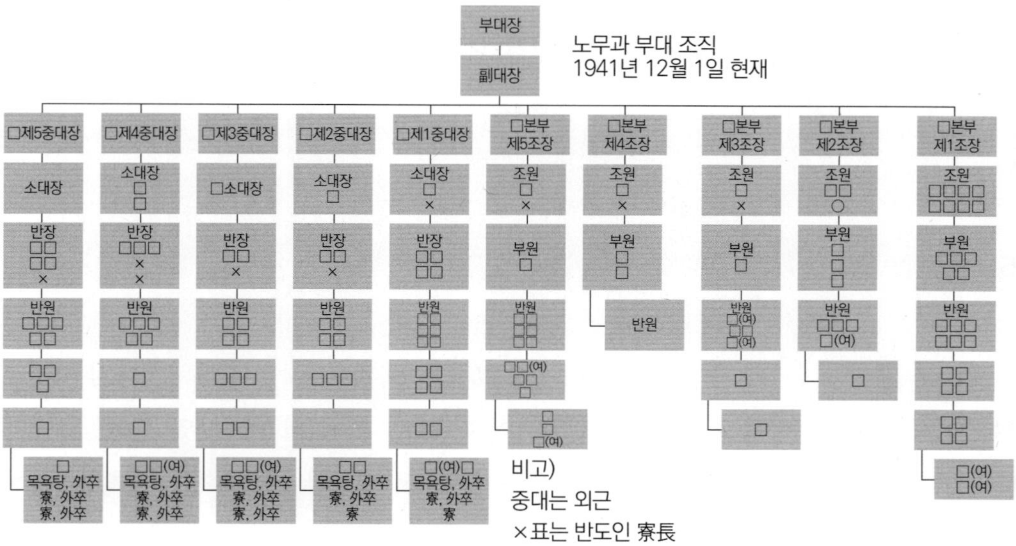

3)

내역	本□		中□		奧□町		東□		文□町		합계	
	일본인	반도인	일본인	반도인	일본인	반도인	일본인	반도인	일본인	반도인	일본인	반도인
호수	**2**	**1**	**2**	**1**	**2**	**1**	**2**	**2**	**1**	**1**	**9**	**6**
	750	8	732	7	558	18	708	24	595	15	3,343	72
세대수	**2**	**1**	**2**	**1**	**2**	**1**	**2**	**2**	**1**	**1**	**9**	**6**
	706	8	689	7	521	18	690	24	505	15	3,111	72
인구	**162**	**157**	**340**	**210**	**166**	**178**	**189**	**169**	**30**	**165**	**887**	**879**
	4,243	27	3,696	24	3,535	59	4,097	72	2,550	50	18,121	232

비고) 진한 것은 외수(外數)로서 합숙을 하는 수를 나타낸다.

위 표의 각 부락마다 초소가 있다(노무과 조직 중 중대 참조). 따로 현장노무라고 하고 있다. (1) □노무, (2) □노무, '文□노무'가 있는데 각각 사무소가 있다.

4)

각 부락마다 테니스장이나 무도장이나 집합소(무도장에서도 한다)가 있으며 지역이 협소하기 때문에 개수는 다르지만 목욕탕, 이발소가 있고 그 밖에 물품판매소가 설치되어 있다. 文□에는 의원(醫院)의 분원(分院)이 있다. 육상경기장과 같이 대규모 시설은 별도로 없다(각 숙소에는 욕조가 딸려 있다).

5)

광업소 내에는 음식점과 기타 영리시설이 없지만, 오전 8시부터 오후 5시까지 광업소 밖 상인이 일용품, 야채, 과일 기타를 반입하여 판매하는 것을 허락하고 있다. 新□川(□川町을 기점으로 하는 광산철도의 종점 부락)은 회사 부지로서 훌륭한 시가지가 되어 있는데, 부락의 하수도, 수도 등의 시설에 대해서는 회사에서 가능한 한 보조하고 있다. 新□川에는 700~800명을 수용할 수 있는 극장 1개소, 요리점 4곳, 반도요리점 4곳, 카페음식점 20곳, 상인 800호가 있다.

6)

반도인 노무관리자 1명, 료장(寮長)[18]이 현직에 있다. 호세이(法政)대학 출신.

이하 반도인 노무자를 지도하는 반도인은 7명.

반도인 노무자 지도를 맡은 일본인 수는 다음과 같다.

---

18 '료(寮)'는 기숙사, 합숙소 등을 의미하는데, 본고에서는 '社宅' '舍宅' '기숙사', '숙사' 등의 표현과 혼재되거나 구분하여 사용하기 때문에, 명확하게 '료'라고 표기한 경우는 모두 그대로 '료'로 표기하고, '寮長'은 '요장'이 아닌 '료장'으로 번역한다.

(1) 조선말을 아는 사람　　　　1명

(2) 조선말을 모르는 사람　　　4명

이상은 공식적인 것이고, 비공식적으로는 노무계원과 현장작업에 관해서는 현장계원 전부가 지도를 담당한다. 그리고 갱내에서도 반도인 연락계를 두고 있다(중대에 1명).

7)

(1) 세심하게 주의할 것.

(2) 군대식으로 하는 것도 불가하다.

8)

료장 회의에서 실제 경험을 바탕으로 의견을 교환하고 일반적으로 주의해야 할 점에 대해 주의를 주고 지도방법에 철저를 기하고 있다. 료장 회의를 전에는 10일에 1회씩 개최했는데, 현재는 월 1회 개최하고 있다.

9)

(1) 자유롭게 하고 있어서 별로 문제가 없다.

(2) 현재 재택은 증축 중이며 부족하지 않다. 가족동반에 대해서는 사택 1동에 8~11첩(畳)[19](부엌 설치) 크기 방을 무료로 대여하고 있다. 독신자는 합숙하는데 1실(8첩)에 4~5명 수용한다. 거주에 관해서는 반도인 노무자가 대개 만족하고 있다.

---

19 다다미(畳)를 기준으로 한 방의 크기(면적). 대략 14.6~20m^2에 해당한다.

(3) 음식에 관해서는 마늘을 먹지 못하는데, 사실 좀처럼 구하기 쉽지 않다. 항상 끊임없이 문제가 되는 것이 예를 들면 짜고 매운 것을 좋아하는데 음식물 자체에는 문제가 없다. 문제는 양(量)인데 이전에는 쌀 5홉 2.3작이었는데 근래에 3홉 6.8작이 되어 부족하다. 감자, 무, 호박, 콩 등으로 부족한 분량을 보충하는데 이마저도 부족해서 음식량에 관해서는 곤란을 겪고 있다.

10)

위생문제, 주거지 안팎의 청소가 철저하지 않으며 정돈이 되어 있지 않다. 도나리구미(隣組)가 도와주고는 있지만 반도인은 청소에 별로 관심이 없다. 일본인 주부연합회가 이를 대신해 주고 있다. 이곳에서는 반도인 노무자를 위해 三□□川내선협화회 부회(部會)가 조직되어 회장 이하 간사, 지도원을 임명하고 보호지도에 힘쓰고 있고 또한 일본인 일반에 대해 차별적 태도가 없도록 주의를 기울여 내선 융화를 도모하고 있다.

11)

(1) 위생사상의 보급

비교적 위생사상을 철저하게 전달하고 있는데 항상 각 거처는 물론 화장실과 기타 장소에 당번을 나누어 청소와 정돈을 시키고 있다.

(2) 단체훈련 교화 및 신민의무 함양

기숙사를 훈련장으로 하고 노무계원을 전속시켜 기상에서부터 취침할 때까지 대체로 다음의 순서로 훈련을 실시하고, 황국신민과 산업인으로서 자질 향상에 힘쓰고 있다.

기상－실내외 청소－국기게양－궁성 요배－신궁 요배－식사－출근－퇴근－식사－일본어 교육－작법 및 일본풍습 교육－취침 일본풍습에 익숙하게 하는 동시에 공휴일을 이용하여 근로봉사 작업을 실시하고 있다.

(3) 장려, 표창

특별히 일본인과 다른 방법을 쓰지는 않지만 출근 성적의 향상이 훈련의 중요 요소이기 때문에 출근을 독려하고 있다. 표창에 관해서는 출근이 양호하고 성품이 우수한 자 그리고 모범인 자를 홋카이도협화회에 표창을 신청한다.

12)

출근율이 나쁜 일곱 가족에 대해서는 주부를 통해서 출근 성적을 향상하도록 노력하고 있다. 현재 반도인 부녀자 3명이 선탄에서 일을 하며 맞벌이를 하고 있다. 일하고 싶은 부녀자가 있으면 환영이다.

13)

대학전문학교 출신자 1명, 나머지는 전부 노무자 출신(직접 관리자는 료장)

근속 1년 미만	1~5년	5~10년	10~15년
1명	2명	1명	2명

료장은 일본어교육을 하도록 되어 있는데 조선말을 약간 알 필요가 있다.

14)

일본인과 함께 작업하는 조의 경우 많게는 한 조에 3명이 들어가 있다. 조장은 없다.

15)

정착한 자를 모아서 정진(挺進)보국대를 조직하고 있다. 대장은 따로 없다. 보국대가 각종 행사를 할 때 비용은 회사가 부담한다. 결성식 외에 좌담회를 한 번 했다. 대원들에게 기념품을 증정했다. 성적은 양호하다.

21)

순회간호부를 두고 있다. 일반인인데 특별히 반도인에게 힘을 쏟고 있다. 각 사무소마다 한 명씩 배치했다.

22)

현재 병원에 노무자 가족으로서 여학교를 졸업했다고 알려진 반도인 여자를 통역으로 쓰고 있다(19세).

23) 반도인 정착 상황

1년 미만	1~2년	2~3년	3년 이상
349	571	116	없음

□□는 종래에 반도인을 사용하지 않겠다고 했는데 1939년 이후 회사모집으로 반도인을 쓰고 있다.

출신지별(1941년 12월 말 현재)

전라남도	727명	화순	159	장성	20
		보성	149	광산	1
		함평	124	해남	2
		나주	93	무안	83
		장흥	3	영광	33
		영암	58	광주	1
		정읍	1		
경상남도	309명	사천	79	고령	14
		하동	93	의령	2
		합천	114	김천	1
		거창	4	김제	2
합계	1,036명				

28)

전형은 현지에 모집을 하러 간 사람이 실시한다. 간단한 신체검사만 하고, 전대금(前代金)은 없지만 부임여비, 식사비 등 모두 회사가 부담한다. 인솔 방법은 50명마다 노무계원, 갱내 현장계원이 각 1명씩 붙는다. 광산에 도착한 다음 작업 및 보안훈련으로 반도인 숙련 종업원 또는 반도인 지도에 경험이 있는 일본인 종업원을 배속하여 작업의 초보에서부터 지도훈련을 실시하고 점차 복잡한 작업으로 배치한다. 그리고 계원이 작업 전후로 임시보안교육, 작업교육을 실시한다. 훈련기간이 종료된 이후에는 일본인 노무자와 마찬가지로 취급한다.

29)

모집 비용은 1인당 100엔 예상, 모집하러 간 사람의 여비, 일당은 회사 규정에 따르고, 특별히 모집을 위한 수당은 없다.

30)

전라남도는 인구가 밀집해 있기 때문에 모집하기 쉽다. 경찰이나 군수를 통하는 방법이 순조로우며 소위 모집업자는 쓸모가 없다. 이런 의미에서 좀 더 철저하게 상의하달식으로 조선총독부가 노력해 주기를 간절히 바란다. 모집에는 상당수의 인원이 가지 않으면 소용이 없기 때문에 성의가 있느냐 여부가 모집의 효과로 나타난다. 모집 방법으로는 자유모집이 가장 좋은데, 회사에 전부 다 맡겨주면 가장 좋다고 생각한다.

32), 33)

갱내부 중에서 기계, 운반, 궤도, 보안, 그리고 갱외부의 대부분은 시간급이고, 전차운전수, 발전소 화부, 선탄부는 시간급과 할당제를 병용한다. 승급은 미성년자는 연 2회(1월 1일, 4월 1일), 나머지는 연 1회(4월 1일), 총 평균 5~7전 정도이다. 1년 근무 210일 이상인 자는 기준금액, 110일 미만인 자는 승급이 없다.

임시수당 30엔까지 0.45 30엔 이상 0.222

증산기간 중 정부에서 규정하고 있는 수당은 별도이다. 상여는 연 2회, 1기 반년 가동총액과 근속 연수별 규정의 비율을 고려하여 지급한다.

대우의 상황				
구 분	일본인 대 반도인 임금 비교			
	최고	최저	평균	평균 월수입
일본인	244.71	0.60	3.605	77.26
반도인	168.2	2.60	3.807	69.90

35)

임금 지불방법 및 지불 기일은 다음과 같은 규정으로 하고 있다.

광부의 임금은 아래 3종류로 나눈다.

(1) 정액불

(2) 시간불

(3) 가고불(稼高拂)

가고불은 노동생산량 금액을 지급하는 방식과 작업에 필요한 화약류와 장비 대금 및 조명등 사용료를 공제하고 잔금을 지급하는 방식의 두 종류가 있다. 임금의 통계와 산출 방법, 할증, 할인 등은 이를 미리 명시한다.

이 규칙 제19조 제2항 또는 제22조의 규정에 따라 제19조 제1항의 취업시간 외에 취업시키거나 제22조의 규정에 따라 휴일에 취업시킬 때는 취업시간에 비례하는 임금 외에 상당하는 금액을 할증한다. 임금은 매월 1회 1일부터 말일 분까지 다음달 12일에 통화(通貨)로 본인에게 지불하는데, 단, 업무에 따라 3일 이내로 앞당기거나 또는 늦춰서 지불하기도 하며, 광부가 사망 또는 해고된 때는 지체 없이 이를 지불한다. 광부가 무단으로 퇴직하는 등의 사유에 따라 임금을 지불할 수 없을 때는 1년간 이를 보관하며 그 후 대금의 변제에 충당하고 잉여금이 있을 경우에는 광부의 복리시설비로 충당한다.

36)

반도인 광부의 장점, 단점은 다음과 같다.

(1) 장점

① 부모에 대한 희생정신이 강하고 연장자를 존경한다.

② 동료에 대한 동정심이 강하다.

③ 더러운 작업도 마다하지 않는다.

④ 육체노동에 참을성이 강하다.

(2) 단점

① 사고가 천박하고 부화뇌동하는 성향이 강하다.

② 인내심이 부족하고 빈둥거리려는 버릇이 있다(절대적임).

③ 지능적인 작업에 약하다.

④ 동작이 느리다(지도훈련으로 일반 노무자 수준까지 될 수 있다).

이상의 장점을 키우고 단점을 교정하도록 훈련하면 대체로 일본인과 비슷한 능률에 도달할 수 있다. 다만 계약기간이 있기 때문에 이상의 훈련을 하기에 시간이 충분하지 않은 것이 유감이다.

⊙ 노무관리에서 특별히 유의해야 할 점

(1) 주택 및 숙소의 위생시설과 미화

(2) 내지 동화(同化)를 기조로 교화, 지도하고 일상적인 일본어를 교육할 것

(3) 실상에 맞는 복리시설과 오락기관의 완비

(4) 갱내작업을 위험시하고 사소한 일을 과장하고 다수가 부화뇌동하는데 이에 대한 지도를 철저히 할 것

반도 출신자 조서						
	세대수	노무자		가족		
		남	여	여	자식	
오무기시로(大麥代)	35	76	13	25	85	199
나카야마(中山)	5	25	8	2	10	45
계	40	101	21	27	95	244

(다카키)

B광업소 노무관리

1), 2)

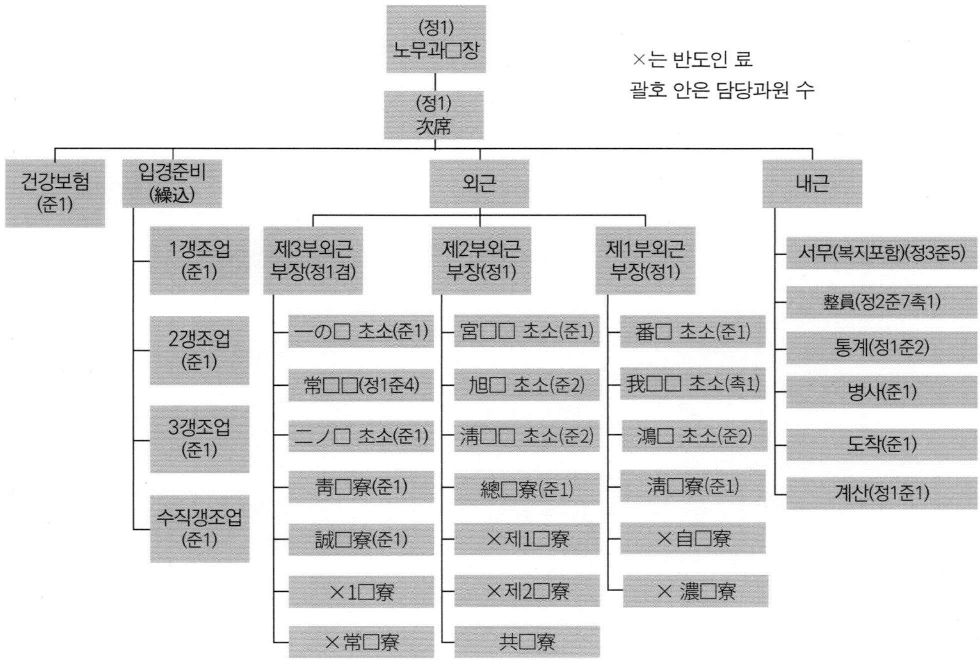

노무과	인원수
정원	12
준원	46
촉탁	3
응소입영(應召入營)	8
계	69
조수	98
보조수(補手)	40
준광부	120

노무계초소는 각 부락에 1개소가 있다. 노무과원 1~2명 이하이며 나머지는 조수 이하이다.

이밖에 배급 관련 증명서를 작성하는 여자 2명이 일하고 있다.

3)

호수 3,739

인구 21,675명(료 2,100)

6)

과원에 반도인은 없음. 통역은 각 료에 1명, 병원에 1명, 계 7명이다. 계원 중에 조선말을 아는 사람은 없다.

8)

월 2회 반도인 료장 회의를 열어 그때마다 방침을 결정한다. 이때 실제 경험에 기초하여 반도인에 대한 정보를 교환하며 처우 방법과 기타에 관한 의견이 개진된다. 료장은 조선의 사정에 밝고 갱내외의 사정에 정통한 자를 임명하고 있다.

9)

(1) 일본인 복장을 사용하도록 함.

(2) 숙소는 일본인 숙소에 비해 열악하다. 이는 일면 반도노무자의 생활태도에도 원인이 있다. 기숙사의 설비, 구조에 대해서는 종종 고려를 하고 있다.

(3) 일본인, 반도인을 구별하지 않는다.

10)

일본인과 반도인을 구별하지 않는다. 마을회(隣保班)에 대해 일본인과 반도인을 구별하지 않도록 항상 강조하고 있다. 도나리구미(隣組)의 일본인이 잘 도와주고 있다.

13)

특별히 반도인 노무자를 구별하지 않는다. 직접 반도인 노무자를 선발하는 자는 조선의 사정을 알고 있는 자를 배치하고 있다.

14)

이번에 결성되었다.

15)

청년단, 청년대에 반도인을 포함시키지 않는다.

16)~20)

처음에는 위장병이 많다. 결핵이 의외로 많고 광산에 온 지 2, 3개월 만에 귀선하는 자가 2, 3명 있다. 반도인은 옷을 얇게 입기 때문에 감기에 걸리는 자가 많다. 과식은 공통된 폐단이다. 한센병(나병) 환자는 조기에 치료하도록 하는 데 힘쓰고 있다. 본원 외에 분원이 4군데 있고 건강관리에 문제가 없도록 할 작정이다.

21)

필요성이 인정되지 않는다.

22)

반도인 여성은 사용하지 않고 있다.

23)

현재 경상북도, 경상남도가 할당되어 있다. 1939년 10월~1941년 3월까지 1,500명이 할당되어 있는데 주로 경상북도 중에서 1,488명은 달성군, 영천군, 안동군, 의성군 출신이다. 성적은 양호하다고 인정된다. 현재 모집하고 있는 지역은 경상북도 안동군, 예천군, 청송군에서 각각 100명씩 계 300명, 경상남도 진주군 200명이다. 경상의 58명, 경북 안동의 100명이 이미 도착했고, 121명이 부산을 출발했다는 보고가 와 있다. 3월까지 600명이 들어올 예정인데 신청은 400명 정도이다.

26)~28)

□□조선광업소가 조선총독부에 대해 수속 등 각종 업무를 하고 있는데 이 회사가 주재원을 대신하고 있다. 모집인은 지도자(正員) 1명에 5~6명이 한 조가 되어 각 도로 나간다. 선전은 주로 포스터로 한다. 영화는 갖고 있는데 땅이 불편해서 상영할 수 없다. 포스터로 취업안내를 붙이고 도, 읍, 면, 동의 사무소와 기타에 전시하고 일반에 모집을 알리는 데 힘쓴다. 거기에는 몇 시까지 어디에서 신청하라고 명시되어 있는데 가능한 방법으로 끌어모은다. 전형일을 정해 주재소나 면사무소에서 대충 관찰을 통해 건강상태를 검사하고 상태가 나쁜 자는 곧바로 돌려보낸다. 응모자에게는 기찻삯 외에 식사비 1엔 50전~2엔을 지급한다. 3/10 정도는 잠을 잘 자고 나머지는 사람이 부족해서 걱정하느라 잠을 이루지 못한다. 전형을 통과한 자에게는 집결일(출발 전날)을 알려주고 군청 소재지에 모여서 미리 준비해 온 복장을 입혀서 경찰서의 사증을 받는다. 집결할 때는 호적초본과 미성년자의 경우는 부모 승낙서를 지참하도록 한다. 수송은 이전에는 배로 했는데 현재는 육송이다. 집결지에서부터 부산까지, 거기서 일본으로 도항한다. 편의상 30명, 50명씩 나누어서 수송하고 있다. 부산에서는 수상서(水上署)의 사증을 받아야 하는데 명부를 3일 전에 제출하도록 되어 있다. 이는 실제로 불가능하다. 그 후의 일본 수송은 열차가 지정되어 있기 때문에 3주 전에 히로시마(広島)철도국(부산영업소)에 신청하도록 규정되어 있는데, 3주 전에는 실제 수송할 인원을 알 수 없다. 이 때문에 불필요한 비용을 써야 하는데 편법으로 편의를 봐 주면 좋겠다. 지정된 열차가 발차하기까지 6~12시간 기다려야 하는데 이때 일본에 잠입할 목적으로 응모한 자들 2~3명이 도망하는 형편이다. 홋카이도까지 긴 여정에는 급행열차가 절대로 배정되지 않기 때문에 보통열차로 가는 동안 도시락 수발이라든가 세면 등 사사로운 일까지 뒷바라지를 해가며 도망을 방지하기 위해 온 신경을 써야 하는 인솔자의 고충은 이만저만이 아니다. 특히 최근에는 도시락 구입이 제일 큰 고충이다.

29)

모집 비용은 1인당 57엔, 많게는 100엔을 넘지 않는다(모집원, 인솔자의 급여는 회사의 여비규정에 따라 지급한다).

31)

(1) 이쪽에 선택권이 없는 것이 문제이다. 사업주로서는 관리상 좋지 않으며 반도인 측도 도를 넘는 생각을 하게 된다.

(2) 2년 기한이 문제가 되고 있는데, 무기한이 되어도 역시 곤란하다. 어느 쪽이든 돌아갈 테니 기약을 할 수 없다.

임금은 다음달 15일 이전에 지불한다. 료는 하나로 모아서 료에서 지불한다.

갱내　할당량임금

갱내　정액일급

갱외의 승급은 1엔 50전 이하는 연 2회(최고 10전, 최저 5전) 1엔 50전~2엔, 9개월마다(최고 10전, 최저 7전) 2엔 이상, 1~1.5년(최고 15전, 최저 10전).

32) 임금 형태

(1) 시급 제도

1일 작업시간 10~12시간에 대해 일정한 임금을 지불하고 정액일급제를 채택하는데 갱외부의 대부분은 이에 따른다. 임금통제령에 따라 최저임금을 보장하고 있다.

(2) 생산량지불 제도

작업 종류마다 결정된 할당량 단가에 작업 개수를 곱한 것을 임금으로 한다. 단가청부제를 채택하여 작업이 공동할당량인 경우에는 상기 방법으로 산출하여 총 할당량

금액을 작업에 종사하는 각 사람의 등급에 따라 안배한 것을 개인의 임금으로 하고 있다. 갱내, 갱외에서도 할당량 작업은 모두 이 방법으로 임금을 지불한다.

이상의 임금 형태에서 근속 연수별 임금액, 승급 제도는 일본인과 반도인 간에 차이 없이 똑같다.

33) 임금 수입(1941년 12월중)

직별			30엔 미만	30~ 50엔	50~ 70엔	70~ 90엔	90~ 110엔	110~ 130엔	130~ 150엔	150~ 170엔	170~ 190엔	190~ 210엔	210엔 이상	계
갱내광부	채탄부	일본인	64	53	63	91	152	168	197	136	60	26	15	1,025
		반도인	55	55	84	111	123	165	147	39	17	1	-	797
	사조부	일본인	6	14	8	13	40	84	74	17	4	-	-	260
		반도인	1	1	-	1	-	2	-	-	-	-	-	5
	운반부	일본인	18	15	23	20	50	47	13	3	-	-	-	189
		반도인	-	-	1	-	-	-	-	-	-	-	-	1
	기계부	일본인	13	8	25	61	119	53	4	1	-	-	-	284
		반도인	-	-	1	2	-	-	-	-	-	-	-	3
	공작부	일본인	5	8	11	21	36	20	5	1	-	-	-	107
		반도인	-	-	-	-	1	-	-	-	-	-	-	1
	잡부	일본인	178	215	253	244	359	128	17	1	-	-	-	1,395
		반도인	72	5	3	10	17	4	-	-	-	-	-	111

갱외광부	운반부	일본인	11	13	23	38	72	21	14	–	–	–	–	192
		반도인	2	3	6	3	1	–	–	–	–	–	–	15
	기계부	일본인	9	27	32	58	105	55	11	5	–	–	–	302
		반도인	–	1	–	3	2	–	–	–	–	–	–	6
	공작부	일본인	20	54	48	47	56	44	22	4	–	–	–	295
		반도인	–	1	–	–	–	–	–	–	–	–	–	1
	잡부	일본인	13	33	30	27	28	26	21	3	–	–	–	181
		반도인	–	1	–	2	1	–	–	–	–	–	–	4
	선탄부	일본인	24	62	50	21	7	–	–	–	–	–	–	164
		반도인	–	1	1	–	–	–	–	–	–	–	–	2
준광부	조수	일본인	9	29	25	102	153	121	12	1	1	–	–	453
		반도인	–	–	2	2	1	–	–	–	–	–	–	5
	기타	일본인	73	124	20	10	2	–	–	–	–	–	–	229
		반도인	–	–	–	–	1	–	–	–	–	–	–	1
합계		일본인	443	655	611	753	1,179	767	390	172	65	26	15	5,076
		반도인	130	68	98	134	147	171	147	39	17	1	–	952

36)

민족성 문제를 숙지하고 관리하는 것이 필요하다. 태만한 성향, 단체행동으로 반항하기, 규율 무시, 통제 불능, 편견 같은 것을 어떻게 선도할 것인가, 그 대책에 관해서는 연구를 게을리하지 말아야 한다.

⊙ 부기(付記)

반도인 노무관리는 노무과의 차석이 담당하고 있다. 차석은 이 광업소에서 근속 30년 남짓, 경력보다 경험이 있는 사람으로서 소위 광산의 장로이다. □내(□內)의 경우에도 미□(美□)와 마찬가지로 이 탄광의 장년근속자가 차석의 지위에 있으면서 반도인 노무관리의 실권자이다. 유의할 점이라고 생각한다.

(다카키)

C광업소 노무관리

1)

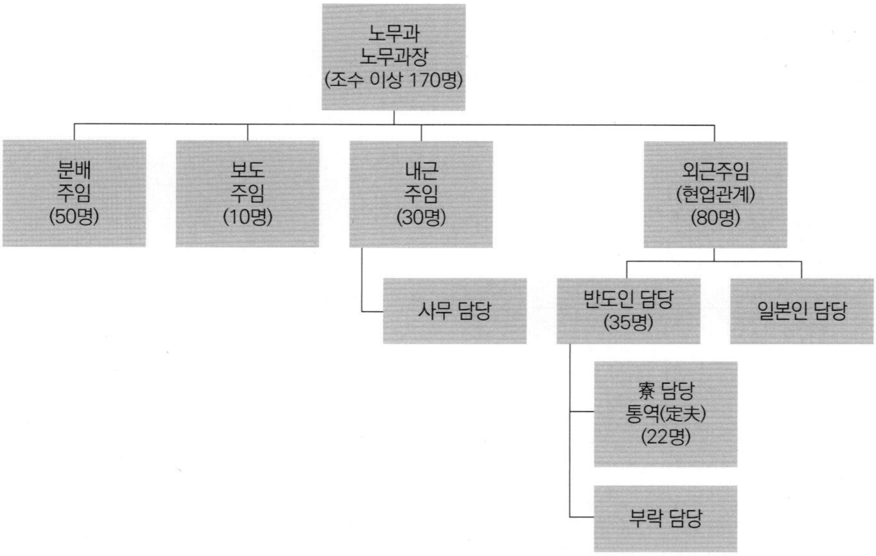

직제, 과(課)의 조직은 탄광기선(회사) 각 광산에 공통이다(□내 참조).

2), 3)

아래 22부락, 1부락마다 노무계초소가 있는데 담당자가 1명씩 있다. 지형에 따라 2~5개의 초소가 설치된 곳도 있다. 초소는 자택을 겸하고 있는 곳도 있는데 사무소가 설치된 곳도 있다.

1부락에 약 200호 인구 800~1,000명. 반도인 부락은 후쿠즈미 4구(福住4區)뿐이다(담당자 1명, 통역 1명).

후쿠즈미 4구 호수 및 인구

	남	여		남	여		
중(重) 가동	78	–	어린이	30	24		
경(輕) 가동	7	3	유아	23	33	호수	86호
대인(11세 이상)	56	88					
노인(61세 이상)	–	1	계	194	149		

재적인원(1942년 1월 25일 현재)

	갱내부	갱외부	계		갱내부	갱외부	계
社□1	189	74	263	福□1	151	107	258
社□2	169	81	250	福□2	114	65	179
社□3	176	68	244	福□3	91	37	128
高□1	150	73	223	福□4	69	12	81
高□2	164	69	233	市□	17	124	141
高□3	193	93	286	□1	81	102	183
高□4	173	67	240	□2	148	83	231
高□5	141	50	194	□3	142	66	208
丁□1	161	40	201	□4	156	76	232
丁□2	155	34	189	기타	527	–	527
丁□3	251	58	309				
錦□	231	57	288	계	3,741	1,475	5,216
小□岡	92	34	126				

4)

⊙ 위안, 오락

구락부 18개소(무도장武道場을 겸하여 다음의 설비가 있다. 문고, 신문, 바둑, 장기, 탁구, 라디오, 전축, 무도 장비) 기타 작은 집회소 7개소, 공연장(수용인원 1,650명, 건평 350명 소재지 本町 1丁目) 角

⊙ 일심회관, 사진뉴스 게시(각 갱의 입구), 정미(丁未)식당

⊙ 운동장

웅□(雄□)그라운드(10,080 평방미터), 소□(昭□)그라운드(9,600 평방미터), 욱□(旭□)스키장, 정□(丁□)수영장, 라디오 체조장

⊙ 보건위생

저수지 4개소(丁□, 高□, 旭□, 角□)

목욕탕 23개(社□, 高□, 丁□, 新1, 新2, 新3, 角□, 丁□□, 福□, 福□3區, 小□□, 錦ヶ□, 이하 부락지정 7개소 社1, 社2, 高4, 丁1, 錦ヶ□, 福□, 新4)

이발소 11개 지정(社1, 社2, 高1, 高3, 丁1, 丁3, 錦ヶ□, 福□, 新1, 新3, 角□)

구급약은 각 관리사무소에 상비약(옥시풀, 요오드팅크, 에틸 알코올, 물벌레약, 암모니아, 탈지면)

먼지소각요(窯) 10개소(社1, 社2, 高1, 高2, 高4, 福, 福, 福, 丁1, 高3)

수도, 공동 수도전 설비

분배소 9개소(第1, 社□高□, 丁□, 丁□□, 錦ヶ□, 福□3區, 新□, 角□ 일용필수품 분배)

시장 9개소 어류채소류 염가 공급(지정상인)

특별히 반도인에 대한 시설은 목욕탕 1곳, 집회소(협화회관) 1개소, 현재 준비 중인 것, 공동세탁장, 위안소(갈보) 1곳

5)

각 부락에 지정된 두부가게, 잡화점이 있으며 나머지는 시가지에서 구한다.

6)

(1) 반도인으로서 조수 이상은 없다.

(2) 반도인 관련 담당으로서 특별히 조선말을 아는 사람은 없다. 조선말을 교습할 필요는 없다. 현지화를 추진하기 때문에 조선말을 모르는 편이 좋은 경우도 있다.

7)

(1) 료장, 통역은 함께 거주하고 있는데 잘하는 것이다.

(2) 상벌을 분명히 할 것.

(3) 도박은 절대 금지한다.

(4) 곤궁한 자, 병자에 대해서는 부모와 같이 정성껏 돌볼 것.

(5) 단체행동을 하는 경우에는 두려워하지 말고 이쪽의 방침을 관철할 것.

(6) 무슨 일이든 임기응변적인 태도로는 해결할 수 없다(식료 문제로 반도인 전체가 쉰 적이 있는데 철저한 태도로 임하자 1일만에 해결했다).

(7) 료장이 임금을 대리 수령하여 본인에게 전하고 있다. 금전적인 것은 책임을 지고 분명히 할 것.

(8) 상벌을 분명히 해서 방별로 출근을 장려하도록 한다.

(9) 불량한 성격의 사람이 있다면 시간을 들여서라도 철저하게 교정할 것.

8)

반도인대기소 및 숙소 담당자는 매일 오전 10시에 사무소에 모여 각종 정보를 교환하고 협의를 하고 있다.

9)

(1) 갑자기 되지는 않지만 4~5년 있으면 동화된다. 여름에는 간단한 복장을 하도록 한다(부녀자의 경우).

(2) 료에 있는 자가 부엌 딸린 집의 생활을 보고 식료품 부족을 깊이 인식하게 되었다. 이는 부엌 딸린 집에 사는 사람이 단신자를 선도한 사례라고 할 수 있다.

10)

연립가옥에 도우미를 두어 가정사까지 도움을 주고 있다. 마을회의(町內會, 翼贊會 지부)(많게는 12호, 적게는 4호)에 실천반을 만드는데, 반도인의 경우 반도인을 반장으로 실천하도록 한다. 월 1회 집회를 한다.

12)

방화, 위생 등에 관해 수시로 모이게 해서 경찰관 입회 하에 훈련을 한다. 월 3회 이상 하고 있는데 아이를 데리고 와도 괜찮다. 가끔 먹을 것을 주기도 한다(이 탄광에서는 반도인 부녀자를 임시로 고용하여 료에서 이불 수선이나 기타 일을 시키고 있다. 점심은 료에서 먹이고 75전을 지급한다. 현재 10명이 일하고 있다. 또한 취학연령의 아동은 우선 1학년에 입학시켜 성적을 보아가며 진급시키고 있다).

15)

산업보국결맹정신대가 만들어져 있다. 계약기간 만료 전인 자로서 시국을 인식하고 황국을 위해 충성을 다하려고 결심한 사람들을 모아 조직하였다. 적절한 교련을 실시하여 현장에서 솔선하고 절대 쉬지 않는다는 각오를 다진다. 료에서는 대원의 정신을 가지고 사람들을 지도한다. 그리고 잔류한 사람들은 3배화 운동을 하고 있다.

노무주임이 대장인데 대체로 30세 이하의 단신자만으로 조직하여 현재 대원이 300명이다. 완전히 정신적인 것이지만 대원에게는 휘장을 달게 한다. 월 1회 이상 정기회를 갖고 국민의례, 좌담회를 실시하고 대원정신을 앙양한다.

대(隊)를 결성하면 우선 □□로 데려가서 호국신사에 참배하고 결심을 선서하게 한다. 그리고 홋카이도 도청에 들러서 특별고등경찰과장으로부터 격려의 말을 듣고 나서 견학을 시킨다.

16)~20)

각기병, 피부병, 장티푸스, 결핵 등의 환자가 있다. 특별히 일본인과 다른 점은 알 수 없다.

21)

현재 순회간호부는 없다. 필요할 때마다 병원에서 왕진을 오니까 앞으로도 순회간호부는 필요 없다.

31)

(1) 관청이 노무자 공출을 적극적으로 해주면 좋겠다.

(2) 계약기간 중에 귀국하는 자의 귀국 이유는 거의 다 거짓말이다(예를 들면, 부모 위중 등). 이러한 점에 대해서는 회사 측의 연락에 따라 조선에서 신중하게 다뤄주면 좋겠다.

[기타] 일본의 관서에 대한 희망 사항

- 도망자 수색을 엄중하게 하고, 도망 방지에 적극적으로 협력해 주기 바란다. 관청은 본인의 의지와 상관없이 회사 측으로 돌려 보내주기 바란다.
- 쌀 배급을 최소 1홉 증가시켜 주기 바란다. 이쪽의 배급을 증가시킬지 또는 현지의 통제를 엄격하게 할지 확실한 대책을 세워주기 바란다.
- 모집 방법이 바뀌어 근로보국대의 형태로 관에서 뽑아 공출하는 모양인데 이렇게 되면 모집원은 보조적인 역할에 그치게 된다. 인솔하는 지도자까지 저쪽에서 정한다면 인솔하는 지도자는 반드시 작업현장의 지도자가 아니기 때문에 곤란한 문제가 발생하지 않겠는가? 마땅히 관은 회사의 의도를 존중해야만 한다. 모집 방법의 변경과 더불어 종래의 노무협회에 대한 기부금이 1인당 5엔에서 10엔으로 증액되는 모양이다.

32) 반도인 12월 수입 상황

	최고(엔)	최저(엔)	
일 수입	6.49	1.20	평균 월 78.65엔
월 수입	175.30	1.80(결근?)	

반도인 임금은 훈련 기간 중 3개월은 아래와 같으며 기간 경과 후에는 가고불(稼高拂)로 한다.

(1) 성년자(만 20세 이상) 채탄부, 굴진부, 충전부

1일 2엔 35전 상여 15전

단, 월을 3기로 나누어 매기에 개근자에게는 1엔 15전의 상여를 빼고 매기에 3엔을 급여한다. 전 기간 결근한 경우에는 가동임금의 1할을 급여한다.

(2) 미성년자(만 20세 이하) 채탄부, 굴진부, 충전부

16~17세	1일	1엔 31전
17~18세	1일	1엔 54전
18~19세	1일	1엔 73전
19~20세	1일	1엔 91전

가고불(稼高拂)에 따를 때는 연령에 제한 없이 대체로 최고 150엔에서 최저 80엔 정도 된다.

34)

임금 지불 방법 및 지불 기일은 다음과 같은 규정에 따라 하고 있다.

광부 임금 지불은 다음의 방법에 따른다.

(1) 일급(日給)

(2) 생산량 기준 지불

전항의 임금은 노동생산량 전액을 지불하는 것과 노동생산량에 따라 작업에 필요한 화약류 비용, 재료비, 전기 또는 안전등 비용, 유류비를 공제하고 남은 잔액을 지급하는 2종류가 있다.

일급제는 1일 취업시간에 대해 임금으로서 소정의 시간을 초과하는지 또는 그에 미치지 않는 경우에 시간 비율을 고려해서 임금을 증감한다.

회사 규정에 따라 취업시간 외에 취업시키거나 또는 휴일에 취업시킬 때는 초과 시간 또는 휴일 취업시간에 상당하는 금액을 임금에서 할증한다.

임금의 단가, 공동작업인 경우의 할당량, 계산방법, 할증, 할인 등은 미리 이를 명시한다.

임금은 매월 1일부터 그달 말일까지 분을 다음달 15일에 통화로 직접 본인에게 지불한다. 단, 지불일이 휴일에 해당할 때는 그 다음날 지불하고 광부가 사망 또는 해고된 경우

는 임시로 이를 지불한 것으로 한다.

전항의 임금은 그 7할을 한도로 해서 우선 지불할 수 있다.

광부가 무단으로 퇴거하는 등의 사유로 인해 임금을 지불할 수 없을 때는 1년간 이를 보관하고 그 후 이를 광부의 복리에 사용한다.

임금 상황

가동 인원	가동 일수					가동 연인원	1인당 평균
	10일 이내	10일 이상	21일 이상	최고	최저		
2,509인	297인	482인	1,730인	29일	1일	56,518인	23일

일 수입		월 수입		임금총액	1인당 평균
최고	최저	최고	최저		
6.49엔	1.20엔	175.30엔	1.80엔	341.77엔	78.65엔

36)

일반적으로 '모집기간 내에 상당한 저축을 해서 귀국한다' 또는 '수개월간 생활해보고 가족을 부른다'는 의향이기 때문에 회사로서는 가급적 기간 내에 가족들을 불러들이고, 가족이 광산 밖에 살고자 할 때는 주택을 무료로 대여하고, 생활을 보조하는 것은 물론 일본인과 마찬가지로 대하고 있는데 특별히 반도인들의 편의를 도모하기 위해 여러 방법을 강구하고 있다.

반도인들은 일단 습득한 일은 상당히 능률적으로 실적을 올리기 때문에 개인별로 지도하여 요령을 터득하도록 애쓰고 있다. 단점으로는 일반적으로 태만하다거나 부화뇌동하는 버릇이 있기 때문에 나쁜 습관을 교정하기 위해 틈틈이 교육에 힘쓰고 있다.

(다카키)

D광업소 노무관리

1)~3)

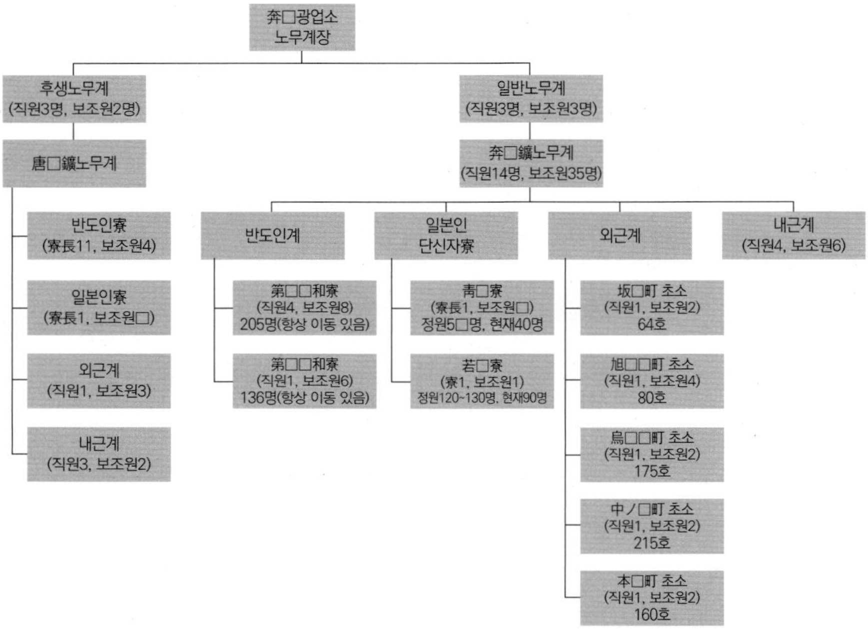

	호수	재적 인원	가족
일본인	800호	1,270명	4,000명
반도인	24호	365명	70명

반도인이 거주하는 부락(本□町, 五□□)에 초소는 없으며, 반도인 약 10호를 제1□화료(第1□和寮)에서 관리한다.

6)

(1) 제1□화료에 반도인 직원 1명(조선에서 순사를 했다.), 통역 2명을 두고 있다. 제2□화료

(第2□和寮)에는 통역 1명, 병원에는 통역 1명이다. 통역은 보통학교를 졸업한 사람인데(노무자로 갱내작업에 부적합한 자) 면(面)의 직원, 경찰관, 군(郡) 서기 등을 모집하러 갔을 때 노무자 명의로 데려와서 그 중에서 선발했다.

(2) 조선말을 할 줄 아는 일본인 직원(3개월간)으로는 조선말 강습을 받고 온 상이군인 1명이 있다. 이들은 이미 재직 1년 3개월 정도 되는데 성적이 좋은 편이다. 그 외에 특별히 조선말을 아는 사람은 없다.

8)

특별 훈련은 하지 않는다. 훈련 요강에 따라 계원들이 수시로 주의를 주는 정도이다. 가급적 협화회 관계자, 기타 명사의 강연 등을 통해 관리에 참고하고 있다.

9)

의식주에 유의하고 있는데 복장은 일본식이고 음식은 분량이 문제이다. 주거는 위생적으로 개선을 생각할 뿐 특별한 조치를 취하지는 않고 있다.

10)

본□(本□) 부락에서는 방화, 위생 등에 관해 노무관리초소가 담당을 하고 가정생활에 관해서는 제2□화료가 담당하고 있다. 인보반(隣保班)에는 반도인을 가입시키지 않는다. 말이 통하지 않기 때문에 곤란하다. 그 대신 가정 내 방화 등에 관해서는 일본과 조선의 구별 없이 함께 하고 있다.

13)

각 초소의 노무자 담당 중에 제1료 료장은 20년 정도 노무자 모집의 경험자로서 여러 차례 조선에 다녀온 적이 있으며, 제2료 료장은 전에 순사였다가 당분간 노무계를 하고 있는데 3차례 모집하러 갔다. 반도인 노무 관련 책임자는 노무계 주석인 中尾 씨[6~7년 전에 규슈대(九州大) 출신]이다.

14)

5인조 제도는 아직 확립되어 있지 않다. 현재 협의 중인데, 친우회(親友會)가 이와 비슷한 조직으로 되어 있다. 24~25명 단위로 사키야마는 대체로 변하지 않는데 아토야마 중에서 5~6명이 계속 변한다. 대장(隊長), 오장(伍長), 조장(組長) 등의 인선에 몹시 골치가 아프다.

15)

청년대는 만들지 않았다. 반도인은 반도인들끼리 만들 모양이다. 아직 일본인 청년대도 만들지 않은 상황이지만 조만간 둘 다 만들 예정이다. 다만 청년학교나 청년단은 7~8년 전부터 만들어져 있다. 각종 청년 대상 강습은 일본과 조선의 구별 없이 함께 하고 있다.

22)

현재 반도인 직원의 자녀를 배급소에서 통역으로 쓰고 있다.

23)

1939년, 1940년은 전라남도, 1941년은 전라남도, 전라북도, 경상북도에서 모집했고, 현재 모집 중인 곳은 전라남도이다. 현재까지 8회로 나누어 데려오고 있는데, 100명을 데려오기 위해 2~3차례 모집하러 가고 있다.

25) 반도인 이입 상황

<table>
<tr><th>연도</th><th>고용 허가수</th><th colspan="3">고용 인원</th><th colspan="2">현재수(1월 20일 현재)</th></tr>
<tr><td rowspan="2">1939년</td><td rowspan="2">220</td><td>□別</td><td>179</td><td></td><td>66</td><td></td></tr>
<tr><td>□松</td><td>30</td><td></td><td>11</td><td></td></tr>
<tr><td rowspan="2">1940년</td><td rowspan="2">500</td><td>□別</td><td>260</td><td></td><td>165</td><td></td></tr>
<tr><td>□松</td><td>124</td><td></td><td>104</td><td></td></tr>
<tr><td rowspan="2">1941년</td><td rowspan="2">350</td><td>□別</td><td>121</td><td></td><td>121</td><td></td></tr>
<tr><td>□松</td><td>98</td><td></td><td>98</td><td></td></tr>
<tr><td>1941년(연고모집)</td><td>20</td><td>□別</td><td>18</td><td></td><td>18</td><td></td></tr>
<tr><td rowspan="3">계</td><td rowspan="2">1,070</td><td>□別</td><td>560</td><td rowspan="2">812</td><td>352</td><td rowspan="2">565</td></tr>
<tr><td>□松</td><td>252</td><td>213</td></tr>
<tr><td>20</td><td>□別</td><td>18</td><td></td><td>18</td><td></td></tr>
<tr><td>1월 해고수</td><td></td><td>□別</td><td>6</td><td></td><td colspan="2"></td></tr>
<tr><td rowspan="2">합계</td><td rowspan="2"></td><td rowspan="2">□別</td><td>346</td><td rowspan="2">364</td><td colspan="2" rowspan="2">그 밖에 龜田 1</td></tr>
<tr><td>18</td></tr>
</table>

26)

모집자 자격 등은 정하지 않고 있다. 일단 일손이 부족하기 때문에 사무실 형편에 따라 사람을 파견하고 있다. 대신 책임자는 노무계로서 7~10년 경험자를 선발하는 것이 방침인데 학력은 따지지 않는다. 모집인의 여비와 일당은 회사 규정에 따른다.

27)

모집 100명당 4명 정도이다. 1개 군(郡)으로 하면 2명 정도 비율이다. 책임자는 허가를 받는 협상을 담당하고 그 다음은 연락계원이 한다.

28) 취업안내, 광고, 포스터

전형은 간단한 검사를 하는 정도이다. 광산 도착 후 질병이 있는 자는 송환한다. 100명 중 2명 정도인데 본인이 귀국을 요구하는 경우가 상당히 많다. 신청에 대해 공출은 계절에 따라 다른데 90% 정도, 여름에는 70% 정도이다. 전형 결과 불채용인 자는 1할 정도이다. 모집에 필요한 기간은 승인을 받는 절차가 까다로워 좀처럼 순조롭지 않으며 2~3개월 걸리는데, 최근에는 1개월 걸린다. 약 50명을 수송할 때는 2~3명의 인솔자가 따로 있어서 1반을 10명으로 편성하고 일본어를 아는 사람을 반장으로 세운다. 복장은 조선에서 구해서 갈아입히는데 요즘에는 좀처럼 공정가격품을 구할 수 없어서 암시장이 기승을 부린다. 공정가격 영수증이 실제 가격과 차이가 커서 골치가 아플 지경이다.

모집 지역에 따라 쉽고 어려움이 있다. 현재 무안군에서 있는데 이곳은 섬이라서 배를 타고 가서 해야 하기 때문에 바다가 거칠어지면 큰일이다. 직원 5명이 가 있다. 1회는 33명, 2회도 33명, 나머지는 2월 5일까지 나올 예정인데 여기에만 벌써 2개월이 걸린다.

29)

1인당 모집 비용은 90엔, 직원 여비를 포함하면 120~130엔 정도이다.

32) 임금 수입(월 수입)

	30엔 미만	30~50엔	50~70엔	70~90엔	90~110엔	110엔 이상
일본인	32	123	187	194	181	160
반도인	117	126	40	22	7	12

갱내는 생산량에 따라 지불하는 제도인데 직장별, 근속 연수는 관계없다. 승급도 없다.

갱외는 시간급 제도, 즉 일당 제도이고, 연 2회(미성년자) 또는 1회(성년자) 승급이 있다. 상여는 연 2회 수령임금의 얼마를 더해 준다.

이외에 개근의 경우에 임시수당을 주는데, 1일 결근인 경우와 2일 이상 결근인 경우를 구별하고 있다.

출근수당, 출근장려금도 같은 구간을 설정하여 지급한다. 그 밖에 가족수당이 있다.

갱외 정액에 한해 휴일출근수당이 붙는다. 지급액의 상세는 공표하지 않는다.

[기타] 현재 조선 노무협회에 1인당 5엔의 기부를 하도록 되어 있는데. 군이나 면에서도 기부를 하라고 한다. 마구잡이식 기부는 쓸데없는 경비를 늘리게 되기 때문에 앞으로는 그만했으면 좋겠다는 진정이 나오고 있는데, 개선할 필요가 있다고 본다.

E광업소 노무관리

1)

노무관리 조직은 서무(통계 포함), 복리(통제품 관련 포함), 채용, 건강보험이며 사무과장 밑에 노무계장이 있으며 노무계원은 25명, 잡역부 20명이다. 제1, 제2영성료 료장 각 1명씩, 외근지에 반도인 전문 직원 1명 외에 통역이 있다.

2)

제1초소	갱철도 입구, 왕래 단속
제2초소	통용문, 갱외부 도착, 조별 인부 매일 할당
제3초소	종업원 관리소

기타 조입(繰込)[20], 수검(입갱 시 복장검사) 등이 있다.

3)

노무자 사택을 4구역으로 나누고 각 구역마다 2명의 담당자가 있는데 이들이 맡은 구역에서 모든 업무를 담당한다. 담당 업무 외에 책임자가 있는데 모두 제3초소(종업원사무소)가 주도하여 관할한다. 담당 규모는 200~300호이다. 현재 일본인 900호 4,500명, 반도인 60호 180명이다.

20 그날그날 작업과 각 사람의 역할을 결정하는 일. 이를 하는 장소는 조입장(繰込場)이라고 한다.

4)

대체로 각 초소의 중심부에 생선, 야채, 두부를 파는 지정상점 각 1곳(20평 정도)이 있고, 제2배급소가 직영하는 일용품매점(제1배급소는 사원사택의 중심지에 있으며 사원들이 이용하는데 노무자들의 이용도 허락한다)이 있다. 노무자 거주구역 중심지에 목욕탕 2곳과 이발소(모두 직영)가 있다.

이상 일본인과 반도인을 구별하지 않고 공평하게 이용하고 있다. 공립국민학교가 1개교 있는데 그 비용은 거의 회사가 부담한다. 제1, 제2영성료(英星寮, 반도인 기숙사), 태양관(太陽館, 기분전환 위안소, 술을 팔고 여자를 두었다. 회사 건물, 영리는 별도)이 부설되어 있다.

6)

반도인 노무계원이 필요 없지만 우수한 한두 명을 이입 초기부터 통역으로 사용했다(대우는 노무자와 같다). 앞으로는 우수한 자가 있으면 계원으로 채용할 의향(단, 통역의 채용은 바람직하지 않다)인데 보증을 세울 수 있는 사람에 한해서 할 방침이다. 이는 의사 전달에 불편이 발생할 경우를 고려한 것이다.

조선말을 아는 일본인 계원은 1명인데, 반도인들만 살고 있는 임시 사택(바라쿠) 부근에 거주하면서 담당을 하고 있다. 조선에 있을 때 관공서에서 서기로 근무했었다고 한다.

7)

현지화에 노력할 것.

9)

(1) 채용할 때 모집지에서 훈련복, 전투모자, 각반을 지급하여 연행한다. 따라서 도착했을 때 일본인과 같은 복장을 하고 있기 때문에 자연스럽게 동화되는 분위기가 조성된다. 그 외에는 적극적으로 간섭하지 않는다.

(2) 차별대우를 하지 않도록 일본인과 조선인이 혼합하여 거주하기 때문에 문제가 발생하지 않는 것 같다. 현재는 자재 부족 때문에 임시 숙소(바락쿠)에 거주하도록 하고 있지만 머지않아 본 건물을 건축하여 옮겨 줄 생각이다. 섞여 사는 것을 원칙으로 한다.

(3) 음식은 차차 현지화하고 있다(마늘은 갱내에서 일본인들이 싫어하기 때문에 가급적 쓰지 말라고 하는데 가격이 비싸니까 자연스럽게 사용하지 않는다).

10)

반도인 주부들만 대상으로 주부상회(常會)를 열 때마다 위생, 방화, 남편 출근 장려 등에 관해 지도하고 있다. 위생, 방화, 출근에 관해서는 이를 향상시키는 데 항상 힘쓴다. 제3초소의 계원이 사택에 거주하는 반도인의 생활지도를 하고 있다.

11)

제1, 제2영성료의 경우 특히 방화, 위생 10인 1조(기숙사 1실이 20첩 넓이인데 여기에 한 반을 집어넣는다)로 한 반을 조직하고 번갈아 가며 청소를 한다. 방화에 대해서는 취침할 때 절대 주의하며 화재 발생 시 반장이 책임지도록 하고 있다. 반장에게는 반장수당 3엔을 지급한다.

료 부근에서 간단한 군사교련을 하고 있다(이를 점점 더 강화하고자 한다). 평일에는 출근하지 않은 자를 대상으로, 공휴일에는 전원이 참가한다. 50명을 2개 반으로 나누어 삿포로신사(札幌神社), 호국신사, 기타 불각사(佛閣寺)를 참례하도록 하고 있다. 비용은 회사가 부담하는데 가능한 수준으로 생각한다. 료에서 반도인의 공연예능 모임을 하도록 한다. 비용은 회사가 부담하는데 소장과 과장을 비롯해 구경하러 간다. 식당에서는 신단(神壇)을 향해 예를 갖추도록 하고 드나들 때 경례를 하도록 하고 있다.

12)

전술한 상회(常會)를 통해 교육하는 정도이다. 이 상회가 매우 유용하다고 판단하기 때문에 존속시킬 생각이다.

14)

5인조 제도는 없다. 도나리구미(隣組, 8호) 단위로 개근운동을 하고 있다.

16)

과식의 결과 위장병이 많다(다만 소식하게 되면서 점차 감소하고 있다). 꾀병을 부리는 자가 많은 것 같다.

20)

건강상태는 양호한 편인데 데려왔을 때에 비해 혈색도 좋아지고 안색도 변하고 있다. 료에 한해 특별병원에 상비약을 준비해 놓고 사전에 예방하는 조치를 강구하고 있다. 여기에 드는 비용은 제1, 제2영성료 합쳐서 3,000엔 정도이다.

21)

거의 필요 없다. 수시로 진료한다. 발병한 경우에는 료장, 반장에게 친절하게 주의하여 전화 한 통으로 바로 왕진을 보낸다.

22)

적당한 자가 지원하면 적극적으로 채용한다.

모집 반도인 노무자 이동표

출신지별	이동 연월일	고용수	감소수				현재수
			송환	사망	도주	만기해고	
경북 성주군	1939.12.10	102	7	1	40	19	35
경북 영양군	1940.1.11	96	11	–	41	17	27
충청북도	1940.4.6	150	12	8	36	–	94
경북 군위군	1940.12.6	106	3	–	35	–	68
전남 구례군	1941.1.14	49	1	1	8	–	39
경북 영양군	1941.9.15	14	–	–	–	–	14
계		517	34	10	160	36	277

비고) 가족 동반 73명, 가족 수 258명(남자 135명, 여자 123명), 모집 외 26명

24)

홋카이도 공통

25)

현재 모집 100명 예정(만료자 보충)

26)

노무계원 중 경험자를 동원한다. 특별히 자격 없음.

27)

500명 이상 되면 반별로 필요할 수 있지만 현재는 필요 없음.

28)

(1) 주재원 없음.

(2) 조선총독부에 모집 요강 및 포스터 등을 송부하는 것 외에 따로 선전을 하지 않는다.

(3) 외견상 관찰만 하고 데려온다. 도착한 다음 쓸모없는 자는 잡역 등에 사용하는데 대체로 관찰판단이 틀리지 않는 것 같다.

(4) 선금을 요구하는 자에 한해 준비해 간 돈에서 30~50엔을 지급하고 도착 후에 공제한다. 여비와 잡비는 회사가 부담한다. 계약만료 후 귀국하는 경우와 가족 초청의 비용도 전부 회사가 부담한다.

(5) 현지에서 반장을 세워 모든 소통은 반장을 통해 한다.

(6) 광산 도착 후에는 소장의 훈시, 산신 참배, 노무계와 채탄계의 훈시, 료장의 주의사항 전달, 일본어와 조선말로 적은 작업용구 명칭 설명서를 나누어 준다. 갱내 견학(도중에

입갱 절차 등을 전부 지도한다), 입갱 순으로 진행하는데 초기에는 료장이 매일 작업준비장에 따라간다. 현재 약 10명당 1명의 사키야마급을 붙여 3개월간 작업훈련을 한다. 처음에는 전부 운반을 시키는데, 그중에서 우수한 자부터 적당한 곳에 배치한다. 안전교육과 기타 작업 시 사키야마급의 지도자가 함께 한다('조센징朝鮮人'이라는 말은 절대로 사용하지 않도록 전체 노무자에게 알려 두었고, '반도상半島さん'이라고 부르고 어린애처럼 조심히 다루도록 한다).

29)

1인당 200엔 정도(일체 포함)이다.

30)

모집 지역에 따라 곤란한 정도가 다르다. 그러나 조선말을 알고 반도인 모집의 경험이 있는 것을 최적임자로 하여 가급적 여기에 해당하는 사람을 보내고 있다.

31)

세세한 점은 몇 가지 있지만 모집 방법도 변하기 마련이라 다음 몇 가지 사항을 밝혀두고자 한다. 일시귀선(歸鮮)한 자가 다시 돌아오기 위한 수속을 하는데 면(面)의 주재소 직원이 잘 이해하지 못해서 좀처럼 다시 돌아오지 않는다. 이 점은 조선총독부가 끝까지 개입하지 않으면 곤란하다. 주재소 직원이 가정방문을 해서 돌아오지 않는 이유라도 물어보면 좋겠다. 이쪽에서 문의 서한을 보내도 답장이 오지 않는 상황이다. 그리고 기간도 2년에 한정하지 말고 3~4년 정도로 길수록 좋다. 2년 기간은 이제 막 익숙해지자마자 돌아가는 것이다.

32)

갱내부는 생산량 기준 지불이고 갱외부는 정액 지불이다.

정근수당	갱내 채탄 만기인 경우 14엔	갱외 1엔 이상인 경우 8엔 50전
	기타 10엔	갱외 1엔 이하인 경우 4엔 50전

갱내부가 증산한 경우에는 출근 장려 차원에서 1톤당 20전을 지급한다. 목표 금액에 차이가 있는데 1등, 2등, 3등의 등급이 있다. 1등은 1인당 5엔 정도이다(상술한 증산장려금은 3월 말까지는 30전까지 인정했는데 그 후에는 20전인 모양이다). 상여는 최고 130엔, 최저 5엔으로 6개월간 생산량 지급률과 거기에 근속 연수를 고려하여 결정한다. 입사 3개월 이내인 자는 예외로 하고 금액을 억제한다. 승급은 연 2회(6월, 12월 평균 5~6전)로 일본인과 반도인을 구별하지 않는다.

(다카키)

F광업소 노무관리

1)

⊙ 외근(外勤)

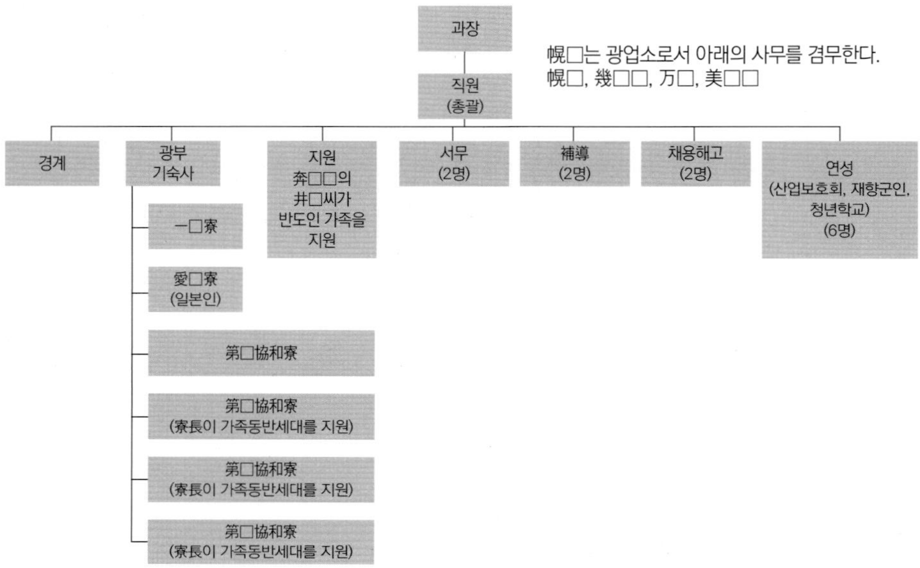

⊙ 내근(內勤)

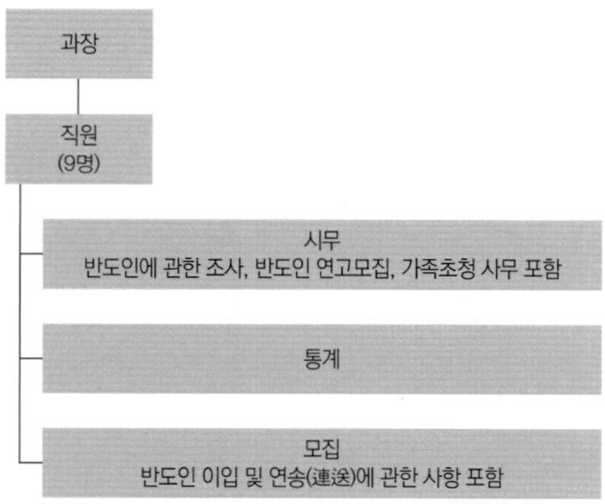

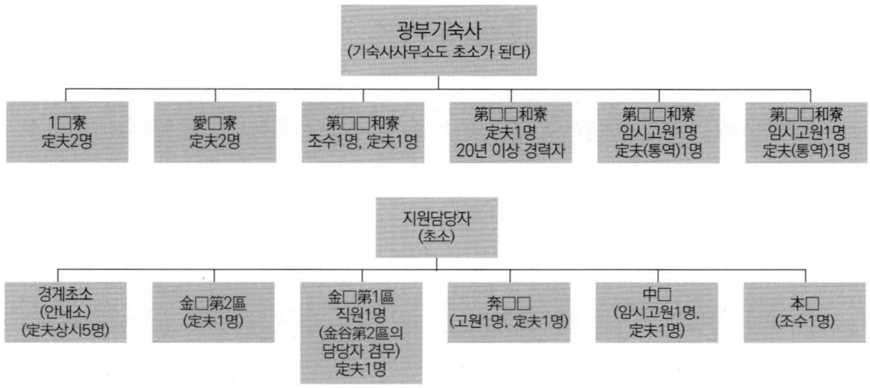

직제의 직급 순서는 다음과 같다.

직원(職員)-고원(雇員)-조수(助手)-정부(定夫)

3)

초소	세대수		인구	
	일본인	반도인	일본인	반도인
本□ 초소	90	–	519	–
中□ 초소	142	27	951	75
奔□內 초소	222	24	1,277	124
金□1區 초소	220	–	1,231	–
金□2區 초소	109	–	558	–
愛□寮 초소	–	–	111	–
1□寮 초소	–	–	95	–
第□協和寮 초소	–	–	18	113
第□協和寮 초소	–	–	19	103
第□協和寮 초소	–	–	13	112
第□協和寮 초소	–	–	19	125
社□	192	–	1,106	–
계	975	51	5,917	652

4)

목욕탕은 전부 하나씩 있다. 회사직영 물품판매소는 제1분배소와 제2분배소이다(원격지라서 특설). 이발소는 本□, 奔□內에 각각 한 곳씩 지정했다.

5)

중앙과 金□1區에 생선, 야채, 기타 식료품을 취급하는 지정시장이 있다. 광업소 부지 내에 두부가게 1곳, 잡화점 2곳이 있다. 부지 밖 시가지에는 각종 영리 상점이 있다.

6)

(1) 제4협화료의 료장만 조선말을 알아듣는다(상이군인으로 3개월 반 조선어 강습을 받았다).
(2) 통역은 반도인으로서 이 광산에 오래 산 사람 또는 다른 곳에서 채용한 사람인데, 새로 채용한 반도인에서는 뽑지 않는다(친분관계 때문에 좋지 않은 결과가 발생할 것을 우려하기 때문이다).

반도인 노무관리자를 두지 않은 특별한 이유는 없다. 하지만 일본인으로서 조선말을 아는 사람이 관리하는 데 유리하기 때문에 조선말을 하면 할수록 좋다. 료장은 직접 숙소를 관리하는 것 외에 인사, 식사, 반도인의 사생활 일체에 관한 사무를 담당한다.

7)

(1) 나쁜 버릇이 많기 때문에 항상 버릇없이 굴지 않도록 주의할 것.

(2) 차별받는다는 느낌을 갖지 않도록 지도할 것.
(3) 건방 떨지 않도록 군기를 잡을 것(절대 때리지는 않는다).
(4) 저들은 끈질기기 때문에 느긋하게 절충을 할 것.
(5) 료장은 저들을 어린애 다루듯이 친절하게 다룰 것.
(6) 사상(思想) 면에서 일본인의 경우와 다르게 할 것.
(7) 다수를 모아 지도하기보다 개인별로 지도할 것.

8)

협화회와 긴밀하게 연락하여 종종 강습회에 출석시키는 한편 조선에 관한 도서를 접하게 한다. 료장을 여러 차례 조선에 파견하여 인솔해 오는 임무를 맡기는데, 조선의 사정에 통달하도록 하고 있다. 저들을 관리하는 데는 조선인들이 데려오는 것이 가장 효과적이다.

9)

(1) 일본인과 마찬가지로 별로 문제는 없다.
(2) 일본인과 마찬가지로 사택에 살게 하는 수밖에 없다.
(3) 계급을 붙여 점차 훈화시키는 것이 가장 좋지만 곤란하다.

10)

연립가옥 1동에 45~48호를 오장(隣保조장)이 지휘하고 있다(이는 종전부터 있던 조장을 그대로 둔 것). 반도인도 같은 식인데 반도인 가정의 지휘는 □□내(□□內)의 담당자와 제3협화료 료장이 책임을 담당하고 있다. 그리고 주부간담회를 개최하는데 노무과 직원이 출석하여 특별히 방화, 위생에 주의하라고 하고 배급에 관해 지도하고 출근을 독려하도록 하는 데 힘쓰고 있다. 최근에는 방화에 힘을 쏟고 있다.

12)

특히 여자 혼자 있는데 갑자기 방문하는 것은 관습상 불가하다.

13)

과장 차석인 □□ 씨가 전체를 관장하고 있다. 이 사람은 근속 30년의 노무 경험자이다.

15)

정신대가 조직되어 있는데 □□택(□□澤) 협화회의 지시에 따라 만들어졌다. 전체의 1할인 우수자로 조직하고 있다. 연령의 구분이 없다. 대체로 반 조직과 일치한다. 료 내의 생활을 지도하고 솔선하여 출근하고 실천하는 등의 임무가 있는데 형식일 뿐 실제 여부는 의문이다. 협화회 회장이 와서 대원을 격려하는 정도이다.

16)

거의 전부가 위장병이다. 폐디스토마도 2, 3명 발견되었다. 각기병과 충치, 근시안은 전혀 없다. 이전에는 대부분이 아주 건강했는데 최근에 데려온 사람은 영양부족이었다. 야맹증인 자 10명 정도를 귀국시켰다(전라남도 해남군).

이들의 체형이 (1)과 같은데 날이 지날수록 (2)와 같이 된다.

(1)

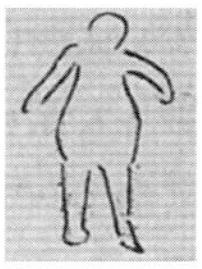

(2)

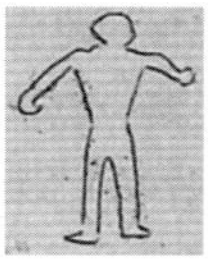

생활양식 변화로 체격이 확실히 좋아진다.

모집해 온 자로서 치료에 상당한 시일이 필요한 자와 이곳에서 검사한 결과 체격이 병(丙)에 해당하는 자는 귀국시킨다.

21)

현재 없음. 별로 필요하지 않다.

22)

전혀 고려하지 않고 있다.

23)

탄□기□(炭□汽□)[21] 전체에서 모집한다.

---

21 홋카이도탄광기선주식회사(北海道炭礦汽船株式会社)를 가리킨다.

24)

연도별	종별	이입신청수	□□ 이입신청 월일	□□ 이입승인 월일	□□□ □□□ 지시 월일	□□□ 허가 월일	모집 착수 월일	이입 광산도착 월일	광산도착 인원수	착산후 광별 □	□	□	□	□	□	□	□	적요 군별	적요 광업소명	적요 신청 인원수
1939년도		2300	82	92	9.16	1200 (□□) 9.25, 800 (□□) 9.29, 500 (□□) 9.20	9.20	10.7부터 12.1까지	2466	1131	200	90	75	186	301	483		임실 200, 남원 200, 50, 읍 50, 순 150	부안 250, 김제 250	(경남) 김해 60, 상남 35, 15, 의령 30, 함안 50, (경남) 300, 광양 250, 순천 250
1940년도		300	14	119	3.3	300 (□□) 3.5	3.7	3.18부터 3.23까지	300	150					50	100		산청 100, 읍 100, 함양 100		
1940년도		300	215	330	4.20	300 (□□) 4.24	4.7	5.15부터 5.19까지	284 중도주 6명	215	30		39					부안 300		
1940년도		1400	325	427	6.22	700 (□□) 7.29	7.29	8.21부터 9.15까지	545 중도주 1명	282				97	166			함양 350, 하동 100, 사천 250		
						700 (□□) 8.31	8.31	9.26부터 10.20까지	605 중도주 4명	218	78	50	70	33	85	92	29	안동 300, 영천 200, □성 20ㅍ	□□ □□ □□	690, 550, 160
1940년도		1100	712	827	10.6	600 (□□) 2.5	2.18	12.10부터 12.15까지	528 중도주 1명	264	100	21	60			47		함평 100, 영암 300, 광주 200	□□□□ □□□□	530, 300, 240, 30
						500 (□□) 12.10	3.2	12.27부터 1.3까지	489 중□□□ 중도주 1명	169			23	47	118	132		고창 100, 장수 300, 무주 100		
1940년도		700	918	1031	12.5	700 (□□) 1.18	1.20, 2.25	2.29부터 2.14까지 3.1까지 2.9부터	691 중 도주 100명	327	75			20	78	191		무주 150, 장수 50, 임실 100, 진안 100, 익산 200	□□ □□ □□	450, 150, 100
1941년도		1300	1012	123	1.14	500 (□□) 3.19, 400 (□□) 5.26	2.19, 3.14, 3.15, 3.1	3.12부터 3.27까지 4.2부터 4.4까지	84, 170 중 도주 4명	58	37	30			30	74	26	울산 150, 남해 250, 창녕 200, 하동 100, 산청 100	□□ □□ □□	820, 200, 280
						400 (□□) 3.15, 5.26	5.30	6.24부터 8.26까지	312 중 도주 4명	95		39			61	64	53	안동 100, 승천 110, 영천 800, 김천 110	□□ □□ □□	200, 100
1941년도		1100	33	522	7.6, 7.6, 7.27	200 (□□) 7.28, 300 (□□) 8.12, 600 (□□) 9.8	7.30, 8.24, 8.19	8.26부터 8.27까지, 9.14	197 중 도주 3명	88					□ 10, □ 40	59		서산 200, 청수 60, 제천 100, 보은 40, 진천 50, 단양 50, 영천 100	□□ □□ □□	
1941년도		1500	617	89	내락 9.3	800 (□□), 700 (□□)													□□□ □□□	555 □□□ □□□
1941년도		2000	815																□□□ □□□	668 □□□ □□□

우선 사업장에서 원서 5통을 현지의 직업소개소에 제출한다. 현지 경찰을 거쳐 도청에 동봉하고 도청에서 □□□로 가서 마지막에 □□□로 간다. 동시에 조선총독부가 지령하고 도(道)에서 군(郡)을 결정하고 군에서 면(面)을 결정하는 순서로 이어진다. 조선총독부와 후생성은 신청과 공출을 대조하고 합의하여 할당량을 결정한다. 앞으로 합의에 □□□가 추가되는 모양이다.

26)

노무과 직원이 담당한다. 자격과 경력은 그다지 문제 삼지 않는다. 4, 5개월 전부터 반도인 노무업무를 인식시키기 위해 현장 계원을 파견한다.

27), 28)

지점에서 파견된 상주 직원이 1명 있다. 주로 수속 사무를 처리하고 연락을 통해 모집을 한다. 그 밑에 탄광기선주식회사 산하의 각 탄광에서 나온 1~2명이 보좌를 한다. 노무과 직원 중에서 약간 한직에 있는 사람이 선발되는데 약 반년씩 교대를 하고 있다. 현재 4개 군이 할당되어 있는데 조선의 중남부에 8명, 1개 군에 2명의 비율이다. 직원, 고원(雇員), 정부(定夫)를 적당히 조합하고 있다. 데려올 인원수가 정해지면 조선 쪽에서 '연송자(連送者)[22]를 몇 명 보낼 것'이라고 전보로 알려오는데 그 주문에 따라 연송자를 보낸다.

선전 방법은 영화, 삐라(조선말, 특별히 임금을 명시한다), 사진, 포스터 등 □□ 방면의 노무자 징용과 비슷한 방법으로 끌고 오기 때문에 모집이 어려워지고 있다. 전형은 우선 관찰하여 선별하고 간단한 신체검사를 한다. 이때 의사를 입회시키기도 한다. 그리고 종두접종도 하

---

22 인솔자를 의미한다.

는데 형식적이다. 현지에서는 선금을 지급하지 않는 것이 원칙이지만, 도착할 때 단신자에게는 용돈으로 2엔, 자가(自家)송금으로 10엔을 선지급한다(료장이 전달한다). 그리고 사정에 따라서는 현지에서도 20엔 정도 선금을 지급한다.

광산의 사정 때문에 가급적 대량으로 수송한다. 부산, 여수에서 송출하고 호쿠리쿠(北陸)[23] 지역을 경유하여 육상으로 수송한다. 인솔자(연송인)는 20명당 1명의 비율이다.

29)

⊙ 장(張)[24]의 경우

제1회	약 79엔
제2회	약 77엔
제3회	약 74엔
제4회	약 93엔
제5회	약 94엔
제6회	약 97엔

계산 근거는 약간 불확실하다.

부산까지 40엔, 접대비 10엔, 일본 □장(□張) 도착까지 100엔, 피복(작업복, 셔츠 상하, 모자) 40엔

⊙ 내(內)의 경우

1인당 90~100엔인데 최근에 모집 성적이 나빠지자 150엔 정도 소요되는 모양이다. 모집원 여비는 회사의 여비규정에 따르는데 교제비가 상당히 나간다.

---

23 일본 중부지방에서 서해안(일본해)을 끼고 있는 지역

24 유바리(夕張)로 추정된다.

30)

(1) 전라남도, 전라북도는 인구가 많으며 □□사람이 많기 때문에 비교적 모집이 무난한데, 경상남도, 경상북도는 모집이 지지부진하다. 문화수준이 높은 지방은 모집 성적이 나쁘다. 같은 도(道) 내에서도 군(郡)에 따라 차이가 상당히 크다. 철도에 연한 지역을 할당받으면 제일 좋은데 교통이 불편한 지역은 상당히 힘들다. 집합이나 기타 여러 측면에서 여의치 않기 때문에 어떤 지역은 제외하고 데려오기도 한다.

(2) 직접 모집에는 경험자가 적임인데 관청과의 교섭에는 학식과 경험이 필수적이다.

(3) 오로지 봉사정신으로 하고 있다.

31)

(1) 내무성의 부현별 할당을 크게 늘려주면 좋겠다.

(2) 일시귀선 또는 재도항을 하는 자는 특별히 관대하게 허가해 주면 좋겠다(일시귀선인 경우 단독증명이나 간단하게 도항증명을 해 주면 좋겠다).

(3) 반도인 관리의 쇄신, 뇌물을 바라는 오리(汚吏)가 개입하기 때문에 막대한 돈이 소요된다.

(4) 도(道), 면(面)의 유력자가 재계약에 반대하는 태도를 보인다. 이에 대해서는 속된 말로 좀 더 비상한 인식을 가졌으면 좋겠다.

(5) 조만간 총독부의 공출 방법이 바뀔 것 같은데 근로보국대의 형태가 되기 때문에 이 경우에 대(隊) 조직을 현장에 맡기지 않게 되며 인솔하는 지도자 역시 반드시 현장의 지도자일 필요가 없게 된다. 이 경우 문제가 발생할 우려가 있다.

33), 34) 1일 임금 지불 기준(1941년)

내선별	30엔 미만	30~50엔	50~70엔	70~90엔	90~110엔	110엔 이상
일본인	187	113	166	158	337	453
반도인	18	20	38	125	192	112

⊙ 대우 상황

종 별	일본인	반도인
최 고	6,043	4,574
최 저	1,980	2,571
평 균	3,894	3,378
평균 월 수입	89,430	86,510

갱내는 생산량 기준 지불, 갱외는 정액 일급, 시간 외 할증, 1개월 개근자(휴일 제외)에게는 임금의 1할, 정근자에게는 5푼을 가급(加給)한다.

출근수당은 개근자 10일째마다 3엔(주부수당 1엔 50전)(증산 기간 중에 한 해 다시 개근한 자에게는 1엔 가산) 지급, 1일 쉰 자는(입갱한 자에 한함) 1일 15전씩 지급, 정월에 근로수당으로 총 생산량의 5푼~1할(단, 결근 일수가 반기 내 14일 이내인 자)을 지급하고 있다. 승급은 4월 1회이다.

(다카키)

G광업소 노무관리

2), 3)

반도인	사무소		세대수	인구
	직원	조수		
제1□寮	1	3	-	227
제2□寮	-	-	50	294
제3□寮	-	-	52	361
제4□寮	-	-	-	299
高□寮	-	-	25	212

<table>
<tr><th>일본인</th><th></th><th>인구</th></tr>
<tr><td>青□區</td><td rowspan="2">□寮</td><td rowspan="2">266</td></tr>
<tr><td>東區</td></tr>
<tr><td>臺□區</td><td rowspan="3">□仙寮</td><td rowspan="3">124</td></tr>
<tr><td>八□區</td></tr>
<tr><td>□區</td></tr>
<tr><td>川□區</td><td>□平寮</td><td>71</td></tr>
</table>

4)

초소(사무소)는 각 료에 1개 있고 각 료 단위로 구락부가 1개, 가족 거주자 중심부에 목욕탕이 있고 배급소가 있다.

5)

이발소 정도이다. 광업소 근처에 온천 시가지가 있다.

6)

노무계원 중에 반도인 노무관리자는 통역을 포함시켜 5명이다. 료장은 간단한 조선말 정도는 알아듣는다고 한다.

7)

(1) 매일 아침 료장이 주의사항을 설명한다. 우선 참을성 있게 하라는 것이다.
(2) 사생활 속으로 들어가도록 하는 것인데 특히 금전 관계를 다루기 때문에 노무계원은 인성을 보고 선택하는 것이 중요하다.

9)

(1) 의복에 관해서는 우선 조선 복장을 하지 않게 하는 것이 필요한데, 남자는 노동 때문에 거의 국민복과 작업복이지만 문제는 부녀자들이다.
(2) 주거에 관해서는 일본의 생활을 따르도록 하는데, 온돌은 절대 금지시키고 있다.
(3) 음식에 관해서는 자극적인 것을 피하도록 하고 있다.

10)

가정생활에 관해서는 일반적으로 하고 있는데 지나치게 관여하는 것은 피하고 있다. 가정생활을 일본식으로 하려고 해도 특수한 것은 어쩔 수 없기 마련인데 이 점은 반도인도 이해하고 있는 것 같다.

11)

반도인 노무자에 대해 (1) 성실하게 (2) 상벌제도를 명확하게 하도록 주의하고 있다.

그리고 훈련방법으로는 철저하게 군대교육을 참고하고 있다.

이상적인 방안으로는 당번에 따라 료를 구별해서 여러 명을 한 장소에 모아 모든 것을 규칙적으로 해나가면 좋겠지만 이러한 설비가 완전하지 않기 때문에 어쩔 수 없이 지금과 같은 방법을 쓰고 있다.

12)

반도인 부녀자는 거의 쓸모가 없다. 임시 선탄부로 조금씩 쓰고 있는데 기능적으로는 전혀 도움이 되질 않는다. 이에 대한 방법이 거의 없어서 방임하고 있는 상태이다.

14)

탄광은 인원이 유동적이기 때문에 불가능하다.

⊙ 임금 형태

정액과 청부제의 두 가지 종류가 있다. 정액제에는 시간할증과 근로할증이 있다. 전자는 1/10이며 후자는 기술에 따라 단계가 있다. 청부제에는 (1)탄(炭) 총량, (2)암(岩) 총량, (3) 채탄의 세 종류가 있다. 이상을 그림으로 나타내면 다음과 같다.

<table>
<tr><td rowspan="3">정액제</td><td rowspan="2">1. 시간할증(1/10)</td><td rowspan="3">청부제</td><td>1. 탄(炭) 총량</td></tr>
<tr><td>2. 암(岩) 총량</td></tr>
<tr><td>2. 근로할증(기술)</td><td>3. 채탄</td></tr>
</table>

(1) 탄(炭) 총량

칸 비용(間代)×칸 수(間數)-화약 비용+탄 비용+갱입료+(사키야마 50전, 아토야마 30전)

주) 칸 비용(間代)이란 한 칸의 대가로서 보통 50엔 정도이다.

'칸 비용(間代)×칸 수(間數)'에 따라 광부가 채굴한 가치에 대가를 지불하기 때문에 그 중에서 화약 비용을 빼지만 여기에는 다른 탄값이라는 것을 더하여 화약 비용을 상쇄하도록 하고 있다. 게다가 갱입료(대체로 50전 정도)를 더하고 만약 반도인이 작업에 들어갈 때는 거기에 사키야마에게 50전 정도, 아토야마에게 30전을 할증하고 있다. 일본인과 반도인의 구별은 없다.

(2) 암(岩) 총량

칸 비용(間代)×칸 수(間數)-화약 비용

이 경우의 칸 비용은 탄 총량보다 조금 높게 되어 있는데 화약 비용을 상쇄하지는 않는다.

(3) 채탄[주)1]

탄차(炭車)×함수+지주 수(枠數)[주)2]

주)1 이 제도는 캐내는 만큼 캐고 폐광하는 경우에 적용한다.
주)2 지주 수(枠數)란 지주(支柱)의 수를 가리키는데, 폐광할 것이기 때문에 4척(尺) 간격으로 세운다.

이상은 채탄부의 경우인데 그 밖에 지주부는 지주 한 개당 단가가 다르고 각각 계산하여 합산하는 방식을 취한다.

34)

임금지불은 월 2회 10일과 25일로 계산하고 지불일은 15일과 월말이다.

35) 별지 참조

(하시모토)

⊙ 부기

모집비 일본 및 조선의 각기 실적표		
	일본(엔)	조선(엔)
1940년 11월	3,795.33	1,896.93
1940년 12월	3,532.95	745.74
1941년 1월	4,074.01	19,831.32
1941년 2월	3,683.96	11,313.05
1941년 3월	4,527.96	2,734.50
1941년 4월	5,298.98	20,091.88
계	24,913.19	56,613.42
평균 1인당	39.596	51.467

비고) 채굴공, 조수, 지주수 채용인원 883인, 이입수 1,100인

모집비 일본 및 조선 합계(엔)		
1939년	53,783.28	(1939년 10월부터 반도 이입 시작)
1940년	113,867.70	
1941년	111,770.61	

모집자의 자격 및 대우(인솔자 제외)							
	근속 연수					대우(고정급)	
	1년 미만	1~5년	5~10년	10~15년	15년 이상	50엔 미만	50~100엔
근로자 출신자	-	-	-	-	-	-	-
기술자 출신자	-	-	-	-	-	-	-
중등학교 수료자	-	3	-	2	-	-	5
대학, 전문학교 수료자	1	1	-	-	-	-	2
국민학교 수료자	-	1	-	1	-	-	2
계	1	5	-	3	-	-	9

비고) 인솔 직후 직장배치까지 지도법(직장 견학, 안전교육, 직장 마음자세 등)

<table>
<tr><th colspan="8">주부식, 보급액(반도인 합숙) 및 합숙 징수료(1일 55전)</th></tr>
<tr><td></td><td>엔</td><td colspan="6"></td></tr>
<tr><td>쌀 보급액</td><td>10,851.12</td><td colspan="6" rowspan="2">쌀 총량　준합숙자분　합숙자분
258.36 - 6.82 = 251.54</td></tr>
<tr><td>부식물 보급액</td><td>6,382.12</td></tr>
<tr><td>조미료대</td><td>2,618.47</td><td colspan="4">합숙자 1개월 연인원
준합숙자 1개월 연인원</td><td colspan="2">38,685인
1,705인</td></tr>
<tr><td>비품대</td><td>399.38</td><td colspan="6" rowspan="2">합숙자 1일 1인당 쌀 급여량
石　人　合
251.54 ÷ 38.685 = 6.5强</td></tr>
<tr><td>잡품대</td><td>156.43</td></tr>
<tr><td>목탄대</td><td>33.01</td><td>수입금</td><td>21,276.76</td><td rowspan="5">1일
1인당
56전</td><td rowspan="5">천분비표</td><td>주식</td><td>501</td></tr>
<tr><td>수도 사용료</td><td>31.00</td><td>보조금</td><td>1,975.74</td><td>부식</td><td>415</td></tr>
<tr><td>식사준비자 급료</td><td>1,193.65</td><td>계</td><td>23,252.50</td><td>고용급</td><td>55</td></tr>
<tr><td rowspan="2">계</td><td rowspan="2">21,665.58</td><td>지출금</td><td>21,665.58</td><td>기타</td><td>24</td></tr>
<tr><td>잉여금</td><td>1,586.92</td><td>계</td><td>1,000</td></tr>
</table>

작업복	반도인 노무자 입소 시 작업복 1벌(가격 10엔)을 실물로 지급한다(일본인 노무자에게는 지급하지 않는다).
작업용구	삽(2엔 47전), 휴대전등(78전), 작업모(1엔 44전), 작업신발(1엔 75전) 등 1회에 한해 무료 지급하고, 전지는 무료로 보급한다. 그 외에 도시락통, 수건, 편지지, 비누 등 일용품을 무료 지급한다(1회 한).
주택	주택, 합숙 모두 무료 대여(합숙자에게는 침구 무료 대여), 반도인 가족동반세대에 한 해 침구를 대여한다.
전등료	1등(燈)에 대해 1개월 35전(1호에 1등 또는 2등), 5년 이상 근속자에 대해서는 1등 감면한다.
연료	무료 지급한다(단 목탄은 유료).

H광업소 노무관리

1) 노무관리 조직

A. □□광업소 노무계

(1) 본부의 록□(鹿□) 노무계는 채용해고계 8명, 자료계(임금, 계산, 통계) 5명, 산업보국계 2명, 노무수첩계 2명, 접수(配信사무) 5~6명

(2) □□갱 노무계 2명

(3) □□노무계 2명

(4) □□철도노무계 2명

B. □□갱 노무 조직

자유노동자 출신에 대한 조직

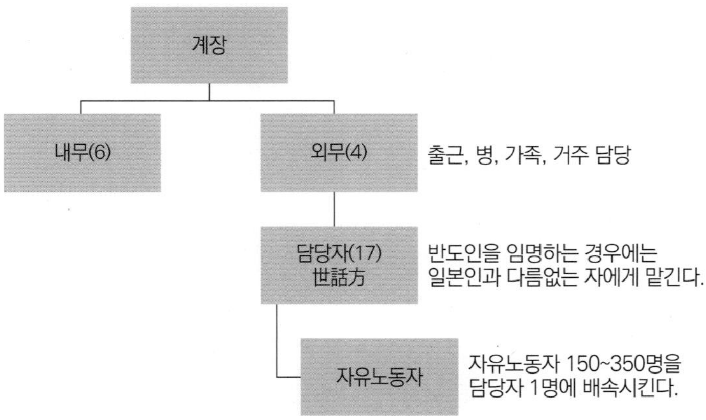

이입 반도인에 대한 조직

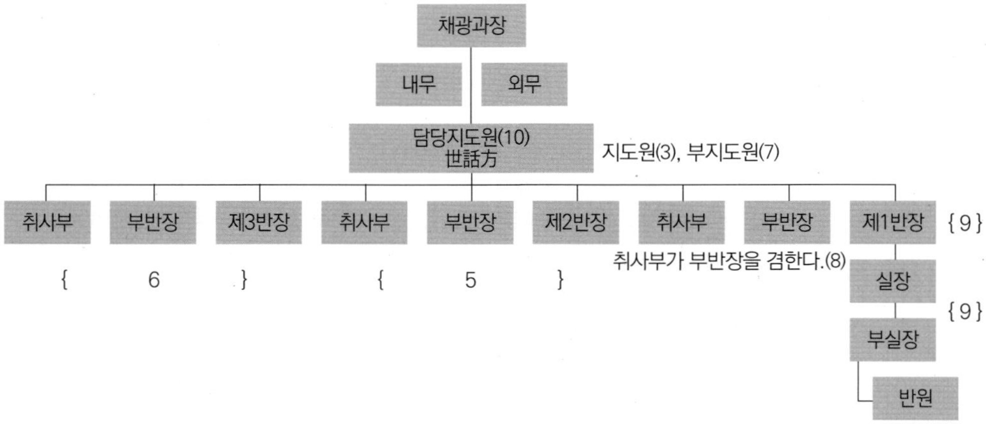

3)

鹿□	합숙	2개소, 반도인 90명
栃□	합숙	협화 제1, 제2, 제3료
茂□	합숙	1호 25명

6) 노무계 중 반도인

합숙 사무원, 취사부, 노무계의 이입조선인 담당자, 노무계의 직입(直入)조선인 담당자, 노무계 중에서 조선말을 아는 사람은 이상 외에 노무계 1명이다.

7)

鹿□ 노무계장은 직원들에게 다음의 내용을 훈시하고 있다.

(1) 일시동인(一視同仁)[25]할 것.

(2) 도망을 방지할 것.

9)

반도인의 의식주에 대해 특별히 고찰할 점(栃□갱 노무계의 말)

(1) 의복 – 양복을 좋아한다.

(2) 주거 – 온돌을 사용하지 못하게 한다면 가급적 화로를 지급하고 싶다.

(3) 음식 – 급격하게 조선 음식을 바꾸는 것은 무리이다. 천천히 일본식으로 하게 해야 한다.

10) 가정생활 지도

특히 가정주부에 대해 일본 주부와 같은 복장, 예절 등을 하도록 가르치고 있다.

14) 5인조 제도, 오장 제도

1인의 오장이 대체로 10~15명을 통솔한다. 그러나 편성은 1개월마다 변한다. 계원의 말에 따르면, 이 광산에서 5인조 제도는 무리라고 한다.

---

25 신분이나 국적에 관계없이 모든 사람에게 평등하게 인애를 베푼다.

16) 병원의 특이성

이입조선인을 관찰한 결과

(1) 위장병, 감기가 많았다. 휴양기간은 전자는 대체로 5~7일, 후자는 3~4일이다.

(2) 위 확장(擴張)이 일어난 자가 50%이다.

(3) 폐질환, 잇병은 거의 없다.

(4) 안과는 일본인의 1/10이다.

(5) 각질, 성병 없음.

17)

16)은 이입조선인을 관찰한 결과인데, 이입 직후인 경우가 많다.

23) 모집 지역

조선 남부의 각 도

24) 모집 절차

(1) 조선에서 직접모집(1940년 9월부터)

(2) 연고모집

(3) 창구신청

(4) 직업지도소를 통해 폐광한 광산에서 데려온다.

(5) 조의 우두머리(組頭)가 데려온다(청부인의 경우).

25) 모집 인원

1940년 9월 이래 현재까지 직접모집 650명, 이 중 채용인원 635명

27) 모집 조직

(1) 1개 군(郡)에 2명씩

(2) 반(班) 구성인원 및 양식은 일본인 3~4명(노무계장 또는 차석 또는 서열 3위 노무계원), 반도인 1명(사무원급인 자)

28) 모집 방법

모집 주재원 없음.

선전방법은 종업원 안내 배포뿐임.

전형방법은 간단한 신체검사이다.

선금 없음.

인솔방법은 노무계가 출장 가서 인솔해 온다. 출발할 때 모자, 작업복, 작업화 등을 지급하는 동시에 복장을 통일해 버린다(도주 없음).

인솔 후 처치, 신체검사, 입소식을 하고, 훈련소에 들어가는 동시에 현장에 들여보낸다.

29) 모집 비용

1인당 60~70엔(東 계장에 따르면)

31) 반도인 모집에서 개선이 필요한 점

각 공장이 직접 모집하는 방식을 폐지하고 총독부가 모집 절차를 실시하며 일본 공장의 요구를 산업의 중요도를 고려하여 사정(査定)하여 할당하고 각 공장은 사람을 인계받으러 가는 정도로만 하면 좋겠다.

32) 임금형태

갱외 상용(常傭)임금

갱내 생산량 기준 지불제

일본인과 조선인을 비교할 때 승급 제도는 똑같다. 젊은 사람에 대해서는 일본인의 임금이 반도인보다 높다(총독부와 관련이 있다).

33)

일본인, 반도인을 구별했다. 임금통계는 없음.

34)

기간은 매월 8일 1회

정근수당 7엔 50전, 5엔, 4엔 50전, 3엔, 2엔(결근 수에 따라 구분)

수당 종류 21개, 상여는 6월과 12월에 나온다. (근속수당과 총임금에 따른다.)

35) 실물급여(구매부)

(1) 주식 – 염가(20% 미만)

(2) 작업복 – 공정가격이며 운임 부담

(3) 주택비 – 합숙 1일 1전, 사택 1개월 30전, 차가(借家)수당 제도 있음.

(4) 전등료 – 무료

36) 반도인의 노무관리에서 특히 유의할 점(栃□갱에서)

(1) 식사 – 많이 먹기 때문에 식료품 수당에 신경을 써야 한다.

(2) 일본어를 모르는 점 – 의사소통이 부족해 싸움이 벌어진다.

(3) 도망 방지에 주의할 필요가 있다(猪□역, 古□역에 수배하고 있다).

(4) 시간관념이 없어서 일본인이라면 문제가 될 일이 없는 일에 수고로움이 발생한다.

(5) 지급과 관련해서 까다롭다.

(6) 저축을 싫어한다.

(7) 유가증권, 국채 지급이 어렵다(4와 통한다).

(8) 송금의 경우에 현금송금을 선호한다(송금환 방법을 모른다. 또한 송금환의 경우에 수령지 측에서 강제저축을 시키는 곳이 있는 것 같다).

(요시에)

I광업소 노무관리

1) 노무관리 조직

채광과, 분석과, 천광과, 공작과, 서무과, 경리과, 노무과(노무계, 청년학교, 고용관계, 후생계, 임금계), 공구과

2) 노무계초소의 소재 및 조직, 인원

이타야(板屋)[26] 10명, 소분(惣房) 4명, 유노구치(湯の口) 2명

3) 노무계초소 소재지가 관할하는 호수, 세대 및 인구

		호수	세대수	인구
일본인		1,128호	1,128세대	4,503인
반도인	료 3개소	12동	-	290인
계		1,157호	1,128세대	4,793인

4) 위 소재지의 후생시설 종류, 규모, 이용 상황

감리소(監理所) 4개소, 스모장 4개소

---

26 이하 기슈광산(紀州鉱山)의 하천(板屋川)과 작은 지역 명칭을 딴 탄광, 갱의 명칭들이다.

5) 위에서 영리시설의 종류, 호수, 규모

배급소 5호

6) 반도인 계원 중 반도인 노무관리자 유무

인원 3명

노무계원 중 조선말을 아는 사람은 3명이다.

7) 반도인 노무관리 담당 직원에 대한 특별 주의사항

(1) 인종적 편견을 갖지 않을 것.

(2) 반도인 특유의 도피(도망)를 시정할 것.

(3) 태만을 시정할 것 등이다.

9) 반도인 의식주에 관해 특별히 고려해야 할 점

(1) 의복-일본인에 동화시킬 것.

(2) 주거-일본인에 동화시킬 것.

(3) 음식-가급적 조선 요리에 관해 궁리할 것.

10)

반도인 가정생활에 대해 특히 지도를 하거나 특히 주의를 기울여야 할 점은 위생 관념을 갖도록 하는 것이다.

11)

반도인 노무자의 기숙사에 대해 특별히 훈련, 교양을 개선하는 방법은 좌담회 개최이다. 노무계원이 반드시 출석하여 수양과 강연 등으로 정신훈련을 하고 있다.

13)

반도인 노무관리인은 계원, 근속 연수 2년인 자 1명, 기술자 출신 2명, 중등학교 수료자 1명이다.

23) 모집 지역

경상북도, 경기도의 2개 도

24)

모집은 반도인이 군청, 경찰서, 면사무소 등과 연락을 하고, 집단모집 또는 연고모집 방법이다.

25) 채용인원

480명

26) 모집자

노무자 출신 3명, 중등학교 수료자 3명, 근속 연수 1~5년인 자 8명, 대학·전문학교 수료자 2명

28) 모집 방법

자격 – 직원
선전방법 – 인쇄물
전형방법 – 신체검사만
부임비용 – 30엔
인솔 직후 직장배치까지 지도방법 – 취업 전 3개월간 훈련을 실시하고 안전교육, 직장 마음가짐을 철저히 한다.

29) 모집 비용

모집 인원 1명당 금액은 130엔 정도(복장을 1인당 급여), 가족동반수당 30엔, 모집자 여비 450엔, 숙박비(80엔)

30) 모집 성적

동일한 모집노력을 들여도 지역별로 차이가 크다. 모집에 소요되는 노력에 비해 모집자의 자격이나 경험이 미치는 영향이 더 크다.

31) 반도인 모집에서 개선이 필요한 점

가급적 가족을 동반하여 이입하도록 했으면 좋겠다.

32) 임금 제도

(1) 시간급 제도 938명(이 중 반도인 41인) 갱외

(2) 생산량 기준 지불제 1,225명(이 중 반도인 243명) 갱내

승급제는 연 1회(7월) 봉급의 1할 이내

33) 임금 수입

(1) 일(日) 수입

	1엔 미만	1~2엔	2~3엔	3~4엔	4~5엔	5엔 이상
일본인	47	174	382	643	360	106
반도인	-	78	102	63	12	5

(2) 월(月) 수입

	30엔 미만	30~50엔	50~70엔	70~90엔	90~100엔	110엔 이상
일본인	73	222	469	403	299	256
반도인	38	53	69	47	34	19

34) 임금 지불

(1) 기일 및 횟수 – 10일, 월 1회

(2) 제 급여 – 정근 1일분, 개근 2일분

(3) 제 수당 종류 및 금액 – 정근 및 개근, 입갱금

(4) 상여 – 연 2회 대체 일급의 10일분

36)

반도인 노무관리에서 완급의 적당한 정도를 파악하는 것이 중요한 것 같다.

(안도)

K광업소 노무관리

1)~3) 제1선의 노무 보도원(담당계) 약 130명

구분	인원
일본인 노무자 담당자	103명
반도인 노무자 담당자	27명
합계	130명

반도인 노무자 담당 27명 중 반도인은 2명이다.

일본인 노무자 보도원 1명당 담당 인원은 50~60명이다.

반도인 노무자 보도원 1명당 담당 인원은 40~45명이다.

6)

반도인 노무관리자는 2명이며, 노무계원 중 조선말을 아는 사람은 없다.

7)

이곳에 일할 목적으로 온, 의지가 없는 자(즉, 오직 도항할 목적만으로 온 자)가 약 60%이기 때문에 강제적으로 다루고 있는데, 어쩔 수 없겠지만 대승적인 자세로 독려할 필요가 있다. 도항자 중에서 우수한 자를 선발하여 노무관리를 돕게 할 필요가 있다.

돈 때문이든 지위든 무엇이라도 희망을 주어야 한다. 모집할 때는 기존에 일본에 도항한 사람이 없는 지역에서 데려와야 한다(도항증명을 받을 목적으로 응모해서 일본에 도착한 직후에 도망가는 것이 현실이다. 기존에 도항자가 없는 경기도 모 군(郡) 에서 온 도항자들 중에는 현재까지 도망자가 한 명도 없다는 사실이 그 증거이다.).

8)

앞으로도 조선에서 순사를 한 경험이 있는 사람을 노무계원으로 채용할 의향이 있으며, 또한 반도인 노무자 중에서 선발할 의향이다.

9)

(1) 반도인 독신자, 배우자 동반자 모두 일본인 노무자와 다른 지역에 모여 살게 한다. 독신자 합숙소는 6첩 넓이에 4인씩이다. 그리고 모집 지역별로 모여 살게 하고, 방별 할당 인원은 희망 사항을 참작한다.
(2) 일본인과 같은 식사를 지급하고, 반도인만 사용하는 식당도 있다. 1일 식사량 – 도시락 1홉 1작, 아침 1홉 3작, 저녁 1홉 3작, 그 밖에 1회 입갱 전에 출근자에게만 우동과 경단 등을 지급한다.

13)

반도인 기숙사 사감은 고정급이다. 출근 독려 성적 등에 따라 장려금을 지급하는 등의 함바(飯場)식 잔재는 없다.

14)

일본인 주택지와 마찬가지로 인보(鄰保) 조직의 인보 제도를 시행하고 있다.

16)

좀처럼 치료를 받지 않으려는 경향이 있는데 일단 치료를 받게 되면 예를 들어 내과 질환으로 진료를 받은 다음에는 안과, 피부과 등의 진료까지 받으려는 습관이 엿보인다. 아마 조선에서의 습관이 나타나는 것 같다.

23) 출신지=모집 지역 이주노무자 인원 및 연도

이주 반도 노무원 현황 조사														
출신지	광산 도착 월일	이동자수	사고자									현재 재적수	보류	비고
			불합격	도주	송환	귀선 후 불귀환	병약 해고	이재 사망	불상사 해고	병사	계			
경북	尙□ 2.22~2.26	**90** 180	-	**16** 49	**2** 3	**4** 13	4	1	8	-	**22** 78	102	57	진한 색은 가족동반 표시
	南□ 2.26~2.28	**43** 120	-	**6** 39	**2** 2	11	1	-	-	-	**8** 53	67	56	
	靑□ 3.31	**46** 100	1	**4** 39	**1** 2	3	1	**1** 1	-	1	48	52	52	
경남	居□ 6.24~7.20	**29** 200	-	**6** 118	**1** 1	**2** 15	8	1	-	-	**9** 143	57	30	
	山□ 6.19~7.19	**3** 37	1	14	-	8	3	-	-	-	25	12	32	
전북	任□ 12.1~12.28	**19** 273	-	116	5	4	16	-	13	-	155	118	43	
	南□ 12.1~12.28	**15** 200	-	118	1	1	6	-	7	-	133	67	34	
	完□ 12.1~12.28	**1** 67	1	25	3	1	5	-	1	-	35	32	45	
	益□ 12.1~12.28	20	-	10	-	-	-	-	-	-	11	9	45	
충북	沃□ 6.16	39	2	32	-	-	-	-	1	-	33	6	15	
	報□ 6.17~7.25	42	-	27	2	1	1	-	-	-	33	9	22	
	淸□ 6.17~7.25	88	6	63	-	-	3	-	1	-	67	21	25	
	槐□ 6.17~7.25	38	-	24	-	-	2	-	-	-	32	6	16	
	鎭□ 6.17~7.25	30	-	13	-	-	1	-	-	-	14	16	53	
	陰□ 6.17~7.25	37	3	19	-	-	-	-	1	-	23	14	38	
계		**246** 1,471	14	**32** 706	19	57	51	**1** 3	32	1	**45** 883	588	40	

24)

아래 (1)과 같은 순서로 신청을 하고 그 역순으로 허가를 받는데, 신청과 허가 후에는 (2)의 순서로 진행한다.

(1) 신청, 허가

① 신청할 필요 인원수를 결정

② 관내 직업지도소장을 경유

③ 현 지사 경유

④ 후생성 직업과 앞으로 신청

⑤ 노무동원계획 참작

⑥ 조선총독부에 통고

(2) 신청, 허가 후

① 인가서를 지참

② 조선총독부와 모집 지역을 협의 결정

③ 도청

④ 면사무소 앞으로 공출협력 지령(대체로 일본의 근로보국대와 같음)

⑤ 면에서의 모집활동

- 면사무소 노무계, 직업계와 협력, 호별 방문, 유력자의 권유, 좌담회 개최, 취업 안내, 포스터 등을 게시하여 회사모집원이 직접 모집을 하는데, 보통 준비금(선금)을 지급하는 경우가 많다.
- 면사무소 노무계, 직업계에게 공출을 의뢰하는데 일본 근로보국대와 같은 방식으로 하는 경우가 있다. 다른 회사의 사례에 관한 진술에 따르면, 50~100엔 정도의 선금을 지급하는 것이 관행인 것 같다.

⑥ 수송 상황

출발 집합지까지 또는 집합지에서 철도까지 짐을 가지고 오면 대절한 승합차 또는 화물차로 수송한다. 기존에는 현지 관리 등의 응원까지 받았고 철도와 연락선 등과의 연계도 정확하고 원활하게 이루어졌다.

(3) 모집허가 수에 대한 충족 곤란 상황

이주 반도인 노무자 모집 요강에 따라 모집에 착수한 것은 1939년 11월 이후인데 그 동안 4차례에 걸쳐 모집허가 인원이 13,000명에 달하며 이 가운데 1,256명의 응모자가 있었다. 3차까지는 경상북도를 할당받았고 당시까지(금년 3월경) 제법 공출력에 여유가 있어 좋은 조건이었는데, 4차는 금년 5월부터 착수했지만 경상남도에서 현재 잉여 노동력이 더욱 부족해지고 농번기와 겹쳐 각 지역 관청의 적극적인 지원이 보이지 않는 가운데 천천히 정원에 다다르는 수준에 그쳐서 그 질에 대해서는 선택의 여지가 거의 없다. 앞으로 다른 지역에서 적극적인 대책을 강구하지 않는 한 필연적으로 더 큰 어려움이 따를 것이라고 생각한다.

(4) 반도인 모집에 대한 희망 및 의견

반도인 노무자 모집 지역인 경상남도와 경상북도는 과거 수개월에 걸쳐 상당수의 노동자를 공출한 곳인데, 앞으로 사업자 측의 수요인원에 대해 과연 어느 정도까지 충족할 수 있을지 의문이라는 일반 업자들의 목소리를 종합해 보면 모집 지역의 제한을 완화하고 확대하는 것 외에 해결방도가 없다고 생각한다. 그 밖에 금년 4월부터 직업소개소법 시행과 더불어 종래의 모집 방법과 다소 달라지기 때문에 현지모집 관계자와 관공서의 원만하고 신속한 협조에 만전을 기해주기 바란다.

모집상황은 다음과 같다.

- 모집을 위해 조선에 파견한 계원 수 – 1회째 10명, 2회째 6명
- 모집파견에 필요한 여비 대략 추산 – 4,200엔
- 도(道)에 신청서류 제출 월일 – 1940년 5월 30일
- 모집허가 월일 – 1940년 6월 11일
- 군, 면 모집허가 월일 – 1940년 6월 11일
- 모집완료 월일 – 1940년 7월 20일

(고다마)

L광업소 노무관리

9)

합숙은 전부 칸막이 없는 넓이 30첩의 바락쿠이다(수용인원 20~40명). 일본인과 반도인을 나누어 모여 살게 하고 사감은 반도인을 쓰는데 거의 함바식이다. 일본인 노무자가 일단 감리하고 있다. 반도인 여자 조리부를 사용하여 거의 조선 요리(재료는 일본산인데 조미료 등은 조선식으로)를 만들어 주고 있다. 고춧가루, 마늘 등을 보통 감량하고 있다. 조리부는 사감의 아내가 맡는다(준함바식). 재료는 회사 측이 구입해서 나누어 준다.

	사용별	첩수
일본인용	1,100호	2첩
반도인용	120호	2첩

14)

5인조 제도는 없고, 도나리구미(鄰組) 제도가 있는데 주로 출근 독려 기관이다.

16)

피부병이 많다.

17)

각기병이 많다.

26)

별도의 모집원은 없다. 회사 노무과 직원이 나가더라도 연고를 더듬어 기주 반도인을 연행하는 것이 상당수이다.

(고다마)

M광업소 노무관리

1)

노무관리 담당 직원으로서 고원(雇員) 이상은 대략 200명

종업원인 자 대략 150명

직무 분담은 반드시 명확하지 않고, 복리계, 모집계, 급여계로 따로 인원을 나눌 수 없다.

2)

이 탄광은 5개의 갱으로 나뉘는데, 각 갱마다 노무계초소가 있다. 각 초소마다 약 30명 정도의 노무직원이 있는데 주로 출근 독려, 노무자 뒷바라지를 하고 있다.

3)

5개 갱의 각 초소별 관리 호수, 세대수는 명확하지 않지만 전체는 다음과 같다.

	구 분	일본인	반도인	계
사택	호수	2,107호	143호	2,250호
	수용 인원	8,749명	585명	9,334명
	1인당 첩수	2.4첩	1.8첩	2.3첩
기숙사	동(棟)수	5동	5동	10동
	수용 인원	1,093명	411명	1,504명
	1인당 첩수	1.5첩	1.8첩	1.6첩

4)

초소별로 후생시설을 열거하는 것은 불가능하지만 전체로 보면 다음과 같다.

종업원 구락부로 협회회관을 건설, 그 안에 강습회장, 유도·검도장, 장기, 탁구, 당구, 도서실, 궁도장을 부설하고 있다.

위 시설 외에 운동 시설로서 스모장, 육상·야구용 운동장, 테니스장, 수영장을 시설하고 있는데 수영장을 제외하면 이용 상황이 거의 없다.

그리고 캠핑부, 등산부를 설치하여 용품을 설비하고 있다. 가을마다 11월 3일에 운동회를 하고 있다.

위안오락시설로는 전술한 장기, 시설 등 외에 임시로 영화회, 나니와부시(浪花節)[27], 만담회, 제례(산신제)를 개최한다.

경제시설로는 구매시설, 금융제도를 운영하고 있다.

교육시설로는 전술한 도서실 외에 청년학교를 운영하고, 우수 종업원의 연성(간부교육)을 위해 1년간 광사숙(鉱士塾)을 운영하고, 수시로 수양회, 강습회를 연다.

그리고 월 2차례씩 '협화'라는 신문을 발행하고 있다.

5)

음식점, 특수음식점이 많은 것이 눈에 띈다.

27 일본 전통악기인 샤미센(三味線)을 켜며 부르는 대중가요

6)

노무과장이 '함께 자고, 함께 먹고, 함께 놀고, 함께 생활하자'라는 주의를 하고 있다. 그 밖에 최근에 적극적으로 대동아전쟁의 이야기를 하라는 지시가 내려오고 있다.

7)

(1) 반도인들만 따로 한곳에 모여 살게 하고 있다. 기숙사도 반도인끼리만 사는 기숙사를 두고 있다(반도인 합숙은 일본인 합숙보다 더럽다는 점이 격리의 한 원인이 되고 있다.).

(2) 매운맛을 고려하고 있다. 조리원은 반도인 여성을 사용하고 있다.

8)

반도인이 새로 이주해 오면 근처에 사는 반도인이 일본 생활에 적응하도록 선도하고 도와주고 있는데 특별히 가정생활에 대한 지도는 없다.

12)

이 광산에서 노무자로 일하는 반도인 부녀자가 3~4명 있는데 노무관리상 특별히 주의할 사항은 없다.

16)

일본에 건너와 입사한 직후 곧바로 각기병에 걸린 사람이 많고 피부병도 많다. 1도 정도가 되면 회복하는 데 일본인보다 조금 더 오래 걸리는 경향이 있다.

18)

각기병이 많은 것 같다.

22)

현재 반도인 청년 자녀인데, 노무자 이외에 도항해 온 자가 없기 때문에 가능성이 없을 것 같다.

23) 모집 지역

제1회	모집지	전라남도	海□郡, 康□郡
제2회	모집지	경상남도	東□郡
제3회	모집지	경상남도	陜□郡
제4회	모집지	전라북도	井□郡, 淳□郡
제5회	모집지	충청북도	槐□郡
제6회	모집지	경상북도	義□郡
제7회	모집지	충청북도	槐□郡, 報□郡

모집 지역 변화는 대개 총독부가 할당 지정하는데 매번 지역이 달라진다. 회사가 임의로 할 수 없다.

25) 모집 인원

모집 인원, 신청 인원을 보면 다음과 같다.

	허가 인원	이입 채용 인원
제1차	100	100
제2차	100	94
제3차	100	100
제4차	100	300
제5차	100	100
제6차	100	100
제7차	300	297
계	900	1,297

26)

특별히 모집자는 없고, 회사의 노무과 직원이 교대로 조선에 건너가고 있다.

28)

사정에 따라 선금을 지급하는 경우가 있지만 지급하지 않는 것이 일반적이다. 여비, 복장, 도항 중 일체의 비용은 회사가 부담한다.

인솔은 단체를 10명 정도의 반으로 나누고 각 반에는 노무자 중에서 일본어를 아는 사람을 배치하여 인솔한다.

일본 도착 후 직장에 배치하기까지 3일 정도 갱내외 견학과 안전에 필요한 사항을 가르치고 작업의 개요와 필요한 용어를 가르친다. 그 후 1주 정도는 지도자로 사키야마를 붙여서 실제 작업에 들여보내고 있다.

29)

반도인에 드는 모집 비용을 일본인의 모집 비용과 분리하는 것은 불가능한데, 전체적으로 1939년부터 현재까지 숫자를 들면 1939년 1월 기준 21엔 48전, 1940년 1월 기준 59엔 10전, 현재는 50~55엔 정도이다.

30)

모집 지역의 지정 때문에 본 항목과 맞을지 모르겠지만 대체로 농업이 발달하지 않은 지역이 좋다. 그리고 어촌도 좋은데 질이 떨어진다.

31)

최근에 조선에서도 직업지도소가 제도화되어 앞으로는 신체검사와 간단한 일본 도항증명, 그리고 취업에 필요한 훈련을 받은 다음 도항하는 식으로, 관에서 알선하는 식으로 개선되기를 기대하고 있다.

32)

정액 일급인 자는 운반부, 운전부, 공작부, 선탄부, 잡부이며, 잔업인 경우에 증액한다(시간 할당).

생산량 기준 지불은 채탄부, 굴진부, 사조부, 운반부인데, 일부는 집단청부제로 기능 정도에 따라 임금을 받는 비율이 있다. 임금제도와 승급에서 일본인과 반도인의 차이는 없다. 다만 비율(임율-생산량 기준 지불인 경우)은 일본인보다 적게 된다. 또한 훈련기간 중 1주째까지는 2엔 50전 정액, 2주째까지는 3엔의 정액을 지급한다.

34)

매월 7일 또는 8일에 정액급인 자에게 일시 지불한다(전월 분을 지불한다).

매월 13일에 청부제급인 자에게 일시 지불한다(전월 분을 지불한다).

1941년 중 월평균 고용률, 해고율을 일본인과 반도인별로 산출하면, 우선 고용률에서 일본인의 경우 6.4%, 반도인의 경우 9.3%, 그리고 해고율은 일본인의 경우 5.8%, 반도인의 경우는 7.1%이다.

월		고용			해고		
		일본인	조선인	계	일본인	조선인	계
1941년	1월	283	12	295	141	18	159
	2월	289	11	300	215	32	247
	3월	105	1	105	177	19	196
	4월	127	57	184	255	41	296
	5월	88	59	147	157	31	188
	6월	62	1	63	130	34	164
	7월	134	6	140	99	16	115
	8월	227	147	374	180	60	240
	9월	92	3	95	294	119	413
	10월	90	20	110	112	39	151
	11월	332	4	336	153	18	171
	12월	604	163	767	326	61	387

다음으로 가동률을 일본인과 반도인별로 비교하면 다음과 같다.

1941년 중			
	일본인	반도인	계
재적 연인원	892,956	136,936	1,029,892
가동 연인원	770,789	111,806	882,595
가동률	86.3%	81.6%	85.7%

일본인의 경우 0.53%, 반도인의 경우 0.52%로서 가동률은 일본인과 반도인이 거의 동률이다.

1941년 말			
	일본인	이주 반도인	계
1개월 미만	465	122	587
3개월 미만	548	15	563
6개월 미만	231	24	255

1년 미만	168	54	222
3년 미만	583	268	851
5년 미만	417	-	417
10년 미만	392	-	392
20년 미만	413	-	413
20년 이상	46	-	46
합계	3,263	483	3,746

1941년 12월 말			
	일본인 건수	**반도인 건수**	**계**
낙반, 측벽 붕괴	20	3	23
광차 때문	5	—	5
비석	1	—	1
공구 때문	7	—	7
기계 때문	1	—	1
기타	15	3	18
계	49	6	55

그리고 이를 근속 연수별로 보면 다음과 같다.

일본인과 조선인 부상자 근속 연수							
	일본인	**조선인**	**계**		**일본인**	**조선인**	**계**
1개월 미만	4	-	4	7년 미만	3	-	3
3개월 미만	3	-	3	10년 미만	5	-	5
6개월 미만	8	-	8	15년 미만	2	-	2
1년 미만	2	2	4	20년 미만	2	-	2
3년 미만	6	4	10	20년 이상	-	-	-
5년 미만	14	-	14	**계**	49	6	55

휴일은 매주 일요일, 국가 지정 축일이다.

(児玉)

N광업소 노무관리

1) 노무관리자 인원

인원 110명

과장, 부장, 주임, 계원, 계원보 합계(조수 이하 제외)에 반도인은 없다. 조수 이하에는 있다.

8)

오직 조선에서 순사로 퇴직한 사람만 담당하게 하고 있다. 앞으로도 그럴 방침이다.

10)

1917년부터 사용하고 있기 때문에 불편을 느끼지 않는다.

14)

기주 반도인 노무자 경우에는 도나리구미(隣組) 조장을 두는데, 조장의 아내가 출근 독려를 담당한다(장려금 등은 없음).

⦿ 반도인 교육 정도

학력의 정도	인원
중등학교 졸업자, 동등한 교육을 받은 자	–
소학교 졸업자, 동등한 교육을 받은 자	162
무학자	1,060
합계	1,222

36)

일본인과 반도인 사이에 분쟁이 발생한 때에는 각각 따로 집합시켜 시비를 가릴 필요가 있다.

37)

일선의 지도자에 따라 차이가 크기 때문에 일선 지도자(조선에서의 순사 출신자가 많음)를 정신적으로 격려하고 있다(물질적 장려 등은 없음).

사감의 처가 어떻게 내조하느냐에 따라 출근율이 달라지기 때문에 훈시하듯이 격려한다(물질적 장려 등은 없음).

사내용 석탄을 주로 채굴하는 노천굴 제7갱(기주 반도인 및 일본인 중에서 농사를 지으면서 통근하는 자를 사용한다)의 합숙에서는 함바식 제도를 채택한다. 함바 6곳.

오야가타(親方), 기주 반도인(1917년 초 입사한 자), 인부는 공급 청부에 따라 월 수입 500엔, 400엔, 300엔이다. 이 외에 식비, 작업도구 등에서 웃돈을 떼고 선금을 지급하여 반도인의 연고모집 등을 한다.

함바 수용인원은 40~50명이다(남자 1인 1일 임금은 1엔 80전 정도 수입이다. 청부.).

39)

독신, 배우자동반 모두 일본인 노무자와 구분하여 다른 구역에 모여 살게 한다. 기주 반도인을 일본인과 함께 혼거시키는 경우도 있다. 본 합숙소사택은 과거 경험에 따라 독특한 건축양식을 채택하고 있다(이것이 가장 이상적인 건축이라고 한다).

반도인은 찬밥을 먹지 않는다. 한 번 먹였더니 다음날 전원이 결근한 일이 있어 특별히 주의하고 있다. 조리인은 반도인 부녀자를 두고 상담계로 쓰기도 한다. 작업장이 갱내부이고 마늘은 특히 냄새가 강해서 일본인 노무자가 싫어하기 때문에 절대로 먹이지 않는다.

9)

(1) 1941년도 일본인, 조선인 퇴직 사유

구 분		동종 광산으로 전직	다른 광산으로 전직	부근 농촌으로 귀농	기타 전직	미종업자	도주	사망	기타 불상	합계
1월	일본인	23	6	388	30	16	107	3	188	761
	반도인	**5**	–	**9**	–	**2**	**51**	–	**7**	**74**
2월	일본인	7	8	402	33	16	103	9	152	730
	반도인	–	–	**24**	**4**	–	**56**	**2**	**11**	**97**
3월	일본인	19	6	723	54	13	97	3	159	1,074
	반도인	**55**	–	**25**	**6**	**1**	**81**	–	**10**	**178**
4월	일본인	19	8	526	22	8	47	4	100	734
	반도인	**32**	–	**17**	**9**	–	**116**	–	**25**	**199**
5월	일본인	5	4	304	23	7	58	5	96	502
	반도인	**4**	–	**12**	**4**	**2**	**128**	**1**	**10**	**161**
6월	일본인	41	3	179	21	5	57	5	84	395
	반도인	**4**	–	**20**	**6**	–	**156**	–	**13**	**199**
7월	일본인	26	2	175	16	23	130	7	68	447
	반도인	**6**	–	**8**	**2**	**1**	**151**	**4**	**13**	**185**

8월	일본인	10	1	332	23	72	153	5	151	747
	반도인	–	–	**10**	**3**	**1**	**153**	**1**	**1**	**169**
9월	일본인	19	1	891	23	27	76	3	58	1,098
	반도인	–	–	**5**	**11**	**3**	**174**	–	**10**	**203**
10월	일본인	16	5	288	28	3	86	4	73	503
	반도인	–	–	**36**	**4**	–	**175**	–	**9**	**224**
11월	일본인	4	2	76	14	4	52	10	63	225
	반도인	**1**	–	**27**	**1**	–	**68**	**3**	–	**100**
12월	일본인	4	0	70	10	2	59	7	78	242
	반도인	–	**1**	**21**	–	–	**66**	–	**3**	**91**
합계	일본인	193	52	4,360	297	196	1,025	65	1,270	7,458
	반도인	**107**	**1**	**214**	**50**	**10**	**1,375**	**11**	**112**	**1,880**

이주 반도인 도항허가(1939년 10월 허가) 이래 1941년 말까지 도항 반도인 약 3,000명 가운데 1941년 말 재적 수 1,222명이다(1회 96명 도항자 중 2년간 재적한 자 36명, 기타 60명 도망).

노무과가 보는 퇴직 원인(K광업소와 같음)은 식량부족이기 때문에 농촌에 잠입하여 농업 일용직이 되는 자, 식량 규제가 다소 느슨한 다른 부현(예를 들면, 사가현, 구마모토현 등)으로 이동하는 자가 최근에 다수 있다.

그리고 노무자 쟁탈이 격렬한 점(원인은 기주 반도인 중에 주선을 업으로 하는 자가 많음).

⑵ 1941년도 월별 고용 해고 재적자 수

월별	고용	해고	재적
1월	825	835	9,609
2월	1,369	827	10,151
3월	595	1,252	9,494
4월	476	933	9,037
5월	492	668	8,866
6월	324	594	8,596
7월	859	632	8,823
8월	1,000	916	8,915

9월	654	4,301	8,268
10월	430	727	7,971
11월	345	325	7,991
12월	868	333	8,526
합계	8,245	9,338	106,247
평균	689	778	8,854

10) 1941년 월별 채탄부 입갱률

본 표는 채탄부(66%가 반도인임)의 출근율이다.

월별	1월	2월	3월	4월	5월	6월	7월	8월	9월	10월	11월	12월	평균
백분율	74	80	80	75	78	74	79	82	80	75	78	86	78

10-2) 1940년도 월별 이유별 결근수

월별	공(公)상병	사(私)상병	사고 결근	여행 결근	합계
1월	3,524	7,488	25,546	7,448	44,046
2월	2,462	5,890	21,106	5,628	35,175
3월	2,279	5,535	21,163	3,581	32,558
4월	3,311	7,036	25,240	5,794	41,381
5월	3,324	7,310	21,024	5,261	36,919
6월	3,352	7,289	21,678	4,117	36,436
7월	2,890	6,443	19,146	4,175	-
8월	2,346	4,986	17,889	3,732	-
9월	2,222	4,944	14,443	3,939	-
10월	2,242	5,446	19,221	5,988	32,897
11월	2,346	4,986	17,889	2,125	27,346
12월	2,004	4,394	9,648	2,347	18,393
계	32,302	73,835	233,993	54,175	394,305

11) 재적자 근속 연수별 구성

근속별	1939년 1월 현재	1940년 6월 현재	1941년 6월 현재
6개월 미만	1,348	1,306	1,314
1년 미만	1,415	1,397	1,378
2년 미만	1,464	1,447	1,333
3년 미만	1,087	1,060	1,004
4년 미만	909	928	852
5년 미만	634	612	575
10년 미만	972	915	881
15년 미만	491	519	538
20년 미만	453	461	492
20년 미만	204	221	229
합계	8,977	8,866	8,596

12) 1941년도 원인별 재해 건수

월별	낙반	광차	발파	전기	기계	기타	계
1월	60	22	6	–	8	80	176
2월	80	33	1	–	7	73	194
3월	76	20	1	–	3	83	183
4월	63	20	2	1	12	68	166
5월	54	22	1	–	3	64	144
6월	31	26	1	–	2	44	104
7월	51	12	–	–	6	49	118
8월	53	24	2	–	3	57	139
9월	62	16	4	–	5	64	151
10월	53	26	1	–	5	48	133
11월	56	16	1	–	3	52	128
12월	59	35	1	–	4	62	171
계	708	272	21	1	61	744	1,807

(고다마)

3. 각 사업장 후생시설에 관한 보고

A광업소 후생시설

1) 교양시설(훈련방법)

각 반도 단신자 료에는 강당(넓이 4칸×7칸)의 설비가 있다. 광산 도착 후 3개월 훈련기간 중 료장 지도하에 각종 기초훈련을 한다. 즉 매주 1회 당직사관이 전원을 오전 9시와 저녁 종업 후 각 1시간 반씩 집합시켜 주로 국어교육을 3개월간 하고 대체로 작업에 곤란이 없는 정도로 가르치고 있다. 출석자는 매회 24~25명 정도이다.

처음에는 출석자가 많은데 점차 줄어들어 반수에도 미치지 않는 상태가 되어 료장이 출석 독려에 고심하는 모양이다. 교재는 처음에 협화회 독본을 빌려 사용하고 있는데 대부분 분실하여 적당한 교재가 없어 부심하고 있다.

일반 반도인 노무자에 대한 훈련으로 매 공휴일(월 3~4회)에 1~2시간 군사교련을 실시한다. 각 료마다 국민학교 운동장을 이용하고 청년학교 지도원에게 의뢰하고 있다. 출석자는 240~250명이다. 그리고 이 군사훈련에 이어서 간단한 게임을 하도록 하고 눈 치우기와 기타 근로봉사에 내보낼 때도 있다. 게임은 집단생활에 익숙하게 하고 동작을 기민하게 하는 등의 효과가 있다.

광산 도착 후 처음 1주일간 현장에서 안전교육과 작업훈련 등을 실시한다.

이외에 위생사상의 보급, 단체훈련 교화 및 신민 의무의 함양 등 각종 훈련을 각 료장의 지도하에 적당하게 실시하며 반도노무자를 위한 강연회 등은 별도로 하지 않는다.

종교적 훈육에 대해서도 매일 아침 조례를 하고 강당에 신단을 설치하고, 또한 신사와 불각사 등에 참배하도록 가르치고 있는데 저들은 그저 형식적으로만 따를 뿐이다. 각종 집회에서도 작법 등을 엄격하게 가르치고 있는데, 이 또한 저들은 거의 이해하지 못하는 것 같다.

료에서는 일본어와 조선말로 된 신문을 구비해 두는데 과연 몇 사람이 이용하는지 의문이라고 한다. 또한 조선말 잡지, 그림책 등을 구비하기도 하는데 모두 분실했다. 기업 내의 출판물인 '□□천(□□川) 신문'도 일본인과 마찬가지로 배포하고 있는데 아무도 읽지 않는다.

2) 기숙사의 관리, 운영, 훈육 상황

반도인 노무자는 도항 후 3개월의 훈련기간 중 전원 료에 수용하고 가족동반을 허용하지 않는다.

현재 반도인 단신자 료는 6개소, 1940년 12월 말 현재 수용자 수는 다음과 같다.

東□제2寮	133명
東□제3寮	133명
中□제2寮	208명
本□제2寮	139명
奧□제2寮	178명
文□제2寮	163명
계	651명

료장은 원칙적으로 일본인 직원(조수) 중에서 군대 출신자를 뽑는다.

료장은 료의 업무 전담으로 하고 조선말을 아는 사람이 오히려 실패한 사례가 있다.

갱내외 사정에 밝은 5년 이상 17년, 18년의 근속자를 골라 조수를 붙여 업무를 돕게 하는 것이 이상적이다.

료장 아래에 조선말 통역 2명을 두고, 각 실마다 1명의 실장을 선임하여 관리운영을 맡긴다.

실장은 대체로 같은 방의 구성원 중에서 연장자를 선출하여 결정한다.

료장에 대해서는 지도방법에서 오류가 없도록 하기 위해 노무과 주임이 감독을 한다.

료장회의(월 3회)에 대해서는 노무관리 항목 참조할 것.

료는 구 사택 10호를 개조하여 1동으로 했는데, 방은 8첩, 11첩, 14첩의 크기로 구분으로 되어 있다. 8첩에는 3명, 11~14첩에는 6명 이하를 표준으로 수용한다. 난방은 오로지 석탄이다(광장에 쌓아놓고 자유롭게 가져가게 한다). 목욕탕은 하루 종일 연다.

생활비 부담은 식비 1인 1일 45전뿐이고, 식비 취사인 이외에 인건비, 소각료, 수리비의 큰돈 지출을 제외하면 실제 비용은 65~67전이다(분명한 것은, 계산할 수 없지만 전체 료에서 연간 8,500~6,000엔을 회사가 보조하고 있다는 것이다).

음식준비는 조선식으로 조리하지 않도록 하고, 마늘은 갱내에서 일본인의 불만이 나오기 때문에 처음부터 제공하지 않는다고 말해 둔다. 고춧가루는 점차 양을 줄이고 있는데 대체로 자유롭게 먹게 한다. 음주도 금지하지 않지만 배급한다. 출근 장려 차원에서 보통 2일에 1/2 정도 비율로 배급한다. 비교적 윤택하다.

쌀은 1일 1인당 3홉 6작 남짓의 배급량인데 이것으로는 도저히 저들의 굶주린 배를 채울 수 없기 때문에 같은 양 또는 그 이상의 콩류를 섞어 혼식을 하게 한다(메뉴표는 별지와 같음). 취사인은 모두 일본인 남성이다.

급료는 료장이 직접 지급하는데, 1인당 1개월에 10엔 이상을 건네주지 않으며 나머지는 저축 또는 송금하도록 한다(회사 저금은 연리 7푼 5리). 2년 계약기간 만료 후 최고 1,300엔을 저축해 귀국한 사례가 있다.

10엔 정도 하는 용돈의 주요 사용처는 음식비, 도박 등이라고 하는데, 숙소 담당 노무계의 말에 따르면, 저들은 양복 등을 사서 '어디선가 무엇을 하는 것 같다'고 한다.

1940년 11월 저금 및 송금 상황은 아래와 같다.

- 현재 저금액 41,430엔 9전. 1인당 42엔 10전(최고 128엔 48전, 최저 50전)
- 현재 송금액 23,714엔 15전. 1인당 23엔 93전(최고 150엔, 최저 10엔)

⊙ 반도인료 메뉴표

일	조식	중식	석식	일	조식	중식	석식
1	야채국	야채국	무즙	16	야채국	미역즙	야채국
		배추볶음	생선조림				조림
2	"	미역즙	야채국	17	"	무즙	미역즙
		야채볶음	쓰쿠다니			생선조림	야채조림
3	"	야채국	야채국	18	"	야채국	두부즙
		야채조림	배추볶음			후쿠진즈케	생선조림
4	미역즙	야채국	야채국	19	미역즙	야채국	야채국,
		야채국	생선조림			쓰쿠다니	곤약고기조림
5	야채국	야채국	야채국	20	야채국	미역즙	야채국
		쓰쿠다니	후쿠진즈케			오뎅	쓰쿠다니
6	미역즙	야채국	야채국	21	"	야채국	무즙
		생선조림	오뎅			야채조림	삶은 생선
7	야채국	야채국	야채국	22	미역즙	야채국	야채국
		생선조림	야채조림			야채국	후쿠진즈케
8	"	미역즙	두부즙	23	야채국	야채국	튀김국
		배추볶음	생선조림			야채국	생선찜
9	미역즙	야채국	야채국	24	"	미역즙	야채국
		쓰쿠다니	후쿠진즈케			미역즙	구운 생선
10	야채국	무즙	야채국	25	미역즙	야채국	야채국
		후쿠진즈케	생선조림			오뎅	배추볶음
11	"	무즙	야채국	26	야채국	야채국	무편
		후쿠진즈케	쓰쿠다니			생선조림	오뎅
12	미역즙	야채국	야채국	27	"	무즙	미역즙
		청어조림	생선조림			야채조림	생선조림
13	야채국	야채국	두부조림	28	미역즙	야채국	두부즙
		야채조림	야채조림			쓰쿠다니	야채조림
14	"	야채국	무편	29	야채국	야채국	야채국
		생선조림	후쿠진즈케			삶은 생선	곤약고기조림
15	미역즙	야채국	야채국	30	"	야채국	무편
		야채조림	쓰쿠다니			생선조림	야채조림

비고) 1. 그냥 국(汁)이라는 것은 전부 미소시루(일본된장국)이다.
2. 쓰케모노, 고춧가루는 식사마다 제공한다.

3) 사택 시설

일본에 온 지 3개월 뒤부터 가족초청을 허가하는데 가족동반자에게는 8~11첩 크기의 사택 1호(부엌 달림)를 무료로 대여한다. 사택에서는 완전히 일본인과 마찬가지로 대우하는데, 일본인들 사택과 함께 여기저기 섞여 있게 한다. 인보반(鄰保班)에서도 차별은 없다. 일상생활의 지원, 일본 생활의 불편함 등에 대해서는 일본인이 잘 협력하며, 특히 일본인 주부가 반도인 가정을 도와주고 있다. 하지만 저들이 주택을 훼손해서 곤란하다고 한다.

이상과 같이 사택대여료는 무료이지만 전등료는 1촉당 2전, 겨울철 난방용 연료비(석탄)는 월 1엔 10전을 징수한다.

사택거주지의 시설로서 목욕탕 외에 다른 회사가 직영하는 일용품 공급소가 설치되어 있으며 공정가격품 외에는 시장가격보다 평균 1할 8푼 정도 인하해서 염가로 편의를 도모하고 있다.

다만 반도인 통역은 없다.

4) 위락 시설

료에는 조선의 장기, 조선의 악기(큰 북 11개, 꽹과리 또는 징 7~8개)를 두고 있는데, 전자는 별로 이용하지 않으며 후자는 반도인들이 좋아하며 춤을 추고 노래를 부른다. 하지만 싸움이 자주 나기 때문에 공휴일 외에는 허가하지 않는다. 축음기, 라디오를 놓아 조선 레코드도 구비해 두었는데 저들이 사용하면서 모두 망가져 버렸다.

반도인만을 대상으로 영화회를 연 4회 정도 개최하는데 저들에게 향수병을 불러일으킬 우려가 있다. 작년에 반도인 극단이 순회하러 왔는데 반도인보다 오히려 일본인들이 더 좋아했다고 한다.

저들만의 연예회를 각 료에서 연 4~5회 개최하는데 크게 기뻐한다.

체육은 일반적으로 반도인들이 소극적인데 '끌어당기며 하자고 해도 하지 않는다''희망자를 모아도 신청하지 않는다'고 한다. 탁구도 잘 안 하고 줄다리기는 조금 좋아하는데 일반적으로는 뒤로 빼며 적극적인 태도를 보이지 않는다. 하지만 도박은 엄중히 금하지만 절대 멈추지 않는다.

성(性) 문제는 위생적, 도의적 지도를 하는데, 배우자와 함께 사는 자에 대해서는 가급적 권하지 않도록 장려하고 있다. 그리고 시가지에 요리점카페 등이 있는데 특히 조선요리점이 있어 각자 적당하게 기분전환을 하고 있다. 조선요리점은 회사가 지정하여 3곳이 영업을 하는데 조선인 작부 16명을 두었다. 유흥비는 회사에서 가격을 정하는데 작부에 대한 검진은 치료 책임을 피하기 위해 회사의 약국에서 하지 않고 마을의 의원에게 의뢰하고 있다.

5) 기타

(1) 도망 방지대책

① 료에서 1인당 1개월에 10엔 이상의 용돈을 주지 않을 것.

② 현재 광구 일대에서의 출입을 자유롭게 허락하는데 이전에는 안내소를 관문으로 해서 일정한 범위 밖으로 나가는 것을 금지했었다. 6개월 지나서 반도노무자 측이 반대하여 중지하고 현재에 이르고 있다.

③ 기차 이용자에게는 료 또는 노무과에서 증명서를 교부하여 허가한다.

④ 열차 경계원제(警戒員制)는 다른 광업소와 같다.

도망자 수에 대해서는 다음 표와 같은데, 일반적으로 월평균 20명 정도이다. 눈이 오는 동안에는 적다가 3, 4, 5월에 증가하는 경향이 있다. 도망자는 작은 하청조직에 가는 사람이 많다고 하고, 도망자가 발견되는 사례는 극히 드물다.

12월 말 현재 반도인 노무자 수는 1,036명이 되는데 이때까지 이동상황은 다음과 같다.

상황별	인원
도망	498
사고 귀선자	129
만기 귀선자	122
계	749

(2) 정착(재계약) 촉진책

계약만료자에 대한 정착책으로는 재계약자에게 트렁크 1개를 제공하는 등 대체로 다른 광업소와 비슷한 조치를 하고 있는데 정착 상황은 다음과 같다.

만기 연월	만기자 수	재계약자	정착 비율(%)
1941년 10월	72	49	68.1
1941년 11월	166	67	59.6
1941년 12월	13	13	100.0

(후지이)

B광업소 후생시설

1) 교양시설, 훈련방법

광산 도착 후 3개월의 훈련기간 중 가장 힘을 쏟고 있다. 도착 직후부터 입갱 전의 기초 훈련의 행사를 보면 다음과 같다.

⊙ 1일째

- 광산 신사참배 후 신전에 황국신민으로서 산업보국에 만전을 기할 것을 맹세한다. 선언문은 노무과에서 미리 작성하고 반도인 중에서 대표를 골라 선서를 시킨다.

병원에서 상세한 건강검진, 진찰 결과 작업을 견딜 수 없는 자는 귀국시킨다(호흡기 질환인 자를 작년에 3~4명 송환했다).

료에 가서 도착식을 거행, 경찰서장 또는 대리, 노무과장 또는 대리, 외근부장, 료장, 료 직원이 각각 훈시와 주의사항을 지시한다.

⊙ 2일째

- 갱외 각 시설 견학

갱내 각 시설 견학, 오전 9시경 각자 소속될 갱에 입갱, 광무 주임이 작업상의 주의사항을 훈시, 그 후 인솔자가 3~4명씩 데리고 현장 견학, 오후 2~3시 출갱

료에서 작업용품, 작업복 등 지급(단, 대금은 후일 월급에서 공제한다.)

⊙ 3일째

보통 작업형태로 들어가면 모두 다 앞으로 3개월간의 훈련기간 중에는 일본인 계원이 따라붙어 5~10명을 한 반(班)으로 부대조직을 만들고 작업도 교육적으로 실시하며 3개월 후 각자 적당한 업무에 배치하기 위한 준비를 한다. 또한 3개월간은 대체로 일본인 노무자와 함께 작업을 시키지 않는다.

금년 1월 하순부터 신규 및 현재 이입 반도인 노무자에 대해 1개월간의 정신훈련 기간을

실시한다.

앞으로 이를 제도화하여 엄격하게 시행하라고 한다(종전에는 수시로 시행했다).

이에 따르면 매일 갱별로(대체로 료와 일치) 작업준비장에서 1반을 1시간 일찍 출갱시키고 2반은 입갱하기 전 집합시켜서 훈화 40분, 교련 20분을 실시한다.

교련은 작업준비장에서 계원의 지도 하에 군대식으로 각자 교련을 실시한다.

훈화는 보안 관련 – 갱무 기술, 방범 관련 – 경찰서 직원, 위생 관련 – 의무과 직원, 일반 정신훈련 – 노무과 직원이 한다. 내용은 '시국과 석탄광업' '근로정신' '취업의 마음가짐' '청결정돈' '저금, 상여, 부조' '저금, 송금' '방공, 방범' 등이다.

일본어 교육은 료장과 실장이 적당하게 하고 있다. 방에서 고참인 자가 일상용어를 가르치기도 한다.

작법 지도, 경신(敬神) 지도 등은 료장에 위임하고 산신 부적을 각자에게 주어 잘 받들게 한다. 예식일(기념일, 경축일, 3대명절 등)에는 갱 입구에서 강연을 함과 동시에 각 마을의 주부들에게 훈화를 한다. 이때 조선말 통역을 붙인다.

2) 기숙사 관리, 운영, 훈육 상황

반도인 노무자는 도착 직후부터 전원 료에 수용한다(가족초청은 6개월 후 정도 지나서 허가한다). 현재 반도인 단신자 료는 6개소가 있고 각각 100~400명을 수용할 수 있다. 현재 634명이다(그 밖에 사택거주자 313명).

료장으로 조선 사정에 밝고 갱내외 작업에 정통한 일본인 직원을 두는데, 그 아래에 각 료마다 조수 3~4명(이 중 통역 1명)과 일본인 급사 2명을 배치하여 료의 관리, 운영, 생활지도를 담당하게 한다. 또한 각 료장은 월 2회의 료장회의를 열어 그 경험, 의견 등을 교환한다.

수용된 반도인은 각 방에 나뉘어 지내는데 각 방에는 실장이 임명된다. 방별로 나누는 데 특별한 기준은 없다. 실장은 대체로 동행자 가운데 우수한 자 또는 고참자 가운데 선임한다.

매월 침구 대여료로 받는 1인당 20전 외에 식비로 1인당 1일 45전을 징수한다. 료에는 7~17명의 일본인 여성 취사부를 둔다. 고춧가루, 마늘은 원칙적으로 지급하지 않으며 또한 료에 남은 자는 점심을 대용식으로 때우게 한다. 밥에는 약 3할의 콩류를 혼합하여 쌀 배급량 부족을 보완한다. 일하지 않은 사람에게는 술을 배급하지 않는다.

월 급여는 료장의 손을 거쳐 지불하는데 이때 각자 저금액, 송금액을 본인과 협의하여 결정하고 잔여금을 건네도록 하고 있다. 다만 작년 말에 도항한 자에게는 용돈으로 보름마다 5엔 이상 건네도록 하고 있다.

모 료의 송금, 저금액을 보면 1940년 1인당 월평균 송금액은 44엔 30전, 월평균 저금은 1인당 29엔 23전이었다.

료에는 신문과 잡지가 구비되어 있지 않다.

3) 사택시설

사택에 들어가는 반도인에 대해서는 모든 것을 일본인과 똑같이 하는 것을 원칙으로 하며, 인보반(鄰保班) 등에서도 일본과 조선의 차별이 없음을 강조하고 있다.

현재 사택에 거주하는 반도인 노무자는 313명이다. 광산 전체의 12부락 가운데 일본인과 함께 섞여 사는 가족의 수는 평균 1호당 4명이다.

사택의 방 크기는 4.5첩+6첩, 그리고 6첩+6첩의 두 종류가 있는데(그 밖에도 8첩+8첩이 있지만 반도인 거주자는 없음) 모두 다 4호가 나란히 붙어 있는 연립가옥이다. 변소는 1동에 1개씩 붙어 있다. 공동창고도 같은 식이다. 목욕탕은 각 부락에 1~2개소 설치되어 있고 일본인과 함께 사용한다.

사택 임대료는 무료이다. 그러나 다다미 수선료로 거주 크기와 상관없이 월 45전, 전등료 35전을 징수한다. 목욕비는 가족 모두 무료이다. 또한 겨울철 난방용 석탄은 판매일을 정해 1톤당 2엔의 염가로 배급한다(배급량에 제한 없음).

일본인과 함께 인보반(鄰保班)을 조직하는데 특히 반도인 부인끼리만 간담회를 조직하여 월 1회 외근초소에서 개최한다. 매회 10~30명이 출석하는데 생활지도(방화, 저축, 물자절약, 위생) 등 각 사항을 지도한다.

반도인 사택거주자는 매우 청결하여 일본인만 못하다는 소리가 절대 나오지 않는다고 한다.

4) 위락시설

반도인은 일반적으로 씨름, 달리기를 좋아하는데 이 점을 지도 선용하여 완만한 동작을 교정하는 데 도움이 되도록 계획 중이다.

협화회 또는 회사가 반도인만을 대상으로 하는 영화회를 월 1회 정도 개최한다.

성적(性的) 해결책으로는 시가지에 조선 술집 1개소의 개업을 허가하고(개업할 때 내락하는 정도일 뿐이지 공식적으로 지정하는 것은 아니라고 함) 반도인 작부 7명을 두었다. 예방구(豫防具)를 각 료에 상비하고 각자 무상으로 사용하도록 하는데 이용자가 적다. 검진은 경찰서에 맡겨 둔다. 시가지 외에 □□역, □□ 방면으로 나가는 사람이 다소 있다. 성 문제 해결에 관해서는 당연히 가족동반자가 가장 좋은 방법인데, 그렇게 지도하려고 하고 있다.

5) 기타

⦿ 도주방지책

이 광산에서도 노무과 직원 여러 명에게 전문적으로 경계임무를 맡기는데 특히 정거장과 열차 안의 경계를 엄중히 하고 있다. 다만 도주할 때 강을 따라 도보로 내려가는 자가 많으며, 도항 후 반년 정도 지나면 도주율이 가장 높다. 이 광산의 평균 도주율은 15% 정도이다.

일상 외출 구역을 정해 열차를 이용하는 자에 대해서는 료장이 증명서를 교부한다.

⦿ 정착(재계약) 촉진책

계약기간 만료 전에 재계약 원서를 제출하도록 한다. 원서에 '성적불량자는 재계약을 허가하지 않는다' 등 저들의 심리적 기질을 이용한 문장을 부기한다. 대체로 고압적인 태도로 저들을 대하지 않도록 하고 있다.

한편 재계약자에게는 각자 50엔의 장려금을 지급(저금에 이월)하는 동시에 실비 8~9엔의 사진첩을 주고 일시귀선자에게는 왕복 여비와 식비를 지급한다(일시귀선하지 않는 자에게는 그 실비를 주되 저금에 이월시킨다).

재계약 기간은 1년 이상으로 정한다. 대개 반년 계약하면 일시귀선할 경우 순수하게 4개월만 일하는 셈이고 비용이 더 들어간다.

만기 귀국자에게는 선물로 일장기 액자(실비 3엔 정도)를 주어 기념하게 한다.

일반적으로 정착하는 데는 가족동반이 가장 유효한 방법이며 이 점에서 가족초청을 장려하고 있다.

(후지이)

C광업소 후생시설

1) 교양시설, 훈련방법

광산 도착 후 3개월간을 훈련기간으로 정한다. 기초훈련 요령은 별기와 같은데 광산 도착 후 보통작업형태로 들어가기 전까지 며칠간의 훈련 행사를 보면 다음과 같다.

⊙ 1일째(광산 도착 당일)

장(張)신사 참배, 경찰 관계자 점검, 훈시, 노무과 직원 인사, 주의사항 고지사항 설명, 료장 소개, 료에 가서 료 생활에 관한 설명 후 방을 나눈다.

⊙ 2일째

오전, 료 집합소 또는 대회의실에 집합, 노무과 직원이 약 2시간에 걸쳐 임금 지불 방법, 기타 규정, 현 시국에서 채탄의 중요성, 작업현장에서 주의사항 등 설명, 이어서 보안과 직원이 약 30분 동안 갱내 보수에 관한 일반주의사항 설명

오후, 작업용구 배분

⊙ 3일째

오전, 갱외 작업현장 견학, 영화 '탄도□□(炭都□□)'를 관람시키고 현장작업의 사정, 연중행사 등의 대강을 교시한다.

오후, 갱내 작업 견학

⊙ 4일째

교련을 실시하고 아울러 경례, 경신(敬神) 관념을 가르친다.

⊙ 5일째(이후 보통작업에 들어감)

그 후 료장이 적당히 훈련한다.

교련은 대체로 공휴일을 이용해서 하는데 료에 따라서는 매일 30분 정도 실시하기도 한다.

일본어교육, 50전짜리 협화회 독본을 10전에 배포하고 수시로 1주에 2회 정도 분량으로 실시하게 되어 있는데 현재 느슨하게 하고 있다.

2) 기숙사 관리, 운영, 훈육 상황

반도인 독신자용 료(협화료)는 광산 전체에 18개소 있다. 각각 제1~18협화료라고 칭한다. 각 료에는 10~17실이 있으며, 각 실에 5~20명을 수용한다. 료에는 료장-조수-통역 아래에 실장, 부실장을 정해 관리한다.

료장은 일본인으로 하는 것이 원칙인데 사원, 조수 각 료에 1명을 원칙으로 한다(소집응소자 등 때문에 겸무하는 료도 있다). 일본인 준사원, 통역은 반도인으로 하고 이주자 중에서 성적 우수자를 경험과 학력을 고려하고 선임한다. 료장은 료 내에 거주하며 매일 아침 노무과에 집합하여 사무 연락과 협의를 한다.

실장, 부실장은 모두 료장이 지명하여 임명하고 실장에게는 월 수당 2엔, 부실장에게는 월 수당 1엔을 지급한다(단, 작은 방이라서 부실장이 없는 경우에는 실장 수당을 3엔으로 한다).

매월 1회 공휴일을 이용해서 실장회의를 개최하는데, 실장 외에 료장, 조수, 통역, 취사책임자가 출석하여(년 1~2회는 노무과 직원도 출석) 출근 장려, 근로봉사, 료의 원만한 운영책 등에 관해 간담을 한다. 소요시간은 약 3시간이며 일본어를 사용한다. 1인당 30~50전의 다과비를 지출하는 것이 통례이다.

식비로 1일 1인당 55전 외에 침구비로 함께 15전을 징수한다(금년 1월 1일부터 각자 47전, 3전씩 인상). 다만 료에서 제 경비는 실비로 직접비 90전 정도, 간접비 25전 정도가 필요한데 차감액 60전을 1일 1인당 회사에서 보조한다.

취사부는 각 료의 수용 인원 100명 이하일 때 5명, 200명 이하일 때 8명, 300명 이하일 때 10명의 비율로 하고 일본인 여성을 둔다. 취사 책임자에게는 월 수당 3엔을 지급한다. 그 밖에 잡부(각 료마다 1~2명을 두어 청소를 담당한다), 목욕탕 담당(각 료 1~2명)을 둔다.

메뉴는 18료가 모두 같은데, 사용하는 쌀과 기타 물자는 매일 노무과에서 통계를 뽑아 각 료에 공평하게 분배하고 있다. 취사부는 료장의 감독하에 있는데, 료장과 취사부 모두 메뉴에 대해 아무런 권한이 없다. 고춧가루는 입수하면 공급하지만 마늘은 원칙적으로 주지 않는데, 정월이나 산신제에 특별히 제공하거나 일반적으로 축일에는 조선식 쓰케모노(절임배추) 등을 제공한다. 밥은 밥공기에 한 번만 담아주는데 1인당 1일 7홉 정도, 10의 4~5는 콩 또는 두면(豆麵)을 추가하여 부족한 쌀 배급량을 보충한다.

술은 각 료마다 그날의 출근 상태에 따라 배급하는데, 휴업한 자에게는 주지 않는다. 평균 1인당 월 1리터 미만의 배급량이 되는데 출근이 좋은 자에게는 2리터 반 정도를 준다. 공휴일 또는 그 전날에 준다.

급료는 모두 료장의 손을 거쳐 준다. 원칙적으로 용돈은 월 10엔 이하로 제한하며 나머지는 저금, 송금(송금도 원칙적으로 20~30엔 이하로 함)하도록 한다(주, 1개월 평균 저금액 총계 2만엔, 송금액은 총계 2만 엔). 저금은 신청에 따라 급료에서 원천징수하는 회사저금(연리 5푼 남짓) 외에 료장의 손을 거쳐 예금하는 우편저금이 있다.

용돈의 주된 사용처는 담배, 술, 양복 등인데 특히 거액을 지출할 때는 저금, 송금액과 대조한 다음에 10엔 이상을 건네지 않는다.

외출시간의 제한은 오후 9시까지이다.

기숙사 생활의 벌칙에 관해서는 후기(淸心寮 항목)와 같은데, 감독자가 가장 부심하는 것은 도박의 단속이다. 노무과 전속 야경(夜警)이 2명 있는데 교대로 각 료와 방을 순시(하룻밤에 2~3회)하며 도박을 단속한다. 최근에는 별로 발견되지 않지만 각 료마다 월 1~2번은 발견된다. 발견 시에는 처음 1~2번은 노무과가 직접 단속하고 봐주면서 다음에는 하지 못하게 하지만 4~5번 반복해 걸리는 사람은 경찰에 넘긴다(4~5일 휴업해도 그만두지 못하는 경우도 있음).

료에서 출근 장려 방법은 다음과 같다.

(1) 각 료별 출근 대항 경쟁(科程制)

(2) 각 료에서 실별 대항 경쟁(실적제)

(3) 증산기간 중 (2)를 더욱 강화(과정제)

(4) 매월 1회 노무과, 경찰서에서 와서 강연(하나 또는 여러 료 합동으로)

(5) 각 료 입구에 각 사람별, 각 실별 출근표 표시

(6) 실장회의(前記)

(7) 연 1~2회, 현장 노무과 간담회

(8) 료별로 2개월에 1회 정도 위로회

(9) 출근일보를 발행하여 가동 상황에 대해 료와 현장 간 연락을 취한다. 등

(1)과 (2)에 대해서는 각각 상금을 지급한다. 그 밖에 각 료마다 청결, 정리정돈 경쟁을 비롯해 매월 노무과 직원이 채점을 매겨 등급을 정하고 상금을 지급한다(이때 방화점검도 겸해서 한다).

그리고 출근, 청결 경쟁에서 상금은 각각 1인당 1등상으로 25~50전 정도이다.

⊙ 청심료(淸心寮)

전기 第18협화료에 부속되어 협화관(집합소)과 청심료라는 것이 따로 설치되어 있다. 여기는 반도인 노무자 중에서 도주, 선동, 싸움, 도박 기타 질서를 어지럽히는 자를 수용하여 선도하는 곳이다. 수용 일수는 60일 이하이며 료장의 보고에 따라 노무과에서 결정한다.

수용 중에는 금주, 금연이며 출근 외에 외출은 허락되지 않는다. 아침, 저녁마다 강당에서 행사를 하고 물자운반 등의 육체적 봉사에 종사시킨다(출근은 보통, 식사도 협화료와 차이가 없다). 특별히 일본인 불침번을 두어 엄격하게 단속한다. 수용자 10명 중 9명 정도는 좋아지는데 여전히 선도하기 어려운 자는 조선으로 돌려보낸다.

수용 인원은 15명 이내이다. 일반 반도인 거주지역과 격리된 곳에 설치하였다.

3) 사택시설

반도인 노무자는 후쿠즈미 4구에 구역을 정해 거주시킨다. 86호, 인구는 남자 194명, 여자 149명, 계 343명이다. 한 동(棟)에 4호(각호 6첩+6첩), 6호(각호 8첩)의 두 종류의 연립가옥

이 있는데 변소, 세면장이 공동으로 붙어 있는 곳이 2곳이다. 목욕탕도 근처에 있으며 1곳은 반도인 전용이다.

사택거주자의 집세는 무료이다. 다만 다다미는 각자 부담한다. 전등료 1개당 1개월에 20전, 목욕비는 가족 5인 이하는 월 20전, 기타 마을회비는 계절당 20전이다. 겨울철 난방비 연료는 월 9/10톤, 1톤당 약 90전의 석탄을 구입하여 사용할 수 있다.

가족초청은 3개월의 훈련기간이 지난 다음에 허가한다. 사택과 일상생활의 모든 뒷바라지는 원칙적으로 출신협화료의 료장이 담당하고 있는데, 작년 가을부터 이 지역에 새로운 담당자를 두어 그 일을 맡겼다. 담당자는 가족을 데리고 사무소에 가서 절차를 돕는다. 사무소는 금년 초부터 일용품 분배소를 설치하여 쌀, 미소된장, 간장, 술 등의 주로 취급한다(분배소가 생기기 전까지는 분배소가 멀고 산판 길을 왕복하는 데 힘들어서 가족들을 귀국시키고 싶다고 신청하는 자가 많았다).

인보제(鄰保制)를 두고 1동 또는 2동에 하나의 인보반(실천반)을 조직하게 하고 정내회(町內會) 회장(담당자)이 통솔하도록 한다. 후쿠즈미 4구의 정내회 편성은 대체로 다음과 같다.

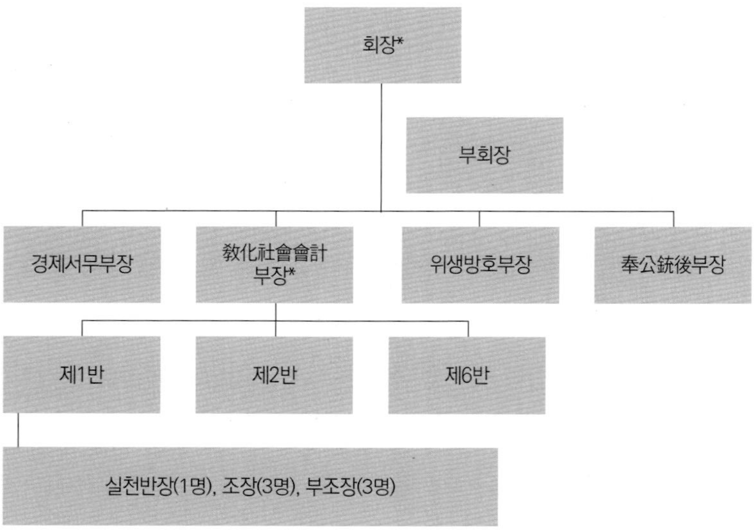

실천반 단위로 과정제(科程制)에 따라 출근 경쟁을 시키는 한편 산업보국대 연성부(鍊成部) 주부회를 열거나 여자청년대와 공동으로 모임을 여는 등 가정에서부터 출근을 장려하도록 하고 있다.

주부에 대해서도 개근 상여를 정해 1기 개근(1개월 3기로 나눔)에 따라 갱내부 1엔 50전, 갱외부 50전을 지급한다.

4) 위락시설

각 료마다 공평하게 위안오락시설을 구비하였다. 라디오, 축음기(조선, 일본의 레코드), 신문, 잡지, 장기(조선, 일본), 철봉 등이 있다.

그리고 저들의 기분전환과 성욕 해결책으로 반도인 노무자 거주지역(료, 사택)의 중심부에 위안소를 두었다. 건물을 무상으로 대여하는 외에 노무과에서 물자를 배급하고 감독하며 또한 계약서에 따라 유흥비를 정한다.

현재 술집 4곳, 기타 국수와 술을 파는 음식점 1곳에 반도인 작부 16명을 두었다. 매월 1회 탄광병원에서 검진을 하는 동시에 예방구를 각 료에 상비하여 무료로 사용하도록 하고 있다(단, 이용하는 자가 적다).

5) 기타

⊙ 도망방지책

경찰 당국과 연락을 취해 강연 등으로 계몽하고 반성하도록 힘쓰는 한편 경계제(警戒制)를 채용하고 있다. 전술한 료의 야경 외에 일본인 14~15명을 밤낮없이 순회시키는 동시에 열차 안에 경계원을 배치한다.

반도인 노무자의 평상시 외출 범위를 □장정(□張町)까지 한정하고, 그 이상 외부로 나갈 때는 료장 또는 노무과가 발행하는 여행증명서가 필요하다.

도망율은 출신지역에 따라 상당한 차이가 있다고 할 수 있는데 평균 2년간 15% 이상인 것 같다(주, 1939년 10월 이후 입산하여 1941년도 말 만기자를 보면, 입산자 1,007명 중 도망자 160명, 송환 141명, 사망 9명). 많게는 4~5명씩, 어떤 때는 17명이 집단적으로 도주한다. 수색하기 어렵고 발견이 드문 것은 말할 필요도 없다.

⊙ 정착(재계약) 촉진책

계약만료 전에 결맹정신대를 결성시켜 정착 촉진 분위기를 조성한다. 즉, 시국을 인식시키는 서사(誓詞)의 정신에 따라 황국을 위해 충성하겠다고 결의하는 자들을 모아 결성한다. 1941년 4월 29일 제1차 결성식을 올린 이래 적당한 공휴일을 이용하여 결성한다. 같은 해 9월 말까지 7차의 결성이 끝났다. 대원은 모두 356명이다. 그동안 8월 말에 재계약 기성대회를 개최하고 만기예정자 전원을 집합시켜 도청, 직업지도소, 경찰서에서 각각 출석한 가운데 독려하고 분발을 촉구했다.

대장은 노무 주임이 맡으며 대원들에게는 휘장을 달게 하고 현장에서는 솔선하여 일하고 절대 쉬지 않는 것을 실천하게 하는 동시에 '대원혼(隊員魂)의 힘'을 크게 외치게 한다.

대원혼의 힘 – 자, 가자! 우리는 결맹의 전사, 비록 몸이 부서지고 뼛가루가 될지언정 천황님의 국토방위 임무가 있으니 함께 손을 끌어당겨 힘을 모으자. 3배가운동에 정진하세. 이 의지, 이 열정, 이 힘으로 무엇이 무서울쏘냐. 일본혼!

결성 후 □□로 가서 호국신사 참배와 결심을 맹세하는 동시에 도청에서 특고과장으로부터 격려의 말씀을 듣는다(그 후 견학).

각 료는 매월 1~2회의 정기모임을 개최하고 그 밖에 노무과에서 출석하여 연합회의를 연다. 그리고 만료가 임박하면 다시 독려반(督勵班)을 결성하게 해서 각 료에 1~6반을 조직하고 각 료, 각 방, 출신지역별, 현장별로 권유를 해서 다시 약 100명을 대원으로 획득할 수 있다.

재계약자에게는 다음 규정과 같이 장려금(예금으로 한다)을 주는데, 재계약 내용에 관해서는 223명 중 6개월인 자가 123명, 1년인 자가 36명, 1년 반인 자 11명, 2년 또는 그 이상인 자가 53명이다.

그리고 1년 이상의 재계약자에게는 약 1개월의 일시귀국을 허가하는데, 다시 일본으로 돌아오는 자는 20~30%이다.

계약만기 반도노무자 대우 일람표

<table>
<tr><th>종별</th><th>재계약 기간</th><th>기념품</th><th>휴가</th><th>장려금</th><th>왕복여비
상당액</th><th>비고</th></tr>
<tr><td rowspan="5">재계약자로서
귀선하지
않는 자</td><td>6개월 미만</td><td>3.00엔 이내</td><td>–</td><td>不지급</td><td>不지급</td><td rowspan="8">기간 만료 후
귀선자에게는
기념품 3엔
이내 지급</td></tr>
<tr><td>6개월~1년</td><td>〃</td><td>–</td><td>30엔</td><td>〃</td></tr>
<tr><td>1년~1년 반</td><td>5.00엔 이내</td><td>–</td><td>35엔</td><td>55엔</td></tr>
<tr><td>1년 반~2년</td><td>〃</td><td>–</td><td>40엔</td><td>55엔</td></tr>
<tr><td>2년 이상</td><td>〃</td><td>–</td><td>50엔</td><td>70엔</td></tr>
<tr><td rowspan="5">재계약자로서
일시귀선
하는 자</td><td>6개월 미만</td><td>3.00엔 이내</td><td>不인정</td><td>不지급</td><td>不지급</td></tr>
<tr><td>6개월~1년</td><td>〃</td><td>〃</td><td>30엔</td><td>〃</td></tr>
<tr><td>1년~1년 반</td><td>5.00엔 이내</td><td>1개월 이내</td><td>35엔</td><td>실비</td></tr>
<tr><td>1년 반~2년</td><td>〃</td><td>〃</td><td>40엔</td><td>〃</td><td></td></tr>
<tr><td>2년 이상</td><td>〃</td><td>〃</td><td>50엔</td><td>〃</td><td></td></tr>
</table>

(후지이)

D광업소 후생시설

1) 교양시설, 훈련방법

반도인 노무자 신규 이입 시 광산도착 후 1주간을 갱외 지도훈련기간으로 하며, 8일째부터 입갱하도록 하는데 이후 3개월간은 직접 현장에서 작업훈련을 한다. 이하에서는 순서에 따라 그 훈련의 대강을 기록한다.

⊙ 광산 도착

(1) 대오를 정렬하여 광업소사무소 앞을 거쳐 친우회관(親友會館)으로 들어간다. 노무계장 또는 대리자의 인사, 훈시, 이어서 경찰관의 사증

(2) 오후에 다시 단신자 료로 가서 료장 및 계원 소개, 인사 후 각 반으로 나누어 식당, 세면장, 변소, 목욕탕, 기타 안내한다. 그리고 반장에 대해서는 지도훈련과 기타 당분간 필요한 주의사항을 전달한다. 그 후 미리 정해 둔 방별로 배속시킨다.

⊙ 다음날

(1) 입산식 거행

(2) 료에서 대오를 정렬하여 광산의 신사에 참배하고 친우회관에 도착하면 미리 노무계장이 입산식의 취지를 설명하고 다음 순서로 입산식을 거행한다.

① 예행연습 ② 산업보국회 깃발(旗)에 대한 경례 ③ 개회사 ④ 국민의례 ⑤ 소장 또는 과장의 환영인사 및 훈시 ⑥ 경찰관 훈시 ⑦ 황국신민의 서사 낭독 ⑧ 폐회사 ⑨ 마무리 인사

(3) 입산식에서 경찰관, 광업소장 이하 직원이 출석한다. 식이 끝나고 축하 떡 또는 과자를 배급한다.

⊙ 7일간 갱외지도훈련

(1) 생활훈련, 학과훈련, 술과(術科)훈련(규율, 광산용품 취급, 작업, 입갱준비의 각 훈련 포함)으로 나누어 노무계원, 광무계원이 적당하게 지도를 맡는다. 훈련기간 중 일과는 다음과 같다.

- **오전** : 기상 오전 4시 반, 조식 오전 5시, 갱의(작업복을 입는다), 집합 오전 5시 반, 6시 훈련장, 점호(출근자 수를 명부에 기록), 국민의례, 학과 오전 6시 반~7시 반, 체조 오전 7시 반~8시, 교련 오전 8시~9시, 광산용구 취급 훈련 및 작업 오전 9시 10분~11시 반, 점심(휴식) 오전 11시 반~12시
- **오후** : 작업훈련 오후 12시~오후 2시 반, 입갱 준비훈련 갱외 견학 등 오전 2시 40분~4시 반, 점호정열 귀료 오후 5시, 휴양(입욕 등), 석식 오후 5시 반~6시, 생활훈련 오후 6시 반~7시 반, 휴양, 취침 오후 8시 반 점호 후 취침

이어서 8일째부터 3개월간 갱내훈련에 대해서는 직접 현장에서 하는데(단, 쉽고 가벼운 작업현장을 고른다) 일본인 또는 반도인 가운데 기술과 인품이 우수한 자를 사키야마 지도원으로 하고 반도인 몇 명을 배치시켜 지도를 하도록 한다. 작업은 책임량 기준으로 하며 잡무는 시키지 않는다. 특히 훈련기간 중에는 채탄, 사조에 투입하지 않는 것을 원칙으로 한다.

훈련장은 제1협화료에 부설되어 있는 장소(최근에 눈 때문에 붕괴)를 사용하는데 제2협화료에서는 친우회관을 이용하고, 각 료별로 훈련을 실시하고 있다.

지도할 때는 당연히 내선융화의 정신을 최고의 지도정신으로 하며 일본에 동화시킨다는 목표의 열의와 노력으로 황국신민의 소질을 향상시키게끔 지도 관리한다. 사택거주자에 대해서는 노무계원을 부락에 배치하고 일본인과 마찬가지로 일상생활 전반에 걸쳐 지도하고 있다.

료에서는 료장 이하 계원과 통역이 협력하여 지도를 맡는 동시에 생활 전반을 개선하는데 유의하고 건전화를 도모한다.

때때로 협화회 지부와 연락하여 강연회, 간담회 또는 영화회를 개최하고 성적우량자에 대해서는 표창을 한다.

2) 기숙사 관리, 운영, 훈육 상황

반도인 단신자 료는 2개소인데 각각 제1협화료, 제2협화료라 이름 붙였다. 제1협화료는 원래 좋은 기숙사로 건축된 것이고, 제2협화료는 병원 터를 개조한 것인데 복도 나무판에 대해서는 상부에 통지해 두었고 그 밖에 불편한 점이 많다.

현재 수용자 수는 제1협화료에 205명, 제2협화료에 136명, 전자는 직원 4명, 보조원 8명, 후자는 직원 1명, 보조원 6명으로 관리운영하고 있다. 료장으로는 노무자 모집하러 간 적이 있고 조선 사정에 밝은 일본인을 임명하는데, 현재 제1협화료의 료장은 약 20년간 노무계로 근무한 사람이고 제2협화료의 료장은 조선에서 순사로 1~2년 근무경험이 있는 사람이다. 료장의 통솔 하에 있는 직원과 보조원도 예를 들면 11년간 조선에서 순사로 근무한 사람, 상이군인으로 3개월간 조선어강습을 받은 사람, 군인 출신으로 노무계로 3년간 근무경험이 있는 자 등인데, 대부분 순사 출신, 노무계 숙달자이다. 조선인 노무계로서 아직 조선 땅을 밟아보지 못한 사람은 1명뿐이다.

노무자 중에서 각 방별로 1명의 실장을 선임하고 그 밑에 5~10명씩 배정한다. 이하 협화료의 기구를 그림으로 나타내면 아래와 같다.

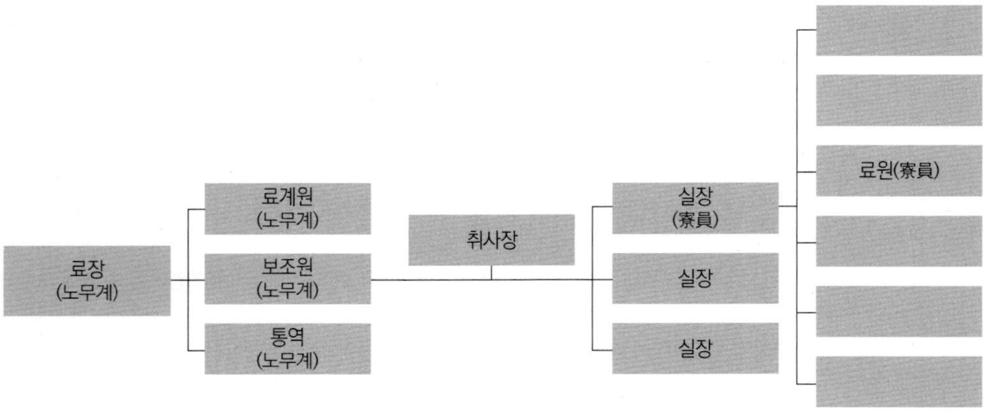

료의 간담회를 아래와 같이 적당한 때에 개최한다.

(1) 실장간담회(사회자: 료장)

실장 이하 출석, 사무소에서 노무계장과 노무계원이 출석할 수 있다.

(2) 료 간담회(사회자: 노무계장)

실장 이하 출석, 사무소에서 소장, 과장, 계장, 계원이 출석할 수 있다.

그리고 매월 료원(寮員)이 부담하는 것은 식비 1인당 1일 45전(실비에서 부족분인 24전은 회사가 보조) 외에 1인당 매월 정액공제금으로 료비(전등, 연료, 기타) 50전, 목욕비 30전, 협화회비 10전, 친우회비 10전, 총후(銃後)후원회비 6전을 징수한다.

그리고 매월 급료는 료장의 손을 거쳐 전달하는데 금액에 대해서는 현재 제한이 없다(처음에는 월 5엔이었다). 다만, 반도인 노무자에 대해서 특히 20%의 원천공제저금(우편저금)을 하도록 하는데, 현재 30%로 인상하는 것을 고려중이다. 반도인의 저축 및 송금 상황은 다음과 같다.

1년간 저축 연인원	5,017명	1년간 저축 총액	65,681엔 13전
1개월 평균 저축자 수	418명	1개월 평균 저축액	5,473엔 43전
		1인 1개월 평균 저축액	13원 9전
1년간 송금 연인원	1,489명	1년간 송금 총액	44,227엔 50전
1개월 평균 송금자 수	124명	1개월 평균 송금액	3,685엔 63전
		1인 1개월 평균 송금액	29엔 72전

다음으로 료의 식사에 대해 살펴보면, 반도인 취사인을 제1협화료, 제2협화료에 각각 8~6명을 두는데, 조리는 조선식을 다소 가미하지만 대체로 일본식이다. 마늘, 고춧가루 사용은 금지하지 않지만 양을 줄이는 방법을 쓰고 있다. 밥 양의 부족을 콩류로 보충하는 것은 다른 광업소의 경우와 마찬가지이다.

술 배급은 1인당 월평균 5홉인데, 공휴일 전날에 주고(제1협화료), 출근자에게만 3일째마다 1홉씩 주는(제2협화료) 방식을 쓰고 있다. 모두 딱 한 번만 주고 실내로 반입하는 것은 금지하고 있다.

술의 실내 반입에 걸려 벌칙을 주는 경우는 없는데, 도박을 단속하는 데 가장 애를 먹고 있다(이에 대한 특별감독 방법이 현재로서는 없다).

출근 장려도 반도인 노무자만 따로 구별하지는 않는데, 단체경쟁, 개인경쟁 등을 실시하고 있다.

외출시간 제한에 대해서는 도항 후 3개월의 훈련기간 중에는 엄격하게 적용하지만 그 후에는 단속이 어려워 대체로 오후 6시까지가 규정이지만 실행되지 않고 있다. 외출 범위 제한도 사람 수가 많아서 실행할 수 없지만 기차를 이용하는 사람에 대해서는 외출증을 발급하는 것으로 허가하고 있다.

종교적 훈육으로는 특별히 아무것도 하지 않는데 료에서는 산신을 모시고 식전에 경례를 시킨다. 사택에서는 신단을 설치하게 하여 경신(敬神)관념의 함양에 힘쓴다.

3) 사택시설

가족초청에 대해서는 3개월 훈련기간이 지난 다음 처음으로 허가한다. 회사로서는 처음부터 가족초청을 희망하고 있지만 현재는 도청의 방침에 따르고 있다.

반도인 노무자 365명 가운데 현재 24명이 세대를 이루고 있는데 그 가족 수는 약 70명이다. 혼자와(本澤)와 고노사와(五ノ澤)의 두 부락에서 일본인과 함께 섞여 거주한다. 혼거 상태는 적당히 빈 집에 수용하기 때문에 1동에 일본인과 반도인이 반반씩 있는 곳도 있고, 일본인 6세대, 반도인 2세대인 곳도 있다. 하지만 가급적 본인의 희망에 따라 같은 고향출신자들이 가까운 곳에 거주를 정하도록 하고 있다.

그리고 일상생활의 뒷바라지 지도는 혼자와 부락에서는 협화료의 료장(가정생활 분야)과 초소담당자(방화, 위생 분야)가 맡으며, 고노사와 부락에서는 협화회 료장이 하고 있다.

한 동은 6호, 8호, 10호가 들어가는 긴 연립가옥인데, 1호마다 6첩+4첩의 방이거나 그 밖에 종류가 있다. 변소, 세면장 등은 각 동에 1개씩 있다. 목욕탕은 혼자와에는 일본인과 조선인이 혼용하는데, 고노사와에는 일본인과 조선인 전용 목욕탕이 각각 1개씩 설치되어 있다(처음에는 입욕 지도를 했지만 이제는 그럴 필요가 없다).

물품배급소도 근처에 있는데 반도인 직원의 자녀 1명을 통역으로 상주하게 하고 있다.

사택 거주자가 부담하는 것은 협화 회비를 제외하고 일본인과 완전히 똑같은데, 집세는 무료이고 전등료가 30전, 목욕비(가족 모두)가 30전, 위생비 5전, 친우회비 10전, 협화회비 10전, 총후후원회비 6전을 정액공제금으로 매월 월급에서 원천징수한다.

일본인과 마찬가지로 동 단위별로 인보반(鄰保班)을 조직하여 출근 장려, 청소정돈 훈련을 시킨다. 후자에 대해서는 연 1회 산신제 당일 주부들에게 표창을 하고, 1인보반마다 1호 정도에게 4~5엔의 상금을 부여한다(반도인 거주자에 대해서는 다소 관대하게 심사한다). 그 밖에 통역이 필요하기 때문에 반도인 주부들끼리 간담회를 따로 개최하고 있다.

4) 위락시설

료에 특별한 시설은 없다. 조선의 신문과 잡지를 구비하지는 않지만, 연 2회 정도 료 내에서 초보 연예회를 개최하여 회사 측 직원도 구경을 가는데 대단히 좋아한다. 원래 오락 기구는 저들도 바라지만 현재 갖춘 것이 없고 축음기도 한 번 주었는데 금방 파손해 버렸다고 한다.

그 밖에 3개월의 훈련기간이 끝나면 적당히 성적우수자 10~20명을 한 반으로 해서 공휴일을 이용해 삿포로 방면으로 견학을 가게 하는데, 성적이 양호해야 한다(비용은 회사가 부담).

성 문제 해결책으로 시가지에 조선술집 1곳(반도인 작부 2~3명)을 경영하도록 하고, 다른 일본술집도 몇 군데 있는데 반도인 노무자가 특별히 이용하는 것 같지 않다. 근처의 동업자들로 조직된 간담회 자리에서 조선술집을 특별히 설치할 필요가 없으며 설치해도 발전하지 않는다는 의견이 많았다.

⊙ 정착(재계약) 촉진책

계약기간 만료 전 경찰과 협화회 당국이 협력하여 간담회 등을 개최하고 재계약을 장려하고 설득한다. 그리고 총독부에서 파견 나온 반도인을 중심으로 좌담회도 개최했다(다만, 실제로는 동정적인 태도 때문에 오히려 역효과가 나는 경향이 있는데, 예를 들면 조선의 사정을 설명할 때 식량문제에 대해서는 오히려 조선이 좋기 때문에 언급하지 않아야 하는 등).

재계약기간은 원칙적으로 2개년으로 하며, 재계약에 응하지 않다가 마지막 단계에서 설득한 몇 사람이 1년 반 또는 6개월만 하는 정도이다. 재계약 성적은 대체로 만기자의 88%였는데, 일시귀선자가 재도항하면서 생각을 바꾸기 때문에 실제는 30%에 못 미친다. 재도항하는 자가 도중에 일본의 각 지역을 둘러보면서 오기 때문에 과연 홋카이도까지 와서 정착할 수 있을지 회의적이라고 한다.

재계약 시 2년 계약자에게는 135엔, 6개월 계약자에는 30엔(일시 귀선을 허가하지 않는다) 정도의 상여금을 지급한다.

5) 기타

⊙ 도주방지책

반도인 노무자는 2년간 평균 20%가 도주한다. 근처 동업자들로 조직된 모임(三笠山會)에서 공동경계를 맡는 한편 본 광업소도 초소에서 출입단속을 엄격히 하는 동시에 경계원을 두고 있는데, 결국 도주방지는 일상의 관리와 훈련에 의존할 수밖에 없는 상태이다.

위 모임에서는 □□□역 앞에 초소를 설치하고 경계원 1명을 주재시키고, 협화회 촉탁으로 경찰초소를 두고 열차경계를 담당하게 한다. 다만, 외출증을 가지고 있지 않은 자를 도주자로 간주하더라도 토목 인부와 혼동하거나 판정할 수 없기 때문에 결국 커다란 효과를 거두지 못 한다. 또한 이 지역에서는 권유인에 대한 경계를 엄중히 할 필요가 있는데, 반도인 노무자도 권유를 받자마다 곧바로 도주하는 경우는 드물고 모두 그 후에 적당한 기회를 노렸다가 도주하기 때문에 단속하기가 매우 힘들다.

출신지에 따라 도주자가 많고 적은 차이가 있다는 것은 다른 광산과 마찬가지인데, 일반적으로 벽촌의 시골 출신일수록 도주가 적고 도시생활을 경험한 자일수록 도주가 많다고 한다. 그리고 일시적인 호기심으로 도주하는 자가 많으며 토목 방면이나 여름철에는 농촌 방면으로 도주하는 자가 많다. 도주자 발견에 경찰 당국이 좀 더 협력해 주면 좋겠다.

(후지이)

E광업소 후생시설

1) 교양시설, 훈련방법

광산 도착 후 보통작업 형태로 들어가기까지 훈련과 행사는 다음과 같다.

⊙ 제1일

- 광산도착 직후 소장의 전형적인 훈시, 산신 참배, 료와 방 배정 결정

⊙ 제2일

- 노무계, 채탄계 각 계장의 훈시, 료장으로부터 료 생활에 관한 각종 주의와 지시, 작업 용구의 명칭(일본어와 조선말로 대조)을 가르친다.

⊙ 제3일

- 갱내 견학(오전중), 입갱준비 절차, 보안주의사항 지도, 오후부터 작업체제에 들어간다.

이후 3개월간 훈련기간 중 시행되는 주요 기초훈련은 다음과 같다.

(1) 각 료에서 식당을 사용하고 2~3일에 1회 정도로 일본어, 일본 생활양식 등을 순차적으로 적당하게 종합하여 훈시한다. 반도인 노무자에게 질문을 하게 해서 무엇이든 물어보면 거기에 하나하나 대답하는 형식을 취한다. 또한 협화회 독본 외에 적당한 인쇄물을 사용한다. 전원 출석, 소요시간은 1시간에서 1시간 반 정도이다.

(2) 료에서 월 2회 정도 간담회를 개최하는데, 료 관계자에서부터 소장에 이르기까지 출석한다.

(3) 기타 특별히 청소, 방화에 대해 끊임없이 지도를 주고, 최근에는 난방의 사용에 익숙하지 않은 저들에 대해 석탄의 특성을 가르치고 불 피우는 방법 등을 집중적으로 지도한다.

료에서의 훈련으로서 적당한 때에 광장에서 간단한 군사교련을 실시하는데 그 성적이 볼 만하다. 료장, 청년학교지도원이 지도를 맡는데, 공휴일은 전원, 평일에는 1/2이 출석한다.

회사 당국은 앞으로 이를 한층 더 대대적으로 청년학교식으로 시행할 의향이다.

강연회를 하고, 협화회 지부(회사와 관계없음)가 하는 행사에 참가시킨다. 그 밖에 반도인만을 위해 따로 하는 것은 없다.

종교적 훈육으로 반도인은 신심이 깊어서 3개월의 훈련기간 초기보다 철저하게 하고 있다. 료에서는 식사 전에 절을 하게 해서 경신(敬神)관념을 배양하는 동시에 사택에서는 신단을 봉양하도록 권유하고 있다. 료에서 소풍을 나갈 때에도 애써 사원과 절에 참배를 하도록 한다.

2) 기숙사 관리운영, 훈육방법

〈노무관리 11) 참조〉

반도인 단신자 료는 2개소가 있다. 경상북도 영양군(英陽郡), 성주군(星州郡) 출신자가 수용자의 과반을 차지하기 때문에 제1영성료(第1英星寮), 제2영성료(第2英星寮)라고 이름 지었다. 수용자는 각각 150명이다. 1실은 20첩씩인데 10명 정도 수용한다. 각 1실을 1반으로 하고, 각각 반장을 둔다. 반장은 조선에서 인솔할 때부터 정하는데 반장수당으로 월 3엔을 지급한다. 반은 번갈아가며 료의 청소를 맡아(공휴일은 대청소 실시) 위생사상을 함양시킨다. 방화에 대해서는 반장책임 하에 밤마다 순찰을 돌고 화재 발생 시 반원을 독려하여 소화에 힘쓰도록 훈련하고 있다.

료장은 원칙적으로 일본인으로 조선말을 알고 조선 사정에 정통한 자를 선임하는데 현재 제1영성료 료장은 초보이다. 다만, 반도인 중에 유능한 자를 조수로 배치하고 있다. 제2영성료의 료장은 조선에서 생활한 경험이 있는 자이다.

식비로 1인당 1일 55엔을 징수하는데, 실비(식비만)가 60~65전으로서 그 차액은 회사가 보조하고 있다. 현재 각 료마다 12~13명의 일본인, 반도인 취사부를 두고 있는데 대체로 일본식 요리가 중심이고 축일에만 조선식 음식을 조리한다. 평일에는 고춧가루를 사용하지 않는다. 또한 갱내에서 일본인이 싫어하기 때문에 마늘도 사용하지 않는다. 밥은 쌀, 콩, 보리를 10 : 5 : 1의 비율로 혼합한 것인데 1인당 1일 7홉을 준다. 일반적으로 반도인 료가 일본인 료에 비해 두 배 가까이 손이 많이 간다고 한다.

술은 공휴일의 전날, 기념일, 축제일 등에 마시게 하고, 평일에는 마시지 못하게 하고 있다.

료에서의 군사교련은 전술한 바와 같다.

작년에 처음으로 시험 삼아 소풍을 갔는데 좋은 성적을 거두었다. 50명을 2개 반으로 나누어 삿포로에 갔는데 삿포로신사, 호국신사 등 신사와 절에 참배를 하게 했다. 경비는 모두 회사가 부담했다.

료에서 이따금 연예회를 개최하는데 반도인 노무자들의 환영을 받고 있다. 비용은 회사가 부담하고, 회사 직원도 참관한다.

현재 료 내에서는 향수병을 우려해서 조선의 신문, 잡지를 구비하지 않는데, 앞으로는 그런대로 반장들만이라도 보게 할 의향인 것 같다.

3) 사택시설

반도인 노무자 사택지역에는 일본인 노무자도 다소 섞여 산다고 하는데, 대체로 구획을 나누고 있다.

사택구조는 을(乙)과 병(丙)의 두 종류가 있다. 8첩과 6첩의 방 2개(부엌 딸림)짜리와 8첩 방 1개짜리로 나뉜다. 한 동(棟)은 8호와 10호의 연립가옥으로 나뉜다. 을 사택에는 변소가 실내에 있고, 병 사택에는 옥외에 있다. 한 동마다 1개씩 설치되어 있다. 수도와 세탁장은 모두 옥외에 있다.

주) 갑(甲) 사택에는 반도인 거주자 없음.
병 사택은 바락쿠 건물로 자재가 입수되는 대로 본격적인 건축에 착수하고 이주시킬 방침이다.

을 사택의 집세는 월 120전, 병 사택의 집세는 월 60전이다. 그 밖에 목욕비는 1인당 20전 징수한다(본인은 무료). 목욕탕은 전체 사택에 2개소 설치되어 있기 때문에 일본인과 반도인이 혼욕한다. 처음에는 일본인이 싫어했는데 현재는 불평이 사라졌다(반도인이 훈련받은 결과이다). 현재 사택거주자는 73호, 가족 수는 남녀 계 258명이다.

1동 단위로 인보(鄰保) 조직이 있다. 또한 주부 정기모임도 개최하여 방화, 위생, 출근 지도를 한다. 사택거주자의 생활지도와 제반 뒷바라지는 조선의 사정에 정통한 노인 1명이 담당하고 있다.

4) 위락시설

각 료마다 특별히 이렇다 할 위락시설은 없다. 그저 전술한 바와 같이 연예회가 있을 뿐이다.

저들의 성 문제 해결과 기분전환을 위한 시설로는 태양관(太陽館)이 있다. 회사가 건물을 무상으로 대여하고 지정상인으로 하여금 경영하도록 하고 있다. 반도인 작부가 6명 있는데 근래에 점차 경영이 부진하기 때문에 현재는 3~4명이다. 료와 너무 가깝고 최근에 세금인상 등으로 가격이 높아지다 보니 이용자가 줄어들어 곧 폐점할 예정이다. 검진은 일반인 의사에게 맡기고 있다.

5) 기타

⊙ 도망방지책

정거장 경계원으로 노무과 직원 중에서 전문으로 2명을 선발하여 오로지 도망자 경계업무를 담당하게 하고 있다(노무과 직원의 과반수 가까이는 경찰관 출신이다). 발차할 때마다 감시하고 열차 내부도 순시한다. 일본인 권유자에 대한 경계를 게을리하지 않는 것은 말할 나위도 없고, 수상한 반도인에 대해서는 행선지를 신문하거나 미행한다(열차를 이용하는 자에게는 료에서 증명서를 발급하고 있다).

반도인 노무자에 대해서는 회계 쪽에서 15엔 이상 주지 않도록 하고 있는데, 이것도 도주방지에 도움이 된다(도주자 수에 관해서는 노무관리 항목 참조).

(후지이)

F광업소 후생시설

1) 교양시설, 훈련방법

광산 도착 후 3개월을 훈련기간으로 정하고 갱내외에서 일본생활에 순응하는 데 필요한 기초훈련과 작업의 기초교육을 실시한다. 광산 도착 직후 3일간은 특별히 작업준비훈련으로 각종 지도를 실시한다.

⊙ 도착 초기의 훈련과 행사

- **제1일**
  - 광산 도착 축하(감귤, 과자 등을 제공), 노무과 직원 인사, 주의사항 지시, 경찰서 직원 이상과 같음.
  - 점검 후에 개인별 카드 작성
    ① 명부와 본인 대조 – 가짜 이름 발견
    ② 노무과 직원이 각각 면접하여 성격 조사
    ③ 잔류가족 조사
    ④ 금연, 음주, 기호 상황 조사
    ⑤ 교육 정도 조사
    ⑥ 일본어 이해 정도 조사
    ⑦ 이상에서 노동의지 없는 자, 갱내작업 혐오하는 자, 강제로 온 자 등 발견 시 잔류시켜 다시 설득한다(그래도 수긍하지 않는 자는 송환함).
- **제2일**
  - 광산신사 참배(신사에서 설명), 소장 또는 부소장, 노무과장 인사
  - 오전 : 신체검사, 불합격자 많은데 신체적 결함 때문(최근에 약간 증가하는 경향임)
- **제3일**
  - 물품 대여(작업복, 모자, 각반, 작업신발, 허리띠, 수건, 휴지, 비누, 삽 등 – 비누와 수건의 사용법을 지도한다.

- 오후 : 료에서 그림으로 갱내 보안지도와 료의 생활, 작업에 관한 규칙 해설, 임금 지불 방법 협화회 취지 등 설명

• **제4일**

- 처음으로 입갱, 당일은 료장, 통역이 따라붙어 견학

그 후 보통작업 형태로 들어간다(현장 관련 작업 및 보안훈련에 관해서는 생산관리 항목 참조).

⊙ 그 후의 주요 훈련

- 각 료별로, 각 당직자별로 매월 1회 료의 식당에서 작업훈련, 정신훈육을 실시한다. 시간은 작업시간 외에 약 2시간, 노무과 직원, 보안계 직원 등이 출석한다. 일본어 교육(작년에 2개월간 시범적으로 했는데 성공하지 못함) 각 당직자별로 매일 1시간씩 실시. 처음에는 출석했는데 점차 출석하지 않아 중지하였다. 실패 원인은 협화회 독본을 교재로 하는데 그 내용이 작업과 관련이 없으며 좀처럼 일본어가 일반인에게는 자연스럽지 않다는 점이다.
- 협화회를 통한 훈육은 1년에 2회 정도의 강연, 경신(敬神)과 국체(國體) 관념, 협동정신 함양, 위생과 방화 지도 등 기타 료에서 적당히 훈련을 실시한다.

기타 반도인 노무자에 대한 것으로 특기할 것이 없음.

2) 기숙사 관리, 운영, 훈육 상황

회사가 직영하는 반도인 노무자용 기숙사(료)는 4개소가 있는데, 제1협화료~제4협화료라고 칭한다. 제1, 제2협화료는 구 사택을 개조한 것이고, 제3, 제4협화료는 신축한 것이다.

료에는 일본인 료장 1명, 조수 겸 통역(반도인) 1명을 중심으로 관리, 운영한다. 료장은 가족과 함께 료 내에 거주하고, 가족처럼 일상을 뒷바라지를 아끼지 않는다(병자나 부상자를 간호하는 등). 료장이 각 방마다 1명의 반장을 임명한다. 월 1회 노무과 직원이 출석하는 반장회의를 개최하여 일상생활에 관한 잡다한 일에 대해 이야기를 나눈다.

각 방마다 수용자 배정은 원칙적으로 같은 면(面) 출신자를 한 방에, 나이 많고 적은 자를

적당히 혼합시킨다. 반장은 대체로 인품이 바른 사람을 선임한다(처음에는 일본어를 아는 사람을 뽑는다). 1인당 1일 식비로 47엔, 침구대여료 3전을 징수한다.

료에 딸린 식당에서는 각 수용인원 10명당 1명의 비율로 취사부를 두고 원칙적으로 일본식 요리를 조리한다. 취사부는 전부 일본인이다. 노무자의 근무사정에 따라 취사도 오전 1~2시부터 밤 10시경까지 계속 할 수밖에 없기 때문에 1/3은 함께 거주하며 근무한다.

조선요리는 재료 준비가 불편하기 때문에 특수한 축제일 당일 외에는 제공하지 못한다. 고춧가루와 마늘은 입수할 수 있으면 제공한다. 다만 점차 사용량을 줄이는 데 힘쓰고 있다. 술은 정월, 섣달 그믐, 산신제, 오봉에 각각 한 병씩 제공한다. 평상시에는 대체로 공휴일에 판매하고 각자 마시게 한다(배급량은 1인당 월 약 1리터 반). 밥은 콩류를 약 반 정도 섞어서 보충하는데, 각자 자기가 붓게 한다.

식비로 47전을 징수하지만 실비는 식비만으로도(1인당 1일 59.7~63.1전, 인건비, 복리, 기타를 포함한 총 경비로) 90.3~103.3전이 소요되기에 그 차액은 본사가 보조한다.

주) 일본인 료에서 식비와 실비(室費)를 보면 전자는 53.5~56.1전, 후자는 97.0~127.2전이 된다.

료 수용자에게 건네는 용돈의 경우 일본인과 반도인을 구별할 수 없기 때문에 특별히 제한 없이 료장의 증명으로 적당한 금액을 전달한다. 사용처는 일반적으로 시가지에 나가서 주로 음식, 영화관람 등에 사용한다. 외출시간 제한은 없으며 료에서 처벌하지 않는다. 목욕탕은 부설되지 않아서 사택용 목욕탕을 공동으로 사용한다. 일본인과 조선인 혼욕이다.

료에서의 출근 장려방법으로 반별 경쟁(1개월 100% 달성하면 1인당 1.00전, 98%는 80전, 95%는 50전의 상여금을 지급한다)을 시키지만 점차 그 효과가 줄어드는 경향이 있어 료장이 매일 아침 각 방을 돌아다니며 출근을 독려한다(반도인 노무자 고용 초기에는 매일 아침 집합시켜 료장이 직접 갱 입구까지 인솔해 갔는데 현재는 중지했다). 저금과 송금액(1941년)은 다음과 같다.

	1인 1개월당		
	최고	최저	평균
저금	90.00엔	3.50엔	24.30엔
송금	120.00엔	5.00엔	19.80엔

3) 사택시설

현재 반도인들끼리만 한 구역에 거주시키고 있는데 장래에는 점차 일본인 사택 사이에 혼거시킬 방침이다. 반도인 사택의 관리는 주로 제3협화료 료장이 겸하고 있다.

처음 반도인 노무자가 단신으로 도항해서 3개월간 훈련기간을 경과하면 가족초청을 허가한다.

반도인 사택은 1개동 10호의 연립가옥인데, 1호당 6첩과 4첩의 방 2개, 그 밖에 1평반의 창고가 달려 있다. 현재 24호이다. 전체 구역에 각 1개씩의 공동변소, 세탁장(수도)을 설치하였고, 구역 밖의 가까운 곳에 목욕탕(일본인-조선인 혼욕)과 일용품분배소를 설치하였다.

사택은 무료로 대여하는데 다다미는 자기 부담으로 하고 1개월에 전등료(16촉)로 35전 외에 목욕비(가족 수 불문)로 세대당 20전을 징수한다. 그리고 겨울철 난방용 석탄은 1톤당 100전 내외로 지급한다.

사택에는 인보(鄰保) 조직을 두어 1동의 10호를 1인보반(鄰保班)으로 조직하고, 3개의 인보반을 1개 연합인보반으로 하고 이를 정내회(町內會) 아래 소속시켰다. 각 반장, 부반장은 정내회 회장이 지명하여 임명한다.

인보 조직에 따라 출근을 장려하는 방법은 연합인보반 단위와 정내회 단위의 출근 경쟁을 하게 한다. 과정(科程)을 정하여 등급을 결정하고 입상자에게는 계 70엔 정도의 상여금을 수여한다. 그리고 따로 주부간담회를 연다(상세한 것은 노무관리 항목 참조).

4) 위락시설

료에는 조선과 일본의 각종 신문, 아사히그래피[28], 사진뉴스를 구비했고 그 외에 단행본 책을 두었는데, 이것들은 항상 금방 없어지고 만다. 기업 내 신문인 '탄광(炭光)'도 료에 비치한다. 그리고 조선의 장기, 조선의 악기도 두었다.

각 료에서 연 1~2회 정도 휴일을 이용하여 바둑대회, 장기대회를 개최하여 상금을 지급한다. 일반적으로 반도인은 축구를 좋아해서 이를 조직화하고 싶다는 의향이다.

연 2회 정도 회사가 조선 영화, 조선극단을 불러 관람시킨다.

그리고 저들의 성욕 해결책으로 조선 술집 1곳을 지정해서 건물을 무상으로 대여하고 반도인으로 하여금 경영하게 한다. 탄광의 약국에서 반도인 작부 4명을 매월 검진한다.

5) 기타

⊙ 도망방지책

경계원(노무과 직원) 4명을 두어(이 중 1명은 반도인) 주로 열차 안에서 경계를 맡긴다. 반도인 도망자에 대해서는 물론이고 도망을 방조하는 일본인 권유자에 대해서도 경계를 게을리하지 않는다. 경계초소(안내소)는 역 앞에 1곳이다.

기차를 이용하는 반도인 노무자는 료장의 증명을 받아서 역 앞의 안내소에서 돌아오는 시각을 함께 적어 신고해야 한다.

예를 들면, 도망자는 1939년 10월 이입한 자 211명 가운데 2년간의 고용계약기간 중에 도망한 자가 14명인데, 이 광산의 경우는 비교적 적은 비율이라고 생각한다. 도망자가 있으면 인접한 업자와 협력해서 수색하지만 발견되는 자는 극히 드물다.

---

28 일본 아사히신문사(朝日新聞社)에서 발행하는 화보집 형태의 주간 잡지

⊙ 정착(재계약) 촉진책

고용계약 기간만료 전에 될 수 있는 한 개별 면담을 해서 시국을 설명하며 재계약을 권유하는 동시에 협화회, 경찰서 등의 강연을 통해서도 적극적으로 설득한다. 또한 기간을 나누고 쪼개서 계약서를 받으며 잔류자에게 다시 권유하는 방법을 쓴다.

재계약 체결자에 대해서는 상여금을 지급한다. 그 세목은 별도의 항목(□□광업소)을 참조할 것.

재계약 후 일시 귀국을 허락받은 자 가운데 약 30%는 무단으로 계약을 파기하여 다시 돌아오지 않는데, 조선의 관청에서 엄중하게 단속해 주기를 바란다.

또한 계약기간 중에 부모 위중 등의 거짓말로 일시귀선한 자가 다시 광산으로 돌아온 사례는 없다고 한다.

(후지이)

G광업소 후생시설

1) 교육시설

(1) 신사참배

- 매년 1월 종업원 대표 몇 명을 이세신궁(伊勢神宮)에 참배시킨다. 광산신사의 대제(大祭)를 봄에 거행하고 매월 기원제를 집행한다. 매일 아침 조례를 실시하고 궁성요배와 국기를 게양한다.

(2) 학교시설

- 자영(自營)광업연습소(입학과정은 고등소학교 정도 2년 수료) 참가 이용자는 남자 59명, 여자 없음. 경비(1개년)는 약 1,000,000엔인데 사업주가 부담한다. 노동자 1인의 부담은 없다.

(3) 강습회

- 정신교육, 기능교육, 재봉, 영양식, 생화(生花), 다도, 샤미센(三味線)연주 등이 있다. 참가이용자는 남자 2,000명, 여자 150명, 경비 500엔, 노동자 1인의 부담은 없다.

(4) 도서열람시설

- 각 구락부 내에 도서열람 칸을 만들어서 각자 자유롭게 열람하게 한다.

(5) 강당

- 건평 220평, 수용인원은 1,200명이다. 2개월에 1회 시국교육과 위생에 관한 강연회를 하고 있다.

2) 체육

(1) 체조

- 점심시간 전에 라디오체조를 한다. 참가 인원은 남자 200명, 여자 20명이다. 여름에 라디오체조는 남자 1,500명, 여자 500명이 참가한다. 경비는 1년에 150엔이다(라디오 전기료, 수리 비용).

(2) 실내 운동시설

- 궁도장(50평), 남자 참가 인원 120명, 여자 10명, 경비는 191엔이다.
- 검도장(30평), 참가 인원은 남자 180명, 경비는 150엔이다.
- 당구장(20평), 참가 인원은 150명, 경비는 467엔이다.

(3) 실외

- 야구부(2,000평), 참가 인원은 남자 150명, 경비는 847엔 41전이다.
- 정구부(100평), 참가 인원은 남자 100명, 경비는 484엔 40전이다.
- 경기부(2,500평), 참가 인원은 남자 200명, 경비는 372엔 86전이다.
- 수영부(200평) 풀장, 참가 인원은 남자 50명, 경비는 511엔이다.
- 씨름부, 참가 인원은 남자 50명, 경비는 87엔이다.
- 운동은 소학교 운동장을 이용한다. 평수는 약 2,500평이다.
- 기타 해수욕장 휴게소가 이와키군(石城郡) 오나하마(小名浜) 해안에 있다. 크기는 60평이다. 휴양소(悠悠莊)가 이와키군 온천 시모가와(下河) 해안에 있다. 크기는 179평(목욕탕 부속)

3) 경제시설

(1) 관혼상제 등의 급여

- 사업주는 없음. 공제회가 본인과 가족의 장례 시 각각 30엔, 15엔을 증여한다.

(2) 저축 장려, 사업장 부담 방법 및 금액

- 국민저축(우편저금)과 본인 뜻에 따른 적립금 등의 저축을 장려하는데 사업주 부담은 없다.
- 공채보관방법, 종업원 소유의 각종 공채보관은 회사에 의뢰하는 방법을 장려한다.

(3) 염가

- 생활필수품으로 고무신 등이 있다. 이용자는 남자 6,920명, 여자 6,240명

(4) 금융

- 이자는 없다. 임금 1인당 50엔 한도

(5) 작업복과 기타 급여

(6) 거주

- 2호 이상의 연립가옥 330동, 1,993호 있다. 수용인원은 남자 4,955명, 여자 4,769명이다. 경비는 사업주 부담으로 10엔이다.
- 기숙사는 33동, 이용자는 남자 508명이다. 경비는 761엔, 1인당 1일 식비는 45전이다.

4) 보건시설

과명 및 건평, 인원은 다음과 같다.

(1) 병원

- 내과 6평, 의사 1명 / 외과 12평, 의사 1명 / 소아과 8평, 의사 1명 / 이비인후과 4평, 의사 1명, 수용가능 인원은 20명이다.
- 최근 1년간 환자 수는 다음과 같다. 외래자 24,524명, 입원환자 303명, 치료수입 80,636엔 7전
- 안과 10평, 의사 1명 / 치과 8평, 의사 1명 / 분원 30평, 의사 1명

(2) 식당

- 직접 경영하는데 취사장의 건평은 60평, 식당의 건평은 70평, 식비는 55전, 4홉(이중 5홉 외에 6홉은 광산에서 특별배급), 경비(사업주 부담)는 6,757엔

(3) 목욕탕

- 5곳이 있는데 건평 200평이다. 1일 평균 이용자수는 12,000명이다. 유지비는 사업주 부담인데 4,500엔이다.

(4) 이발소

- 종업원 3명, 건평 17평이다. 1일 평균 이용자수는 80명이다. 이발비는 빡빡머리가 36전, 짧은 머리는 31전이다.

(5) 기타

- 격리병원, 태양광조사실(照射室), 엑스레이실 등이 있다.

5) 위안오락시설

(1) 구락부가 있는데 3동 120평이다. 바둑, 장기, 독서실, 당구실을 갖고 있다.

(2) 음악

- 관악대가 있다. 이용자 및 경비는 다음과 같다.
- 일본음악 이용자 남자 150명, 여자 40명, 경비는 사업주 457엔
- 서양음악 이용자 남자 90명, 여자 10명, 경비는 사업주 151엔

(3) 영화, 가극(歌劇)

- 영화 이용자는 계 1,500명, 경비는 623엔이다. 로쿄쿠(浪曲)[29]와 기타 경비는 193엔이다.

(4) 소풍, 등산하이킹

- 이용참가자는 남자 1,200명, 여자 400명이다. 경비는 실비의 8할 정도를 노동자가 부담한다.

(5) 운동회

- 1년에 한 번 추계대회가 있다. 참가는 남자 3,600명, 여자 100명이다. 경비는 1,320엔이다.
- 야구대회, 연 2회, 이용자는 남자 150명, 경비는 269엔이다.
- 정구대회, 연 3~4회, 이용자는 남자 120명, 여자 15명, 경비는 128엔이다.
- 경기대회, 연 2회, 이용자는 남자 1,500명, 여자 400명, 경비는 670엔이다.
- 궁도대회, 연 1회, 이용자는 남자 120명, 여자 10명, 경비는 48엔이다.
- 바둑과 장기 이용자는 1년에 남자 400명, 경비는 262엔이다.

(하시모토)

---

29 일본식 서민 음악을 샤미센 등의 악기로 연주하며 부르는 노래. 나니와부시(浪花節)와 같은 종류이다.

H광업소 후생시설

1) 교양시설

(1) 1940년 9월부터 훈련소를 설치했다. 2개소, 지도원은 전임자로 전직 순사 출신. 담당자, 통역, 노무계원

(2) 학과목 및 시간 수

과목	시수			
	1941년 11월	1941년 12월	1942년 1월(예정)	계
수신공민	4	4	4	12
일본어 및 독서	12	11	11	34
예의 작법	2	2	2	6
훈화	2	-	2	4
규율 훈련	4	4	4	12
작업 훈련	2	2	2	6
기타	1	1	-	2
(1일 1시간씩)				66

교재는 자료로 별도 첨부한다. 기간은 3개월, 설비교실 겸 식당 크기는 102첩

(3) 강연회

- 현의 간부가 출장 올 때 전원 참석시켜 듣게 한다.

(4) 도서관 및 개인 독서지도 방법

- 협화회 보도원이 와서 협화회 팸플릿을 읽어준다.

2) 경제시설

(1) 주택 양식

- 평 가옥으로 1실 21첩 크기에 15~16명
- 료 1실은 10첩 크기에 9명
- 사택은 긴 가옥에 4~5호 연립형
- 난방방법은 고타쓰(コタツ)[30] 또는 이로(囲炉)[31]
- 취침 상황, 침구는 접어서 옆에 쌓아둔다.
- 위생 조건, 료의 다다미가 더럽고, 실내가 어수선하다. 눈이 많이 쌓여서 그런지 매우 어두운 느낌이다.
- 사택은 정돈되어 있다. 의외로 청결하다.

(2) 기숙사

① 제1협화료의 수용 인원 223명, 지도원 3명, 제2협화료의 수용 인원 56명, 지도원 2명, 제3협화료의 수용 인원 72명, 지도원 2명

② 이입 조선인을 모두 수용한다.

③ 기숙사 내에서 훈련할 때 주의할 점

- 교육예절을 엄중히 할 것.
- 변소, 복도 청소를 시킬 것.
- 조선식 걸음걸이를 시정할 것.
- 외출을 감독할 것.

④ 식습관을 현지화할 것.

- 처음 3~5개월까지 순 조선식 요리를 주고, 이후에는 고춧가루와 마늘을 감량하여 1년 동안 언어와 함께 식사를 일본식으로 현지화하도록 한다.

---

30 집 안에서 숯불 또는 전기 등의 열원 위에 또는 주위로 이불을 덮어 온기를 유지하는 난방시설

31 집 안 한 가운데 사각형 모양으로 모래나 흙을 깔고 불을 때는 난방시설

⑤ 음주

- 1인분 일정량(1홉)을 일정한 날에 지도원 입회하에 마시게 한다. 음주하지 않는 자는 권리를 양보할 수 있다.

⑥ 식비

- 식비는 70전(30전은 회사 부담), 침구비(3장) 1일 3전, 공애회(共愛會) 회비 1개월 40전(20전 포함 부담)

⑦ 인보반(鄰保班)을 조직하게 하여 월 1회 경찰 입회하에 정기모임을 개최하여 소방의 자세 등을 가르친다.

(3) 구매 관련

- 구매부가 일용품 전부를 취급한다. 전표(傳票)로 급료에서 차감(제한 60%)한다. 물품 구매에 간섭하여 꼭 필요한 것만 사게 한다. 예전에 간섭하지 않고 사게 했더니 물건을 모두 되팔아서 도주 자금으로 한 자가 있었다. 지금은 20엔 이상의 물품은 허가를 받도록 하고 있다.

(4) 저리 자금 관련

- 일본인에 대해서는 4푼 5리 정도의 저리 자금을 대출해 주는 제도가 있는데, 조선인에게는 없다.

(5) 상호구제 제도

- 산업보국 공애회에 공제 제도가 있다.

(6) 식당 설치, 운영, 관리

- 식당은 협화료에 있다.

① 메뉴, 주식은 현(縣)의 할당미 3.5홉, 보리 1.0홉에 대해 쌀 3.5홉, 보리 1.0홉, 고구마 1킬로그램=7.2홉 또는 쌀 4.5홉, 보리 2.5홉=7.0홉으로 하고 있다.
부식물 재료는 명태 건어물, 소 내장, 고춧가루, 마늘이다.
무 절인 것, 배추를 조선식으로 절인 것, 단무지

② 각 료마다 요리인, 취사부(婦)가 몇 명씩 있다. 취사부(婦)는 취사부(夫)의 처 또는 반도인 독신 여성이다.

(7) 의복 급여

- 이입 조선인에 대해 출발 시 작업복, 모자, 각반을 급여하는 제도가 있을 뿐이다.

(8) 저금

- 강제저금, 애국저금(건강보험의 등급에 따라 강제), 종업원저금은 본인 의사에 따라 신청한다. 이입 반도인의 저금에 관해서는 따로 방법을 가르치고 있다. 즉, 급여를 주는 날에 회계와 우편국 직원을 한 곳에 불러 모으고 본인에게 돈을 건네주면서 노무계가 입회하여 한 사람씩 바로 저금을 시키거나 송금을 하게 한다.

(9) 농원

- 기타, 돼지, 닭 등을 사육한다.

3) 보건시설

(1) 진료소

- 회사의 의국(醫局)이 □간(□間), □동(□洞), □주(□住)의 세 군데에 있고, 각각 5~6명의 의원이 있다(내과, 외과).

(4) 건강보험

- 건강보험조합이 설립되어 있다.
- 보험료는 1엔당 1.5전

(5) 목욕, 이발

- 갱내에 목욕탕이 있다.
- 일본인, 조선인 함께 입욕한다.

4) 체육시설

(1) 공장 체조 없음, 체력검정을 실시했다. 합격자 없음.

(2) 운동회, 기타 스포츠 관련

① 운동회는 연 2회(1회는 전원), 스키대회 연 2회, 하이킹, 갱별로 실시

② 유도복, 검도 용구를 구비하고 있다.

③ 스모용 샅바를 구매하여 스모를 시킨다.

④ 공애회 지부 운동회에 출전시킨다.

⑤ 료에 스키를 구비했다.

⑥ 협화료에 탁구대를 설비했다.

(3) 무도, 기타 체육

- 반도인 중에는 없음.

5) 위락시설

(1) 구락부 및 집회소

- 노무자 구락부(공애관)가 각 갱마다 하나씩 모두 5개소 있다.
- 설비는 ① 영화화, 강연회도 할 수 있다. ② 집회소가 있다. ③ 바둑, 장기 설비

(2) 영화회

- 월 3~4회(□洞갱), 월 2회(□間갱)

(3) 음악 관련

① 관악대가 2조 있다(반도인은 문제가 되지 않는다).

② 협화료에 조선 악기를 구매해 두었다(큰북 등).

③ 축음기 3대 구입, 조선 레코드 180엔 정도 있음.

(4) 기타 위락시설

① 초보자 연예회 연 1회

② 지방순회극단, 만담회 연 4~5회

(요시에)

I광업소 후생시설

1) 교양시설

(1) 반도인 훈련물의 조직, 관리, 운영

- 협화회를 조직, 1개월 100엔

(2) 강연회 개최 및 이용 상태

- 협화회 지도 아래 월 1회 정도 개최한다(언어, 동작 훈련).

(4) 예의, 작법, 회화 등의 강습회

- 월 2회 차담회(茶話會)에서 한다.

(5) 도서관 및 개인 독서 지도방법

- 각 숙사에서 매주 잡지를 배포('광산의 벗鉱山の友)', 기타 1개월 30엔 정도

2) 경제시설

(1) 주택 양식, 난방방법, 취침 상황, 위생 조건

- 공동숙사 3개소, 岡木谷 3동[32](1동에 6첩 크기 방 4개), 深の口 평가옥 5동, 2층 건물 1동, 筑後 3동

(2) 기숙사 관리, 운영 및 훈육 상황

- 관리인을 각 숙사에 1명씩 두고 언어, 규칙을 훈육한다.
- 반도인 5명당 사업주가 1개월에 500엔 부담

(3) 구매 관련

- 일용품 공급소를 설치했는데, 이타야(板屋) 1개, 小口谷 1개, 湯の口 1개, 소보(惣坊)

32 명확한 지명을 알 수 없는 경우 한자로 표기했다.

2개, 室谷 1개

(6) 식당 설치, 운영, 관리(영양, 메뉴, 조리인)

- 각 숙사에 1동씩, 조리인 8명, 조선 요리(8명당 1개월에 1,500엔)

(8) 저금

- 광부저축퇴직적립금에 가입, 그리고 개인별로 저축을 한다.

3) 보건시설

(1) 진료소

- 공장법에 따라 건강진단 결과를 기입할 것, 진료소 2개소

(4) 건강보험

- 전원 가입

(5) 목욕, 이발

- 목욕탕은 각 숙사에 3개소

- 이발소는 3개소

- 1개월에 300엔

(6) 기타 보건시설

- 일광욕을 장려, 특히 야간조는 매일 햇볕을 쪼인다.

4) 체육시설

(1) 공장체조

- 없음.

(2) 운동회, 기타 스포츠 관련

- 연 2회 소풍, 운동회를 한다. 연 1,500엔

(3) 무도와 기타 체육

- 군사훈련을 실시한다. 1개월에 50엔

5) 위락시설

(1) 구락부 및 집회소

- 합숙소 오락실에서 월 1~2회의 차담회를 한다.

(2) 영화

- 매월 1~2회의 영화회를 개최한다.

(3) 음악 관련

- 라디오, 축음기를 설비

(안도)

L광업소 후생시설

1) 교양시설

(1) 반도인 훈련물 조직, 관리, 운영

- 훈련소 수용 인원 250명, 국민학교 교재 사용 3개월 졸업(제1급 보통학교 졸업자, 제2급 중퇴자, 제3급 무학자, 각급 1개월마다 시험 진급) 반도인 남자 450명

(2) 반도인 신문기자, 총독부 관리 강연회

- 연 2회 정도, 일본인 계 1,550명(남자 1,500명, 여자 50명), 반도인 계 700명

(4) 예의, 작법, 회화 등의 강습회

- 훈련소에서 행진곡에 맞추어 각개훈련, 기초교련을 한다.
- 각 구역별로 반도인 부인 부회(部會)에서 일본 현지화 강습회를 한다. 일본인 계 750명(남자 700명, 여자 50명), 반도인 남자 700명

(5) 도서관 및 개인의 독서지도 방법

- 조선어 신문을 강독시킨다. 회화 교재는 선택중, 일본인 계 650명(남자 600명, 여자 50명), 반도인 계 남자 100명

2) 경제시설

(1) 주택

- 일본인 노무자와 같다. 일본인 계 남자 2,300명, 반도인 남자 250명

(2) 기숙사

- 기숙사 2개소, 나머지는 청년학교기숙사에 수용, 100명 단위로 중대를 조직, 여기에 반도출신자를 계원으로 둔다.
- 식당, 목욕탕은 각 숙사별로 설비했다.
- 일본인 합계 남자 750명, 반도인 합계 남자 450명

(3) 구매 관련

- 구매증명수첩에 따라 회사배급소에서 구입한다.
- 일본인 합계 3,050명(남자 3,000명, 여자 50명), 반도인 합계 남자 750명

(4), (5) 저리자금, 상호구제 관련

- 사내공제규칙에 따라 50엔 한도에서 대출을 한다. 다만 독신자에게는 원칙적으로 대출하지 않는다. 일본인 합계 남자 2,300명, 반도인 합계 남자 250명

(6) 식당

- 갱마다 영양사 1명이 메뉴를 작성하고 지도한다. 다만 물품 부족, 지방이 부족하여 보급할 수 없다. 일본인 합계 남자 750명, 반도인 합계 남자 450명

(7) 의복 급여

- 최초 1회 작업복, 기타를 회사가 지급한다. 반도인 합계 남자 450명

(8) 저금

- 30엔을 매월 강제 저금시킨다. 연간 금액 1,000엔을 저금하는 자가 다수 있다. 일본인 합계 3,050명(남자 3,000명, 여자 50명), 반도인 합계 남자 750명

(9) 농원, 기타

- 3개소 경영, 돼지 사육 포함, 다만 자급자족은 곤란하다. 일본인 합계 3,050명(남자 3,000명, 여자 50명)

3) 보건시설

(1) 진료소

- 각 갱마다 1개소, 일본인 합계 3,050명(남자 3,000명, 여자 50명), 반도인 합계 남자 750명

(3) 보육소

- 각 구역에 1개소 건설 예정인데, 반도인 교사가 없어서 고민이다. 일본인 합계 남자 280명

(4) 건강보험

- 전부 가입, 일본인 합계 3,050명(남자 3,000명, 여자 50명), 반도인 합계 남자 750명

(5) 목욕, 이발

- 숙소 구역별로 목욕탕이 있고, 지정 이발소가 각 구역마다 1개소 있다. 그 밖에 개인이 경영하는 2~3개소 있다. 일본인 합계 3,050명(남자 3,000명, 여자 50명), 반도인 합계 남자 750명

(6) 기타 보건시설

- 자원자 도보여행, 봄가을 2회 운동회, 하계 임해산간(臨海林間)학교 개설, 일본인 노무자도 함께 사용한다. 일본인 합계 3,050명(남자 3,000명, 여자 50명), 반도인 합계 남자 750명

4) 체육시설

(1) 공장체조

- 라디오체조, 일본인 합계 3,050명(남자 3,000명, 여자 50명), 반도인 합계 남자 750명

(2) 운동회

- 축구대회, 일본인 합계 3,050명(남자 3,000명, 여자 50명), 반도인 합계 남자 750명

5) 위락시설

(1) 구락부 및 집회소

- 갱에 1개소, 각 구역에 1개소, 기숙사에도 1실 설비하였다. 일본인 합계 3,050명(남자 3,000명, 여자 50명), 반도인 합계 남자 750명

(2) 영화회

- 조선영화를 매월 1회 상영한다. 다만 필름 부족 때문에 섭외가 어렵다. 일본인 합계

3,050명(남자 3,000명, 여자 50명), 반도인 합계 남자 750명

(3) 음악 관련

- 반도인용 설비 없음. 일본인 합계 65명(남자 40명, 여자 25명)

(4) 기타 위락시설

- 반도인이 사용하는 설비는 없다. 일본인 합계 3,050명(남자 3,000명, 여자 50명) 반도인 합계 남자 750명

(고다마)

4. 총괄표

이하에서는 전기 실지조사 보고 중에서 통계자료만을 모아서 총괄표로 작성하였다. 사업장명 개요표는 제1장 2의 조사법을 참조할 것.

1) 조사사업장의 반도노무자 비율

사업장명	노무자 총수	반도인	노무자 총수에 대한 비율(%)
A	6,684	1,036	15.5
B	6,374	947	14.9
C	9,220	2,572	27.9
D	1,298	365	28.1
E	1,350	314	23.3
F	1,990	506	25.4
G	4,739	1,259	26.6
H	3,395	666	19.6
I	2.163	284	13.1
K	7,981	1,101	13.8
L	2,600	700	26.9
M	3,746	576	15.4
N	8,596	1,503	17.5
P	677	280	41.4
R	1,363	84	6.2
S	2,074	49	2.4

2) 일본인 및 반도인의 직장 배치

(A) 직종별				
갱내부	**일본인**	**비율(%)**	**반도인**	**비율(%)**
채탄부	1,400	24.8	39	4.0
지주부	319	5.6	9	0.9
운반부	1,294	22.9	933	90.1
도취부(棹取夫)	88	1.6	1	0.01
마정부(馬丁夫)	1	0.02	-	-
통기부(通氣夫)	65	1.2	-	-
산수부(散水夫)	1	0.02	-	-
위생부	6	0.1	-	-
전차운전	49	0.9	-	-
압전(壓轉)	8	0.1	-	-
선전(扇轉)	9	0.2	-	-
권전(捲轉)	39	0.7	-	-
즉전(喞轉)	26	0.5	1	0.01
기부(機夫)	172	3.0	1	0.01
궤부(軌夫)	39	0.7	-	-
전공부(電工夫)	56	1.0	-	-
배전부(配電夫)	3	0.05	-	-
견장부(見張夫)	2	0.04	-	-
잡부	80	1.4	-	-
계원조수	233	4.1	-	-
계	3,890	68.9	984	95.0
갱외부	**일본인**	**비율(%)**	**반도인**	**비율(%)**
운반부	22	0.4	-	-
도취부	69	1.2	2	0.02
송탄부(夫)	133	2.4	2	0.02
송탄부(婦)	145	2.6	-	-
궤도부	33	0.6	-	-
목공부	78	1.4	-	-

금공부	145	2.6	–	–
운전부	66	1.2	–	–
화부(火夫)	22	0.4	28	2.7
전기부	70	1.2	1	0.01
안전등부	45	0.8	–	–
잡부(夫)	565	10.0	19	1.8
잡부(婦)	244	4.3	–	–
계원조수	122	2.2	–	–
계	1,758	31.1	52	5.0
합계	5,648	100.0	1,036	100.0

(F) 직종별				
	일본인	**비율(%)**	**반도인**	**비율(%)**
굴진부	159	11.3	162	32.0
지주부	165	11.7	70	13.8
채탄부	266	18.8	186	36.8
충전부(充塡夫)	–	–	–	–
그 외 갱내부	343	24.3	76	15.0
갱외부	480	33.9	12	2.4
계	1,413	100.0	506	100.0

(H) 직종별					
		일본인	**비율(%)**	**반도인**	**비율(%)**
광부(鑛夫)		341	29.8	4	0.8
갱내잡부	이입자	345	30.1	319	66.2
	자유	345	30.1	18	3.7
선광부(選鑛夫)		259	22.6	56	11.6
갱외잡부	이입자	121	10.6	17	3.6
	자유	121	10.6	13	2.7
정련(精鍊)잡부		79	6.9	55	11.4
계		1,145	100.0	482	100.0

(K) 직종별					
		일본인	비율(%)	반도인	비율(%)
갱내	채탄부	2,876	58.6	928	84.3
	지주부	648	13.6	116	10.5
	운반부	284	6.0	18	1.6
	공작부	95	2.1	5	0.5
	잡부	130	2.8	6	0.6
갱외	선탄부	112	2.6	9	0.8
	운반부	222	4.9	17	1.5
	잡부	294	6.4	2	0.2
계		4,571	100.0	1,101	100.0

(L) 직종별		(1941년도)			
		일본인	비율(%)	반도인	비율(%)
채탄부		437	25.1	40.9	80.0
지주부		547	31.5	89	17.4
운반부		99	5.7	4	0.8
기계부		52	3.0	-	-
공작부		48	2.8	-	-
잡부		53	3.0	-	-
계		1,236	71.1	502	98.2
선탄부	남	3	1.7	-	-
	여	79	4.5	3	0.6
기계부	남	118	6.8	-	-
	여	8	0.5	-	-
공작부		142	8.2	3	0.6
잡부	남	76	4.4	-	-
	여	52	3.0	-	-
계	남	385	22.1	6	1.2
	여	139	8.0	3	0.6
	소계	524	30.1	9	1.8

전체 광부 합계	남	1,610	92.4	508	99.4
	여	130	7.6	3	0.6
	계	1,740	100.0	511	100.0

(M) 직종별					
		일본인	**비율(%)**	**반도인**	**비율(%)**
갱내부	채탄부	580	18.3	308	53.5
	지주부	659	20.8	16	2.8
	일역부	472	14.9	210	36.5
	그 외	334	10.5	-	-
갱외부		1,125	35.5	42	7.2
계		3,170	100.0	576	100.0

(P) 직종별					
		일본인	**비율(%)**	**반도인**	**비율(%)**
방(部屋) 인부		-	-	-	-
연부(鳶夫)		31	6.1	2	0.8
대공(大工)		70	13.8	-	-
갱내인부	기계갱부	-	-	6	2.2
	수작업갱부	-	-	15	5.8
부지(斧指)		-	-	2	0.8
단야공(鍛冶工)		-	-	2	0.8
석공		-	-	-	-
토공		407	80.1	233	89.6
계		508	100.0	260	100.0

3) 취업시간 및 교대제

교대제별		교대제	교대 없음	1반	2반	3반	휴게시간
A		2교대제		오전 5:00~ 오후 2:00	오후 2:00~ 오후 11:00		30분
B		2교대제		오전 6:30~ 오후 4:30	오후 5:00~ 오전 3:00		
		3교대제		오전 6:00~ 오후 2:00	오후 2:00~ 오후 10:00	오후 10:00~ 오전 6:00	일정한 시간 없음
C							
갱내부	채탄부 굴진부 보안부 공작부 기계부	교대 없음	오전 6:00~ 오후 6:00				
		2교대제		오전 6:00~ 오후 4:00	오후 4:00~ 오전 2:00		
		3교대제		오전 6:00~ 오후 3:00	오후 2:00~ 오후 11:00	오후 11시~ 오전 7시	
	지주부	교대 없음	오전 6:00~ 오후 6:00				
		2교대		오전 6:00~ 오후 6:00	오후 6:00~ 오전 06:00		
	기계부, 운반부, 공작부, 전기공, 잡부 감 시를 주 로 하는 작업자	교대 없음	오전 6:00~ 오후 6:00				
		2교대		오전 6:00~ 오후 4:00	오후 4:00~ 오전 2:00		
		3교대		오전 6:00~ 오후 3:00	오후 2:00~ 오후 11:00	오후 10:00~ 오전 7:00	30분~1시간
		교대 없음	오전 6:00~ 오후 6:00				

갱외부	선탄부 운반부 기계부 전기공 잡부	교대 없음	오전 6:00~ 오후 4:00				
		2교대		오전 6:00~ 오후 4:00	오후 4:00~ 오전 2:00		
		3교대		오전 6:00~ 오후 3:00	오후 2:00~ 오후 11시	오후 10:00~ 오전 7:00	
		교대 없음	오전 6:00~ 오후 6:00				
		2교대		오전 6:00~ 오후 6:00	오후 6:00~ 오전 6:00		30분~1시간
16세 미만 및 여자		교대 없음	오전 6:00~ 오후 4:00				30분~1시간
		2교대		오전 6:00~ 오후 2:00	오후 2:00~ 오후 10:00		

D

갱내부	채탄부 지주부	교대 없음	오전 6:30~ 오후 6:30				
		2교대		오전 6:30~ 오후 4:30	오후 3:30~ 오전 1:30		
		3교대		오전 6:30~ 오후 3:30	오후 2:30~ 오후 11:30	오후 10:30~ 오전 7:30	
	공작부 기계부 운반부 잡부	교대 없음	오전 6:30~ 오후 4:30				
		2교대		오전 6:30~ 오후 4:30	오후 4:30~ 오전 2:30		
		3교대		오전 6:30~ 오후 3:30	오후 2:30~ 오후 11:30	오후 10:30~ 오전 7:30	
	공작부 기계부 운반부 잡부	교대 없음	오전 6:30~ 오후 5:30				
		2교대		오전 6:30~ 오후 6:30	오후 6:30~ 오전 6:30		
		3교대		오전 6:30~ 오후 3:30	오후 2:30~ 오후 11:30	오후 10:30~ 오전 7:30	

갱외부	선탄부	교대 없음	오전 6:30~ 오후 4:30				
	운반부 공작부 기계부 잡부	위와 같음	오전 6:30~ 오후 4:30				
		2교대		오전 6:30~ 오후 6:30	오후 6:30~ 오전 6:30		
		3교대		오전 6:30~ 오후 3:30	오후 2:30~ 오후 11:30	오후 10:30~ 오전 7:30	
	공작부 기계부	교대 없음	오전 6:30~ 오후 4:30				
		2교대		오전 6:30~ 오후 4:30	오후 4:30~ 오후 2:30		
	기계부	3교대		오전 6:30~ 오후 2:30	오후 2:30~ 오후 10:30	오후 10:30~ 오전 6:30	
16세 미만 및 여자	선탄부	교대 없음	오전 6:30~ 오후 4:30				
	운반부 공작부 기계부	위와 동일	오전 06:30~ 오후 4:30				
		2교대		오전 6:30~ 오후 2:30	오후 2:30~ 오전 10:00		

E		2교대		오전 6:00~ 오후 4:00	오후 4:00~ 오전 2:00		
		3교대		오전 6:00~ 오후 2:00	오후 2:00~ 오후 10:00	오후 10:00~ 오전 6:00	특별한 규정 없음
F		교대 없음	오전 6:00~ 오후 4:00				
		2교대			오후 4:00~ 오전 2:00		
H		항상 1반제	오전 7:00~ 오후 4:30				
		2교대		오전 6:00~ 오후 600	오후 6:00~ 오전 6:00		60분
		3교대		오전 6:00~ 오후 2:00	오후 2:00~ 오후 10:00	오후 10:00~ 오전 6:00	30분
I				오전 7:00~ 오후 4:00	오후 4:00~ 오전 1:00	오전 1:00~ 오후 9:00	1시간

O			오전 7:30~ 오후 4:30				
O			오전 7:30~ 오후 5:30				1시간
P	1941년 1월부터		오전 7:00~ 오후 4:45				1시간당 15분
P		야간작업	오후 6:00~ 오전 6:00				15분
Q			오전 7:00~ 오후 5:00				
Q		2교대		오전 7:00~ 오후 5:00	오후 6:00~ 오전 5:00		1시간
R			오전 7:30~ 오후 5:30				중식 40분 오후 20분
R		잔업 경우	오후 7:30~ 오후 9:00				
S		주간근무	오전 7:00~ 오후 7:00				

4) 반도인 해고율

		1월	2월	3월	4월	5월	6월	7월	8월	9월	10월	11월	12월	평균
A	월말 재적수	1,108	1,105	1,066	1,050	999	971	930	904	880	1,066	991	1,036	1,008
	해고수	2	3	39	16	51	28	41	26	24	17	143	28	34.83
	비율(%)	0.2	0.3	3.7	1.5	5.1	2.9	4.4	2.9	2.7	1.6	14.4	2.7	3.6
B	월말 재적수	1,180	1,164	1,117	1,093	1,081	1,075	1,038	1,034	1,024	972	946	947	1,056
	해고수	25	23	54	26	26	37	47	39	29	82	58	101	46
	비율(%)	2.1	2.0	4.8	2.4	2.4	3.4	4.5	3.8	2.8	8.4	6.1	10.7	4.3

C	월말 재적수	2,088	2,290	2,366	2,346	2,291	2,272	2,396	2,462	2,528	2,466	2,387	2,571	2,372
	해고수	46	47	41	50	63	41	32	47	54	168	223	180	83
	비율(%)	2.2	2.1	1.7	2.1	2.7	1.8	1.3	1.9	2.1	6.8	9.3	7.0	3.4
D	월말 재적수	182	367	371	369	347	343	340	330	308	291	282	365	325
	해고수	4	0	7	3	21	9	3	10	23	17	23	46	14
	비율(%)	2.2	–	1.9	0.8	6.1	2.6	0.9	3.0	7.5	5.8	8.2	12.6	4.3
E	월말 재적수	404	397	348	332	328	328	322	316	328	318	318	314	337.7
	해고수	3328	7	49	16	4	0	6	6	2	10	0	4	11.4
	비율(%)	8.2	1.8	14.1	4.8	102	–	109	1.9	0.6	3.1	–	1.3	3.4
F	월말 재적수	394	387	882	411	403	416	472	516	493	542	514	500	453
	해고수	1	1	6	5	10	1	3	16	24	6	34	35	12.3
	비율(%)	0.3	0.3	1.6	1.2	2.5	0.2	0.6	3.1	4.9	1.1	6.6	6.9	2.7
H	월말 재적수	305	296	287	253	225	222	220	269	264	252	322	399	276.1
	해고수	9	10	35	28	4	8	2	8	13	5	3	4	10.7
	비율(%)	3.0	3.4	12.2	11.1	1.8	3.6	0.9	3.0	4.9	2.0	0.9	1.0	3.9
I	월말 재적수	–	–	–	–	–	–	–	–	–	301	294	284	293
	해고수	–	–	–	–	–	–	–	–	–	20	5	10	11.7
	비율(%)	–	–	–	–	–	–	–	–	–	6.6	1.7	3.5	4.6
P	월말 재적수	584	509	435	326	330	343	295	289	167	280	–	–	352.2
	해고수	61	52	99	134	16	31	27	9	14	6	–	–	46.9
	비율(%)	11.1	10.2	22.8	41.1	4.8	9.0	1.0	3.1	8.4	2.1	–	–	13.3
R	월말 재적수	50	66	127	168	146	140	126	126	132	104	94	84	113.6
	해고수	9	7	12	28	23	23	8	2	32	14	14	5	14.8
	비율(%)	18.0	10.6	9.4	16.7	15.8	16.4	6.3	1.6	24.2	13.5	14.9	6.0	13.0

S	월말 재적수	38	39	41	42	43	49	55	57	58	58	58	49	49
	해고수	6	1	2	1	0	5	1	0	0	0	0	9	2
	비율(%)	15.8	2.6	4.9	2.4	–	10.2	1.8	–	–	–	–	18.4	4.3

5) 일본인 해고율

		1월	2월	3월	4월	5월	6월	7월	8월	9월	10월	11월	12월	평균
A	월말 재적수	5,722	5,969	5,932	5,843	5,847	5,932	6,006	6,239	6,140	6,123	6,221	6,200	6,026
	해고수	220	17	400	448	289	208	245	194	523	304	228	440	307.5
	비율(%)	3.6	0.2	6.7	7.6	4.9	3.5	4.0	3.1	3.5	4.9	3.6	6.9	5.1
B	월말 재적수	5,343	5,320	5,084	4,630	4,593	4,657	4,657	4,867	4,592	4,711	4,951	5,427	4,904
	해고수	366	356	557	589	265	218	268	296	574	227	208	293	351
	비율(%)	6.9	6.7	10.9	12.7	5.8	4.7	5.8	6.1	12.5	4.8	4.2	5.4	7.2
C	월말 재적수	6,532	6,617	6,592	6,368	6,193	6,196	6,125	6,317	6,618	6,221	6,340	6,606	6,350
	해고수	297	321	515	567	469	276	352	326	558	327	300	243	379
	비율(%)	4.3	4.8	7.8	7.8	7.5	4.4	5.8	5.1	8.5	5.2	4.7	3.6	5.9
D	월말 재적수	972	980	975	928	923	917	907	936	876	859	863	933	992
	해고수	38	41	41	71	33	16	45	56	103	50	39	43	48
	비율(%)	4.3	4.5	4.0	7.7	4.0	1.7	4.9	5.8	11.8	5.8	4.0	4.5	5.2
E	월말 재적수	1,139	1,111	1,115	1,104	1,088	1,104	1,077	1,064	1,092	1,052	1,062	1,036	1,086
	해고수	40	53	45	70	72	36	71	52	22	75	34	68	32
	비율(%)	3.5	4.7	4.0	6.3	6.6	3.2	6.6	4.8	2.0	7.1	3.2	6.5	2.1
F	월말 재적수	1,293	1,271	1,262	1,281	1,273	1,329	1,348	1,367	1,321	1,317	1,409	1,484	13,279
	해고수	27	27	37	97	43	34	63	65	89	57	52	61	56.5
	비율(%)	2.1	2.1	2.1	7.6	3.3	2.5	4.6	4.7	6.7	4.3	3.6	4.1	4.2

H	월말 재적수	2,467	2,586	2,674	2,694	2,647	2,258	2,603	2,682	2,745	2,558	2,608	2,699	2,601
	해고수	81	137	195	258	217	96	116	182	290	68	63	72	147
	비율(%)	3.2	5.2	7.6	9.5	8.2	4.2	4.4	6.6	10.5	3.7	2.4	2.7	5.7
I	월말 재적수	-	-	-	-	-	-	-	-	-	1,860	1,872	1,879	1,873
	해고수	-	-	-	-	-	-	-	-	-	105	63	44	70.6
	비율(%)	-	-	-	-	-	-	-	-	-	5.6	3.3	2.4	3.6
M	월말 재적수	-	-	-	-	-	-	-	-	-	-	-	-	-
	해고수	141	215	177	255	157	130	79	180	294	112	155	326	1,849
	비율(%)	6.8	9.6	7.5	11.5	7.7	5.8	3.5	8.0	13.2	5.0	6.8	14.0	8.3
N	월말 재적수	9,609	10,151	9,494	9,037	8,866	8,596	8,823	8,915	8,268	7,971	7,991	8,326	8,845
	해고수	835	827	1,252	933	668	594	632	916	1,301	727	325	333	778
	비율(%)	8.7	81.3	13.2	13.2	7.6	6.9	7.1	10.2	15.8	9.1	4.0	3.9	8.7
P	월말 재적수	1,367	1,211	1,093	837	786	784	682	685	677	677	-	-	667
	해고수	140	65	155	292	105	69	91	49	34	15	21	57	98
	비율(%)	10.2	5.3	13.3	3.4	13.3	8.8	13.4	7.1	5.0	2.2	-	-	8.2
R	월말 재적수	2,101	2,140	2,156	2,214	2,269	2,258	2,248	2,251	2,240	2,225	2,196	2,074	2,119
	해고수	125	68	58	36	39	77	42	34	40	32	42	151	176
	비율(%)	5.9	3.1	2.2	1.6	1.7	3.4	1.4	1.5	1.0	1.4	1.9	7.2	2.7

6) 반도인 출근율

	항목별	1월	2월	3월	4월	5월	6월	7월	8월	9월	10월	11월	12월	평균
A	비율(%)	77.8	72.5	78.8	73.6	71.8	66.8	71.3	71.2	68.7	67.8	67.8	-	71.6
B	비율(%)	81.3	79.4	72.7	73.9	74.4	71.4	73.0	72.9	71.7	67.5	70.3	68.3	73.1
C	비율(%)	81.0	85.0	79.0	84.0	76.0	80.0	82.0	87.0	77.0	76.0	76.0	81.0	80.3
D	비율(%)	73.0	82.0	79.0	82.0	73.0	84.0	80.0	74.0	78.0	81.0	79.0	79.0	78.9
E	비율(%)	90.9	92.7	92.9	90.0	90.7	93.2	94.9	90.0	90.6	89.2	88.9	90.1	91.3

F	비율(%)	77.7	89.6	91.2	87.3	89.0	88.0	86.7	85.6	86.2	87.2	88.1	87.1	86.4
G	비율(%)	91.6	90.2	87.8	90.5	89.2	89.2	94.9	93.6	93.0	93.8	94.7	-	91.9
I	비율(%)	-	-	-	-	-	-	-	-	-	0.86	0.85	0.87	86.0

7) 일본인 출근율

	항목별	1월	2월	3월	4월	5월	6월	7월	8월	9월	10월	11월	12월	평균
A	현재 인원수	142,413	139,778	161,165	146,568	152,716	154,235	153,963	155,334	155,600	161,166	154,256	-	139,782
	출근자수	120,279	113,899	135,199	119,791	124,063	122,567	123,708	122,219	126,715	128,568	125,175	-	113,515
	비율(%)	84.4	81.4	83.8	81.5	81.2	79.4	80.3	78.6	81.4	79.7	81.1	-	81.2
B	현재 인원수	5,107	5,146	5,073	4,627	4,387	4,470	4,438	4,489	5,202	4,301	468	4,937	4,720
	출근자수	3,949	4,111	3,970	3,626	3,543	3,575	3,595	3,476	3,476	3,657	3,838	4,251	3,760
	비율(%)	77.3	97.9	78.3	78.4	80.8	80.0	79.6	66.8	66.8	85.1	85.9	86.1	81.4
C	비율(%)	81.0	84.0	84.0	83.0	84.0	83.0	83.0	81.0	80.0	80.0	82.0	82.0	81.4
D	비율(%)	86.0	88.0	83.0	86.0	85.0	87.0	84.0	87.0	85.0	87.0	85.0	85.0	85.7
E	비율(%)	73.0	84.0	81.0	81.0	74.0	86.0	79.0	73.0	80.0	83.0	78.0	78.0	79.6
F	비율(%)	88.4	91.6	91.1	89.2	90.2	90.0	90.3	86.0	86.0	88.6	90.5	90.5	89.4
I	비율(%)	-	-	-	-	-	-	-	-	-	0.78	0.78	0.79	78.3
G	비율(%)	75.0	83.6	85.7	81.4	79.6	79.8	78.9	78.8	81.5	80.7	83.2	84.5	81.1
N	비율(%)	74.0	80.0	80.0	75.0	78.0	74.0	79.0	82.0	80.0	75.0	78.0	86.0	78.4
O	비율(%)	-	-	-	-	-	-	-	-	-	-	-	-80	-90
S	비율(%)	91.9	93.4	92.7	93.6	93.0	91.2	89.4	84.1	86.9	91.2	91.5	93.7	91.1

8) 반도인 근속 연수

	구분	1년 미만	1~2년	2~3년	3~4년	4~5년	5~6년	6~7년	7~8년	8~9년	9~10년	10년 이상	합계
A	근속자수	349	571	116	-	-	-	-	-	-	-	-	1,036
	비율(%)	33.6	55.1	11.3	-	-	-	-	-	-	-	-	100
B	근속자수	194	524	21.5	-	-	-	-	-	-	-	-	947
	비율(%)	20.4	55.3	22.7	-	-	-	-	-	-	-	-	100
C	근속자수	1,267	-	808	-	1	-	-	-	-	5	8	2,089
	비율(%)	60.6	-	38.7	-	0.1	-	-	-	-	0.2	0.4	100
D	근속자수	273	53	39	-	-	-	-	-	-	-	-	365
	비율(%)	74.8	14.5	10.7	-	-	-	-	-	-	-	-	100
E	근속자수	60	165	89	-	-	-	-	-	-	-	-	314
	비율(%)	19.1	52.6	28.3	-	-	-	-	-	-	-	-	100
F	근속자수	193	-	188	-	-	-	-	-	-	-	-	382
	비율(%)	50	-	49	-	-	-	-	-	-	-	-	100
G	근속자수	1,194	269	-	-	-	-	-	-	-	-	-	1,463
	비율(%)	81.5	18.5	-	-	-	-	-	-	-	-	-	100
M	근속자수	161	54	268	-	-	-	-	-	-	-	-	483
	비율(%)	33.3	11.3	55.4	-	-	-	-	-	-	-	-	100
S	근속자수	18	10	4	2	-	-	-	-	-	-	-	34
	비율(%)	53.0	29.0	12.0	6.0	-	-	-	-	-	-	-	100

9) 일본인 근속 연수

구분		1년 미만	1~2년	2~3년	3~4년	4~5년	5~6년	6~7년	7~8년	8~9년	9~10년	10년 이상	합계
A	근속자수	2,624	610	533	722	489	294	151	133	209	84	430	6,290
	비율(%)	42.2	9.7	8.5	11.4	7.7	4.6	2.4	2.1	3.3	1.3	6.8	100
B	근속자수	2,263	861	523	448	305	187	126	72	146	26	460	5,427
	비율(%)	38.4	15.8	9.6	8.2	5.5	3.4	2.3	1.3	2.5	4.7	8.4	100
C	근속자수	3,427	–	2,106	–	697	–	–	–	–	462	663	7,355
	비율(%)	46.6	–	28.6	–	9.5	–	–	–	–	6.3	12.0	100
D	근속자수	276	123	106	101	42	29	21	17	28	–	190	933
	비율(%)	29.6	13.2	12.0	10.7	4.5	3.1	2.1	1.8	3.0	–	20.0	100
E	근속자수	64	48	431	493	–	–	–	–	–	–	–	1,036
	비율(%)	6.4	4.6	41.5	47.5	–	–	–	–	–	–	–	100
F	근속자수	338	–	382	–	126	–	–	–	–	145	270	1,262
	비율(%)	26.7	–	30.4	–	9.8	–	–	–	–	11.4	21.7	100
G	근속자수	839	489	388	301	203	150	147	73	48	48	406	3,092
	비율(%)	27.2	14.7	13.6	9.8	6.7	4.9	4.9	2.0	1.6	1.6	14.0	100
I	근속자수	654	450	324	298	257	36	36	17	17	–	–	2,089
	비율(%)	31.4	21.6	15.6	14.1	12.3	1.7	1.7	0.8	0.8	–	–	100
M	근속자수	1,244	168	583	–	417	–	–	–	–	392	459	3,623
	비율(%)	–	–	–	–	–	–	–	–	–	–	–	–
N	근속자수	2,692	1,333	1004	852	575	–	–	–	–	–	2,140	8,596
	비율(%)	33.8	15.3	11.5	9.8	6.6	–	–	–	–	–	23.0	100

10) 반도인 사망 및 중상

	항목별	1월	2월	3월	4월	5월	6월	7월	8월	9월	10월	11월	12월	합계	평균
A	월말 재적수	1,108	1,105	1,066	1,050	999	971	930	904	880	1,066	911	1,036	12,026	1,002
	사망	–	1	–	–	–	1	2	1	2	1	–	1	9	0.75
	비율(%)	–	0.09	–	–	–	0.1	0.21	0.11	0.23	0.09	–	0.10	0.07	0.07
	중상	–	–	1	–	–	–	–	–	–	–	–	–	1	0.08
	비율(%)	–	–	0.09	–	–	–	–	–	–	–	–	–	0.008	0.008
B	월말 재적수	1,180	1,164	1,117	1,093	1,081	1,075	1,038	1,034	1,024	972	946	947	12,671	1,056
	사망	1	–	34	–	–	2	–	–	–	–	1	1	39	3.3
	비율(%)	0.08	–	3.04	–	–	0.19	–	–	–	–	0.11	0.11	0.31	0.31
	중상	12	15	17	12	21	9	15	21	2	17	22	7	170	14.2
	비율(%)	1.01	1.29	1.52	1.10	1.94	0.84	1.44	2.03	0.19	1.75	2.32	0.74	1.34	1.34
C	월말 재적수	2,088	2,290	2,366	2,346	2,291	2,272	2,396	2,462	2,528	2,466	2,387	2,571	28,463	2,372
	사망	2	1	–	1	2	2	1	1	1	–	2	–	13	1.08
	비율(%)	0.09	0.04	–	0.04	0.09	0.09	0.04	0.04	0.04	–	0.08	–	0.05	0.05
	중상	–	–	–	–	–	–	–	–	3	1	–	–	4	0.33
	비율(%)	–	–	–	–	–	–	–	–	0.12	0.04	–	–	0.01	0.01
D	월말 재적수	182	367	371	369	347	343	340	330	308	291	282	365	3,895	325
	사망	–	2	1	–	–	–	1	1	1	1	–	–	7	0.58
	비율(%)	–	0.54	0.27	–	–	–	0.29	0.30	0.32	0.34	–	–	0.18	0.18
	중상	–	–	–	–	–	–	–	–	–	–	–	–	–	–
	비율(%)	–	–	–	–	–	–	–	–	–	–	–	–	–	–
E	월말 재적수	404	397	348	332	328	328	322	316	328	318	318	314	4,053	338
	사망	–	–	3	–	–	–	1	–	–	–	–	–	4	0.33
	비율(%)	–	–	0.86	–	–	–	0.31	–	–	–	–	–	11	0.09
	중상	–	1	1	1	–	–	1	–	3	2	1	1	11	0.91
	비율(%)	–	0.25	0.29	0.30	–	–	0.31	–	0.91	0.63	0.31	0.31	0.27	0.27
F	월말 재적수	394	387	382	411	403	416	472	516	493	542	517	506	5,439	453
	사망	–	1	–	–	–	–	–	–	1	–	–	–	2	0.17
	비율(%)	–	0.26	–	–	–	–	–	–	0.20	–	–	–	0.04	0.04
	중상	10	2	2	1	3	2	1	3	9	4	2	16	49	4.1
	비율(%)	2.54	0.52	0.52	0.25	0.74	0.48	0.21	0.58	1.82	0.74	0.39	1.98	0.90	0.90

P	월말 재적수	548	509	435	326	330	343	295	289	167	280	−	−	3,522	293
	사망	−	−	−	−	−	−	−	−	−	−	−	−	−	−
	비율(%)	−	−	−	−	−	−	−	−	−	−	−	−	−	−
	중상	20	30	20	27	32	18	15	25	14	18	11	7	232	19
	비율(%)	3.64	5.89	4.60	8.28	9.70	5.25	5.08	8.65	8.38	4.64	−	−	6.59	6.49
I	사망	−	−	1	1	−	2	−	1	−	1	1	−	7	−
	비율(%)	−	−	14.3	14.3	−	28.5	−	14.3	−	14.3	14.3	−	100.0	−
	중상	−	−	4	2	−	4	−	2	−	3	1	−	16	−
	비율(%)	−	−	25.0	12.5	−	25.0	−	12.5	−	18.7	6.3	−	100.0	−
S	월말 재적수	38	39	41	42	43	49	50	57	58	58	58	49	587	48
	사망	−	−	−	−	−	−	−	−	−	−	1	−	1	0.08
	비율(%)	−	−	−	−	−	−	−	−	−	−	1.73	−	0.17	0.17
	중상	−	1	−	−	−	−	−	1	−	−	1	2	5	0.4
	비율(%)	−	2.56	−	−	−	−	−	1.75	−	−	1.73	4.08	0.85	0.85

비고) I에는 월말 재적수가 없음. 비율은 백분율

11) 일본인 사망 및 중상

	항목별	1월	2월	3월	4월	5월	6월	7월	8월	9월	10월	11월	12월	합계	평균
A	월말 재적수	5,772	5,969	5,932	5,843	5,847	5,932	6,006	6,239	6,140	6,123	6,221	6,290	72,314	6,026
	사망	2	3	2	2	2	–	3	3	4	4	4	4	33	2.75
	비율(%)	0.03	0.05	0.03	0.03	0.03	–	0.05	0.07	0.07	0.07	0.06	0.06	0.05	0.05
	중상	–	–	1	2	–	1	–	–	–	–	–	1	5	0.42
	비율(%)	–	–	0.02	0.03	–	0.02	–	–	–	–	–	0.01	0.007	0.007
B	월말 재적수	5,343	5,320	5,084	4,630	4,593	4,675	4,657	4,867	4,592	4,711	4,951	5,427	58,850	4,904
	사망	3	1	79	1	–	2	1	1	2	1	–	3	94	7.8
	비율(%)	0.06	0.02	1.55	0.02	–	0.04	0.02	0.02	0.04	0.02	–	0.06	0.16	0.16
	중상	43	39	63	42	34	19	27	43	46	43	70	43	512	42
	비율(%)	0.80	0.74	1.24	0.91	0.74	0.41	0.58	0.88	1.00	0.91	1.41	0.79	0.87	0.87
C	월말 재적수	6,532	6,617	6,592	6,368	6,193	6,198	6,125	6,317	6,168	6,221	6,340	6,606	76,277	6,356
	사망	–	3	2	4	3	2	–	1	2	2	6	3	28	2.3
	비율(%)	–	0.05	0.03	0.06	0.05	0.03	–	0.02	0.03	0.03	0.09	0.03	0.04	0.04
	중상	2	–	–	–	–	1	2	2	3	–	–	1	11	0.92
	비율(%)	0.03	–	–	–	–	0.02	0.03	0.03	0.05	–	–	0.02	0.01	0.01
D	월말 재적수	972	980	975	928	923	917	907	936	876	859	863	933	11,069	922
	사망	1	–	1	2	–	–	–	1	1	1	–	–	7	0.58
	비율(%)	0.10	–	0.10	0.21	–	–	–	0.11	0.11	0.12	–	–	0.06	0.06
	중상	–	–	–	–	–	–		1	–	–	1	–	2	0.17
	비율(%)	–	–	–	–	–	–	–	0.11	–	–	0.12	–	0.02	0.02
E	월말 재적수	1,139	1,111	1,115	1,104	1,088	1,104	1,077	1,064	1,092	1,052	1,062	1,036	13,044	1,087
	사망	–	–	2	–	1	–	–	–	–	1	1	1	6	0.56
	비율(%)	–	–	0.18	–	0.09	–	–	–	–	0.09	0.09	0.09	0.05	0.05
	중상	2	–	2	2	1	–	2	1	–	3	1	2	16	1.3
	비율(%)	0.08	–	0.18	0.08	0.09	–	0.17	0.09	–	0.28	0.09	0.19	0.01	0.12

F	월말 재적수	1,293	1,271	1,262	1,281	1,273	1,329	1,348	1,367	1,321	1,317	1,409	1,484	15,955	1,329
	사망	–	2	–	–	–	–	–	–	1	–	1	–	4	0.3
	비율(%)	–	0.16	–	–	–	–	–	–	0.08	–	0.07	–	0.03	0.03
	중상	1	4	14	9	4	7	7	7	8	18	8	12	99	8.3
	비율(%)	0.08	0.31	1.11	0.70	0.31	0.53	0.52	0.51	0.61	1.37	0.57	0.81	0.62	0.62

12) 일본인 재해별 공상(公傷)

	항목별	수	비율(%)
L	낙반	9	26.0
	광차	3	9.0
	기계	2	6.0
	비석	1	3.0
	공구	3	9.0
	갱목, 경괴탄에 의한 타박상	2	6.0
	구르거나 넘어짐(轉倒).	1	3.0
	못, 가시 등에 찔림(踏拔).	1	3.0
	기타	12	35.0
	합계	24	100
M	낙반, 측벽 붕괴	20	41.0
	광차	5	10.0
	비석	1	2.0
	공구	7	14.0
	기계	1	2.0
	기타	15	31.0
	합계	49	100

13) 반도인 재해별 공상

	항목별	수	비율(%)
L	낙반	10	50.0
	광차	3	17.0
	비석	1	5.0
	공구	3	17.0
	로프, 체인, 철사	2	17.0
	합계	19	100
M	낙반, 측벽 붕괴	3	50.0
	기타	3	50.0
	합계	6	100.0

14) 임금 상황

(1) 일본인 임금(월급)

종별	30엔 미만	30~ 50엔	50~ 70엔	70~ 90엔	90~ 110엔	110~ 130엔	130~ 150엔	150~ 170엔	170~ 190엔	190~ 210엔	210엔 이상	계
B	443	655	611	753	1,179	767	390	172	65	26	15	5,076
비율(%)	8.7	12.9	12.0	14.8	23.2	15.2	7.7	3.4	1.3	0.5	0.3	100.0
D	32	123	187	194	181	160	-	-	-	-	-	877
비율(%)	3.7	14.0	21.3	22.1	20.6.	18.3	-	-	-	-	-	100.0
I	73	222	469	403	299	256	-	-	-	-	-	1,722
비율(%)	4.2	12.9	27.2	23.4	17.4	14.9	-	-	-	-	-	100.0

(2) 반도인 임금(월급)

종별	30엔 미만	30~50엔	50~70엔	70~90엔	90~110엔	110~130엔	130~150엔	150~170엔	170~190엔	190~210	210엔 이상	계
B	130	68	98	134	147	171	147	39	17	1	-	952
비율(%)	13.7	7.1	10.3	14.1	15.5	18.0	15.4	4.1	1.7	0.1	-	100.0
D	117	126	40	22	7	12	-	-	-	-	-	324
비율(%)	36.1	38.9	12.3	6.8	2.1	3.8	-	-	-	-	-	100.0
I	38	53	69	47	34	19	-	-	-	-	-	260
비율(%)	14.6	20.4	26.5	18.1	13.2	7.2	-	-	-	-	-	100.0

(3) 일본인 평균 일당, 월급 및 최고 최저 임금

종별	최고	최저	평균
A	244.71엔	0.60	77.26(월급)
F	6.043엔	1.98	3.894(일당)

(4) 반도인 평균 일당, 월급 및 최고 최저 임금

종별	최고	최저	평균
A	168.02엔	2.60	69.90(월급)
F	4.579엔	2.571	3.373(일당)

15) 반도인 사택인구 세대수

	항목별	호수		세대수		인구		비고
A	□町	**1**	8	**1**	8	**157**	27	굵은 숫자는 외수로서 합숙소를 나타냄.
	□町	**1**	7	**1**	7	**210**	24	
	□澤□	**1**	18	**1**	28	**178**	59	
	□町	**2**	24	**2**	24	**169**	72	
	□球□	**1**	15	**1**	15	**165**	50	
	합계	**6**	72	**6**	72	**879**	232	
D			24		–		70	
E			60		–		180	
F	□央□所		–		27		75	
	□幌□所		–		24		124	
	□1□和寮		–		–		113	
	□2□和寮		–		–		103	
	□3□和寮		–		–		112	
	□4□和寮		–		–		125	
	합계		–		51		652	
G	□1□寮		–		–		227	
	□2□寮		–		50		294	
	□3□寮		–		52		361	
	□4□寮		–		–		299	
	□君□		–		25		212	
	합계		–		–		1,393	
H	□宿		2		–		90	
	□住(合宿)		1		–		25	
	합계		3		–		115	
I	□(3곳)		12동		–		290	
M	□宅		143		–		585	
	□宿□		5동		–		411	
	합계		148		–		996	
O			40		40		244	
P			–		14		145	

16) 일본인 사택인구 세대수

<table>
<tr><th></th><th colspan="2">항목별</th><th colspan="2">호수</th><th colspan="2">세대수</th><th colspan="2">인구</th><th>비고</th></tr>
<tr><td rowspan="6">A</td><td colspan="2">□町</td><td>2</td><td>750</td><td>2</td><td>706</td><td>162</td><td>4,263</td><td rowspan="6">굵은 숫자는 외수로서 합숙소를 나타냄.</td></tr>
<tr><td colspan="2">□町</td><td>2</td><td>732</td><td>2</td><td>689</td><td>340</td><td>3,969</td></tr>
<tr><td colspan="2">□澤□</td><td>2</td><td>558</td><td>2</td><td>521</td><td>166</td><td>3,535</td></tr>
<tr><td colspan="2">□町</td><td>2</td><td>708</td><td>2</td><td>690</td><td>189</td><td>4,097</td></tr>
<tr><td colspan="2">□球□</td><td>1</td><td>595</td><td>1</td><td>505</td><td>30</td><td>2,550</td></tr>
<tr><td colspan="2">합계</td><td>9</td><td>3,343</td><td>9</td><td>3,111</td><td>887</td><td>18,414</td></tr>
<tr><td>B</td><td colspan="2"></td><td>9</td><td>3,739</td><td></td><td>–</td><td></td><td>1,675
(료 2,100)</td><td></td></tr>
<tr><td>D</td><td colspan="2"></td><td></td><td>800</td><td></td><td>–</td><td></td><td>4,000</td><td></td></tr>
<tr><td>E</td><td colspan="2"></td><td></td><td>900</td><td></td><td>–</td><td></td><td>4,500</td><td></td></tr>
<tr><td rowspan="13">F</td><td colspan="2">□澤□所</td><td></td><td>–</td><td></td><td>90</td><td></td><td>519</td><td></td></tr>
<tr><td colspan="2">□央□所</td><td></td><td>1</td><td></td><td>142</td><td></td><td>951</td><td></td></tr>
<tr><td colspan="2">□幌□所</td><td></td><td>–</td><td></td><td>222</td><td></td><td>1,277</td><td></td></tr>
<tr><td colspan="2">□谷□區所</td><td></td><td>–</td><td></td><td>220</td><td></td><td>1,231</td><td></td></tr>
<tr><td colspan="2">□谷□區所</td><td></td><td>–</td><td></td><td>109</td><td></td><td>558</td><td></td></tr>
<tr><td colspan="2">□日□所</td><td></td><td>–</td><td></td><td>–</td><td></td><td>111</td><td></td></tr>
<tr><td colspan="2">□心□所</td><td></td><td>–</td><td></td><td>–</td><td></td><td>95</td><td></td></tr>
<tr><td colspan="2">□1□和寮</td><td></td><td>–</td><td></td><td>–</td><td></td><td>18</td><td></td></tr>
<tr><td colspan="2">□2□和寮</td><td></td><td>–</td><td></td><td>–</td><td></td><td>19</td><td></td></tr>
<tr><td colspan="2">□3□和寮</td><td></td><td>–</td><td></td><td>–</td><td></td><td>13</td><td></td></tr>
<tr><td colspan="2">□4□和寮</td><td></td><td>–</td><td></td><td>–</td><td></td><td>19</td><td></td></tr>
<tr><td colspan="2">□宅</td><td></td><td>–</td><td></td><td>192</td><td></td><td>1,106</td><td></td></tr>
<tr><td colspan="2">합계</td><td></td><td>–</td><td></td><td>975</td><td></td><td>5,917</td><td></td></tr>
<tr><td rowspan="7">G</td><td>□葉□</td><td rowspan="2">□寮</td><td rowspan="2"></td><td rowspan="2">–</td><td rowspan="2"></td><td rowspan="2">–</td><td rowspan="2"></td><td rowspan="2">266</td><td rowspan="2"></td></tr>
<tr><td>□區</td></tr>
<tr><td>□正□</td><td rowspan="3">□仙□</td><td rowspan="3"></td><td rowspan="3">–</td><td rowspan="3"></td><td rowspan="3">–</td><td rowspan="3"></td><td rowspan="3">124</td><td rowspan="3"></td></tr>
<tr><td>□仙□</td></tr>
<tr><td>□區</td></tr>
<tr><td colspan="2">□平□ 川平寮</td><td></td><td>–</td><td></td><td>–</td><td></td><td>71</td><td></td></tr>
<tr><td colspan="2">합계</td><td></td><td>–</td><td></td><td>–</td><td></td><td>461</td><td></td></tr>
</table>

I			1,128		1,128		4,503	
M	□宅		2,107		–		8,749	
	□宿□		5동		–		1,093	
	합계		2,114		–		9,842	
P			–		18		74	

17) 사택설비

종별	건수	양수	부대설비
A		8첩×11첩(1실)	부엌
B	4호	4.5첩×6첩(2실)	변소, 공동창고 1동에 1곳, 목욕탕 각 부락에 1~2곳
	□	6첩×6첩(2실)	
C	1동 4호	(각호) 6첩×6첩(2실)	변소, 목욕탕 1동에 각 1곳
	6호	(각호) 8첩(1실)	목욕탕 1곳(반도인 전용)
D	1동 6호, 8호, 10호	6첩×4첩(2실)	변소, 목욕탕 동마다 1곳, 목욕탕 전용 1, 혼용 1
E	1동 8호	8첩×6첩(2실)	부엌, 변소 실내 실외 각 동마다 1곳
	1동 10호	8첩(1실)	
F	1동 10호	1호당 6첩×4첩(2실)	면적 1평 반, 변소 각 구획마다 1곳(공용), 수도, 동 구획에서 떨어진 곳에 목욕탕(일본인과 반도인 공동) 및 일용품 배급소

18) 사택에 관한 비용

	집세	할인판매	난방용 석탄요금	전등료	목욕료	기타	다다미 수선료
A	무료대여	1할 8푼 할인	1개월 1엔 10전	1촉(월) 2전			
B	무료대여		1톤 2엔	1개월 35전	가족 모두 무료		1개월 45전
C	무료대여		1톤 90전	1개월 20전	가족 5인 이하 월 20전	정회비 계절에 20전	
D	무료대여			1개월 30전	가족 모두 월 30전	위생비 5전 친우회비 10전 협화회비 10전 총후후원회비 6전	
E	갑 1개월 1원 20전을 1개월 60전				본인은 무료 가족은 1인당 월 20전		
F	무료대여			1개월 35전 (16촉)	가족수에 상관없이 세대별 20전		

19) 기숙사 설비 및 비용

	수용 인원(료 및 실)	식비	침구 대여료	목욕료	기타
A	1실 8첩에 3인	1일 1인당 45전			모두 한 료에 딸림.
	1실 11~14첩 6인 이하				
	a. 133인 d. 139인				
	b. 130인 e. 178인				
	c. 208인 f. 163인				
B		1인 1일당 45전	1인당 30전		
C	(18실) 1실 5인~20인	1인 1일당 45전	1인당 15전		
D	(각실) 5인~10인	1인 1인당 45전(실비에 대해 24전은 회사 지급)			료비(전등, 연료비, 기타) 150전, 협화회비 1개월 10전, 친우회비 1개월 10전, 총후후원회비 1개월 6전
E	(1실 10첩) 10인	1일 1인당 55전			
F		1일 1인당 47전	3전		
G		1일 1인당 55전(실비 56전)			연료 무료 지급(단, 목탄은 유료),입소할 때 작업복 한 벌(가격 10원)을 실물로 지급. 도시락상자, 수건, 편지지, 비누 등 일용품을 무료로 지급. 삽(2원 27전), 휴대전등(76전), 작업모(1원 44전), 지하신발(1원 75전) 등을 1회만 무료 지급(전지는 무료 보급함)
H	223인, 56인, 72인 (모두 한 료에 딸림)	1일 1인 70전(3목) (단, 30전은 회사 부담)	1일 3전		공동회비 1개월 40전(단 20전은 회사 부담)
R	(각실) 6~10인				

20) 저금 상황

	1인당	최고	최저
A	42원 10전	128원 48전	50전
B	29원 23전	-	-
C	19원 85전	-	-
D	13원 9전	-	-
F	24원 32전	90원	3원 50전
Q	20원	-	-
R	2~5원		

21) 송금 상황

	1인당	최고	최저
A	23원 93전	150원	50원
B	29원 23전	-	-
D	29원 72전	-	-
F	19원 80전	120원	5원
Q		-	-
R			

22) 도망자 상황

	총원	도망자수	기타 이유	비율
A	740명	489명	251명	66.1%
B	(도항 후 반년이 가장 도망자 비율이 높음.)			15.0%
C	533명	160명	150명	30.0%
F	211명	14명	-	6.6%

23) 재계약자 상황

	만기 연월	만기자수	재계약자수	정착비율(%)
A	1941년 12월	73	49	68.1
	1941년 11월	166	67	40.4
	1941년 12월	13	13	100.0
C	1941년도	697	223	32.0
D		–	–	88.0

24) 반도인 이입 상황

	항목별	1939년	1940년	1941년	연고모집	계	
D	고용입허가 수	220	500	350	**20**	1,070	**20**
	고용입인원	209	384	219	**18**	812	**18**
	현재 수	77	269	219	**18**	565	**18**
E	현재모집수	100	–	–	–	100	
H	직접모집	650	–	–	–	–	
	채용인원	635	–	–	–	–	
I	채용인원	480	–	–	–	–	
K	이입자 수	–	–	1,471	–	–	
	사고자	–	–	883	–	–	
	현재수	–	–	588	–	–	
M	허가원 수	900	–	–	–	900	
	이입채용 수	1,297	–	–	–	1,297	
P	이입허가 수	600	–	–	–	600	
	제1회 이입	138	–	–	–	138	
	제2회 이입	162	–	–	–	162	
	제3회 이입	–	101	–	–	101	
	제4회 이입	–	100	–	–	100	
	합계	–	–	–	–	501	

Q	모집 인원	–	600	–	–	600
	채용 인원	–	521	–	–	521
R	허가 인원	130	–	–	–	130
	신청자	130	–	–	–	130
	채용자	123	–	–	–	123
S	채용 인원	679	–	–	–	–

비고) 굵은 글자는 연고모집을 나타냄. 모집 연도는 1941년.

25) 모집 비용 1인당 평균

	종별	금액
A	1인당 평균	100원
B	1인당 평균	57원~100원
D	1인당 평균	90원
	(직원 여비 포함한 경우)	120원~130원
E	1인당 평균	200원
F	1인당 평균	85원 67전
G	1인당 평균(일본인)	39원 59전
	1인당 평균	51원 64전
H	1인당 평균	60~70원
I	1인당 평균	130원
K	1인당 평균	263원
M	1인당 평균	50~55원
O	1인당 평균	40~60원
Q	1인당 평균	120원
R	1인당 평균	38원 52전

자료2

공장광산 산업보국회의 조직과 운영

대일본산업보국회 노무국 감리부 부부장 사사키 마사노리(佐々木正制)

동양서관(東洋書館) 발행

머리말

생산력 확충은 국민근로의 충실 발양에 기조를 두는 것이다. 이를 위해서는 근로동원의 완수를 기하고, 근로력의 유지배양을 도모하고, 이를 통해 근로자의 능력을 최고조로 발양할 수 있는 근로협동체가 확립되어야만 한다. 이미 공장사업장을 중심으로 근로신체제 확립운동이, 1936년(昭和 11) 7월 산업보국연맹의 결성을 계기로, 관민일치의 국민적 운동으로서, 전국적 규모로 전개되었다. 이후 3년, 중일전쟁(支那事変)은 점점 고도국방국가의 완성을 급무로 하게 되고, 이미 1940년(昭和 15) 11월 8일, 「근로신체제 요강」이 각의에서 결정되고, 이어서 전국의 산업보국회를 하나로 통합한 대일본산업보국회가 그 기대에 부응하여, 1940년(昭和 15) 11월 21일 결성되어, 이로써 산업보국운동의 역사적 발전의 막이 열리게 되었다.

실로 이 운동이야말로 "국체의 본의에 근거한 황국산업의 본질과 황국산업인의 참 사명에 입각하여 산업보국정신을 확립하고, 철저한 보급을 도모함과 동시에, 신산업근로체제를 확립하고, 그 전기능을 진흥 발양하고, 천황의 업무(天業)를 보좌(翼贊)하고 받들어 모시려고 하는 관민일체의 조직적 국민운동이다."(「근로신체제 요강」)

이 운동에 참가한 공장사업장 수는 이미 7만을 돌파하였고, 회원 또한 700만 명을 넘어서는 획기적 성과를 거두었다. 그런데 이러한 양적 발전은. 그에 상응한 질적 발전을 수반하고 있지 않다. 따라서 앞으로의 과제는, 결성된 산업보국회의 기구를 어떻게 정비하고, 그것을 어떻게 운영할 것인가에 중점을 두어야만 한다. 이를 위해서는, 공장사업장에 결성된 산업보국회의 조직, 또한 운영의 이론 및 실천적 규명이 요청된다.

이 책은 이러한 요청에 근거하여 작성된 것이다. 즉 산업보국회의 조직과 운영의 이론적 실천적 규명을 기도하는 목적으로, 제1장에서는 이 운동의 발전 과정과 그 본질적 의의 및 전체적 구성을, 제2장에서는 산업보국회의 조직을, 제3장에서는 그 조직의 운영을 새로운 관점에서 구체적으로 기술한 것이다.

이 책은 저자가 원래, 후지고시강재공업주식회사(不二越鋼材工業株式会社)산업보국회 사무국에서, 실제 이 운동에 관여하고 있을 당시, 그 실천 과정에서 작성된 것으로, 말하자면 저자 개인의 체험과 사색의 성과로, 탈고할 시점에 대일본산업보국회 중앙본부로 이동하게 되었다. 저자에게,

이 책은 진정 과거 및 장래의 기념탑이 되었다.

이 책이 곤란하지만 진전해야만 하는 산업보국운동의 새로운 분야를 개척하고, 본 운동의 발전을 위한 이정표가 되고, 이 운동에 헌신하여 지도를 담당하고 있는 사람들에게 뭔가 기여할 수 있다면 다행이다.

이 책이 완성되기까지, 저자가 성장한 후지고시강재공업주식회사의 이무라(井村) 사장, 후지이(藤井) 기사장 및 야마가미(山上) 노무부장의 따뜻한 지도와 산업사무국의 시마무라(島村), 이와세(岩瀨), 마치노(町野), 기무라(木村), 기타노(北野), 요시카와(吉川) 제 씨의 헌신적 노력에 의거한 부분이 상당히 컸다. 이 자리를 빌려 감사의 뜻을 표하는 바다.

1941년(昭和 16) 9월

사사키 마사노리

차례

제1장 산업보국운동 개설

제1절 산업보국운동의 발전 과정

산업보국운동의 싹은 멀리 만주사변(滿州事變) 당시로 거슬러 올라간다. 제1차 세계대전의 전후 영향으로, 쇼와[1](昭和) 초기부터 국민경제는 세계적 경제불황과 세계경제 블록화에 의해 심각한 혼란을 야기, 산업합리화운동 또는 중요산업통제법의 제정 등 각반의 노력을 거듭하였으나, 산업계는 쇠퇴하고 침체하여 실업자가 속출하고 노동임금은 저하하고, 노자(勞資)의 대립은 점점 심각하게 되었다. 농촌의 피폐 또한 심하여 농촌공황은 회복의 서광을 인정할 수 없는 비참한 상태에 이르렀다. 사상적으로는, 계급 대립의 경향이 점점 격해지고 노동쟁의, 소작쟁의는 격화일로를 걸어 노동문제가 일대 사회문제로 등장하고, 정부에서도 대책에 고심하고, 쟁의에 대해서는 노동쟁의 조정법을 제정하고, 1931년(昭和 6)에는 노동조합법을 의회에 제출하여 노동조합운동을 적정화하고, 노자의 합리적 교섭을 인정하고 노동조건의 적정화를 도모하였다. 한편 정치 분야에서도, 실적이 올라가지 않고, 대책을 거의 내놓지 못하여 국민의 실망과 반감을 살 뿐이었다. 외교에서도 추종외교로 불리워질 정도로 연약하여, 우리의 특수권익을 유린당하기를 한두 번이 아니고, 내외정세는 진퇴양난의 상태를 보이고 있었다.

1931년[2](昭和 6) 9월 18일의 만주사변의 발발은 이러한 내외 상황의 막다른 상황을 타파하고, 일본국가의 본능적 요청인 대륙발전의 길과, 더욱 국내 서정의 혁신에서 그 해결책을 찾은 것이다. 이것은 한편에서는 이 호기를 기다려온 일본주의운동 발전의 도화선이 되었다. 이에 따라 노동조합운동은 충격을 받아, 좌익진영에서 우익진영으로의 전향이 시작되

---

1 昭和는 1925~1989년까지이다.

2 원문에는 1933년(昭和 8)으로 표기되어 있으나 오기로 추정된다.

고, 국가주의단체는 다년간의 대망을 이룰 수 있는 호기로 보고 연이어 설립되었다. 이리하여 오랜 기간 우리나라에 풍미했던 자유주의적 노동질서에서 전체주의적 노동질서로 향하는 싹이, 만주사변을 계기로 급속하게 현출하게 되었다. 한편 독일에서 전체주의의 승리에 기인한 독일 노동전선의 영향에 의해, 1933년(昭和 8) 6월 15일 일본주의를 주장하는 일본산업노동구락부는, 창립성명서를 내고 "우리는 일본 노동자라는 자각에 의거하여, 노동운동의 기강을 국가적 신념의 위에 두고 국가 존립의 존엄에 대해서는 확고한 인식을 갖고, 산업입국을 제일 근본으로 해야만 한다"는 신념을 견지한 노동자의 대동단결을 목표로 하는 뜻을 천하에 성명하고, 더욱 '노동 보국'의 표어를 제창하여 "이 표어야말로 우리 노동자가 산업인으로서 깊이 새겨 실천하지 않으면 안 된다" 그리고 "노동자는 노동으로 국가에 보답한다는 이 정신에 의거하여 함께 이 일대 국민운동에 참가하는 것"이라고 노동자의 궐기(蹶起)를 재촉하였다. 이것이 오늘날 산업보국운동의 연원을 구축하였다고 말할 수 있다.

그런데 1937년(昭和 12) 발발한 북지사변(北支事変)이 지나사변(支那事変)[3]으로 전환되고 전쟁의 규모가 확대됨에 따라, 우리나라의 경제체제는 준전시체제에서 전시경제체제의 확립으로 비약하도록 요청되었다. 이러한 요청은 국가총동원법 제정의 필연성을 내포하며 전시체제의 확립은 국민생활 전반에 강력한 영향을 미치고, 재출발을 위한 정비확충에 당면하였던 것이다. 한편 사상적으로는 1931년(昭和 6), 1932년의 노동운동의 고양기를 거쳐, 만주사변에 의해 개변(改變)된 노동운동이 잠시 모습을 감추고, 전체주의와 국가주의 사상이 개인주의, 자유주의를 압도하여, 개인주의와 자유주의는 그 지도적 지위를 전체주의와 국가주의에 양보하고 국가, 민족을 기조로 하는 국민운동이 전개되게 되었다. 이미 종래의 당파적, 계급적 관념을 가지고서는, 강력한 전시체제를 확립하고, 중일전쟁 완수를 도모하는 것이 힘들어진 것이다. 이러한 정세는 필연적으로, 근로자의 분야에서 종래의 산업계에 침투하여 노자 대립 항쟁을 배제하여, 산업인은 산업을 통해 국가에 봉사하는 것을 기조로 하는 지도정신이 발흥하게 되었다. 때는 이미 1937년(昭和 12) 12월 10일, 당시 아이치현 공장 과장 아라카와(荒川又市) 씨가 중심이 되어 입안한 소위 아라카와안이라고 칭해지는 「시국대책

---

3 초기 일본정부는 중일전쟁을 '北支事変'이라 명명하였다가, 전면전으로 확대하면서 '支那事変'으로 변경하였다.

노자조정안」이라는 방책이 경찰부안으로 조야에 발표되었다. 아이치현 당국은 이를 주쿄(中京)[4]산업계의 수뇌부, 정부 당국, 기타 관계 각 방면에 자문을 구한 후 여기에 충분한 검토를 덧붙여, 1938년(昭和 13) 2월 다음과 같이 「노자조정조직안」을 경찰부 공식안으로 발표하였는데, 해당안은 입안자인 아라카와 씨의 전임 및 동년 3월 30일 협조회 시국대책위원회의 「노자관계 조정방책」 발표가 있고, 사업주의 반대에 직면하여 실현되지는 못하였으나, 해당안의 노자조정에 관한 지도정신은, 산업보국운동 발전의 선구로 볼 수 있을 것이다.

아이치현 경찰부 노자조정조직안(1938년 12월)

一. 조직의 목적

시국에 대한 사업주 및 노무자의 인식을 깊게 하고, 특히 사변에 대한 각자의 직책을 다하여 산업보국의 진심을 다함에 있다.

二. 조직의 지표

산업은 개인의 이익을 위해 존재하지 않고, 국가·민족발전을 위해서 존재해야만 하는 사실을 엄숙히 인식해야만 한다. 게다가 이러한 도의의 기초에 입각할 때는, 노자는 스스로 이 목적을 위해 각자의 부서를 통해, 공동 참여할 수 있는 권리와 의무를 가지고 있다는 것을 인식해야만 한다. 산업협력·노자일체의 원칙은 이러한 견지에서 이해해야 하는 것이다. 특히 현하의 비상시국에 직면하여, 일본국민인 자는 어떠한 부문에 있음과 관계없이, '거국일치', '견인지구(堅引持久)'의 정신으로 괴로움과 어려움을 극복해야만 함에 있어, 우리는 평시의 노자일체의 실천으로 옮기고, 시국의 어려움(時艱) 극복에 매진하고, 더욱더 황운부익(皇運扶翼)에 정성을 다해야 할 책무가 있음을 자각하고 이 방책을 실행하는 바다.

---

4 나고야, 아이치현을 중심으로 한 지역을 지칭한다.

三. 조직의 기본 요건

지표와 같이 도의적 노자일체정신 실현을 위한 조직에는 반드시 위와 같은 근본적인 의의를 포함하여야 한다.

1. 완전한 노자일체정신의 파악에 기반을 둘 것(단순한 개인적 이익의 타협을 목적으로 하지 않고 국가, 민족의 발전을 기조로 하는 한, 필연적으로 '산업도(道)의 확립과 노동도(道)의 체득'을 전제로 하는 것이어야 함).
2. 노자관계가 일본 민족의 현 지위 및 그 사명 달성에 부합되는 것이어야 한다.
3. 일본에서의 노동법(노동주의)의 발전을 따르는 것이어야 한다.
4. 아이치현의 객관적 조건에 적응해야 한다.

四. 조직의 방법

五. 조직의 활동 방침 개관

1. 본안의 실행에 필요한 단체로서 '시국대책노자간담회'를 결성하여, 여기에 적당한 방책을 연구하고 또한 관청 측의 내시를 받을 사항을 검토하고, 더욱 자문기관 격인 '산업협력실천위원회'에 있어 적당한 실천방책을 수립하고 이것을 각 공장간담회에 이첩한다.
2. 각 공장간담회는 상부조직과의 유기적 관계로 활동함과 동시에, 각각 독자적으로 산업협력의 방책안을 작성하여 공장 내의 실행안으로 삼는다.
3. 각 공장간담회는 항상 민족적 목표로 활동하는 것으로 한다.
4. 노자분쟁은 일차적으로(원칙적으로) 공장간담회에서 방지를 위해 노력하고, 만약 여기에서 억제하지 못할 경우에는, 소수의 위원을 뽑아 '분쟁방지공장위원회'를 결성하고 관료를 포함시켜 이차적으로 해결책을 모색한다. 그럼에도 억제 불가능할 때는 삼차적으로 '노자분쟁특별위원회'에서 해결한다.
5. 노자문제연구회는 군, 관, 공장 측의 자유간담회로 하고, 필요에 따라 다른 단체와

연락하여 지도적 역할을 수행한다.

六. 공장간담회의 조직에서의 참고사항

1. 공장은 그 형태의 차이에 따라 혹은 금속, 방직, 기타 일반적인 것(특히 취업 중인 여자를 중심으로 하는 것)을 같이 논하지 않도록 한다. 따라서 각 부문마다 가장 적절한 조직을 갖도록 한다.
2. 공장간담회는 반드시 결의기관이 될 필요가 없으며, 자문기관으로서 활동할 수 있는 의의를 갖도록 한다.
3. 노무자의 대표 결정은 선거를 원칙으로 하나, 공장의 전통적 성질에 따라서는 지명도 가능하다.
4. 의장은 원칙적으로 공장주(사장)가 이를 담당하고 노무관리자를 사무주임으로 한다.

七. 각 단체의 조직 내용 및 역할

1. 시국대책노자조정간담회
   1) 조직 상공회의소, 공업연구회, 중산연, 공장회, 협조회, 현공장과, 사회교육과, 직업과, 기타 학식 경험자
   2) 역할 노자조정운동의 직접 관계단체로서, 수시로 회합을 열어 아래와 같은 산업협력을 위해 필요한 사안을 간담한다.
      (ㄱ) 관청 측에 노자 사정 연락
      (ㄴ) 산업협력 방책의 연구
      (ㄷ) 각 공장간담회의 목표 결정
      (ㄹ) 노동분쟁 방지에 관한 간담
      (ㅁ) 시국문제의 간담
2. 산업협력실천위원회

1) 조직 노무관리자, 학식경험자 또는 관리로 조직한다.

2) 역할 본안의 실행에 필요한 방책을 연구 창안하고, 혹은 각 공업간담회와의 교섭에 임하는 등 전문적 모임으로 상시 개최한다.

3. 공장간담회

1) 조직 각 공장 사업주, 노무자 쌍방에서 수 명의 대표자를 내어 조직한다(요구에 따라 관청 측을 참가시킨다). 조직 방법은 각 공장에 일임한다.

2) 역할 간담회의 운용은 원칙적으로 각 공장에 일임하나, 본 운동의 기본 조직으로서 아래의 사항을 실행한다.

(ㄱ) 산업협력방책의 연구의 간담

(ㄴ) 노무자 훈련의 방법 수립

(ㄷ) 시간 문제 간담

(ㄹ) 쌍방의 주의 희망을 개진

(ㅁ) 분쟁 미연 방지를 위한 간담

4. 분쟁방지공장간담회

1) 조직 분쟁 방지를 위한 제2차적 간담회로서, 각 공장간담회에서 성과를 얻지 못할 시에는, 쌍방에서 대표자를 지정하고 여기에 관청 측을 참가시킨다.

2) 역할 분쟁의 내용을 검토하고, 해결안을 얻게 되면, 이를 공장간담회에 이첩한다.

5. 노자분쟁방지특별위원회

1) 조직 현특고과, 공장과, 관할서장, 협조회, 공정한 제3자(노동단체를 제외) 육해군 감독관, 헌병대장(군수품 공장으로 제한) 이상의 전부 또는 공장의 성질에 따라 일부로 조직한다.

2) 역할 노자분쟁 방지를 위한 제3차 간담회로서, 제1차, 제2차 간담회에서 억제할 수 없는 경우, 이를 안건으로 해결안을 작성하여 미연 방지의 관철을 기한다.

6. 노동문제연구회

1) 조직 사단 참모, 육해군 감독관, 헌병대장, 현 공장과장, 동 특고과장, 회의소 대

표, 동 공업부장, 중산연 회장

2) 역할 직접 관계가 없는 단체이지만, 군, 관, 사업주의 연락기관으로 자유간담회적 성격이나, 본안 실행 측면에서 지도자적 입장이다.

(ㄱ) 노자사정의 교환

(ㄴ) 노자에 교시해야 할 시국인식의 게시

(ㄷ) 노동분쟁 방지의 간담

八. 조직에 있어 실행해야 하는 당면의 문제(실행요강 및 실행항목)

1. 단체에 근거한 노자일체 관념의 철저

(ㄱ) 시국극복대책으로서 노자조정 사상의 철저

(ㄴ) 생산력의 유지 확장을 위한 공동 희생정신의 앙양

(ㄷ) 소아를 버리고 대아에 이르는 정신의 체현

2. 노동분쟁방지안

(ㄱ) 시국대책공장간담회의 결성 및 활동(별기 생략)

3. 노동시간의 합리화

(ㄱ) 노동시간의 한도에 대한 바른 이해(별기 생략)

(ㄴ) 휴일휴식의 합리화(별기 생략)

(ㄷ) 휴가제도

(ㄹ) 교대제도 등 근무방법의 합리화

4. 휴양방책의 확립

(ㄱ) 취업시간의 연장에 따른 휴양방법의 실시

(ㄴ) 영양 방책, 예방 위생 제도 확립

5. 물가앙등 등에 의한 생활 압박 완화 구제

(ㄱ) 임금 및 수당 문제

(ㄴ) 식당 문제

(ㄷ) 치과 설비(주로 치료)

(ㄹ) 공제조합(주로 우애친목단체)

6. 재해방지시설의 강화

(ㄱ) 안전시설의 철저(별기 생략)

(ㄴ) 안전교육의 보급

(ㄷ) 안전조직(별기 생략), 안전위원회, 안전관리자, 공장의(예방 위생을 위해)

7. 직공양성훈련방책

(ㄱ) 직공양성, 훈련에 관해 자각

(ㄴ) 미성년공의 대우방법

(ㄷ) 청년학교 기타의 사회교육

(ㄹ) 특수훈련에 관해

8. 공장체육

(ㄱ) 체조의 재음미

(ㄴ) 체조의 통일과 지도방법(별기 생략)

9. 응소 노무자 대응방책의 수립

(ㄱ) 응소 노무자의 노동권 확보

(ㄴ) 응소 노무자의 가정보호

(ㄷ) 전몰자를 위한 위로금 등의 문제

10. 귀휴 노무자 대우방책

(ㄱ) 전상자 귀휴의 처우

11. 노무자에 대한 방책

1) 국체의 존엄과 산업협력정신의 체득

(ㄱ) 국체의 존엄과 일본민족의 이상

(ㄴ) 산업협력의 정신과 노자의 일체원칙의 확립

2) 시국인식과 전시체제하에서 생산의 의의

(ㄱ) 중일전쟁의 의의 인식과 전시하의 생산체제에서의 책무

(ㄴ) 필승의 신념과 부동의 정신 견지

(ㄷ) 인고결핍을 견딜 수 있는 심신의 단련

(ㄹ) 근로보국

3) 근로자도덕의 앙양

(ㄱ) 우애 신뢰 하의 노동

(ㄴ) 공장을 사랑하는 의의

(ㄷ) 직장을 보호하는 의의

(ㄹ) 시간의 능률화

(ㅁ) 제품에 책임감을 가짐.

4) 생활쇄신

(ㄱ) 심신휴양과 생활방침 순화

(ㄴ) 여가 이용

(ㄷ) 근검역행

5) 노무자의 총후 생활

(ㄱ) 응소 노무자의 가정과 노무자

(ㄴ) 응소자 처리 관련 사업주에 대한 협력

그런데 한편 같은 시기에, 이러한 새로운 근로체제 확립의 구상은, 경시청 조정과를 중심으로 연구가 진행되어, 1938년(昭和 13) 2월 「의지소통시설의 대표적 형식」이라고 칭하는 통첩을 각 사업장에 발신하고, 노자의 의사소통기관 설치를 권장하였다.

의지소통시설의 대표적 형식

一. 명칭

의지소통시설은 일반적으로 노동위원회 또는 공장위원회라고 칭하나 실제 존재하는 명칭은 다과회, 간담회, 협의회, 연구회, 위원회 등이다.

二. 조직

ㄱ. 위원의 선출 사업주 측은 사업주 및 과장 등 간부 수 명. 노동자 측 위원은 노동자 측의 호선에 의한(일원제) 것과 노동자의 호선에 의한 위원에다가 노동조합의 간부를 추가한 것(이원제).

ㄴ. 위원수 사업주 측은 사업주 및 과장 등 간부 수 명. 노동자 측은 공장의 상황에 따라 다르지만, 큰 공장에서는 수십 명일 수 있으나 보통 5명 내지 10명 정도.

ㄷ. 의장 선출 방법 의장은 모두 사업주 측이 맡는다.

三. 의사의 범위

노자 간의 일체 문제가 적당하다.

四. 회의 횟수

매월 1회 정도가 적당하나, 적어도 1년에 3, 4회는 개최해야 한다.

五. 회의 양식

의사제와 간담제가 있으나 통상 간담제를 채용한다. 의사제는 의안을 표결에 부치는 형식이고, 간담제는 간담사항에 대해 단순히 간담 형식으로 의견을 교환하고 표결하지는 않는다.

六. 의사의 채택 가부 및 실행

의사가 간담으로 그칠 경우에 사업주는 노동자 측의 희망 실현을 위해 노력한다. 의사를 다수결로 결정한 경우는 이를 사업주가 채택하든가 아니면 만장일치 가결의 경우에만 실행한다.

七. 규정

의지소통시설에 대한 규정은 많으나 하나의 예를 들면 아래와 같다.

공장위원회 회칙

총칙

제1조 본 회의를 무슨무슨위원회라 칭한다.

제2조 본 회의 사무소를 무슨무슨 공장 내에 둔다.

제3조 본회는 공장주가 선임한 위원 및 종업원 측이 호선한 위원으로 노자협동의 정신을 도모하며 상호 간의 신뢰와 협력을 높여 나가 공장의 번영을 도모하고 종업원의 인격향상과 생활안전을 위한 협정기관으로 한다.

구성

제4조 본 회의의 의장은 공장주 또는 공장주가 임명하는 대표자가 맡고 위원은 종업원의 호선에 의한 7명 및 동수의 공장 측 위원 총 15명으로 구성한다.

제5조 본 회의 위원의 임기는 2년으로 한다, 단 보결위원의 임기는 전임자의 잔존 기간으로 한다.

제6조 본 회의 위원 선거인은 당 공장종업원으로 만 18세 이상, 재직 6개월 이상인 자로 한다.

제7조 본 회의 위원 피선거인은 만 23세 이상, 재직 1년 이상인 자로 한다.

제8조 본 회의는 의장의 임명에 의한 서기 1명을 두고 분장사무는 의장이 정한다.

제9조 본 회의는 매년 2회, 6월과 11월에 개최한다.

제10조 본 회의는 목적 달성을 위해 정비위원회를 둔다.

정비위원회의 위원수는 회의 위원회의 1/2로 하고 회의 위원에서 노자가 각각 선출한다. 정비위원회 의장은 회의 장이 맡으며, 정비위원회는 원칙적으로 매월 1회 개최하는 것으로 한다.

제11조 본 회의에 상정할 의안은 모두 정비위원회의 심의를 거친 것이어야 한다.

제12조 본 회의에서 결정한 사항은 재의에 부칠 수 없다.

제13조 본 회의 및 위원회 집행 중에 의의결(疑義決)해야 할 경우에는 의장이 재결한다.

그러나 산업보국운동이 전국적 운동이 된 것은, 전시태세의 강화와, 상기의 아라카와(荒川)안, 경시청안 등의 전시체제하 노자조정방책의 요청과 독일노동전선의 결성에 시사를 받아, 사회정책의 제 방책을 조사연구하고 노자 간의 근본적 조정을 꾀한 것을 미래의 사명으로 하는 재단법인 협조회가, 1938년(昭和 13) 2월 2일 관민조야 인사의 참가를 청하여 시국대책위원회를 열어, 전시 및 전후에 일어날 사회문제의 양상을 그 연구의 과제로 하고, 현실적으로 그 구체적 대책이 요청되고 있는 상이군인 대책, 노동력 수급, 조정, 노동보호 정책, 총후의 사회보호시설, 노자관계 조정방책 및 사상 대책까지 6개의 주제를 다루어, 전문적 견지에서 구체적 연구를 하는 데 필요한 전문위원을 위촉하고, 당시 가장 긴급을 요하는 상이군인 대책과 전시 생산력 확충의 근간을 위한 노자관계 조정방법의 두 가지에 대해 심의연구한 결과, 3월 30일 '노자관계의 지도정신의 확립 및 노자관계의 지도정신을 보급 및 선양하는 제 방책'을 내용으로 하는 「노자관계 조정방책 요강」을 결정하여, 우리 산업노자계에 하나의 획기적 운동을 전개할 수 있는 첫발을 내디뎠다. 한편 정부당국, 내무, 문부, 상공, 육군, 해군, 후생 각 대신, 기획원 총재에게 건의하고, 그 실현을 요청한 것이다.

협조회시국대책위원회의 노자관계 조정방책(1938년 3월 30일)

(갑) 노자관계의 지도정신 확립

노자관계의 지도정신(골자)

산업은 사업자와 종업원 각자의 직분에 의해 결합된 유기적 조직체로, 산업 구국의 사명은, 산업의 발전에 의해 국민의 후생을 도모하고, 황국의 흥륭, 인류의 문화에 공헌하는 것이다. 이러한 사명의 달성을 위해서는 양자가 진정 일체가 되어야 한다. 즉, 사업자는 경영에 관한 일체의 책무를 맡아 종업원의 복지를 도모하고, 종업원은 산업의 발전에 협력하고, 사업일가 가족친화의 정신을 고양하고, 이로써 국가봉사를 위해 각각 자기의 직분을 다해야만 한다.

사업자의 경영정신

사업자는 우선 산업의 국가적 사명을 체득하고, 산업보국의 정신에 의거하여 그 경영에 임해야 한다. 사업은 단순히 번영 또는 행복을 위해서만 있는 것이 아니라 더 나아가, 황국의 발전을 위해 존재하는 것이다.

동시에, 사업이 중대한 사회적 사명을 갖는 이유는, 다수의 종업원을 사용하는 것이다. 즉, 사업자는 종업원의 아버지가 되어 개인적 또는 사회생활을 보호 지도해야 하는 책무를 갖는 것이다. 단순히 종업원에 대해서뿐만 아니라, 나아가 문화적, 정신적인 면에서도 향상에 힘쓰고, 일본국민에 부합한 교양훈련을 받아야 한다.

종업원의 근로정신

종업원은 먼저 근로의 신성함을 자각하고 근로보국의 정신에 의거하여 힘을 다해 부지런히 일하고 노력해야 한다. 즉 근로는 단지 자신의 생활을 위해 하는 것이 아니라, 더 나아가 황국의 흥륭에 공헌하기 위해 행하는 것이다. 종업원은 마땅히 산업인으로서 자기의 직분을 자각하고, 규율을 엄수하고, 기술을 연마하고, 지덕을 높여, 이로써 사업의 발전에 협력하지 않으면 안 된다.

(을) 근로관계의 지도정신을 보급선양하는 제 방책

一. 각 사업체 내에 아래의 지도정신을 보급 철저를 위한 기관을 설치할 것.

ㄱ. 이 기관은 사업자 및 종업원의 의사소통을 도모할 뿐 아니라, 이 기관을 통해서 산업의 발전, 종업원의 복지가 취해야 할 각종 시설을 행한다(예를 들면 대우개선, 능률증진, 보건위생, 복리공제, 교육수양, 위안오락 등).

ㄴ. 기존의 기관 예를 들면 건강보험조합, 공제회, 안전위원회, 공장위원회 등이 사업장에서는 이들 기관을 이용하고, 점차 완벽을 기한다.

ㄷ. 신기관의 위원의 구성, 사업의 내용, 권한 등에 관해서는 산업의 종류, 지방적 사정, 규모 등에 따라 일률적으로 논하기 힘들기에, 개개의 경우에 맞춰 적당한 방법을 모색할 것.

二. 문부 당국과 협력하여, 학교 교육 안에서 일본정신의 보급을 도모하는 방법을 강구할 것.

ㄱ. 초등학교, 중학교의 교과서에 「산업과 국가」, 「근로와 국가」 같은 장을 두어, 젊은 시절부터 산업보국, 근로보국의 정신을 함양할 것.

ㄴ. 대학, 전문학교의 강좌에 「산업개론」, 「근로관리」, 「후생정책」 등을 개설하여 이 정신을 보급할 것, 특히 기술계통의 학교에서는 이러한 방면의 교육 시행하는 것은 각 방면에서 요망하는 것이다.

ㄷ. 회사공장의 노무 방면에 취직을 희망하는 학교 졸업생에 대해서는 적당한 기관에서 얼마 동안 산업노동에 관한 교육을 하여 산업경영의 지도정신을 체득하도록 한다.

三. 산업에 관한 전국적 제전을 행할 것. 일본적 산업정신을 작흥하기 위해, 기원절 또는 적당한 날을 선택하여 산업제를 시행할 것.

四. 고용관계를 규제한 법률(공장법, 광업법, 상점법 등)의 권두에 산업의 지도정신을 넣어, 당해 법문을 일관하는 지도원리를 명시하거나 산업 훈시를 넣을 것.

五. 위의 지도정신을 취업규칙 또는 노동수첩의 서두에 언급할 것. 사시(社是)가 있는 곳은 이번 기회에 위의 지도정신에 비추어 사시를 음미하여서 취업규칙 또는 노동수첩의 서두에 기술할 것.

六. 위의 지도정신의 철저한 보급을 위해서는 사업자 및 노동자단체의 협력은 말할 것도 없고 특히 정부 및 지방 관헌의 협력을 받아 거국일치의 국민운동으로 발전하도록 노력할 것.

七. 위의 지도정신을 선양하고 노자관계를 조정하여 후생정책의 완벽을 기하기 위해 유력한 중앙기관을 설치할 것.

ㄱ. 중앙기관은 사업자와 종업원에 대해 물심양면으로 계몽운동을 실행하여 교육복리운동에 대해 지도적 역할을 할 것.

ㄴ. 중앙기관은 산업노자관계의 제 단체, 보험, 은행 등의 금융 제 단체, 사회교화 단체 등으로 조직할 것.

ㄷ. 중앙기관의 최고 자문기관으로 심의회를 설치하고, 동시에 전문가를 망라하여 전문위원회를 설치할 것.

ㄹ. 중앙기관은 정부 당국 및 지방관청과 연계를 유지하며 관민일치라는 소기의 목적을 관철하도록 노력할 것.

위와 같은 노자조정의 근본방책을 취함에 있어, 이 방책의 구체적 실현이야말로 그 본래의 임무임을 자각하고, '노자조정방책의 정신을 발양하고 노자관계 조정의 완벽을 기하기 위해, 각 사업장에 위 정신을 구현하기 위한 기관의 설치를 권장하고 또한 그 지도연락에 임하는 중앙기관'의 설치에 착수하여, 산업보국운동의 방침을 확립하고 이 운동의 구체화에 박차를 가하였다. 이리하여 1938년(昭和 13) 5월 13일 산업보국회에서 산업보국연맹안을 발표하고, 이어 중앙기관 창설을 위해 7월 15일 귀족원 의원 가와라다 가기치(河原田稼吉), 후생성 노동국장 나리다 이치로(成田一郎), 협조회 상무이사장 오가보 타로(岡保太郎), 애국노동농민동지회 회장 마쓰모토 유헤(松本勇平), 협조회 상무이사 마치다 다쓰지로(町田辰次郎), 사회대중당 미와 주소(三輪壽壯), 전국산업단체연합회 상무이사 젠 케이노스케(膳圭之助) 등 7명이, 산업보국연맹 창립준비 위원으로 정식으로 위촉되어, 그 창립준비에 착수하였다.

이리하여 창립준비위원장에 가와라다 씨를 옹립하여 7월 16일부터 4회에 걸쳐 연맹강령, 규약, 연맹 창립 취지서 및 간부의 인선을 결정하고, 7월 20일 연맹결성식을 겸해 제1회 이사회가 개최되어, 이에 산업보국연맹은 산업보국운동의 중앙기관으로 사실상 설립되었다.

산업보국연맹의 창립취의서·강령(1938년 7월 30일)

산업보국연맹 창립취의서

지금 우리나라는 미증유의 역사적 전환에 봉착하고, 국가 내외의 정세 또한 진정 중대함을 더하고, 일본국민다운 사명은 용이하지 않다. 이러한 비상난국에서는 거국일체 국가의 총력을 다해 이 조치가 유감없기를 기해야 함은 물론이거니와 특히 산업노동문제의 중요성을 감안하여, 만전의 방책 강구는 중요한 급무이다.

앞서 재단법인 협조회는 시국대책협의회를 설치하고, 전시전후의 중요 대책의 하나로, 노자관계 지도정신의 확립 및 보급선양에 관한 제 방책을 득하였다. 위 위원회의 결의에 의거하여, 관민조야의 협력 하에 산업보국연맹을 창립하여, 전 산업인에게 산업보국의 정신을 철저히 보급함과 동시에, 이 정신을 구현할 조직을 정비하고 산업도의화 운동에 매진하고자 한다.

생각건대 빛나는 일본의 역사는 황실을 중심으로, 황국 일가의 이상을 근본으로 만방에 유사한 것이 없는 국체를 전하고 있다. 즉 우리나라는 군주 아래 만민이 서로를 이끌어 봉공의 정성을 다하고, 성은은 널리 백성을 적시어 그것을 얻지 못하는 자가 없음을 이상으로 한다. 그러므로 황국의 산업에서는 노자의 대립도 없고, 각 사업자간의 항쟁도 존재하지 않는다. 노자일체, 전산업인일체가 되어, 국운의 진전에 이바지하는 것을 가장 중요한 의의로 하며, 이렇게 되어야만 비로소 산업의 발전과 국민의 후생을 기하는 것이 가능하다. 모든 산업에 종사하는 자는 폐하의 백성으로 충실히 그 직분을 완수하고, 사업자는 지성을 갖고 경영지도에 임하여 종업원의 복지를 도모하고, 종업원은 부지런히 기술을 연마하고, 협심하고 힘을 합쳐 사업의 발전에 공헌하여야 한다.

만약 산업인이 다 같이 생각을 국체의 본의에 어긋나지 않게 하고, 황국산업인이라는 자각을 갖고 산업보국에 진심을 다한다면, 예기치 않게 산업의 평화가 확보되어 산업에 가족적 친화의 정은 넘쳐흐르고, 산업의 발전을 국민의 후생은 스스로 달성할 수 있다.

황국 3,000년의 역사는 찬연하게 우리 일본국민의 머리 위에서 빛나고 있다. 메이지 유신 이래 70년의 약진은 정말로 세계의 경이이다. 건국의 대정신, 메이지 유신의 대기백은 면면히 우리 혈관을 흐르고 있다. 이 대정신, 대기백을 조상으로부터 계승하여 소화(昭和) 일본 1억의 동포는 어떠한 난국이 닥쳐도 이를 타개하고 극복할 수 없는 것은 절대 있을 수 없다.

바라건대, 세상 사람들이여, 본 연맹의 취지에 찬동하고 그 사업에 협력하기를.

강령

一. 우리 산업인은 국체의 본의에 따라 산업의 국가적 사명을 명심하여 지키고 전 산업인의 협력에 의해 산업보국의 결실을 맺어 이로써 황운부익의 사명을 완수하도록 한다.

一. 우리 산업인은 산업이 자본, 경영, 근로, 3자의 유기적 결합에 의해 일체가 됨을 확신하고 사업자는 지성으로 경영지도에 임하고 종업원의 복지를 도모하고 종업원은 충실히 그 직분을 다하여 노자일체 사업일가의 결실을 맺어, 이로써 산업의 건전한 발전을 기한다.

위에 의해 결성된 본 연맹의 산업보국운동에 공헌한 공적은 절대적으로, 창립 2년 여인 1940년(昭和 15) 9월 말 현재 산업보국회 4만 6,303개, 산보 결성 사업장 7만 679개, 회원 418만 3,050명(주)을 헤아리게 되었고 양적으로 경이적인 발전을 이루었다.

한편, 정부는 노자조정에 관해 중대한 관심을 갖고, 조정의 실천을 담당할 민간단체인 협조회, 산업보국연맹의 운동을 적극 지지하고 이를 조장 및 진전시키기 위해, 1938년(昭和 13) 8월 24일 자로 후생, 내무 양 차관의 명의로 지방장관 수신 「노자조정방책 실천에 관한 건 의명통첩」을 발송하고 산업보국운동의 발전에 적극적으로 개입하였다.

주 산업보국연맹 발행 『산업보국』 종간호.

노자조정방책 실시에 관한 의명통첩(1938년 8월 24일)

최근의 노자관계를 보자면 노자 쌍방 모두 시국의 중대성을 인식하고 상호 간의 극렬한 마찰을 피하고 협심하고 힘을 합쳐 산업의 평화와 생산력의 확충에 노력하는 태도를 보이는 것은 매우 기뻐할 경향이나 금후 시국의 추이에 따라 산업노동계에 수많은 복잡다난한 문제가 연이어 야기되지 않는다는 보장이 어려운 상황에서 이 참에 이러한 기풍을 점차 조장함과 동시에 더 나아가 노자의 관계를 조정할 수 있는 확고한 방책을 수립해야 하는 필요성이 절박하다고 할 수 있으며 생각건대 산업은 사업주와 종업원이 각각 그 직분에 의해 맺어진 유기적 일체로 계급 대립, 이해 충돌 등이 존재하지 않으며 산업 구국의 사명은 국민의 후생과 국력의 충실을 도모하여 국가의 흥륭에 공헌하는 것에 있고 따라서 산업에 종사하는 자는 사업주도 종업원도 함께 산업의 국가적 사명을 명심하여 그 직분을 다하여 혼연일체가 되어 산업을 통해 국가에 봉사하고 황운을 부익하겠다는 각오를 가져야 한다. 즉 사업의 경영에 임하는 자는 사업은 단순히 자기의 이익을 위해 존재하는 것이 아니라 국가의 발전을 위해 존재한다는 것을 깊이 새기고 산업보국의 정신으로 경영에 임함과 동시에 종업원에 대해서는 물심양면 복지의 증진에 노력해야 하며, 근로로 산업에 종사하는 자는 근로가 단순히 자기의 생활을 위해서가 아니라 국가의 흥륭에 공헌하기 위함임을 깊이 인식하고 산업보국의 정신을 갖고 근로에 임하고 충실하게 그 직분을 다하여 사업의 발전에 협력해야 하며 노자일체 산업보국의 정신은 노자관계를 규제하는 근본적 기조로 본 정신을 널리 노자 쌍방에 대해 철저히 함양시키는 것은 현하의 시국을 감안할 때 가장 중요한 요무로 인정되는 본 건에 대해 각종 회의에서 이미 훈시와 지시를 하는 바, 각위는 그 취지에 따라 이미 고려중으로 사료되나 이번에 별첨과 같은 「노자관계 조정방책 요강」의 결정으로 본 요강에 의거하여 실천하고 소기의 목적 달성에 유감없기를 의명 통첩하는 바이다.

노자관계 조정방책 요강

一. 당사자 쌍방에 대해 황국산업의 본의인 노자일체 산업보국의 정신의 보급을 철저히 할 것.

각종 모임 등 노자가 접촉하는 기회에 본 정신의 강조와 선양을 도모하고 한편으로 이를 위한 강연회, 간담회 등을 개최할 것.

二. 각 사업장 내에서 위 정신을 구현할 목적으로 하기 요강에 의거하여 단체(예를 들면 산업보국회)의 설치를 권장한다.

1) 조직

사업주와 종업원 쌍방을 포함한 전체조직으로 할 것.

2) 목적

사업주와 종업원 쌍방이 산업의 국가적 사명을 명심하고 노자일체 산업보국의 정신의 파악 및 실천을 기할 것.

3) 사업

(ㄱ) 간담회의 개최

노자간담 기관(위원회)을 설치하여 산업보국정신을 기조로 능률증진, 대우, 복리, 공제, 교양 등 각반의 문제에 걸쳐 격의 없는 간담으로 상호간의 완전한 이해와 협력을 실현하여 노자 일체 산업보국의 결실을 맺도록 노력할 것.

위원의 결정, 위원회의 구성 및 회의의 방법 등은 각 사업장의 실정에 맞게 적절하게 결정한다. 다만 종업원 위원은 종업원 스스로 선출하는 것을 적절한 것으로 한다.

(ㄴ) 교양, 보건, 복리, 공제, 위안 기타 제 시설에 대해 특히 본 단체의 사업으로 시행하는 것이 적당하다고 판단되는 것은 본 단체의 사업으로 시행할 것.

4) 사업장의 사정에 따라서는 전항 (ㄱ)만 시행하는 단체라도 상관없다.

5) 본 단체 설치는 대체로 종업원 백 명 이상인 사업체에 권장하는 것을 당면 목표로 하나, 사업장의 사정에 따라 적절하게 고려할 것.

6) 본 단체의 설치 권장을 위해 그 취지를 충분히 납득 이해함과 동시에 운용을 위해서는 설치 목적을 충분히 달성하도록 계발 지도에 노력하고 그 충실을 기할 것.

7) 사업장 내 기존 단체 혹은 기관으로 본 단체와 정신이나 기능이 같은 경우에는 본 단체를 별도로 설치하지 않아도 된다.

8) 본 단체의 설치를 핑계로 노동조합을 강제로 해산하는 행위는 피하도록 한다.

그 후 본 운동은 관민일치의 운동으로 급격하게 진전하였는데, 중일전쟁의 진전으로 인해 점차 국내 체제의 정비강화가 요청되고, 생산력 확충을 중추로 하는 제 방책이 수립되어, 경제통제가 점점 강화되었다. 따라서 생산력 확충의 절대 요건인 노동정책의 중요성을 더하여, 산업보국운동을 노동행정의 중핵으로서 그 정비확충을 도모하고 운동의 통일화를 도모해야만 한다는 요망이 점차 강해져, 이미 정부는 이를 국책으로 채택하여 1939년(昭和 14) 4월 적극적 지도에 임하게 되었다. 즉 정부는, 정부의 책임하에 이를 지도 진전시켜 본 운동의 확충강화를 도모하고 단순히 노자조정의 영역에 국한하지 않고, 본 운동과 조직을 노동행정의 중핵으로 지도 육성하고, 산업보국연맹은 이를 지도 및 확충강화 측면으로 협력하도록 하였다.

이리하여 본 운동은 관민일체의 운동으로 점점 진전이 이루어지고, 정부는 위 방침에 의거 수차례의 통첩을 발하고 산업보국회의 설치를 권장하고, 도부현(道府県)에서는 지방장관을 중심으로 도부현산업보국회연합회가 설치되어, 산업보국운동은 실제로 우리나라 노동정책의 기조가 되고, 우리나라의 새로운 노동질서를 만들어 갔던 것이다.

그럼에도 전쟁은 점점 확대되어, 유럽에서는 독이와 영불의 전투가 격화되고, 프랑스의 굴복 후 전쟁은 더욱 유럽 전토로 확대되고 장기화되어, 한편, 우리나라는 전시태세의 강화가 점점 급무로 되고, 국가총동원법의 전면적 발동이 요청되고, 국가총력의 결집에 의한 정치 및 경제신체제를 수립하려는 기운에 도달하였다. 우리나라에 오랜 역사를 갖는 노동조합의 자발적 해산이 점차 행해진 것도 이 시기이다. 이리하여 생산력 확충은 점점 급무로 대두되고 산업보국운동의 역사적 의의가 차차 명확해짐에 따라, 신노동질서를 전면적으로 정비확충하여 고도국방국가의 건설에 대처하는 것이 전쟁 완수의 요체가 되어, 산업보국운동은 관민일체의 국민운동이 되어 제2 단계에 접어들게 되었다. 한편 산업보국연맹에서도 운동의 전면적 발전을 위해서는 산업보국회의 강력한 전국적 지도기관의 설립이 기대되었고, 어느새 산업보국연맹은 규모와 내용 면에서 전국의 산업보국회를 지도통솔하는 것이 불가능하게 되었다. 여기에 연맹은 "우리나라 현하의 내외 정세는 점차 긴박함을 더해 총후 생산의 중대 직역을 할당하는 사명이 점점 더 중대해지게 되었다. 이번 가을에 산업보국운동을 새로운 박차 아래 비약시켜, 새로운 구상하에, 진전하도록 강력한 중앙기관을 설치하는 것은 진정 불가피한 요청이다"[주)1]라고 스스로 고백하고, "산업보국연맹은 이미 산업보국운동의 선구적 임무를 완료한 것을 인정하고 이번 기회에 산업보국회의 가맹을 조건으로 전국적 지도중추이어야 할 중앙기관의 설치를 위해 해산하는 바이다"주)2라는 말로 중앙기관의 탄생을 요망하였다.

주)1 산업보국연맹 발행, 『산업보국』 종간호.
주)2 히로사키 하치로(広崎八朗), 『일본의 노무관리』, 191항.

이 사이 내외의 정세가 점점 급박하게 되고 국내에서는 국민운동으로 대정익찬회가 창설되어, 신도실천, 직역봉공의 2대 목표를 명시하여 국민이 나아갈 방향을 지시하는바, 산업보국운동의 사명은 점점 무거워졌다. 이번 가을 정부는, 1940년(昭和 15) 11월 8일 「근로신체제 요강」을 결정하고 근로신체제의 기본방침을 명시함과 동시에, 산업보국운동을 근로신체제의 중핵체로 그 기구를 정비강화할 것임을 분명히 하였다.

한편 정부는 중앙기관 설치의 요망에 부응하여 중앙기관의 창설을 진행하여, 근로신체제 발표하고 겨우 십여 일이 지난 1940년 11월 23일 경사스러운 니이나메사이(新嘗祭)[5] 날에, 대일본산업보국회가 화려하게 중앙기관으로 결성되었다. 여기에 중앙기관의 설립을 대망한 산업보국연맹은, 대일본산업보국회로 발전적 해체를 하고 그 주어진 역할을 다하고 조용히 의의 있는 역사의 막을 내렸다.

대일본산업보국회는 창립에 맞춰 창립선언을 내고 새로운 강령을 내걸고, 본 운동의 사명달성에 매진하게 되었다.

5 11월 23일 천황이 햇곡식을 하늘에 바치는 궁중제사.

대일본산업보국회 창립선언, 강령, 선서, 회칙(1940년 11월 23일)

창립선언

바야흐로 세계는 미증유의 전환기에 직면해 있다. 황국 또한 동아신질서 건설에 임하고, 세계신질서 건설에 매진하고 있다. 그 사명이 참으로 웅대하다. 그렇기는 하나 고도국방국가체제와 그 근간인 신산업노동체제를 확립하지 않고는, 그 사명을 다한 것이 아니다.

무릇 황국산업의 진의는 건국의 정신에 의거하여, 전산업일체, 사업일가로 직분에 봉공하고, 황국에 부익하고 받듦에 있다.

전 산업인, 자본, 경영, 노무의 유기적 일체를 구현하고 황민근로의 근본을 발휘하고, 이로써 국력의 증강에 매진해야 한다. 황국약진의 기조가 여기에 존재한다. 우리 황국산업에 관여하는 자는 일찍 마음을 여기에 다하여, 널리 직장에서 산업보국회를 조직하고, 산업보국정신의 앙양에 헌신하고, 이를 위해 전 산업인이 협심 진력하여 결실을 맺어, 근로의 창의 능력 또한 크게 확대하여, 산업노동계는 그 모습을 일신하도록 한다. 이 성과와 조직을 총괄하여 일대 국민운동으로 만들 필요성이 지금이야말로 지극히 절실하다.

황기 2600년의 가을, 경사스러운 니이나메사이(新嘗祭)날에, 우리 여기에서 대일본산업보국회를 결성하고, 빛나는 신 임무에 임하고자 한다. 우리의 사명은 애국의 충정을 산업보국운동에 결집하여 미증유의 국난을 극복하고, 이로써 영원부동의 황국산업도를 수립하는 데 있다. 책무의 무게를 고려하여, 결의를 더욱 새롭게 한다. 용약, 우리는 나아가고자 한다!

직장은 우리에겐 신도실천의 도장이다. 근로는 우리에게 있어 봉사이며, 환희이며, 영예이며, 수단이 아닌 목적이다. 가난, 고생, 결핍은 아무것도 아니다. 강건한 의지, 불굴의 기개, 스스로 모범을 보이며, 먼지와 연기 아래서, 향음(響音)의 맨몸으로, 의무를 다하고 직무에 살며, 이로써 황국의 번영을 드러낸다. 위와 같이 선언한다.

황기 2600년(1940) 11월 23일

강령

一. 우리는 국체의 본의에 충실하여 전산업일체 보국의 결실을 맺어 황운을 부익하고 헌상함을 기한다.

一. 우리는 산업의 사명을 체득하고 사업일가 직분봉공에 진심을 다하여 황국산업의 흥륭에 총력을 다할 것을 기한다.

一. 우리는 근로의 진의에 살고 강건명랑한 생활을 건설하고 이로써 국력의 뿌리를 배양함을 기한다.

선서

우리 산업보국회원 일동은 마음을 다하고 힘을 모아 강령의 실현을 기하고 봉공의 진심을 새길 것을 맹세하고 위와 같이 선서한다.

회칙

제1조 본회는 대일본산업보국회라고 칭한다.

제2조 본회는 산업보국회로 조직한다.

제3조 본회는 정부와 협력하여 산업보국운동을 전국적으로 실시 통할 지도하고 강령의 실현을 기함을 목적으로 한다.

제4조 본회는 전 조의 목적을 달성하기 위해 아래 사업을 실시한다.

一. 산업보국정신의 앙양에 관한 사항

二. 산업보국회 회원의 교육훈련에 관한 사항

三. 산업보국운동의 지도자 양성에 관한 사항

四. 산업보국회의 운영 및 사업의 지도에 관한 사항

五. 기능 향상, 기타 생산의 고도 능률 발휘에 관한 사항

六. 노무통제 관련 협력에 관한 사항

七. 복리후생, 생활지도 및 근로문화의 향상에 관한 사항

八. 산업노동의 조사연구에 관한 사항

九. 일반적인 국책협력에 관한 사항

十. 기타 본회의 목적 달성에 필요한 사항

제5조 본회에 아래의 간부를 둔다.

총재

회장

고문　약간 명(이 중 몇을 상임으로 한다.)

심의원　약간 명

이사장

이사　약간 명

감사　약간 명

평의원　약간 명

제6조 총재는 후생대신의 직에 있는 자가 이를 담당한다.

총재는 본회를 통독한다.

제7조 회장은 총재가 이를 위촉한다.

회장은 본회를 대표하고 회무를 총괄한다.

제8조 고문은 관계 대신 및 학식경험자 중에서 총재가 이를 위촉한다.

고문은 중요 회무에 있어 회장의 자문에 응한다.

제9조 심의원은 관계청 관리, 산업보국회 관계자 및 학식경험자 중에서 총재가 이를 위촉한다.

심의원은 사업방침의 결정, 기타 중요 회무에 참여한다.

제10조 이사장은 총재가 이를 위촉한다.

이사장은 회장을 보좌하고 회장 사고시 그 직무를 대리한다.

제11조 이사는 관계청 관리, 산업보국회 관계자 및 학식경험자 중에서 회장이 이를 위촉한다.

이사는 이사회를 구성하고 중요 회무를 심의한다.

제12조 감사는 관계청 관리, 산업보국회 관계자 및 학식경험자 중에서 회장이 이를 위촉한다.

감사는 본회의 회계를 감사한다.

제13조 평의원은 도부현산업보국회 및 지방 광산부회 간부 중에서 회장이 이를 위촉한다.

평의원은 평의회를 구성하고 아래의 사항을 평의한다.

一. 세입세출 예산

二. 세입세출 결산

三. 회비의 분부(分賦) 징수 방법

四. 자산의 관리 및 처분 방법

五. 회칙의 변경

六. 기타 회장이 필요하다고 인정하는 사항

제14조 간부의 임기는 2년으로 하며 재임을 막지 않는다.

관리로서 간부인 자의 임기는 그 재직기간으로 한다.

보결로 취임하는 간부의 임기는 전임자의 잔임기간으로 한다.

간부는 임기 만료 후에도 후임자가 취임하기까지는 그 직무를 실행하는 것으로 한다.

제15조 본회의 중앙본부를 도쿄시에 둔다.

제16조 중앙본부의 사무를 처리하기 위해 사무국을 두고 이를 국과 부로 구분한다.

사무국은 이사장이 통할한다.

각국에 국장을 두고 이사 중에서 회장이 위촉한다.

사무국에 대한 규정은 별도로 정한다.

제17조 중앙본부는 필요한 산업부문에 산업별 부회를 둘 수 있다.

산업별 부회장은 회장이 위촉한다.

산업별 부회에 관한 규정은 별도로 정한다.

제18조 본회의 경비는 회비, 보조금 기타 수입으로 충당한다.

회비에 대한 규정은 별도로 정한다.

제19조 본회는 평의원회의 평의를 거쳐 특별회계를 제정할 수 있다.

제20조 본회의 회계연도는 매년 4월 1일에 시작하여 이듬해 3월 31일로 한다.

제21조 본회는 도부현의 산업보국운동을 실시, 통할, 지도하기 위해 도부현산업보국회를 둔다.

도부현산업보국회 회장은 지방장관의 직에 있는 자를 총재로 위촉한다.

도부현산업보국회는 필요한 구역에 지부를 둘 수 있다.

도부현산업보국회에 관한 규정은 별도로 정한다.

제22조 본회는 광산에서 산업보국운동을 실시, 통할하기 위해 전 조의 도부현산업보국회 외에 지방 광산부회를 둔다.

지방 광산부회 부회장은 광산감독국장의 직에 있는 자를 총재로 위촉한다.

지방 광산부회에 관한 규정은 별도로 정한다.

제23조 본칙의 시행에 관해 필요한 규정은 별도로 정한다.

제24조 향후 본칙의 조항을 변경하고자 할 때는 평의원회의 평의를 거쳐 총재의 승인을 요한다.

제2절 산업보국운동의 지도정신

전 절에서는 산업보국운동의 전개 과정을 그 역사적, 사회적 맥락에서 이해해 보았는데, 이제 운동의 본질 및 지도정신을 규명해 보자.

본 운동의 본질에 관해, 후생성 노동국 편의 「산업보국운동 요강」(이하 「요강」이라 칭한다)은, "산업보국운동은, 국체의 본의에 근거한 황국산업의 본질과 황국산업인의 사명에 입각하여 산업보국정신을 확립하고, 그 철저한 보급을 도모함과 동시에, 이에 따르는 신산업노동체제를 수립하여 그 전 기능의 진흥발양을 기하고, 이에 천황의 지배를 익찬하고 받드는 관민일체의 국민적 조직운동이다"라고, 더 나아가 "본 운동은 전 산업인에게 황운부익의 지도정신을 철저히 보급함과 동시에 사업장 단위의 산업보국회를 중핵으로 하는 조직의 활용에 따라, 산업 및 산업인에 부과된 국가적 사명을 완수하기 위하는 것이 그 본질이다"라고 그 본질을 분명히 하고 있다. 즉, 산업보국정신(근로정신)의 확립과 신산업체제(신근로체제)의 확립을 지향하는 국민적 조직운동이라는 것에 산업보국운동의 본질적 의의가 있는 것이다.

본 운동은 산업보국정신의 확립을 지향하는 정신운동인 동시에, 이에 바로 응하는 신산업노동체제를 수립하는 운동이다. 이 양자는 분리할 수 없는 일체적인 관계를 갖고 있으며, 한쪽의 확립은 다른 쪽의 확립을 요청하는 상호의존의 관계에 있다. 산업보국정신이 경영지도자 및 종업원에게 새로운 이념으로서 파악확립되면, 현실에서 구체화할 근로체제의 확립이 자연스럽게 요청된다. 생각건대 산업보국정신은 이에 즉응하는 근로조직이 수립되어야만, 그 의의와 가능성의 진정한 발양이 가능하며 그에 따라 산업보국정신이 더욱 철저히 보급될 것이다. 반면에 산업보국정신의 발전과 확립을 수용하지 않는 산업경영체에서는 그 정신의 창달한 발전과 확립은 있을 수 없다.

산업보국운동의 중핵을 이루는 것은, 산업보국정신이다. 따라서 이 운동의 지도정신인 산업보국정신이란 무엇인가. 이에 관해서 「요강」은 "산업보국운동의 지도정신은 황운부익의 신민도를 기본으로, 사업일체 직분봉공의 실천이념이 가미된 산업보국정신이다"라고 규정하고, 「근로신체제 요강」에서도 근로정신의 확립에 대해 "근로는 전 국민의 봉사활동으로, 그 국가성, 인격성, 생산성을 일체적으로 고도로 구현해야 할 것이다. 따라서 근로는 황국에 대한 황민의 책임임과 동시에 영광스러운 것, 각자의 직분에서, 그 능률을 최고도로 발휘할 것, 질서에 따라 복종을 중시하고, 협동하여 산업의 전체적 효율을 발양할 것, 전인격의 발로로서 창의적, 자발적이어야 함을 기조로 하여, 근로정신을 확립한다"라고 그 의의를 분명히 하고 있으나, 이는 근로자의 근로정신을 규정한 것으로 이해하면 되는 것일까. 이를 근로자의 근로정신으로 이해한다면, 「근로신체제 요강」의 어느 곳에서도 경영자의 경영정신에 관한 규정은 전혀 발견할 수 없다. 좀 더 살펴보자면 "구성원(기업경영자와 근로자)은 그 직분에 의거하여 협심일체가 되어, 생산성을 최고도로 발양하는 것을 추진함과 동시에 근로정신을 확립하여, 복지를 증진하고, 근로의 근기를 육성배양하는 것을 목적으로 하고, 이를 위해 필요한 사업을 이루는 것" 중에 경영정신이 포함되어 있을까. 이 중에 경영정신이 포함되고 규정되었다 하더라도 불명확함을 피할 수 없다. 이에 비해 독일 국민노동질서법 제1조는 "기업가는 지도자로서, 사용자 및 노동자는 종속자로서, 함께 그 경영의 목적 및 국민 및 국가의 공동이익을 위해 활동하는 것으로 한다"라고 규정하여 경영자가 취해야 할 정신으로 경영 내부에 대한 국가 관념의 도입, 경제윤리의 창성 보급을 분명히 함과 동시에 종속자의 임무를 확정하고 있다. 또한 제2조에서는 "경영의 지도자는 본 법이 정하는 바에 따라 그 종속자에 대해 경영 내의 모든 사항에 결정을 미칠 수 있다", "경영의 지도자는 종속원의 복지를 도모하고, 종속자는 경영의 지도자에 대해 경영협동체에 근거하여 충성을 맹세하는 것으로 한다"라고 규정하여 양자의 직분 및 관계를 명확히 하고 있다. 이에 비한다면 근로신체제가 규정하는 산업보국정신은 다소 불명확을 피할 수 없으나, 산업보국정신은 두 개의 부분으로 구성되어 있다. 하나는 황운부익의 신민도이며, 다른 하나는 사업가 직분봉공의 실천이념이다.

첫째로 산업보국정신은, 황운부익의 신민도를 기본으로 하는 것이다. 즉 신민도의 실천은, 일본인이 국체를 중심에 두고, 그 근본원리를 국체에서 구하고, 국체정신을 산업인이 어떻게 자기의 것으로 실천하는가에 있다. 경영자도 종업원도 함께 그 직분에 따라 봉공을 드리는 것에 귀일하여 헌상하는 것이다. 대일본산업보국회의 창립선언은 "대개 황국산업의 진정한 모습은 조국의 정신에 근거한 전산업일체 사업일가이며, 이로써 직분에 봉공하고 황운을 부익하고 헌상하는 것에 있다"라고 그 지도정신을 분명히 하고, 또한 「요강」은 "일본에서는 천황을 중심으로 만민이 다 같이 천황에게 귀일하고 헌상하고, 직분을 다하여 천황의 마음을 익찬하고 헌상하는 것에 일본국민의 진정한 모습이 있다"라고 국민적 신념을 표명하고 있다.

이와 같이 산업보국운동의 지도정신은, 기업경영체에서 경영지도자 및 종업원이 상호 함께 이를 일체적으로 파악하고. 국가가 요청하는 목적에 경영협동체의 업적을 향상하고, 황운을 익찬하고 헌상하는 것에 있다. 따라서 경영은 종래의 자본주의 체제와 같은 개별적 기업의 이윤 추구에서, 고도국방국가 건설에 필요한 국가생산력의 증강을 위해 국민 전체의 이익 추구로 향해야 한다. 산업인이 다 같이 모두 이 국민적 신념을 진실되게 현실의 생활에 구현한다면, 산업보국운동의 실천은 용이하게 될 것이다. 이를 희구하는 것이야말로 대일본산업보국회의 강령에는 "우리는 국체의 본의를 철저히 하고 전산업일체 보국의 결실을 맺어 황운을 부익하고 헌상함을 기한다"라고 지도정신을 분명하게 하고 있다.

둘째로 '사업가 직분봉공의 실천이념'이다. 이를 산업계에서 보자면 "황찬익찬의 본질을 갖는 황국산업은 천황으로부터 받은 것으로, 그 책임은 특히 무겁다고 할 수 있다. 전 산업인은 그 직분을 구분하지 말고 전력을 다하여 산업의 발전을 도모하고, 그 기탁에 따라야 한다. 사업장은 진정 황운부익 산업보국의 실천도장이다. 일체의 자본, 경영, 기술 노력은 산업보국의 실천수단이다. 일체의 자본가, 경영자, 기술자, 노무자는 황운부익의 목적에 따라 결합된 사람들이다. 국체를 진정으로 반영한다면, 사업구성원은 전원 일체 천황에게 귀일하고 헌상하는 것이 진정한 모습이다."「요강」

산업보국운동이 이러한 지도정신을 기저에 두고 나아가야 한다는 것은, 경영협동체 그 자체의 국가성에서 이야기하자면 당연한 귀결이다. 전 산업인은 한결같이 직장은 신도실천의 도장인 것을 의식하고, 천황의 마음을 곁에 따르고 헌상하는 곳에 "근로는 우리에게 있어 봉사이며, 환희이며, 영예이며, 수단이 아닌 목적이다"주)1라는 관념이 자연스레 생겨나, 이것이 국민적 신념으로까지 발전하는 것이야말로, 근로자는 "가난, 고생, 결핍은 아무것도 아니다. 강건한 의지, 불굴의 기개, 스스로 모범을 보이며, 먼지와 연기 아래서, 향음(響音)의 맨몸으로, 의무를 다하고 직무에 살며, 이로써 황국의 번영을 드러낸다"주)2라는 의기를 갖고 생산력 확충에 매진할 수 있다.

주)1, 2 대일본산업보국회 창립선언

그러므로 대일본산업보국회의 강령은 "우리는 산업의 사명을 체득하고 사업일가 직분봉공에 진심을 다하여 황국산업의 흥륭에 총력을 다할 것을 기한다"라고 그 지도정신을 앙양하고 있다.

근로조직체가 이상의 지도정신에 의해 관철되는 것이야말로, 근로자는 '근로의 진의에 살고, 강건 명랑한 생활을 건설'하는 것이 가능하다. 근로자의 강건명랑한 생활이야말로, 국력의 근저를 배양하는 것이 가능한 것으로, 근로자의 불건전한 생활에서는 결코 근로정신의 고양을 기대할 수 없다.

도대체 이러한 산업보국정신은 어떻게 배양되어, 실천 활동으로 되는 것일까. 지도정신이 단순한 이념이 아니고, 산업보국회에 뿌리를 내리고 현실의 직장 활동이 되며 직장에서 활용하지 않으면, 산업보국회는 그 기능을 다하지 못할 것이다. 다음으로 이 정신을 직장에서 활용할 신근로체제의 확립이 요청된다.

제3절 산업보국운동의 조직

1. 근로신체제의 목표

산업보국정신을 경영협동체에서 구현하기 위해서는, 근로정신 확립과 이것에 적합한 근로조직의 확립이 요청된다. 한편 산업보국운동은 단순한 정동운동이 아니기에 "수백만의 산업보국정신을 여실히 실생활에 현현하기 위해서는, 반드시 조직의 활동에 기대해야 한다."「요강」 조직에 관해,「근로신체제 확립 요강」에서는 다음과 같이 규정하고 있다. 즉 "고도국방국가체제의 완성, 국가생산력의 증강은 국민 근로의 충실발양을 기조로 한다는 점을 감안하여, 전 근로자로 하여금 창의와 능력을 최고도로 발휘함과 동시에, 근로의 육성배양 및 적절한 배치를 도모하고, 이를 통해 근로동원의 완수를 도모하기 위해 근로신체제를 확립하고자 한다. 이것이 근로정신의 확립 및 자본, 경영, 노무의 유기적 일체인 기업경영체에 있어 근로조직 및 그 연합체의 확립 및 행정기구의 정비를 행할 것"이라고 근로조직 재편성의 목표를 수립한 것이다. 이상의 목표는 이것을 다음의 세 가지로 요약할 수 있다.

1) 자본, 경영, 노무의 유기적 조직일 것

자본, 경영, 노무의 3자는 사업경영상 불가결한 요건이나, 이 삼자의 유기적 조직체는 어떠한 조직체를 말하는 것일까. 종래 경영과 근로는 오로지 자본하에서 행해져 왔다. 오히려 자본과 경영이 한 몸이 되어 근로를 지배했었다. 그런데, 고도국방국가의 건설과 동아신질서의 건설은 생산력 확충을 우선시하게 되어, 국내의 체제를 여기에 맞추어 정비하는 것이 긴급한 것으로 되어, 그 일선을 담당하는 생산협동체 사업은, 국가 목적 중 하나이자 경영의 목적인 생산으로 집약되며, 최고 능률의 생산 확충이 요청된다. 이러한 이유로 사업은 경영을 중요시하게 되고, 자본과 노무는 경영을 지원하는 버팀목이라는 생각이 대두하게 되었다. 즉 자본에 대한 경영의 지위를 향상시키고, 자본과 노동을 대등한 지위에 두어, 경영을 자본에서 해방하여 영리주의 이익추구의 수단이 아닌, 국가의 이익을 대표해야 하는 것이 되었다.

이러한 이념이 자본, 경영, 근로의 유기적 일체관계의 근본 이념이 되는 것일까. 그러나, 이러한 이념은, 자본과 경영의 동체성을 주장하는 일부의 계층으로부터 강한 반대를 불러일으킬 것으로 예상된다. 또한 노동질서가 자본주의 경제체제의 중요한 부분을 담당하는 한, 이러한 이념을 목적으로 하는 노동질서의 개혁은, 필연적으로 자본주의 경제질서의 개혁을 수반하는 것일 것이다. 그렇다고 한다면, 이상 삼자가 유기적 관련을 가지기 위해서는, 경제신질서의 건설이 선결 문제가 될 것이다. 이러한 이유로 이러한 이념의 규명은 언급하지 않고, 자본과 경영에 관한 관한 해명은, 오로지 국가총동원법과 경제신체제의 과제로 남겨두겠다.

개별 기업경영체는, 사업일가의 구체화를 기도하는 경영자와 종업원과의 항쟁단체가 아니며, 경영자를 지도자로 하고, 그 지도하에 종업원이 힘을 합쳐서 하나가 되는 생산협동체임을 목표로 하고 있다. 원래 산업은 이익 추구의 도구가 아니고, 국가 사회에 유익한 공공적인 것이어야 하지만, 자본주의의 발달이 이에 사적 성격을 부여하여, 그 공공성을 없애버린 것이다. 이를 역사적으로 보면, 기업가는 국가에 이익을 주는 것을 우선시하지 않고, 사적 이윤의 추구를 제일 목표로 하여, 그 확립과 번영을 도모하였다. 이것은 자본주의의 본질에 속하며, 자본주의 발전의 초기에는, 이러한 개인의 능력과 창의를 발양하여, 산업을 발달시키는 것이 요청되었다. 그런데, 자본주의 체제가 고도로 발달한 오늘날, 그로 인해 생겨난 개인주의, 자유주의의 폐해가 현실의 과제가 되고, 세상의 이목을 끌게 되고, 폐해 제거의 목소리가 차츰 고조되었을 때, 중일전쟁에 의해 국방국가의 체제를 정비하고, 국가의 총생산력을 다하여 고도국방국가체제 건설의 요청이 절실해져, 기업을 각 개인의 자유와 자의에 맡겨 두는 것이 아니라, 여기에 국가권력을 더하여 국가가 기도하는 목적에 순응하는 체제의 수립이 요청되었다. 이리하여 기업은 점차 공공성을 되찾고 본래의 모습으로 되돌아가고 있다. 저 경리통제령 제2조가 "회사는 국가 목적 달성을 위해 국민경제에 부여된 책임을 분담하는 것을 경영의 본의로 하고 그 경리에 관해 아래 각호에서 열거하는 사업의 준수를 중심으로 하여, 1. 자본은 이를 가장 유익하게 활용하고 인적 물적 자원의 낭비에 빠져드는 일은 엄격하게 피할 것"이라고 규정하여, 기업의 공공성과 경영의 본의를 조문 안에 넣어, 그 제정 이유를 천명한 것은 획기적인 것으로 주목할 만하다.

이상에서 국가는 경영의 본의를 국가의 목적 달성에 있다고 규정하고 있지만, 동시에 이것은 경영의 목적인 생산에 참여하는 자본과 노동의 의의와 그 목적이 국가 목적 달성에 있다고 규정한 것으로 볼 수 있다. 이에 따라 경영, 자본, 근로의 3자는, 국가 목적 달성에 집중해야만 하지만, 이러한 이념 달성의 현실적 체제는, 자본 또는 노동의 지배에 빠져들지 않는 새로운 체제이어야 한다. 만약 기업이 이윤의 추구를 목적으로 한다면, 근로자도 자기의 이익 옹호에 집착하여, 노동조합과 같은 노동조건의 교섭단체를 만들게 될 것이다.

신근로체제는 이와 같이 이해가 항쟁하는 대립 체제여서는 안 된다. 어디까지나 사업일가, 직업봉공을 구현하고 경영자의 지도하에 하나가 되는 생산협동체이어야 한다. 이를 위해서는 경영자의 의사와 종업원의 의사가 일체적으로 서로 통하는 협의체가 되어, 노무관리가 합리적으로 행해져, 노동조건, 복리, 후생 등의 노동력 유지배양이, 윤리적 및 경제적 관점에서 보아 적정(適正)해야 할 유기적 조직체이어야 한다.

2) 노무동원 완수를 위한 조직체가 되어야 한다

전시경제에서, 군비의 확충과 국민생활 확보를 위해서는, 전 국민의 근로를 국가 목적 수행의 제일선에 동원하고, 근로가 갖는 생산성을 최고도로 발양하지 않으면 안 된다. 전시체제가 강화되어, 고도국방국가체제가 정비됨에 따라, 근로동원계획은 전시총동원의 중요한 부문을 점하여, 이것 적정한 동원과 배치는 생산력 확충의 생사를 좌우하기에 이르렀다.

생산력 확충의 수행에 있어, 노동력의 수요가 점차 급박해짐에 따라, 사변 전에 누적된 과잉 노동력은 거의 생산권에 흡수되어, 노동력은 극도로 부족해져서, 급하지 않은 산업부문으로의 이행을 막고, 시국산업부문으로 유입되도록 국가총동원법에 의한 청소년 고용제한령이 발동되고, 더욱이 긴급한 산업부문에 대한 노무 충원 대책으로, 국민징용령이 발동되어, 널리 시국산업 일반에 대해, 그 노무 충원 대책으로 징용령이 발동되는 기운에 이르게 되어, 점차 국가권력에 의한 노무배치가 실시되도록 하고 있다. 한편 이러한 고도의 산업 확충은 한편으로는 고도의 인적 자원을 수요로 함에도 불구하고, 다른 한편에서는 경제통제의 강화에 의한 실업자를 배출하여, 이질 노동력을 과잉 배출하는 모순을 노정하고 있다. 이 이질 노동력과 공장노동력 양자의 단순한 수량적 조정은, 페이퍼플랜으로서는 용이하게 성립할 수 있지만, 현실적으로 양자를 질적으로 조정하기 위해서는, 실업자의 최저생활의 보장과 직업교육훈련소를 설립하여 직업훈련을 시도하지 않는다면, 조정은 곤란하다. 한편 노동 자원의 공급원인 농촌에 대해 보자면, 농촌은 전시 식량의 확보를 위해서는, 방출하는 노동력에 일정한 한계가 있어, 무한한 공급원이 되는 것은 불가능하다. 실제로 농촌 노동력 그 자체가 부족한 상황이다. 이에 생산력 증강에 필요한 노동력의 동원계획에 대해 항구적 대책 수립이 요청된다. 즉 한편으로는 노동력 자원의 공급원에 관한 주도면밀한 조사를 실시하고 현재의 노동 가능한 인구의 분야와 범위를 명확히 하여 고도국방국가 건설의 양상을 확립함과 동시에, 다른 한편으로는 제한된 노동력을 최고도로 발양하고, 배치를 능률적으로 적정화하여 고도국방국가 건설에 필요한 노동능력의 신장을 기해야만 한다.

이를 위해서는 노무자 공출 부면에 대한 전망, 공급원의 조직화 및 이를 수용하는 직장에서 그 노동력을 최고도로 발양하기 위한 조직화가 요청된다. 따라서 신근로체제에서 목표로 삼는 것은, 총노동력을 국가가 요청하는 산업 부분에 동원하기 위한 종합적인 계획 수립 및 적정한 배치를 시도하고, 국가의 총생산량을 증강하는 조직체임을 요한다. 그런데 근로조직 내에서는 산업별 직업별에 의해 그 수요와 긴요도에 차이가 있어, 이들 사업에 대한 적정한 배치를 자활적으로 행하는 것이 요청된다고 할 수 있다.

이리하여 신근로조직은 노무동원을 기하는 조직체가 될 수 있을 것이다. 이를 위해서는, 중앙과 지방 관청에서 지도감독하는 노동행정과, 직업행정의 일원화 및 이에 대응하는 산업 중앙조직의 정비. 단위 산업보국회의 정비확충이 행해져야 한다. 특히 노동력의 유지배양을 제쳐 두고 기계적으로 노무자의 획득에 전념하는 것 같은 공장 조직은 개변하지 않으면 안 된다.

그 다음으로 근로조직체는 노무동원을 완수하고, 적정한 배치를 위한 목표에서 보다 나아가, 배치된 노동력의 유지배양 및 근로자의 교육훈련을 행하지 않으면 안 된다.

3) 노동력을 유지배양하고 근로자의 생활안정을 도모하는 조직이어야 한다

적정하게 배치된 노동력을 보전하기 위해서는, 종업원의 복리, 후생사업의 정비를 요한다. 노동력이 국가생산력 증강의 중요한 담당자로서 임무를 가질 시, 복리후생시설을 경영자의 일방적인 자혜시설로서 경영자의 임의에 맡기는 일 없이, 노동력의 배양, 증강을 위해 국가는 국가적 견지에서 복리후생시설에 관한 최저의 기준을 제시함과 동시에, 경영자는 국가의 이름으로 자기의 책임하에 국가 목적에 부합하도록, 노동력의 유지배양을 도모해야만 한다. 특히 징용령이 전국적으로 발령되면, 징용되는 근로자의 보호를 위해 국가 스스로가 책임을 갖고 보호 정책을 강구하고, 일정한 기준을 경영자에게 제시하고 노동력 소모를 방지하지 않으면 안 된다.

신근로조직은 또한, 근로자의 생활개선을 목표로 하지 않으면 안 된다. 근로자의 생활개선은 노동력의 보전에 도움이 될 뿐 아니라, 노동의 생산성을 고양하는 것이다.

최근, 노동력은 중요한 자원으로서 물적 자원과 나란히, 인적 자원이라로 칭하고, 오로지 경제적 관점에서 중요시되어, 경제적 가치의 상승과 더불어 노동력은 점점 높이 평가되고 있다. 이러한 견지에서 노동력의 보호육성이 문제가 되어, 근로하는 인간의 흔적이 점점 희박해지고 있다. 근로는 근로하는 인간을 떠나서 존재하지 않는다. 노동력을 경제적 견지에서 보는 것이 중대한 것과 같이, 이를 윤리적 관점에서 보는 것도 지극히 중요한 것으로, 이 견지에서 보호육성을 고려해야만 한다. 그렇다면 「근로신체제 확립 요강」에 "근로는 황국민의 봉사활동으로서 그 국가성, 인격성, 생산성을 일체적으로 고도하게 구현해야만 하는 것이다"라고 되어 있는데, 인간적 활동이 억압되는 환경하에서는, 노동의 생산성도 또한 억압된다. 따라서 신근로조직체는 이러한 양면의 관점에서 널리 국민후생을 담당하는 조직체가 되지 않으면, 근로자의 생활 안정을 도모할 수 없을 것이다.

2. 근로신체제의 구상

근로신체제의 목표는 이상의 세 가지로 귀결된다. 조직체의 기본이 되는 것은, 각 기업을 단위로 하는 개별적 경영이다. 이 개별적 경영이 지역적으로 업종별로 편성되어, 근로조직체의 전체적 구조가 형성된다. 이러한 구조를 갖는 근로신체제는, 어떠한 구상을 갖고 있는 것일까? 이를 근로신체제 요강을 통해 보도록 하자.

「요강」은 "단위 기업경영체에서의 근로조직", "근로조직 연합체" 및 "근로조직 연합체와 다른 단체와의 관계"의 3자에 관해 그 구상을 제시하고 있다.

1) 단위경영체에서의 근로조직

단위경영체에서의 근로조직은 단위 산업보국회에 해당되는 것으로, 구상을 아래와 같이 제시하였다.

(1) 기업경영자가 지휘자가 되고, 경영체에 소속된 전 근로자로 구성된 특별사단조직일 것.

(2) 구성원이 경영체에서 각 직분에 근거하여 협심일체가 되어 생산성을 최고도로 발양하는 것을 추진함과 동시에, 근로정신을 확립하고, 그 복지를 증진하고, 근로의 근원을 육성배양하는 것을 목적으로 하고, 이를 위해 필요한 사업을 실행할 것.

(3) 생산성의 항상, 복지의 증진 등 근로에 관한 일체의 사항에 관해 상의하달, 하의상달을 행하는 기관 및 이들 사항에 관해 특별히 연구 및 실천 촉진에 임하는 기관 등 필요한 기관을 설치할 것.

(4) 중소경영체의 경우와 같이 단위 경영체에 본 조직을 설치하는 것이 적당하지 않는 경우에는, 일정 지구 내의 동종 업태의 경영자와 종업원 전원으로 전기에 준하는 단일 근로조직체를 조직할 것.

(5) 본 근로조직은 공업, 광업, 교통업뿐만 아니라 상업 등 가급적 전 산업에 걸쳐 조직할 것.

위에 의하면, 기업경영자가 지휘자가 되고 소속된 전 종업원으로 구성된 특별사단법인으로 조직하도록 하고 있다. 이는 경영의 표리일체적 관계에 있어 산업보국회를 법인화하고, 노무자 관리에 관한 산업보국회의 우위성과 독자의 권한을 인정하려는 것에서 기인하는 것으로 생각된다. 또한 기업경영자를 지휘자로 하고, 종래의 경영자는 모두 무조건 지휘자의 자격이 당연히 부여되었지만, 이에 관해 경영지도자의 책임제를 확보하는 제도가 필요하지 않을까. 이 점에 관해, 나치스는 국민노동질서법 제35조에서 "경영협동체의 각 소속자는 그 경영협동체 내에서의 지위에 상응해 부담할 의무를 양심적으로 이행해야 할 책임을 가진다. 각 소속원은 그 경영협동체 내에서 그 지위에 상응한 존경에 상당하는 것을 그 행동에서 나타낼 필요가 있다. 항상 그 책임을 자각하고 전력을 다해 경영에 최선을 다하고, 공공의 복리를 도모하는 것을 요한다"라고 하고, 이어서 제36조는 "경영협동체에 근거한 사회적 의무의 중대한 달성은 사회적 명예의 달성으로 명예재판소의 추소를 받는 것으로 한다"라고 경영지도자 및 종속자의 책임과 명예를 역설하고 있다. 이와 관련하여 처벌을 받는 의무위반을 들자면 다음 네 가지이다.

ㄱ. 기업자, 경영의 지도자, 기타 감독자가 그 경영상의 권력을 남용하여 고의로 종속자의 노동력을 모질게 대하고 또한 그 명예를 손상시킨 경우.

ㄴ. 종속자가 종속자를 선동하고 경영의 평화를 교란하고, 특히 신임위원으로서 경영지도에 관해 고의로 불법침해를 하고 또는 경영협동체의 협동정신에 고의로 위반하는 경우.

ㄷ. 경영협동체의 각 소속원이 반복해서 노동관리관에 대해 근거 없는 불복을 주장하고 또는 이의를 제기하거나 아니면 관리자의 서면에 의한 지시에 대해 고의로 위반하는 경우.

ㄹ. 신임위원(경영자와 종업원의 간담기관인 신임협의회의 위원 - 저자 주)이 그 임무 집행에 있어 알게 된, 비밀 취급되는 기밀, 경영 및 사무의 비밀을 권한 없이 공표하는 경우.

또한 단위 경영체에 대한 구상에서, 노동생산성의 향상, 복지의 증진 등, 근무의 일체에 관해 상의를 하달하고, 하의를 상통해야 할 간담기관을 설치하고, 이들 기관에 있어 제안되어, 협의된 문제에 대해 더욱 심의 연구해야 할 특별 기관 및 그 심의 결정할 사항의 실천을 촉진하는 지도기관 예를 들면 사무국 등을 설치해야 할 것을 그 방침으로 제시하고 있다.

더욱 우리나라 대규모 공업이 의존하는 기초적 지반인 소, 영세공업, 수공업 및 가내공업의 소위 고한(苦汗)[6]적 공업이야말로 신근로조직체의 가장 많은 비호와 복리를 필요로 한다. 「요강」은 이 점에 대해 "일정 지구 내의 동종 업태의 경영자와 종업원 전원으로 단일 노동조직체를 조직해야만 한다"라고 지시하고 있다. 또한 근로조직체의 결성은 공업에 국한되는 것이 아니라, 널리 공업, 광산, 교통업, 상업 등 전 산업을 포함할 것을 지시하고 있지만, 육상 및 해상의 교통과 광산은 조직화가 가능하지만, 상업에 관해서는 상당히 곤란할 것으로

---

6 임금, 노동시간 등 열악한 노동조건을 지칭한다.

생각하지만, 현재 상업보국회의 이름으로 활동을 개시하고 있으며 기타 자유 직업에서도 조직을 고려 중이다.

2) 근로조직 연합체의 확립

근로조직 연합체는 단위 산업보국회에 기초를 두고, 지역을 단위로 조직되는 것이다. 산업보국운동의 입체적 구성은 이를 국가, 도부현, 경찰서 단위 및 단위 산업보국회의 4단계로 나눌 수 있다. 이를「요강」에서 보자면, 아래와 같다.

(1) 전국 단위 근로조직체로 단일의 국가 근로조직 연합체를, 일정 지역 내의 단위 근로조직체로 지방 근로조직 연합체를 조직할 것.
지방 조직 연합체는 필요에 따라 지구에 지부조직을 설치할 수 있도록 할 것.
해상 운송업에 관해서는 실정에 맞춰 근로조직체를 조직하고 국가 근로조직 연합체에에 가입할 것.
(2) 국가 근로조직 연합체는 공적 특별사단조직으로 단위 근로조직체 또는 하부 근로조직 연합체를 지도통할하는 조직일 것.
(3) 국가 및 지방 근로조직 연합체 및 지구지부는 필요에 따라 활동조직으로서 산업별 부회조직을 설치할 것.
(4) 국가 근로 연합체에 중앙본부를 두고 지도자의 양성, 능률증진 방책의 기본적 연구 및 지도, 후생사업의 종합적 실시에 더해, 정부의 보조 기구로서 직업 전환, 노무수급의 조정 등 노무통제 사업을 행하는 것으로 한다.
(5) 지방 근로조직 연합체는 전 항에 따라 사업을 실시하는 것 외에 분쟁의 조정, 청소년의 특별 훈련 등을 행한다.
(6) 산업별 부회는 당해 산업부문의 근로에 관한 특수 문제의 연구, 조사, 기획 외에 필요에 따라 특별 회계를 설치하여 사업을 실시할 수 있도록 한다.

이를 보자면, 근로조직 연합체는 단위 근로조직체와 동일하게, 공적 특별사단법인일 것을 명시하고 있다. 연합조직체는 단위 산업보국회보다 그 공공성이 우위에 있는 것으로, 공적 특별사단법인으로 할 가능성이 높지만, 사업활동을 전개함에 있어 법인이 아니기에, 재산관리가 허락되지 않는 불편한 실정을 감안하여 이번에 새로이 재산관리를 목적으로 하는 대일본산업보국회 재단법인 및 도부현산업보국회 재단법인의 설립이 허가되었다. 1941년(昭和 16) 3월 30일 부로 후생성 노동국장으로부터 지방장관에게 통첩(노발 173호)을 발송하여 "도부현산업보국회는 사업의 실시에 있어 그 자산도 점차 증가해야 하며, 위 자산 중에는 국고보조금 외에 회원으로부터 징수한 회비도 포함됨에 따라, 그 유지관리에 특별히 유의하고 도부현산업보국회의 신용을 유지"할 것을 강조함과 동시에 "특히 자산의 유지관리에 관해 한층 더 적정성을 도모하기 위해 도부현산업보국회를 법인으로 하고자 하는 의향도 있었으나 도부현산업보국회 자체를 법인으로 하는 것은, 이를 피하고 그 자산만을 가지고, 별첨인 기부 행위 준칙에 따라 재산법인을 설립하게 되었다"라고 법인 설립의 취지를 분명하게 하였다. 이에 의해 설립된 재단은 "도부현산업보국회를 위해 그 수입을 수령하고 그 자산을 유지관리하고 그 경비를 지불하고 동 회의 사업수행에 자본을 대고 산업보국운동의 진전을 도모"(준칙 제2조)하는 것으로 되었다. 그러나 이것이 실제 운용되어 도부현에 재단법인이 설립되었는지는 견문이 부족해 알지 못한다.

또한 대일본산업보국회도 이전부터 정부보조금 및 민간 측에 의해 징수하는 회비의 관리 및 경비 지불을 목적으로 재단 설립을 기도하였으나, 1941년(昭和 16) 7월 24일 이사회에서 정식으로 결정되어 후생대신에게 재단의 인가를 신청하게 되어, 조만간 재단법인으로서 인가될 것이다. (『일본산업보국신문』 7월 29일 자)

국가 근로조직 연합체로는 이미 1940년(昭和 15) 11월 23일 대일본산업보국회가 산업보국회의 중앙조직으로 창립되었다. 이어서 지방 근로 연합체로는 지방장관을 회장으로 하는 도부현산업보국회를 설치하는 것으로 하여, 「도부현산업보국회 규정」을 제정하여, 이에 따라, 먼저 1939년(昭和 14) 4월 28일 후생성발 제27호 의명통첩 「산업보국연합회의 설치에 관한 건」에 의거하여 설치된 도부현산업보국회연합회 및 지역별 연합회를 1940년(昭和 15) 12월 24일 후생차관 통첩 「산업보국연합회 개조에 관한 건」에 의거하여 각각 도부현산업보국회 및 동 지부로 개조하였다.

또한 광산부문에서도 위에 따라서, 광산감독국장을 회장으로 하는 지방 광산부회를 설치하기로 하고, 「지방 광산부회 규정」을 제정하여 이에 의거하여 종래의 광업보국연합회를 개조하였다.

3) 근로조직 연합체와 다른 단체와의 관계

근로에 관한 조사, 지도 등을 목적으로 하는 제 단체와의 통합 및 광업, 농업단체와의 연락 등에 관해「요강」은 아래와 같이 규정하고 있다.

(1) 근로에 관한 연구, 조사, 지도 등을 목적으로 하는 현재의 제 단체는 가급적 근로조직 연합체로 통합할 것.

(2) 광업에서도 이상에 따라 근로조직체를 조직하는 것으로 각 근로조직 연합체와 긴밀한 연락 하에 일체적으로 활동할 것.

(3) 농업에 관해서는 농업단체를 농업근로조직체로 간주하여 근로조직 연합체와의 관계는 대개 아래와 같이 할 것.

ㄱ. 근로통제에 관해서는 상호연계해서 통합 계획하에 실시할 것.

ㄴ. 후생 등의 사업에 농업근로자를 포함하는 것이 적당하다고 인정하는 사항에 관해서는 한몸처럼 실시할 것.

ㄷ. 상호 간부의 교호 배치 또는 상설 연락기구의 설치 등에 있어 적당한 조치를 강구할 것.

농업에 관해서는 농업보국회가 설립되는 움직임이 있고, 상업보국회는 이미 1940년(昭和15) 11월 21일 상업보국회중앙본부가 결성되었다. 또한 관영사업에 관해서는 육해군의 제 공장, 철도, 우편, 전신사업 및 전매국 등에 여러 종류의 공장이 있고 이들이 관영공장이라고 하더라도 다수의 종업원을 사용하고 있는 한, 민간의 사업에 따라서 근로조직체를 조직해야만 한다. 이리하여 이들 일련의 제 단체를 통합할 대조직체가 다음 단계에서 새롭게 구상해야만 할 것이다.

3. 근로신체제의 조직

이상에 의거 신근로체제의 새로운 구상이 제시되었지만, 현실의 조직은 어떻게 구성되었을까. 이를 「대일본산업보국회 회칙」을 통해서 보면, 그 구성은 직업별 및 업종별 두 종류로 되어 있다.

1) 지역별 편성

각 사업장에 설치되는 산업보국회를 단위로서, 경찰서 단위에 도부현산업보국회 지부가 그 필요에 따라 결성되어, 그것이 도부현 단위로 정리되어 도부현산업보국회가 설치되어, 더욱 전국적 통일 본부로서 대일본산업보국회가 설치되어 있다. 산업보국운동이 관민일체의 조직적 국민운동이라는 전제 아래 연합 조직체에는 다수의 관계 관리가 참가하고 있다. 본부의 총재는 후생대신이, 도부현산업보국회장은 지방장관이 담당하도록 되어 있다. 또한 경찰서 단위의 산업보국회의 지부장은 대다수의 경우 경찰서장이 담당하고 있는 것이 실상이다.

2) 산업별 편성

업종별 편성은 부회조직은 광업, 상업, 해운, 육운, 토목건축, 금속, 기계기구, 화학섬유, 인쇄 및 식료품 등으로 되어 있으나, 광업 및 상업을 제외하면, 아직 확실한 조직을 갖지 못한 것 같다. 즉 비서과, 조사실 및 총무, 연성, 노무, 후생의 4국으로 나뉘어져, 각국은 다시 3부로 구성되어 있다. 비서과는 대체로 회사 도장의 보관 및 기밀에 관한 사항을 담당하지만, 기타의 분장에 대해 보자면,

(1) 조사실

① 종합기획에 관한 사항

② 각종 시사 문제의 조사연구에 관한 사항

③ 자료의 수집, 정리, 보관에 관한 사항

④ 통계에 관한 사항

(2) 총무국

ㄱ. 서무부

① 인사에 관한 사항

② 표창에 관한 사항

③ 회칙 및 부속 규정의 제정 및 개폐에 관한 사항

④ 회의에 관한 사항

⑤ 문서의 접수, 발송, 편찬 및 보관에 관한 사항

⑥ 관청에 대한 신청, 신고, 보고에 관한 사항

⑦ 기타 서무에 관한 사항

⑧ 타실 및 부과의 주관에 속하지 않는 사항

ㄴ. 경리부

① 예산 및 결산에 관한 사항

② 회비의 징수에 관한 사항

③ 재산의 관리 및 처분에 관한 사항

④ 금전의 출납 및 보관에 관한 사항

⑤ 용도에 관한 사항

⑥ 기타 경리에 관한 사항

ㄷ. 조직부

① 도부현산업보국회, 지방 광산부회 및 산업보국회 조직의 정비강화에 관한 사항

② 도부현산업보국회, 지방 광산부회 및 산업보국회의 지도의 통할에 관한 사항

③ 산업보국운동의 실적조사에 관한 사항

④ 산업별 부회에 관한 사항

⑤ 각종 단체와의 연락에 관한 사항

(3) 연성국

ㄱ. 훈련부

① 지도자양성강습회 등 지도자 연성에 관한 사항

② 강습회의 강사 파견 및 알선에 관한 사항

③ 중앙지도자 양성소에 관한 사항

④ 기타 교육훈련에 관한 사항

ㄴ. 보급부

① 경영정신 및 근로정신의 확립 앙양에 관한 사항

② 산업보국정신 앙양을 위한 현지 지도에 관한 사항

③ 방첩에 관한 사항

④ 기타 산업인의 사상 확립, 지도에 관한 사항

ㄷ. 청년부

① 산업청년의 조직지도에 관한 사항

② 산업청년의 집단훈련에 관한 사항

③ 산업청년국방훈련소에 관한 사항

④ 기타 산업청년의 훈육에 관한 사항

(4) 노무국

ㄱ. 관리부

① 노무관리 일반의 지도에 관한 사항

② 노동법령의 보급 철저에 관한 사항

③ 임금 협정의 지도 기타 노무통제 관련 협력에 관한 사항

④ 노동분쟁의 방지에 관한 사항

⑤ 직업지도에 관한 사항

⑥ 노무수급 조사연구에 관한 사항

ㄴ. 기능부

① 기능 향상에 관한 사항

② 능률증진에 관한 사항

③ 기능경쟁에 관한 사항

④ 열관리에 관한 사항

⑤ 발명고안의 장려에 관한 사항

ㄷ. 안전부

① 위해 방지 기타 안전운동에 관한 사항

② 공해 방지에 관한 사항

(5) 후생국

ㄱ. 보건부

① 산업위생에 관한 사항

② 체육운동의 지도에 관한 사항

③ 영양개선에 관한 사항

④ 환경정비에 관한 사항

⑤ 기타 보건, 체육에 관한 사항

ㄴ. 생활지도부

① 생활쇄신에 관한 사항

② 저축 장려 등 전시 국책협력에 관한 사항

③ 금융 등 경제시설의 지도장려에 관한 사항

④ 산업부인의 보호지도에 관한 사항

⑤ 가정부인의 지도에 관한 사항

⑥ 생활상담소에 관한 사항

⑦ 불구 폐질자의 직업 재교육에 관한 사항

⑧ 기타 복리후생에 관한 사항

ㄷ. 문화부

① 근로문화의 지도장려에 관한 사항

② 문화기관의 지방 파견에 관한 사항

③ 산업보국대회에 관한 사항

④ 기관지의 발행 기타 출판에 관한 사항

⑤ 영화의 제작 및 순회 영화반에 관한 사항

⑥ 기타 계발 선전에 관한 사항

제4절 산업보국운동의 사업

산업보국운동의 사업은 산업보국운동 사업일체 정신의 파악 실천을 목적으로 하는 것이다. 따라서 그 사업은 산업보국사업 일체정신의 진의 철저와 동 정신이 명백하게 드러나는 사업이어야 한다. 또한 산업보국운동은 단순한 정신운동이 아니고, 근로자의 생활실천에 관한 것이 다루어지는 운동이 아니면 안 된다. 일면 산업보국정신의 진수 파악은 근로자의 생활을 통한 사업 실천에 의해 철저화되는 것으로, 실체의 검증 없는 정신운동은 단순한 공염불에 불과하여 그 의의를 상실하고, 이 운동 진전의 전도에는 일정한 발전 한계가 정해져, 그 발전성은 저해받게 된다. 따라서 이 운동의 사업활동은 중요한 의의를 갖는 것으로, 산업보국정신은 사업활동에 의해 더욱 그 확립이 강화되는 것이다. 이 양자가 일원적으로 통합되는 곳에 산업보국운동의 발전이 있다.

산업보국운동의 사업은 대별하면 다음의 세 가지로 요약된다.

1. 산업보국정신의 철저 강화에 관한 것.
2. 기업경영체의 업적 향상에 관한 것.
3. 국책협력에 관한 것.

이를 근로신체제를 통해 보자면, 대일본산업보국회가 행해야 할 사업으로 "지도자의 양성, 능률증진 방책의 기본적 연구 및 지도, 후생사업의 종합적 실시 등 정부의 보조 기구로서 직업 전환, 노무수급의 조정, 기타 노무통제의 사업"이 규정되어, 도부현산업보국회의 사업은 "위의 사항 외에도 분쟁의 조정, 청소년의 특별 훈련"을 행하고, 단위 산업보국회는 "근로정신을 확립하고 그 복지를 증진하여 근로의 근본을 육성배양하는 것을 목적으로 하며 이를 위해 필요한 사업"을 해야 함을 규정하여 각각 그 행해야 할 범위가 상당히 넓다.

또한 「산업보국운동 요강」은 도부현연합회가 행해야 할 사업으로서

1. 산업보국정신의 보급 철저
2. 산업보국회의 설치 권장
3. 산업보국회의 지도 및 연락

4. 산업보국회를 지도해야 할 인물의 양성

5. 목적 달성상 연합회에서 공동 실시가 적당하다고 하는 교양, 복리, 공제 기타 각반의 사업을 실행해야 할 것으로 지시하고 있지만, 현재 도부현산업보국회는 그 실행해야 할 사업으로 대일본산업보국회 사업과 동종의 것을 회칙으로 규정하고 있다. 그 대일본산업보국회의 실행해야 할 사업계획 개요는 아래와 같다.

대일본산업보국회 사업계획 개요

1. 산업보국정신의 앙양에 관한 사항

1) 산업보국대회의 거행, 중앙대회, 지방대회, 2) 산업보국주간의 실시, 3) 우량 산업보국회의 표창, 4) 강연회의 개최, 5) 기관지의 발행, 6) 산보영화의 제작, 제작 보조 및 순회 영화반의 전국 파견

2. 산업보국회 회원의 교육훈련에 관한 사항

1) 지방강습회에 대한 강사의 파견, 2) 교육훈련지도 자료 배포, 3) 산업보국회 독본의 제정, 4) 산업청년대의 결성 및 집단, 5) 훈련산업청년국방훈련소의 설치, 6) 산업청년의 독일, 이탈리아 교환 파견

3. 산업보국회의 운영 및 사업의 지도에 관한 사항

1) 간담회 및 연구회의 개최, 2) 지도원의 파견, 3) 순회 전람회의 개최, 4) 지도자료의 배포

4. 산업보국운동의 지도자 양성에 관한 사항

1) 산업보국운동의 지도자양성소 설치, 2) 지방조직 직원, 산보회장, 산보회 직원, 산보회 간부, 공원, 생활쇄신지도자, 청소년노무자지도자 등의 중앙강습회 개최, 3) 지방 강

습회에 대한 강사의 파견

5. 노동력의 보전 증강, 기술의 향상, 기타 생산에서 고도의 능률 발휘에 관한 사항

1) 기능경쟁의 전국적 실시, 2) 기술능률안전에 관한 강습회의 실시, 3) 연소지도의 실시, 4) 안전 및 능률대회의 실시, 5) 안전주간의 실시, 6) 발명고안의 장려 표창, 7) 지도자료의 제작 배포

6. 노무배치 기타 노무통제 관련 협력에 관한 사항

1) 노무관리의 지도, 2) 임금협정의 지도, 3) 노무통제법령의 보급 철저에 관한 사업, 4) 노무통제법령의 시행 상황 조사, 5) 전직 상담 관련 협력, 6) 지도자료의 제작 배포, 7) 노동분쟁의 방지 조정

7. 복리후생, 생활지도에 관한 사항

1) 체육에 관한 실지 지도, 2) 체육지도자 강습회의 개최, 3) 산업체조의 제정 보급, 4) 영양사, 조리사 강습회의 개최, 5) 영양사 교양 자료의 제작 배포, 6) 환경정비의 실시, 지도 및 지도설계자료의 제작, 7) 공장의 강습회의 개최, 8) 공장의 교양 자료 제작 배포, 9) 중앙생활상담소의 설치, 10) 지방생활상담소 직원의 강습회 개최, 11) 불구 폐질자의 직업 재교육, 12) 여자 노무계의 강습회 개최

8. 근로문화의 향상에 관한 사항

1) 국제근로문화의 교환(交驩), 2) 공장, 악단 및 극단의 지도장려, 3) 근로문화 콩쿠르의 개최, 4) 특약 악단 및 극단의 지방 순회, 5) 창작, 작사, 작곡 등의 현상모집, 6) 근로자 제작품 전람회의 개최, 7) 우량 미술작품의 매입, 8) 근로문화상의 제정, 9) 문화 및 오락 기관의 동원

9. 일반 국책협력에 관한 사항

1) 총후후원운동, 2) 저축장려운동, 3) 소비절약운동, 4) 물자애호운동, 5) 방첩, 방공에 대한 협력

10. 산업노동문제의 조사연구에 관한 사항

1) 산업노동조사소의 설치, 2) 중요 노동문제에 관한 조사연구

후생대신의 자문기관으로서 설치된 노무관리조사위원회에서 동 회에 자문할 사항으로 "산업보국회, 동 연합회 및 중앙본부에서 실시해야 할 사업"을 조사 연구한 결과 1940년(昭和 15) 8월 27일에 그 결과를 얻어 이를 후생대신에게 답신했다. 이에 의하면 "산업보국회, 동 도부현연합회 및 동 중앙본부가 실시해야 할 사업은 산업보국운동의 진전에 대응하여 증가해야 하지만 우선 실시해야 할 것은 아래와 같이 인정되는 것에 대해 보급 철저를 도모하는 것을 요한다"라고 당면의 사업계획을 아래와 같이 정하였다.

제1. 산업보국회에서 우선 실시해야 할 사업

1. 교양에 관한 방책의 실시

1) 일반회원의 교양의 실시, 2) 직업 양성 및 재교육시설의 설치, 3) 기술원 양성 시설의 설치, 4) 사립 청년학교의 설치

2. 청소년 지도에 관한 방책의 실시

1) 청년대의 결성

2) 청년대 소년부 기숙사의 설치

3) 산업보국집회소의 설치

4) 청소년 생활지도자의 설치

(ㄱ) 청년대 소년부 기숙사 사감의 설치, (ㄴ) 산업보국집회소 주사의 설치

5) 노무생활의 지도

(ㄱ) 규율 훈련, (ㄴ) 기술연마

6) 일상생활의 지도

(ㄱ) 막영훈련의 실시, (ㄴ) 병영생활 강습의 실시, (ㄷ) 체육운동의 지도장려, (ㄹ) 위안(취업중 음악 영화의 지도), (ㅁ) 근로봉사 작업의 실시, (ㅂ) 군사원호 사업의 실시, (ㅅ) 가정생활의 지도

3. 영양개선 방책의 실시

1) 영양식 취사장 및 식당의 설치, 2) 영양조리에 관한 기술자의 설치, 3) 노무자 가정의 영양 개선의 지도

4. 체육에 관한 방책의 실시

1) 운동장의 설치, 2) 체육지도자의 설치, 3) 체조의 실시, 4) 체육회의 개최

5. 보건위생에 관한 방책의 실시

1) 보건지도원의 설치, 2) 보건위생 상담소의 설치, 3) 진료소의 설치, 4) 보건소의 설치

6. 보육소의 설치

1) 보육소의 설치, 2) 보육부의 설치

7. 공제시설의 설치

1) 금융시설의 설치, 2) 기타 공제시설의 설치

8. 업무상 재해에 의한 불구 폐질자의 직업 재교육의 실시

9. 노무자 주택의 설치

10. 사업장의 녹화 및 간이 농원의 설치

11. 음악 영화 기타 위락시설의 충실

12. 육영사업의 실시

1) 업무상 불구 폐질자 자제에 대한 육영자금의 지불, 2) 장기 근속자 자제에 대한 육영자금의 지불과 대출

13. 각종 강습회, 강연회, 연구회 등의 개최

(ㄱ) 산업보국운동 일반에 관한 것, (ㄴ) 노동 능률증진에 관한 것, (ㄷ) 청소년 지도에 관한 것, (ㄹ) 영양개선에 관한 것, (ㅁ) 체육지도에 관한 것, (ㅂ) 영화교육에 관한 것, (ㅅ) 생활쇄신에 관한 것, (ㅇ) 이동 방지에 관한 것, (ㅈ) 보건위생에 관한 것

14. 이상의 사항 외에 능률증진, 재해방지에 관한 제 사업의 실시

1) 능률경쟁 및 안전경쟁의 개최, 2) 고안의 표창, 3) 작업용품의 배급, 4) 생활필수품의 확보

15. 기타 국책협력에 관한 제반 사업의 실시

1) 소비 규제, 2) 저축 장려, 3) 식량 개선, 4) 군사 원호

[비고]

1. 중소 산업보국회에서는 지역별 또는 직종별로 연합하여 실시하는 것도 가능하다.

2. 이상 열거한 각 사업은 사업주가 실시하는 것을 방해하지 말 것.

제2. 도부현산업보국연합회가 우선 실시해야 할 사업

1. 산업보국도장의 설치

2. 직장 기술지도 강습의 개최

3. 청소년 지도에 관한 방책의 실시

   1) 청년대 결성의 독려 및 지도, 2) 사업장 청소년 지도자의 지도, 3) 막영훈련의 실시, 4) 병영생활 강습의 실시, 5) 동원대회의 개최, 6) 합동체조의 실시, 7) 야외행진의 실시, 8) 근로봉사작업의 실시, 9) 군사원호사업의 실시, 10) 체검발표회의 개최, 11) 1인1연구 전람회의 개최, 12) 음악, 영화의 장려 및 대회의 개최

4. 영양개선 방책의 실시

   1) 영양식의 보급장려, 2) 영양식 취사장의 설치 장려 및 지도, 3) 영양조리에 관한 기술자의 양성 및 재교육, 4) 모범적 공동 취사장의 설치, 5) 영양개선 순회 지도

5. 체육의 보급 철저 방책의 실시

   1) 체육의 지도장려 및 체육시설의 설치 장려, 2) 체육지도자의 양성 및 재교육, 3) 노무자 체육훈련장의 설치, 4) 체육대회의 개최, 5) 체육의 순회지도

6. 보건위생에 관한 방책의 실시

1) 보건위생상담소의 설치, 2) 보양소의 설치, 3) 순회건강진단의 실시

7. 보육소의 설치 확충

1) 보육소 설치 장려 및 지도, 2) 보육소의 설치

8. 공제시설의 지도장려

1) 금융시설의 지도장려, 2) 기타 공제시설의 지도장려

9. 업무상 재해에 의한 불구 폐질자 직업 재교육의 실시

10. 순회 영화반의 설치

11. 육영사업의 실시

1) 업무상의 재해에 의한 불구 폐질자 자제에 대한 육영자금 지급, 장기 근속자 자제에 대한 육영자금 지급 및 대출

12. 기관지의 발행

13. 표창의 실시

1) 모범근로자의 표창, 2) 발명 발견의 표창, 3) 장기 근속자의 표창

14. 각종 강습회, 강연회, 연구회 등의 개최

(ㄱ) 산업보국운동 일반에 관한 것, (ㄴ) 노동 능률증진에 관한 것, (ㄷ) 청소년 지도에 관한 것, (ㄹ) 영양개선에 관한 것, (ㅁ) 이동 방지에 관한 것, (ㅂ) 보건위생에 관한 것

15. 이상의 사항 외에 기능증진, 재해방지에 관한 제 사업의 실시

1) 능률경쟁 및 안전경쟁의 개최, 2) 고안의 표창, 3) 작업용품의 배급, 4) 생활필수품의 확보, 5) 이동방지 방책의 실시

16. 기타 국책협력에 관한 제반 사업의 실시

1) 소비 규제, 2) 저축 장려, 3) 식량 개선, 4) 군사 원호

제3. 산업보국 중앙본부로서 우선 실시해야 할 사업

1. 산업보국지도자 양성소의 설치-위 기관에서는 산업보국운동의 일반지도자 양성과 병행해서

1) 청소년 생활지도자의 양성, 2) 노무관리자 및 생산관리자의 양성, 3) 직장지도자의 양성-을 행하는 것으로 한다.

2. 청소년 노무자의 생활지도방책의 실시

1) 청년대의 설치 독려 및 지도, 2) 청소년의 집단훈련에 관한 전국적 행사의 실시, 3) 사적순례항해단 개설, 4) 문서 교육, 5) 영화 교육, 6) 음악 교육

3. 영양개선에 관한 방책의 실시

1) 영양식의 보급 장려, 2) 영양식 취사장의 설치 장려 및 지도, 3) 영양조리에 관한 기술자의 양성 및 재교육

4. 체육의 보급 철저 방책의 실시

1) 체육의 지도장려 및 체육시설의 설치 장려, 2) 체육지도자의 양성 및 재교육

5. 보건위생 개선 방책 실시의 지도

6. 업무상의 재해에 의한 불구 폐질자의 직업 재교육의 실시

7. 영화에 의한 교양방책의 실시

1) 영화의 제작 및 제작 지도, 2) 영화의 배급

8. 기관지의 발행

9. 표창의 실시

1) 모범 노무자의 표창, 2) 발명 발견의 표창

10. 각종 강연회, 강습회, 연구회 등의 개최

(ㄱ) 산업보국운동 일반에 관한 것, (ㄴ) 노동 능률증진에 관한 것, (ㄷ) 청소년 지도에 관한 것, (ㄹ) 영양개선에 관한 것, (ㅁ) 체육지도에 관한 것, (ㅂ) 영화교육에 관한 것, (ㅅ) 생활쇄신에 관한 것, (ㅇ) 이동 방지에 관한 것, (ㅈ) 보건위생에 관한 것

11. 이상 이외, 기능증진, 재해방지에 관한 제 사업의 실시

1) 능률경쟁 및 안전운동에 관한 주간 실시 및 대회의 개최, 2) 능률경쟁 및 안전경쟁의 개최, 3) 고안의 표창, 4) 작업복의 제정 및 작업용품의 배급, 5) 생활필수품의 확보, 6) 이동방지 방책의 실시

12. 기타 국책협력에 관한 제반 사업의 실시

1) 소비 규제, 2) 저축 장려, 3) 식량 개선, 4) 군사 원호

이상 산업보국운동의 사업에 관해 서술하고 있지만, 이들 사업은 산업보국사업 일체정신 파악을 목적으로 함과 동시에, 근로자의 정신적, 물질적 복지를 증진시켜, 생활환경을 풍요롭게 하여 노동인격을 쌓아 올리는 방향으로 추진하지 않으면 안 된다. 따라서 사업 그 자체를 근로자의 생존 실체와 결부시키는 것이 필요하며, 교육, 복리, 후생 등의 시설은 영리주의적인 지배를 받아서는 아니 된다.

사업의 목적은 끊임없이 고도국방국가 완성의 최고 요청인 생산력의 증강을 추구하고, 이를 주축으로 근로자의 도의적 각성을 요구하고, 현실적인 시설의 확립에 의해 더욱 근로의 생산성을 높여야만 한다.

산업보국회중앙본부는, 현재 가장 요청되고 있는 산업지도자의 양성 및 노동연구에 임하고 과학적인 지도를 강화해야 한다. 동시에 복리후생사업에 있어서는 단위 산업보국회에서 실행해야 할 최소한도의 표준을 제정하고 그 이상으로 따르고 실행하도록 지도해야만 한다. 근로자의 교육도, 근로자를 현재와 같이 교양이 없는 상태로 방치하는 것은, 노동의 생산성의 고양 및 기술 고도화를 저해하는 요인이다. 저급한 문화에서는 결코 좋은 제품이 나오지 않는다는 것은 고금의 철칙이다.

이와 같이 생각한다면, 중앙본부는 그 시선을 국가생산력의 중요한 담당자로서 근로자의 생활에도 두어, 그 노동력을 경제적 관점뿐만 아니라, 윤리적 관점에서 보호육성하는 노동정책의 발전에 기여하고, 근로자의 지위 향상을 지향하여 적극적으로 앞장서 나아가야만 한다. 근로정책이 현실에 있어 산업보국회의 존재를 무시할 수 없을 정도의 강력한 것으로 발전하여, 전 근로자를 진정한 의미에 있어 그 솔하에 두지 않고서는 이 운동의 성공은 기대할 수 없을 것이다.

제5절 산업보국운동의 추진

제1절에서 산업보국운동의 발전 과정을, 성립 및 발전의 역사적, 사회적 배경에 관해 보았고, 제2절에서는 산업보국운동의 지도정신은 황운부익의 신민도를 주안점으로 사업일체 직업봉공의 실천이념을 중요한 주제로 삼는 신산업정신임을 해명하고, 제3절에서는 정신확립의 신근로체제의 구상 및 조직에 관해 서술하고, 제4절에서는 산업보국운동의 임무 및 사업에 관해 이를 밝혔으나, 이 운동을 이렇게 발전시킨 원동력은 무엇일까.

이를 발전의 역사적 단계에 맞춰 보면, 이미 언급한 바와 같이, 이 운동을 발전시킨 기점이 된 것은 소위 신관료라고 말할 수 있을 것이다. "그들은 일본주의 사상에 서서 우리나라의 특수사정에 근거하여, 주로 독일노동전선의 사례에 시사를 받아 신노동체제를 구상하였다."[주)1] 이렇게 수립된 운동은 당연한 귀결로서 "내부에서 일어난 운동이라기보다 외부에서 부여된 운동이다"[주)2]라고 말할 수 있을 것이다.

따라서 근본성격을 규정한다면, 모리토 타쓰오(森戸辰男)가 지적하듯이[주)3], 현 단계에서 이 운동의 근본 성격은 "위로부터의 혁신"이라고 할 수 있을 것이다.

주)1, 2, 3 모리토 타쓰오, 『독일노동전선과 산업보국운동』.

1. 경영자 및 종업원에게 서둘러 산업보국정신의 확립을 철저화해야 한다. 정신의 불철저가 아니면 자본가적인 것으로 간주하여, 이 운동을 오해하여 경영자 및 근로자의 적극적인 관심과 참가를 얻어내지 못한 것에, 이 운동의 질적 발전을 정체시키고 있는 일인이 있다.

   산업보국정신의 발양은 산업보국정신을 수용하는 신근로조직체의 확립을 요청하고 있다. 아무리 훌륭한 것이라고 하여도 이를 활용할 객체가 확립되지 않는다면 본래의 사명을 다하기는 어렵다. 또한 근로조직체는 현실의 경제체제와 밀접한 관계를 가지고, 새로운 근로조직체의 수립은, 신경제체제의 수립을 요청하기에 이를 것이다. 여기에 있어 산업보국정신은 근로신체제를 통해 경제신체제의 확립을 요망하기에 이를 것이다.

이리하여 삼자는 밀접불가분의 관계를 갖게 되지만, 이 운동을 추진시키는 삼자의 확립이 행해지고 있는 것일까. 이 삼자의 확정이야말로 이 운동의 추진에 중추 요소이다.

2. 산업보국운동은, 각 사업장에 설치되어 있는 단위 산업보국회의 실천적 활동 없이는 진전하지 않는다. 운동의 중핵체는 단위 산업보국회이다. 이 단위 산업보국회를 현실에서 추진하는 거점은, 현실에서 정진하는 노무관리자이다. 노무관리자야말로 이 운동의 첨병이 되고, 지도자가 되고, 이 운동을 육성, 발전시키는 원동력이다. 그런데도 노무관리자는 과연 그 직책을 완수하고 있는 것일까. 자신이 해야 할 국가적 사명을 국가의 양심에 있어 충실하고 진실되게 이 운동의 추진을 위해 책임감을 가지고 최선을 다하고 있을까. 위로는 경영자로부터 아래로는 근로자에 이르기까지 부단한 노력을 다하고 있는 것일까. 또한 경영지도자나 상사에게 성의를 다해서 산보운동의 추진에 대해 여러 번 구체적 의견을 피로한 적이 있을까. 한편 근로자에 대해 몸소 모범을 보이고, 이 운동의 정신을 이해시키는 노력을 다하고 있는 것일까. 산보운동의 거점이 되지 않으면 안 되는 노무관리자에게, 이 혁신적 기백이 깃든 성실한 노력이 부족한 것이 아닐까.

최근 노동행정의 급격한 전환은, 노무관리자의 질적 전환을 요청한다. 노무관리자는 이 모든 급박한 노동행정의 전환에 순응하는 태세를 정비하는 것이 요청된다. 그럼에도, 현재 노무관리자가 이 태세에 순응하는 것이 어려울 정도로 노동행정의 질적 전환이 급속하게 행해지고 있다. 따라서 종래의 노무관리자는 상당한 노력과 영지를 갖고 대처하지 않으면, 즉응이 곤란할 정도로 사태가 변화하고 있다. 과연 노무관리자는 이 사태에 즉응하는 태세를 정비하고, 새로운 단계에 즉응하는 노무관리자로서 적격성을 갖추고 있는 것일까. 이 운동의 추진 거점으로서, 이 운동에 정진하지 않으면 안 되는 노무관리자가 혁신적 기백과 열의가 부족하고, 노무관리자로서 적격성이 부족하다면, 이 운동의 추진은 황허강이 맑아지는 것을 기다리는 것과 비슷하다. 본 운동의 정체 요인 중 하나가 여기에 있다고 생각한다. 노무관리자는 사적 경제의 기업경영체에 고용된 노동자이지만, 노동력의 적정한 배치를 도모하고, 노동력을 경제적 및 윤리적으로 유지배양하고, 근로자를 교육하여 노동의 생산성을 높이고, 국가생산력을 증강하는 국가적 및 공공적 임무를 가진다. 이러한 공적 임무를 가지는 자가 사적 경영협동체에 종속되어 있다면, 그 임무를 충실하게 완수하는 것이 곤란한 경우가 있을 것이다. 기업 경영의 목적에는 국가 목적에 따르는 공공적 영역이 있다고는 하나, 사익을 무시하지 않는 한, 실제 경영자와 종업원과의 사이에는 사적 이해의 대립이 생기는 것을 부정할 수가 없다. 그렇다면 노무관리자는 그 직무를 충실히 실행하는 경우, 경영의 사적 부면과 충돌하는 경우도 있을 수 있을 것이다.

이와 같은 사태의 발생이 예상되기 때문에, 국가 및 공공의 임무를 갖는 노무관리자에게는 일정한 공적 자격을 부여하여, 그 신분, 지위 및 생활을 보장해 주지 않으면, 본래의 사명을 완수하는 것이 곤란하다는 논의가 제기된다. 산업보국회가 특별사단법인으로 하지 않으면 안 되는 것은 역설적으로 이를 의미하는 것이지만, 어떻든, 노무관리를 경영자의 일방적 자의에 맡기는 시대는 지났다. 국가는 노무관리자에 국가성과 공공성을 부여하고, 국가가 이에 강력한 지도를 행하지 않으면 안 되는 시대가 되었다. 국가가 이에 강력한 지도를 행하는 방법은 육해군이 감리공장에 감리관을 파견하고, 그 지도통제를 행하는 것처럼, 산업보국운동이 추진되도록 노무관리관을 일정 지구 단위로 파견하고, 노무관리자의 입장을 옹호하고 이 운동에 박차를 가하든가, 또는 노무관리자를 노무관리관으로 하여, 이중의 직책을 갖게 하지 않으면, 그 철저를 기대하지 못할 것이다.

3. 산업보국운동이 관민일체의 조직적 국민운동인 이상, 관이 지도를 담당하는 것은 당연한 일이지만, 대일본산업보국회는 후생성의, 도부현산업보국회는 현청(노무과 또는 노정과, 특고과)의 지점 같다는 인상을 주어서는 안 된다. 물론 이 운동의 지도에는 국가의 군관 계층의 강력한 지도가 절대적으로 필요하다.

그러나 지도는 어디까지나 민간의 창의와 능력을 발양하는 방향으로 해야 한다. 자칫하면 빠지기 쉬운 독선적인 관료적 병폐는 절대 피해야만 한다. 이렇게 해야 비로소 관민일체의 국민적 조직운동으로서 의의를 갖게 되며, 민간의 의식적 또는 무의식적 퇴영을 막아내고 전진에 박차를 가하여, 관의 독선이 아닌 강력한 협력에 의해 발전을 기대할 수 있다.

4. 대일본산업보국회 및 도부현산업보국회는 단위 산업보국회의 운영에 중점을 두고 지도해야만 하지만, 종래 지도방법에 관해 보자면, 중앙본부 및 도부현산업보국회 자체의 자위적 활동에 망살되어, 단위 산업보국회에 대한 지도가 종합적인 계획하에 이루어지지 않고 있다. 특히 도부현산업보국회의 활동이야말로 이러한 방향으로 진행되어야 함에도 불구하고, 쓸데없이 단위 산업보국회로부터 회원의 참가를 요구하여 무슨무슨 대회, 무슨무슨 강연회 등의 개최에 중점을 두어, 산업보국회의 조직 및 운영에 관해 조직적 지도가 행해지지 않는 것 같다. 공장의 실상을 감안한 지도가 행해지고 있지 않다는 것이 이 운동을 정체시키고 있는 또 하나의 원인이 아닐까.

5. 산업보국운동은 위로부터의 혁신이라고 불리며, 아래로부터 근로자에게서 솟아오르는 힘이 부족하다. 이 운동이 진정으로 발전하기 위해서는 근로자의 자주적인 운동이 되어 활성화되지 않으면 안 된다. 따라서 이 운동에는 근로자의 동지적 신념이 들어오지 않는다면 활성화되지 않으므로 근로자의 생활 실체에 접하는 것을 요한다. 노동조건, 대우, 복리 등의 근로자의 생활에 관한 것이 경영자의 일방적 의지에 의해 결정되지 않고, 이에 대해 근로자의 의지가 현실에 반영되는 것을 요한다. 이 운동이 경영자의 일방적인 상의하달의 수단으로만 활용되어, 하정상통의 기관이 되지 못하고, 따라서 생활의 실체를 건드리는 것이 아무런 해결이 되지 못한다면, 이 운동에 대한 근로자의 이탈을 초래할 것으로 생각한다.
이 운동이야말로 근로자의 자주적 운동이라는 자각을 근로자에게 심어주어, 이 운동을 통해 근로자의 생활 내용을 풍부하게 하도록 지도하는 것이 필요하다. 근로자의 본 운동으로부터의 이탈은 사상운동으로, 아니면 정치운동으로 달려가는 자를 배출하여, 아니면 운동에 대한 열의와 관심을 상실하여, 스스로 퇴영화하는 여러 중대 현상이 되어 나타날 것이다. 근로자의 현실 생활에서 무엇인가 이상이 주어지지 않는다면 이 운동은 정체할 것이다.

이상 이 운동 발전의 정체 원인에 대해 대략적으로 서술하였지만, 이 운동에 소위 인텔리층이 적극적으로 참가하지 않는 것도, 이 운동의 특질이다. 왕년의 좌익운동에 근로자보다는 인텔리층이 참가한 것을 생각하면, 이 운동은 인텔리층에게는 매력을 느끼게 하지 못하는 것일까. 공장, 사업장에서는 인텔리층을 적극적으로 참가시켜, 솔선수범하여 모범적 행위를 하도록 하여, 근로자의 관심을 높여 그 지도적 역할을 행하도록 하는 것이 필요하다.

우리는 이상에서 산업보국운동의 질적 발전의 정체성에 대해 살펴보았지만, 추진의 원동력은 노무관리자이다. 노무관리자의 혁신적 열의와 기백이, 군, 관의 국가적 계층과 연결되는 곳에, 이 운동의 추진이 있고, 따라서 이 운동추진의 곤란함이 여기에 잠재하는 것이다. 그렇다면 모리토 타쓰오 씨가 지적하듯이 "위로부터의 혁신인 산업보국운동은 합법적이고, 점진적이며, 협력적이어야 함은 자연 절충적, 타협적인 것을 의미하며, 한편 현실적 세력 관계를 반영하는 것이 되어, 아주 현명하고 강력한 지도가 존재하지 않는 한 자칫하면, 관료색과 자본가적 색채만이 농후하게 되어, 그 결과로서 근로대중의 이탈을 초래할 우려가 없다고 할 수 없다"[주)]라고 하는 우려는 아마 현실적으로 이 운동에 정진하는 자가 동일하게 느끼는 점이겠지만, 아무리 어려운 운동이라고 하더라도, 이 운동은 새로운 역사를 창조하는 차량의 톱니바퀴이니만큼 전진하지 않으면 안 된다.

주) 모리토 타쓰오, 『독일노동전선과 산업보국운동』.

제2장 산업보국회의 조직

제1절 산업보국회 조직원리

산업보국운동은 산업보국회를 주축으로 하는 신근로조직체를 수립하여, 그 조직체의 활동에 의해 산업보국정신의 파악과 그 실천을 기하는 것으로, 본 운동의 주축이 되고 근간을 점하는 것은 단위 산업보국회의 실천활동이다. 따라서 산업보국운동의 성쇠는, 개개의 산업보국회의 구체적 실천활동에 의해 결정된다고 해도 지나치지 않다. 현재 공장사업장의 거의 대부분이 산업보국회를 조직하였지만, 이러한 조직을 필요로 하는 이유는 현실의 공장, 사업장에 있어 어디에 근거가 있는 것일까.

하나의 집단이 함목적으로 행동하기 위해서는 일정한 조직이 요청된다. 다수의 종업원을 고용하여 생산을 하는 사업에 있어, 종업원을 지도통제하기 위해, 근로조직을 필요로 하기에 이른다. 특히 최근과 같이, 대규모의 산업이 다수의 종업원을 거느리고, 기업경영체가 의도하는 생산을 행함에 있어, 가장 능률적으로 생산을 할 수 있는 근로자 통제 조직체가 더욱 요청된다. 이 조직은, 오로지 생산능률 및 사무능률을 주체로 조직되는 것으로, 따라서 명령의 철저, 상의의 하부 침투가 근로조직 최대의 조건이다. 기업 조직이 거대해질수록 종업원 수가 많아지고, 종업원의 수가 많아지면 많아질수록, 명령계통은 복잡해진다. 그 명령계통이 복잡해질수록, 명령의 철저가 부정확하게 되어, 횡적 연락의 필요가 더욱 증가하고, 생산율이 오히려 저하하는 것은 당연한 것이다.

이들 조직은 대기업 경영체에서는 사장, 부사장, 전무, 상무, 부장, 과장 및 계장 등의 직제가 되고, 본사와 공장이 동일 지역에 있는 사업장에서는 계장 아래에 직장(대다수는 조장, 오장 등과 같이 2단계로 되어 있음), 중견공, 일반공원, 견습공으로 그 계급이 10단에 걸쳐 있다. 이러한 조직체에서는 상의의 하달조차도 곤란하게 되고, 하정의 상통 등은 기대할 수도 없고, 상하 각각의 의사는 중도에 중단되어, 의사의 교류 작용은 일어나지 않을 것이다.

하나의 협동체에서는 일반공원을 기저로 10명에서 많게는 50명 정도를 단위로 하는 집단을 직장이 지휘통솔하고, 이러한 집단 세 개 정도를 상위의 직장이 통제하고, 직장 위에는 계장을 두고 전반적으로 통솔하는 것을 통례로 한다.

직장에 뿌리를 내리고 생산공정 및 노무관리의 실제 임무를 담당하고 있는 자는 계장급과 직장급이다. 직장의 조직체는 계장 또는 그 상위의 과장이 중심이 되며, 피라미드 형태를 취하지만, 이들 조직체가 사장을 최상단으로 하는 대평 피라미드 형태를 형성하는 생산조직의 모체가 되어, 전체를 구성하는 이들 각 지체가 기업경영체가 의도하는 지도통제에 복종하는 것이야말로, 기업경영체 전체의 조화가 유지되는 것이다. 그렇다면 기업경영체가 생산협동체인 이상, 근로자를 지도통제하고, 경영자의 의사가 전면적으로 하부에 침투하여 명령이 철저히 실행되는 조직이 필연적으로 요청될 것이다.

그런데 이러한 명령철저의 진의는 기업경영체에서 명령이, 하부에서 철저히 실행되고, 이 명령에 근거해서 근로자가 실천활동을 행한다는 점에 의의가 있는 것으로, 그 명령이 명령으로서 근로자에게 철저히 실행되어 실천활동이 되기 위해서는, 기초적 조건이 직장 안에 배양되지 않으면 안 된다. 그것은 바로, 직장이 인격적인 유대에 의해 연결되어 상하의 의사가 막역하게 일체화되는 것이다. 즉 상의하달, 하의상달이 협심일체적으로 행하는 조직체이어야 한다.

원래 기업경영체는 살아 있는 하나의 유기적인 통체(統體)로, 경영자의 의사가 경영체의 각 지체에 투철하고, 경영체의 종속자가 경영자 명령 한 번에, 그 의사에 따라 각자 그 담당부서의 책임을 다할 수 있는 직제를 갖는 조직체여야 한다. 따라서 여기에서는 하정을 상통함에 따라, 어떻게 하면 상부의 명령과 의지가 하부에 철저히 전달되느냐가 조직상의 선결문제이다. 이는 경영의 대소와 상관없이, 기업경영이 생산협동체로서 존재하는 한 그 본질에 속하는 것이다.

여기에서 기업경영체와 표리일체적 관계에서, 경영체가 기도하는 생산협동체로서 사명을 달성하도록 이를 고조시켜, 기업경영체가 의존해야 할 도의적 결합체가 요청된다. 이 도의적 결합체는 경영자와 전 종업원이 일체가 되어, 사업장 일체일가의 전원으로 조직된 강고한 근로협동체가 아니면 안 된다. 이 협동체에서는 경영목적 촉진을 위해 역할을 다하는 선에 따라, 상의하달하고, 하의가 상통함과 동시에, 근로자의 후생복리 증진이 행해지지 않으면 안 된다. 이 조직이 곧 산업보국회이다.

따라서 "산업보국회는 산업보국 사업일체의 지도정신이 각 사업장에서 명백하게 나타나게 하기 위해서, 사업장의 구성원 전원으로 조직하는 단체이다. 조직형태는 사업장 일가일체의 전원 조직으로, 그 목적은 산업보국 사업일체 정신의 파악과 실천에 있다. 이러한 파악과 실천은 산업보국회의 각 사업을 통해, 한 걸음씩 그 실현을 도모하고자 한다."주)1 이 사업 중에는 "신사참배, 행적 수양회와 같은 보국정신의 근간을 수련하는 사업이 있는가 하면, 후생복리와 같이 전 구성원이 사업장을 보국정신의 실천도장으로 생각하여 전 능력을 업무에 경주할 수 있도록, 물심양면으로 그 생활을 확보하는 사업도 있다. 그 위에 애국저금, 물자절약과 같은 국책협력이 되는 사업도 있고, 전 구성원이 산업보국 실천의 구체적 방책을 토의해야 할 간담회의 운영 등도 있다."주)2 산업보국회는 이들 각종 사업을 통해, 그 구성원이 산업보국 사업일체의 이상 실현을 기도하는 운동의 조직체이다.

따라서 공장사업장과 산업보국회의 관계는 "산업보국회는 사업장도 아니지만, 직장 내 일상적 실천과 유리된 단순한 어용단체와 같은 것도 아니다. 그리고 사업장과 대립한 단체도 물론 아니다. 산업보국회는 사업장을 구성하는 전 산업인에게 황국산업의 본의를 명확하게 하고, 사업장을 그 실천도장으로 두고 있으므로, 산업보국회야말로 황국산업의 생명의 원천이며, 사업장이 의존해야 할 도의적 결합체이다. 사업장은 그 정신을 명확하게 나타낼 수 있는 일본 산업인의 활동체이며 일본적 협동사회이다. 양자는 표리일체 불가분의 관계에 있다고 말하지 않으면 안 된다."주)3

주)1, 2, 3 「산업보국운동 요강」

이와 같이 사업장과 산업보국회는, 표리일체적 관계에 있는 것으로, 산업보국회는 기업경영자를 고조시키는 근로협동체이다.

시선을 돌려, 근로협동체를 만드는 경영자와 종업원과의 관계에 관해 잠깐 살펴보자. 종래에 근로는 사물로 간주되어, 상품으로 취급되었다. 따라서 근로관계는 단순한 상품의 교환관계로 파악되어, 경영자와 근로자의 사이에는 아무런 인격적 유대가 존재하지 않았다. 근로자는 근로를 상품으로 제공하고, 경영자는 그 대가로서 임금을 지불하면 되는 것이었다.

이러한 인격적 유대로 결합되지 않은 기업경영체에, 계급 투쟁이 뿌리내리는 것은 당연한 일이다. 그런데 나치스가 정권을 획득하고 나서 이러한 계급 대립의 관념을 지양하고, 새로운 의의의 협동체 이념을 창설하였다. 그것은 중세기의 가부장적 권력관계를 주체로 하는 충신관계의 부활이다. 이러한 충신관계는 중세의 수공업에 있어 장인은 우두머리를 위해 모든 힘을 다 바치고, 우두머리는 장인을 보호하는 것을 내용으로 한다. 지금 바로 현실의 기업경영체에 중세기의 가부장적 충신관계를 부활하여 적용하는 것은 "충신관계를 단지 경영의 내부에서의 낮은 윤리적 의미로 빠져들게 하여, 그 나머지는 한편에서는 노동자를 창의 창달이 없는 비굴한 존재로, 다른 한편에서는 기업가의 전권적 지위를 창출할 우려가 없지 않은 것이다."[주] 따라서 충신관계의 부활은 경영자에 대해서도 종업원에 대해서도 동일하게 국가의 협동 이익의 촉진을 위해 봉사와 협력이 요구된다.

주) 고토 기요시(後藤清), 「노동협동체와 충신관계」, 『사회정책시보』, 제247호

즉 근로자가 경영지도자에게 충성을 맹세하고, 경영지도자가 국가에 책임을 지고 근로자를 보호육성하는 이 관계가 기업경영체 안에서 일체적으로 행해져, 각각 그 직분에 맞게 봉공하는 체제가 강구되는 것을 요한다. 이러한 체제하에서는 근로는 이미 상품이 아니고, 충신관계를 형성하는 인격적 유대로, 황국에 대한 황국민의 책임이며 영양소가 되어, 전인격의 표징으로서 창의적, 자발적인 것이 될 것이다.

다음으로, 현실의 기업경영체에서 위의 이념을 실현하기 위해, 산업보국회의 전체적인 구성은 어떠한 것이어야 할까가 문제가 된다.

제1항 산업보국회의 전체적 구성

산업보국회의 조직은 어떻게 구성해야 할 것인가에 대해, 정부가 명시한 바에 따르면, 사업주와 종업원 쌍방을 포함한 전체 조직이어야 하고, 간담회의 개최뿐이지만, 사업장의 사정에 따라 교양, 보건, 복리, 공제, 위안 기타 사업으로, 산업보국회에 있어 추진하는 것을 적당하다고 하는 것에 한해 사업부문을 그 구성체에 포함하는 것으로 하고 있다.(주) 근로신체제는 이에 관해, 산업보국회는 "생산성의 향상, 복리의 증진 등 근로에 관한 일체 사항에 관해 상의하달, 하의상달을 행하는 기관 및 이들의 사업에 관련해서, 특별하게 연구 및 실천의 촉진에 해당하는 기관 등 필요한 기관을 설치할 것"이라고 그 전체적 조직의 구상을 일단 수립하고 있지만, 구체적으로는 무엇을 의미하는 것일까.

주) 「노자조정방책 실시에 관한 의명통첩」(후생성 1938년 8월 24일 자)

근로신체제의 의도는, 의사소통기관으로서 간담회, 산업보국회 실천에 관한 일체 사항, 예를 들면 작업개선, 능률증진, 근로생산성의 향상, 복리후생운동 등에 관해, 조사, 연구를 행하는 심의기관 및 각종 위원회의 연락, 간담회의 운영 통괄, 간담사항의 처리, 회원의 지도훈련, 생활지도 기타 산업보국운동의 지도추진을 담당하는 사무국 제도의 설치를, 그 목표로 하고 있다고 생각한다.

현재 산업보국회의 전체적 구성을 보면, 전체적 구성은, 대, 중, 소, 여러 규모의 기업경영체가 조건이 각각 다르므로 일률적인 구성을 취하는 것은 불가능할 것이다. 게다가 이들 구성은 기업경영체마다 운동의 발전 단계에 따라 다르기에, 본 운동 발전의 실정에 바로 응하여 그 사업장의 규모, 업태, 등 특수한 사정에 맞추어, 사업장의 창의와 능력에 따라 창설하여야 한다.

그러나 구성의 기본형태를 제시하면, 이 정형에 준거하면서도 각 사업장에서 각각의 사정을 고려하여 실체에 바로 응하는 구성체를 창설하는 데 참고가 될 것이다.

먼저 산업보국회의 기본 조직인 산업보국회가 어떠한 조직형태를 정비한다면, 가장 합리적으로 활동할 수 있을까. 산업보국회의 전체적 구성은, 산업보국운동에 중대한 영향을 미치고, 산업보국회는 공장, 사업장과 표리일체적인 밀접불가분의 관계에 있으므로, 산업보국회의 조직은 공장, 사업장의 직제와 중대한 관계를 갖고, 직장질서의 확립, 명령기관의 확립을 어지럽게 해서는 안 된다. 따라서 직제에 근거한 직장의 대표는, 산업보국회의 조직에서도 또한 그 조직의 대표가 되지 않으면 안 된다. 이 직제에 근거한 직장 질서의 확립이 산업보국회의 조직에 의해 어지럽히지 않고, 점점 강화하는 조직체가 되는 것이, 산업보국회 조직의 절대 원칙이다.

이상의 견지에서 산업보국회의 조직에 대해 보자면, 그 조직의 기본을 어디에 둘 것인가. 산업보국회가 공장, 사업장과 표리일체적 관계에 있는 한, 그 조직은 어디까지나 직장에 기초를 두지 않으면 안 되는 것은 말할 필요도 없다. 직장은 그 규모가 크면 클수록, 명령계통은 복잡하게 되고 그 단계도 많아진다. 이 직제의 단계에 따라 그 직장을 하나의 부대로서, 그 직장의 대표를 부대장으로 하는 부대를 편성하는 것이 가장 합리적일 것이다. 즉 산업보국회의 기본 조직은 각 공장, 사업장의 직제에 근거한 단계에 따라 부대를 편성해야 한다. 그 직제에 근거한 단계는 공장, 사업장에 따라 제각각일 것이다. 아니면 부, 과, 계 등의 취하는 곳도 있을 것이고, 아니면 직장을 크게 나누어서 무슨 공장이라고 하고 그 아래에 과, 계제를 취하는 곳도 있을 것이다. 또한 탄광과 같이 '자투리'에 따라 나뉘어진 곳도 있을 것이지만, 조직의 원칙은 어떠한 경우에도, 명령계통을 중추로 이에 근거한 직제의 단계에 따라 편성하는 것이다.

게다가 이를 직제와의 혼동을 방지하고 산업보국회의 조직을 명확하게 하기 위해, 각각의 직제 단계에 따라 무슨무슨 연합지부, 지부, 분회, 반, 조 등의 명칭을 부여하여, 산업보국회의 조직을 만들어야 한다. 따라서 이 활동 조직은 부 단위에 연합지부, 과에 지부, 계에 분회, 그 아래에 반, 조(組) 등을 설치하는 것이지만, 최하부조직에는, 우리나라의 근세에 위대한 족적을 남기고, 이제 새로운 의의를 가지고 현대에 부활한 5인조 제도에 기초를 둔 조 제도를 설치한다. 조 제도는 5인 내지 10인을 단위로 하는 인격적 유대에 의해 연결된 결합체를 기본 단위로 하는 것으로, 이를 최하부조직에 두는 것으로, 산업보국회의 기본 조직은 위로는 본부에서 아래로는 조에 이르는 일련의 계통을 갖게 되어, 직제의 단계에 따라 편성되는 것이다. 이러한 조직체에서는 직제의 권위를 훼손하지 않고 그 권위를 더욱 강화하고, 직제의 뒷받침에 의해 이 조직의 운영을 도모하는 것이 가능해진다.

위에 의해 조직이 편성되면, 당연히 각 부대의 장은 각각 각 직제에 근거한 각각의 장 즉 부장, 과장, 계장의 직에 있는 자가 맡고, 이 부대장들이 각각 연합지부장, 지부장, 분회장,

반장 등의 직에 취임함에 따라, 산업보국회의 부대장으로서 영예를 자각하게 되고, 후술하는 사무국과의 관계에서도, 직제상의 부장이나 과장과 연락할 때는 권한 등의 관계로 불편한 일이 많이 발생하지만, 산업보국회 조직의 한 구성원으로서 지도자가 된다면, 그 지도연락이 편해지는 것이 많다.

이상의 기본 조직체는, 기업경영체의 대소의 여하에 상관없이, 각각 그 규모에 따라 결합될 것이다. 이 조직체는 산업보국운동의 중핵을 이루는 것으로, 각 단계에서 각각의 결합체는, 각자의 단위로 직장의 사정에 따라 간담회를 결성하거나 산보청년대를 결성하여 직장활동을 행할 수 있다. 그러나 활동의 중심을 이루는 것은, 직장간담회이다. 간담회는 직장단위로 구성하는 것에 중점을 두지 않으면 안 된다. 따라서 직장간담회는 공장사업장에서는 직제에 따라 결성된 지부조직에 순응하여 단계적으로 조직된다. 간담회 조직은, 이 외에 혹은 공장부회, 직원부회와 같이 직제별로, 혹은 주거별, 남녀별 또는 사업별로 결성될 것이다.

이러한 간담회 조직이 결성되어, 직장활동이 간담회를 주축으로 행해지면, 각 직장에 조직되어 있는 지부, 분회, 반 및 조 등의 지부조직을 지도통할하고, 이 운동의 추진에 임해야 할 지도통제 조직의 설치가 필연적으로 요청된다. 이는 곧 사무국의 설치이다.

본부가 구성되어, 각 지부의 활동이 개시되면, 산업보국회의 각 지체에서 산업보국회에 관한 여러 문제가 본부에 제출되어, 직장 전체와 관련된 문제에 대해서는, 사무국의 자문에 응해 제출될 의안에 대해 조사, 연구, 심의하고, 그 처리의 정확성을 기하는 기관의 설치가 요청된다. 동시에 이 기관은 사무국이 들뜨는 것을 방지하고, 사무국에 권위를 부여하는 기관이 되어, 그리고 이 기관에 참여하는 위원의 산보운동의 이해에 도움이 되도록 조직되는 것을 요한다. 이들 기관은 이사회, 간사회, 참여회, 노무위원회 등의 명칭으로 불리며 그 인적 구성 및 임무는 제각각이다.

이상 각 기관이 설치되어, 산업보국운동이 개시되면, 당연히 사업활동이 이에 수반한다. 산업보국정신의 파악 실천에 기저를 둔 사업부문의 활동조직은, 근로자의 자주성, 발의성(發意性)을 손상함이 없이 진전을 도모하도록 조직되지 않으면 안 된다. 이를 위해서는 각 사업부문이 부회제를 취하는 것이 요청된다.

이상의 기관은 그 구성방법 및 운영의 여하에 따라, 산업보국회 전체의 활동에 중대한 관계를 가지며, 이 설치에 관해서는 각 사업장의 실정에 바로 응하도록 진중한 연구를 요한다. 그러나 적어도 천 명 이상의 종업원을 갖는 사업장에서는 위의 모든 기관이 현실의 과제로서 그 설치가 요청될 것이다. 그러나 중형 공장에서는 위 기관의 어느 것이 특별하게 설치되지 않아도, 산업보국회 전반의 운영에 지장은 없을 것이다. 또 소형 공장에 이르러서는 굳이 특별하게 간담기관을 설치하지 않아도, 전원 일체의 간담회가 운영될 것이다. 이들 각 사례에 관해서는 제2절 이하에 상세히 서술하기로 하고, 여기에서는 전체적인 구성에 관해 개념을 우선 서술하는 것으로 한다.

제2항 산업보국회와 노무관리

공장, 사업장에 있어, 산업보국회가 전항과 같은 구성을 갖고 실천활동을 행한다면, 산업보국운동과 노무관리는 어떠한 관계에 서게 되는 것일까. 본 규명에 앞서, 노무관리란 어떠한 것인지 살펴보자.

노무관리의 이념에 대해서는 여러 설이 있지만, "노동력을 적정하게 배치하고 이의 유지배양을 도모하고, 황국민으로서 교육을 시행하고, 이로써 생산을 최고도로 발양하여, 황국에 헌상하기 위한 경영지도자가 행해야 할 실천적 조직이다"라고 할 수 있을 것이다.

종래에 노무관리라고 하면, 기업경영자의 이윤추구의 필요 도구로 간주되어, 어떻게 하면 근로자의 노동능률을 향상시켜 이윤을 얻을 수 있을까에 중점을 두어서 노동력의 유지배양 및 근로자의 교육에 관해서는, 아무런 고려도 기울이지 않았다. 그런데 최근에 와서 노동력이 비정상적으로 부족하게 됨에 따라, 근로자의 모집대책을 노무관리로 생각하여, 그 모집에만 전념하고, 모집한 근로자를 적정하게 배치하고, 이들 보전교육을 어떻게 해야 할까에 대해 돌이켜 보지 않는 경향이 없지 않는 것이 아니다. 노무관리는 이러한 편의주의적인 것이 아니다. 그 목적은 자본의 일방적 지배를 허용하지 않고, 어디까지나 현하 우리나라 산업의 진실한 사명에 입각하여, 생산확충에 필요한 노동력을 보호육성하여 국가에 봉명하는 것에 있다.

따라서 관리는 과학적일 것이 요청되어, 여기에 있어 근로자가 갖는 신체적 및 정신적 자질과 능력의 함양과 발양을 과학적으로 연구하고, 함양과 발양을 저지하는 제 조건을 제거하고, 근로자의 창의와 능력을 최고도로 발휘시켜, 개개인의 노동생산성을 높이고, 국가생산력의 증강을 도모하는 노동과학의 연구가 요청된다. 노무관리는 이러한 노동력의 함양과 그 활용에 임하고, 이를 옹호하는 노동과학을 중핵으로 하는 것에 그 진정한 사명이 있다. 최근 잠시 세상 사람들의 관심이 노동과학의 긴요성을 향하고 있지만, 노동과학연구의 구제척 목표에 관해, 현하 일본에 있어 유일한 권위 있는 일본노동과학연구소 연구부에서 목하 연구되고 있는 연구 내용을 살펴봄으로써, 노동과학의 대요를 이해할 수 있다고 생각한다. 아래에 연구부의 일람표를 제시한다.(주)

(주) 일본노동과학연구소 발행, 『일본노동과학연구소의 현상』에 의함.

연구부

1. 연구회의
   1) 노동의 조직 및 배분에 관한 문제
   2) 노동조건 및 환경에 관한 문제
   3) 부인 및 소년의 근로에 관한 문제
   4) 농업노동 및 농촌생활에 관한 문제
   5) 노동자의 교육 및 생활지도에 관한 문제
   6) 산업경영 및 사회정책에 관한 문제
2. 연구부문
   1) 작업능력 연구부문
      국민체력, 산업심리학, 체질 및 성격과 작업능력, 체력의 생화학
   2) 작업조건 연구부분
      노동의 생리학, 기초신진대사의 연구, 작업의 심리학, 작업동작의 연구, 가사작업
   3) 작업환경 연구부문

기후와 노동, 생산과 조명, 생산과 음향, 유독가스, 공장 건축 및 노동자 주택, 작업장의 먼지

4) 집단 영양 연구부문

영양학, 비타민 및 염류, 공장식의 연구

5) 산업 피로 연구부문

정신적 피로, 신체적 피로

6) 직업성 질환 연구부문

직업병의 병리, 직업병의 임상의학

7) 산업재해 연구부문

재해의 의학 및 심리, 공장 재해

8) 농업노동 및 농촌생활 연구부문

9) 산업경영 및 사회정책 연구부문

여전히 전시하 노동과학의 임무가 점차 그 중요성이 더해지고 있어, 노동과학연구소에서도 전시긴급대책으로 다음의 11항목을 제시하여, 연구를 계속하고 있다.(『일본산업보국신문』 1941년 8월 2일 자)

노동과학 전시긴급대책

1. 전시하 생활자재 특히, 식, 의류 자재
2. 전시하 생활비
3. 야간작업 및 교대제
4. 부인노동 및 영유아 보호 대책

5. 소년 노무동원

6. 청소년공 대책

7. 실업 및 전업 대책

8. 휴양 및 질병 대책

9. 사회적 시설, 전시긴급 후생시설

10. 주택, 기숙사 대책

11. 농촌생활, 특히 생활비, 생활자재

이상의 연구대상이 나타내는 바와 같이 노무관리는 노동과학을 떠나서는 그 의의를 잃어버리는 것으로, 노동과학의 연구는, 노무관리를 더욱 과학적으로 전진시키는 유일한 무기라고 말할 수 있다.

그런데 산업보국회와 같은 근로조직체는, 노무관리가 기도하는 노동력의 배치, 보전, 교육을 합리적으로 실행하여야 할 객체이다. 노무관리는 경영지도자가 행해야 할 구체적 실천적 처치지만, 이 처리가 합리적으로 행해지기 위해서는, 객체인 산업보국회가 유기적으로 조직되는 것을 요한다. 따라서 노무관리는 산업보국회와 떨어질 수 없는 일체적 관계에 서 있는 것으로, 그 본질은 경영지도자가 지도자로서 책임을 지고 국가 목적에 따라 관리를 하는 것에 있다. 그러나 산업보국회에 있어, 그 본래의 사명으로 하는 근로자의 복리 후생 및 교육시설이 구체적으로 처치되어, 근로조직체 그 자신이 노무관리를 내용으로 하는 것을 구체화하게 된다면, 노무관리는 산업보국회의 중추부문이 될 것이다. 산업보국운동은 노무관리의 중추를 파악하고, 이를 실천하는 것에 의해 고차원의 근로협동체로의 발전이 가능하다. 산업보국회는 그에 따라 그 발전에 과학성이 더욱 부여되어 경영자의 실천적 처치가 과학화된다. 경영자의 실천적 처치가 산업보국회의 구체적인 실천에 의해 과학성이 부여되는 곳에, 근로자의 마음으로부터의 협력을 기대하는 지반이 제공되는 것이다. 따라서 사업장에 있어 행해지고 있는 노무관리는, 산업보국회의 활동에 의해 서서히 아니면 급격하게 산업보국회를 객체로 하기에 이르고, 그것이 더욱 발전하여 산업보국회의 중핵이 될 것이다.

제2절 산업보국회의 하부조직

하나의 집단이 일정한 방향을 향해 나아가기 위해서는, 이를 온양하고 육성하는 일정한 조직을 갖지 못하면, 도저히 그 목적을 달성할 수 없다. 그 집단이 클수록 잘 조직되어 있지 않다면 운영은 더욱 곤란해질 것이다. 예를 들면 조직화되어도, 머리부분만의 조직이 되어, 상부조직을 쌓아 올리는 기초적 지반인 하부구조가 무조직인 상태로 방치된다면, 상부의 의사는 하부에 철저화되지 못하고 하부의 의사는 각자 제각각이 되어, 하나의 집단을 적극적으로 고조시키는 힘이 부족해진다. 이를 아래로부터 북돋우는 전체적인 운동으로, 위로부터는 지도자 원리에 근거한 적격한 지도를 행할 수 있는 조직체가 되기 위해서는, 그 조직체가 유기적으로 조직되지 않으면 안 된다. 유기적인 조직체는, 상부의 의사가 하부에 침투하고, 하부의 의사가 전체적 의사가 되어 상부에 상통되는 혼연일체적 통체이다. 그 유기적 조직체 구성의 기초를 구성하는 것은, 그 조직체를 결성하는 각 분자로 구성된 하부구조체이다. 일체의 조직은 하부조직에 기초를 두고 성립하는 것이다.

최근 정치 분야에 있어, 이 하부조직의 문제가 주목되어, 대정익찬회는 거점이 되는 기초를 상회, 도나리구미 등의 지역 단체인 하부조직에 두어, 이제는 하부조직의 편성은 시국의 각광을 받아 재인식되어 왔다. 산업보국회는 경영자와 종업원의 일체적 근로협동체인 이상, 의존하는 종업원에게 조직적 지반이 형성되지 않으면 안 된다. 이 지반이 조직화되어, 상의가 하달되고, 하정이 상통되는 최하부조직이 되는 곳에 산업보국회의 계통적 조직화의 의의가 생기는 것이다. 공장사업장의 명령계통이 크게는 위로 사장, 지배인, 기사장 혹은 공장장에서 부장, 과장, 계장, 직장으로, 설령 몇 단계 나뉘어져 있어도, 이 직제상의 질서가 엄연하게 유지되고, 각각 그 직분을 준수하고 명령이 하나의 그물을 다루듯 철저하고, 그 위에 온양된 하정이 썩지 않는 것이야말로, 천 아니면 만을 넘는 다수의 사람들이 정연하게 그것을 얻어 작업할 수 있는 것이다. 하지만 공장의 규모가 커지면 커질수록 상부의 의사는 중간에 멈춰 하부에 전달되지 않는다. 그리고 하부의 의사도 마찬가지로 상통되지 않는다. 이렇게 철저하지 못하면 아무리 조직된 명령계통이라도 그 본래의 기능을 발양하는 것은 불가능할 것이다. 이를 보완하고 명령계통으로서 성립하기 위해, 하부조직으로 6인 내지 10인을 단위로 하며 새로운 근로정신으로 단련된 조직 모체를 기초로 하는, 유기적 조직체를 직장에도 두지 않으면 안 된다. 이 조직 모체는 일본 고래의 전통적 정신을 가지고, 메이지 유신까지 이어져 지금 현대에 부활하는 5인조 제도가 갖는 역사성과 일본적 성격에서 많은 것을 배우고 취하지 않으면 안 된다. 그 역사와 성격을 검토하면 직장에서 조 제도의 의의가 철저하게 될 것이다.

제1항 조(組) 제도

1. 조 제도의 역사와 기능

조(組) 제도는 일본에서는 5인조라 불리며, 거슬러 1,300년 전의 옛날, 다이카 개신 직후 고토쿠(考德) 천황 때인 652년(白雉하쿠치 3) 4월, 이 제도가 설치되었다는 것을, 우리들은 『일본서기』 안에서 발견하는 것이 가능하다. 이 제도가 어느 정도 실행되었는지는 분명하지 않지만, 그 후 이 제도는 더욱 다이호(大寶) 율령, 요로(養老) 율령에 의해, 상당히 널리 행해지고 있었던 것 같다.

중국에서는 보갑제도라 칭하여, 주공 시대까지 그 기원을 거슬러 올라갈 수 있다. 주 시대에서 진, 한을 거쳐 수, 당, 송으로 순차 시행되어, 보갑이라고 명칭을 부여하여 널리 천하 국가에 이 제도가 행해졌던 것은, 지금으로부터 약 870년 전 송 신종 때이다. 그 후 원, 명, 청의 역대 왕조에서 이용되어 그사이 많은 변천의 역사를 반복하며, 오늘날의 촌락 조직의 중심을 이루고 있다.

조선에서는 『경국대전』의 「호전(戶典)」 중에 "통"이라고 칭하며, 5인조를 천하에 시행하려고 하는 의도가 있었음이 분명하다. 이는 고쓰치미카도(後土御門) 천황 때인 1474년(文明분메이 6), 즉 오닌(応仁)의 난 발생 후 3년에 해당하는 때이며, 어느 정도 보급되었는지는 분명하지 않은 것 같다.

타이완에도 또한 보갑제도가 있지만, 중국 본토에서 언제 전승되었는지, 또 실제 어느 정도 시행되었는지는 분명하지 않은 것 같다. 이처럼 5인조 제도는 과거 우리나라, 중국, 조선,

타이완 일대에 존재한 것이지만, 그것이 어떠한 기원에 근거한 것인지, 또한 동일 기원에 의한 것인가, 동시적인가, 이지적인가 그 발생한 시기도 불분명하지만, 이러한 제도가 발생한 사회적, 경제적 조건이 각각 존재하고 있었다는 것에는 틀림이 없을 것이다.

그런데 일본에서 근세 시대 발전한 5인조는, 1,300년 전 발전한 5인조의 흐름을 이어받아, 그것을 전면적으로 계승한 것인지 아닌지에 대해서는 분명하지 않다. 오히려 근세의 5인조는, 한동안 흔적이 사라진 것을 무로마치(室町) 시대 중기 이후, 그 필요성에 따라 조다이(上代)[7] 고호(五保) 제도[8]가 시사하는 바와 같이, 독자적으로 발달한 것이 아닌가 생각된다.

근세 초기의 오닌의 난 이후 전란에 전란이 이어지는 소위 전국시대에 돌입하고, 군웅이 할거한 제후는 군사적 및 경제적 능력을 최고도로 발양하여 영토를 확대하고 새로운 조직 체제를 수립해야 할 필요에 처해 있었다. 여기에서 제후는 자기의 군사적 능력을 증대하고, 전투 능력을 기르고, 군기를 지키며 서민을 도우며 군의 위신을 떨어트리지 않을 필요가 생겨, 무사 사이에서는 5인조 또는 10인조를 만들어 서로 도와주고, 서로 경계하며 군기의 유지에 힘썼다. 이는 다케다 신겐(武田信玄)의 『고요군칸(甲陽軍鑑)』[9]의 “하타모토 진지구축은 하야토(原隼人)로 하여금 신겐공이 궁리를 하여, 3만 5,500명을 5인조로 편성하였다”라는 대목을 보아도 분명하다. 이를 널리 일반적으로 무사 계급에 보급시킨 것은 도요토미 히데요시(豊臣秀吉)이다. 히데요시는 1597년(慶長게이쵸 2) 3월 무사에게는 5인조, 게닌(下人)에게는 10인조를 만들어, 각각의 연대책임과 군기의 유지를 도모하였다. 즉 기리스테 고멘(切捨御免)[10], 쓰지기리(辻切)[11], 소매치기, 도적 등을 엄금하고, 조원 중 이러한 행위가 있을 경우에는, 처벌받아도 이의가 없다고 하는 규정을 만든 것이다. 이러한 것은 히데요시 직할의 부하만이 아니고 널리 제후에게도 퍼졌다. 이는 무사 계층의 전투력의 증대뿐만 아니라, 군기의 유지에 중점을 두어, 서민 계층의 지지를 얻는 것에 노력하였다.

---

7 통상 고대의 아스카(飛鳥) 시대 후기에서 나라(奈良) 시대를 지칭한다.

8 촌락에서 상호부조 등의 목적으로 50호 정도로 편성한 조직.

9 다케다 신겐의 군사적 전술, 전략을 기술한 병서이다.

10 모욕을 당했다고 느낀 무사가 상대를 살해하는 행위를 말한다.

11 무사가 통행인을 아무 이유 없이 칼로 베는 행위를 말한다.

5인조의 기원은 오래되었고, 어느 시대부터 이러한 명칭이 사용되었는지는 불명확하지만, 호즈미 노부시게(穗積陣重) 박사는 『5인조 제도론』에서 『유라가 전기(由良家傳記)』와 1536년(天文덴분 5) 『백성 처벌법도(百姓御仕置法度)』 중에 쇼야(庄屋)[12] 5인조의 명칭이 있어, 이 이전에 이 명칭이 사용되었는지는 단언할 수 없다고 하고 있지만, 이 제도를 가장 잘 정비확충하여 활용한 때는 도쿠가와(徳川) 시대이다. 교토(京都)에서의 10인조, 5인조, 요네자와번(米沢藩)의 5인조, 요잔(鷹山)공[13]의 고쥬구미아이오키테가기(伍什組合掟書)[14]를 거쳐, 간에이(寛永)[15] 이후는 거의 완비되었다고 이야기되고 있다. 이러한 정비의 조건을 당시의 사회적 경제적 조건에서 구한다면, 변동기의 사회 불안에서 구할 수 있을 것이다. 특히 도쿠가와 시대에 농촌은 사회불안이 심각하였다. 도쿠카와 시대 초기에는 도요토미의 잔당 및 주군의 폐절에 의한 낭인의 횡행, 기독교 금지에 의한 은닉 등의 사회불안이 격화되어, 이에 대한 단속, 검색 등에 5인조 제도를 활용하였다. 이 사이 농촌 공황이 뿌리 깊게 각부에 침투하여, 결국에는 농사장려, 경작지도, 농촌의 순화에, 설령 그것이 조세징수의 수단이라 할지라도, 건설적인 방향으로 5인조는 활용되고 보급되었다. 메이지 초년에 이르러, 경찰, 조세, 근농, 호적, 체전 등 법이 점차 개정됨에 따라 5인조는 잠시 그 효과가 감소하지만, 다무라 히로시(田村浩) 박사의 『5인조 제도의 실증적 연구』에 의하면, 도호쿠(東北) 지방에는 오랜 전통을 가지는 5인조가, 일상적으로 지속되고 있는 마을이 상당히 많다고 언급하고 있다. 그 외 시가현(滋賀県), 교토부(京都府), 시마네현(島根県), 아이치현(愛知県), 미야자키현(宮崎県), 에히메현(愛媛県)의 농촌에는 상당수 이 제도가 지금도 상존하고, 그 생명을 유지하고 있다.

이러한 역사적 의의를 갖는 5인조는, 그렇다면 어떠한 역할을 한 것일까. 이것을 검토하는 것은 직장에서 조 제도의 설치에 중대한 관계를 갖는다. 5인조의 조직은 5호를 1단으로 하는 것을 통례로 하고, 농민들에게는 지역단체임과 동시에 이웃끼리 상호 도움을 주는 인보(隣保)단체이다. 즉 도시지역이라면 옆집, 농촌이라면 가장 가까운 곳이지만, 무사계급에

---

12 무라(村)의 행정을 담당하며, 지금의 촌장.

13 우에스기 요잔(上杉 鷹山), 요네자와번(米沢藩)의 9대 번주.

14 서명은 『農家伍什組合掟書』, 요네자와번(米沢藩)에서 농민에게 배포한 규정서로, 5인조, 10인조 등이 상호 부조하도록 통달하고 있다.

15 일본 연호로, 1624년부터 1645년까지를 이른다.

서는 신분, 재산, 문벌에 의해 정해지는 경우도 있었다.

그런데 그 기능에는 호즈미 노부시게 박사의 『5인조 법규집』, 동 속편 및 『5인조 제도론』을 보면, 5인조 법규에 나타나는 것을 크게 다음과 같이 4항목으로 분류할 수 있을 것이다.

1. 사회질서의 유지에 관한 것
2. 조세 징수의 견실화와 농촌의 보호조장에 관한 것
3. 윤리 관념의 조성에 관한 것
4. 기타

이제 법규의 실제를 살펴보기로 한다.

1. 사회질서의 유지에 관한 것

막부가 가장 중점을 두고 주안점을 둔 것은 사실 이 사회 질서의 유지였다. 세상은 바야흐로 혼란의 시대, 말하자면 무질서의 시대였기에, 여기에 질서를 부여하고 무사는 무사로서 신분 지위, 농민은 농민으로서 신분 지위를 자각시켜 농민을 지도하고 봉건사회를 건설하는 것이 필요하였다. 따라서 이를 위해서는, 공의를 중시하게 하고, 막부의 권위를 사, 농, 공, 상의 각 사회계층에 심어 이를 통일하는 것이었다. 이를 위해서는, 신분적으로는, 백성의 무사에 대한 예의, 검 휴대의 금지, 본업을 염려하여 무예 수련을 금지하고, 한편으로는 조원 상호 간의 검색 의무, 범죄의 고발, 범죄인의 체포, 가렴주구에 의해 발생한 농민의 도망 방지, 타 번 출신인의 거주, 결락자와 추방자에 대한 엄중한 단속, 장물 취득, 도박 금지, 풍기 단속 등 다양한 의무를 5인조 구성원에게 부담을 지웠으며 그 외, 기독교의 전파에 관해서는 극단적으로 금압을 가하여 사회질서의 유지를 맡도록 하였다. 동시에 사회질서의 유지는 관리 즉 무사계급의 규율 유지에 미치는 영향이 크기에, 이와 관련하여 뇌물 및 향응 금지에 관한 규정을 두는 등 각자의 자각과 주의를 환기하고, 벌칙을 통해 사회질서의 유지를 도모하였다.

2. 조세 징수의 견실화와 농촌의 보호조장에 관한 것

봉건 제후에 있어 유일한 재원은 쌀이었다. 녹봉이 쌀로 표징되는 바와 같이, 재정의 중핵을 이루며 화폐의 뒷받침이 되는 것은 쌀이었다. 따라서 국부는 총 국민의 생산력과 납세력에 의존하고 있었으므로, 막부로서는 농민의 보호육성에 주력하고 납세의 만전을 기하지 않으면 안 되었다.

따라서 5인조 법령 중에는 이에 대한 규정이 많아, 조세의 의무, 부과, 조미의 보존, 운송 및 납부의 방법에 이르기까지 상세하게 규정하고 있다. 예를 들면 연공미의 품질과 양을 음미하라든가, 납기를 준수하라든가, 쌀 창고의 보안 경비를 하라든가, 연공미를 납부하기까지는 매매해서는 안 된다든가, 빚을 갚으면 안 된다는 규정을 통해 연공미의 확보에 만전을 기하였다.

이러한 연공의 징수가 막부에게는 가장 중요한 제일의 재원이었기에, 이를 농민에게 부과함과 동시에, 농민을 보호육성하여 조세를 확보하는 제 방책을 강구할 필요가 있었다. 이를 위해 소위 근농법으로, 농업장려와 경작 지도조항을 조의 법규에 명시한 것이다.

이러한 정책은 다른 한편으로, 오닌의 난 이후의 피폐와 혼란에 빠진 농촌을 재건하는 것과 관련이 있지만, 재건은 농촌뿐만 아니라, 국가의 각 분야에 걸쳐 실시되었다. 이 농촌의 재건을 위해 채택한 방책은 여럿 있지만, 이를 명확하게 하는 것은 본 항의 취지가 아니지만, 이를 열거하면, 논밭의 황무지화를 방지하고 식수를 장려하고 해충의 구제법을 전수한다든가, 모종을 둘러싸는 방법, 독신의 병자 및 고아의 논밭 공동경작 및 부조, 용수에 관한 분쟁 금지, 공동 수로 등으로, 홍수 경계의 공동 책임, 도로, 교량의 수리, 제방의 식수를 위해 대나무숲의 무단 벌채 및 쥐불 금지, 옻나무, 닥나무, 뽕나무 등 식수를 행하는 등 산림, 대나무숲 보호에 힘쓰고, 일반 농민의 근면을 장려하고, 나태자를 제재하고, 조원 상호 훈계하며 자치적으로 농촌을 재건하는 방책을 취하고, 이 갱생책을 조에 맡긴 것이지만, 이것이 농촌의 보양이 되고, 조 제도가 붕괴 직전의 농촌을 구제한 공적은 무시할 수 없다.

3. 윤리 관념의 조성에 관한 것

조 제도는 일반 서민의 일상생활에 관한 것으로, 법규 중 사적 생활에 관한 것이 상당히 많다. 농촌에서는 농촌 전반의 번영과 통제를 위해 마을의 공동 책임과 공동의무를 역설한 것도 상당히 많다. 그러나 5인조 제도가 지향하는 윤리는, 상부로부터 명령하는 것보다 조 안에서, 즉 마을의 공동생활 속에서, 자연발생적으로 솟아난 자치적 형태를 갖는 것도 많다.

마을의 공동 부조와 공동 경비와 같이, 농촌 안에서 자연발생적으로 형성된 미풍도 있지만, 혹은 덕행을 장려하고, 혹은 불의를 경계하고, 풍속을 바르게 해 백성으로 하여금 선행을 하도록 위로부터 조성된 것도 있다. 이들 윤리관이 어떠한 형태로 행해졌는지를 구체적 사례를 통해 보도록 하자.

먼저, 첫 번째로 충효, 경애, 화목, 근면의 장려이다. 선행자를 보고하도록 하고, 스승을 존경하고 노인을 공경하는 것을 가르치고, 빈민의 구조를 행하고, 어린아이를 버린다거나 살생을 금하는 등 자선을 가르쳤다. 또한 신분관계 내에서 특히 엄중히 하여, 백성과 조닌의 무사계급에 대한 의례를 정하고, 검의 휴대를 금하여 신분 관계의 유지에 노력하였다. 특히 악풍의 교정에 관해서는 많은 고심을 하여 5인조를 활용하는 것은 물론이거니와, 이를 마을 전체에 파급시켜 마을의 명예를 확보하도록 지도하였다. 즉 공동적 제재와 의무를 부과하여 교정에 힘쓴 것이다.

4. 기타

사치를 금하고 절약을 권장하는 법규는 5인조 장부 중에 그 수가 아주 많다. 의복, 음식, 집의 제한에서 유흥향락에 이르기까지 세밀한 규정을 두어, 백성이 따르도록 하였다.

이와 같이 5인조법은, 인민 일상생활에 직접 관계하는 것뿐 아니라, 윤리적 법규가 많이 제정되었지만, 이외 양자, 혼인, 재산상속, 전답 매매 등의 소위 민사에 관한 것, 혹은 강소를 금지한다든가, 중재를 권하는 등 소송에 관한 것도 행해졌지만, 대체적으로 주요한 사항은 이상 언급한 것이다.

여기에 있어, 이 5인조 제도의 역사성과 기능을 어떻게 직장에 이식하느냐가 문제가 되는데, 이를 위해, 조는 더욱 그 현대적 의의를 기다리지 않으면 안 된다.

2. 조 제도의 본질

조는 두 개의 이론적 근거를 갖고 있다. 그 하나는 집단주의이고, 첨병주의이다. 이를 우리의 현실의 직장에서 구해보자.

우리의 생활은 집에 돌아가서는 가정, 공장에서는 직장을 중심으로 영위되고 있다. 그 직장에는 다수의 사람들이 모여 근로하고 있다. 그 한 사람 한 사람이 따로라고 한다면 따로이겠지만, 결코 따로일 수는 없는 것이다. 거기에는 큰 목적을 위해 협동하여 일하고 있는 인간 동지의 분리할 수 없는 밀접한 연결이 이미 시작되어 있다. 지금까지처럼 자신 한 사람이 좋다면 다른 이는 어떻게 되더라도 상관없다고 하는 이기주의는, 집단생활에서는 허락되지 않는다. 더구나 개인주의, 자유주의를 지양하고, 전체주의의 체제를 정비하고, 각 개인은 각자의 직분에 따라 국가의 생성 발전에 기여해야 할 때, 시국의 절대적 요청에 기초하여 일반 국민 사이에서는, 도나리구미(隣組)가 국민조직의 기본 조직으로 구축되고 있다. 메이지 유신 당시, 서구 선진 제국의 문화를 일찍 학습하고 수용하는 것을 목표로, 봉건주의의 껍데기를 부수고, 모든 분야에 걸쳐 개인의 자유를 허용하는 것에 의해, 개개인의 능력은 최고도로 발양되어, 이 70년 사이에 우리 나라의 지위 향상, 국력의 증강, 문화의 발달은 현저한 것이었다. 그러나 자본주의는 그 자체가 개인주의, 자유주의를 그 본질로 하는 것이다. 따라서 우리나라가 역사의 발전단계에서 언젠가는 도달해야만 하는 자본주의를 재빨리 수용하여, 국력의 증강에 도움이 되도록 한 것이지만, 여기에는 필연적으로 개인주의, 자유주의가 수반하고, 이것만을 제외하고 수용할 수 없었다. 개인주의, 자유주의야말로 이미 뒤처진 우리나라의 산업계에 위대한 발전의 생동감을 부여하여, 그 비약을 약속하였다. 이 당연의 귀결로서, 개인주의, 자유주의는 경제의 부면에서 일상생활 방면으로까지 확대침투하여, 자본주의적 문화가 표면에 표출되었다. 그리고 산업계가 겨우 구미제국과 어깨를 나란히 해도 손색이 없을 정도로 된 경우에는, 자본주의의 많은 폐해가 각 분야에서 나타났다.

먼저 도시를 시작으로, 공장에서 차츰 가정으로, 농촌으로 파급하여, 가족도 돈 앞에서는 가족이 아니라 타인이라는 관념이 확산되어 지금까지도 상당히 존재하고 있다. 이와 같이 철저한 물질주의, 개인주의가 가족간에 행해져서는, 공장에서도 고립적으로 되어, 우애도, 동지애도, 근린애도 모두 매몰되는 것은 당연한 것이다.

그러나 1931년(昭和 8) 만주사변 이후, 우리나라의 조야에서는 예기치 않게 우리 국체에 관한 인식과, 그 독자 사명에 관한 국민적 자각이 갑자기 일어나, 일본주의적 지도정신이 전국에 철저되기에 이르러, 국민은 이제 자신만이 좋다면 그것으로 족하다는 단순한 개인주의에 매몰되지 않게 되었다. 개인은 전체를 살리기 위해 살고, 개인의 생명은 국가와 연결되어 있다는 것을, 이제 와서 인식하게 되었던 것이다. 국가가 있기에 국민이 존재하는 것이다. 국가를 망각하고 국가의 생명을 자신의 생명으로 생각하지 않는다면 개인의 생명은 소멸한다고 하는, 이 국가를 중심으로 확실한 기반을 우리 국체의 본의에 둔 사고가 대두하였다. 이를 작게는 가정을 중심으로 한 집단을 토대로 하는 새로운 국민조직을 창설해 온 것이다.

오늘날 도나리구미는 지역적으로 접근해 있다는 이유만으로, 맞은편 세 집과 양편의 두 집, 즉 가까운 이웃은 그 생활양식, 생활정도, 직업 및 이해의 여하를 불문하고 하나의 집단으로서, 국책 실현의 새로운 조직의 모체가 되도록 육성되고 있다. 그러나 농촌과 같이 전부의 생활이 공동의 이해와 흥미로 연결되어 있는 곳은 생활의 공감으로 느끼는 부분이 상당히 많지만, 도회 생활에서는 그 사회적 및 경제적 조건이 불균등하여, 생활의 공감을 환기할 아무것도 없다. 굳이 구하자면, 육아의 문제와 소비생활 면일 것이다. 어린이의 생활에는 울타리가 없다. 따라서 어린이에게 좋은 습관을 협동해서 들이는 것은 도나리구미 동지가 상호 협력하지 않으면 불가능하다. 또한 소비생활의 면에서는 공동 메뉴, 재료의 배급, 통제물자의 배급 등의 면으로 연결되는 것 외에, 각자 갖고 있는 지식과 경험을 교환하여 경제생활의 합리화를 도모할 수 있을 것이다. 그러나 다른 사회적, 경제적 지반 위에 구축되는 것을 영속화하기 위해서는 적극적 열의와 외부로부터의 강제력 외에도, 이를 결속시키는 사회적 요인이 적극적으로 부여되어야만 한다. 이에 반해 우리의 직장은 어떠한가. 무엇 하나 이질적인, 비협동적인 것은 존재하지 않는다. 모두 동일한 경제적, 사회적 지반 위에 서 있다. 같은 공장, 같은 직장에서 같은 솥의 밥을 먹고 같은 일을 한다. 아침 저녁으로 같은 문을 같은 복장으로 다닌다. 같은 사장을 지휘관으로 하고, 같은 시간을 근무한다.

직장에는 이와 같이 무엇 하나 생활의 공감으로 충만하지 않는 것이 없다. 이 생활의 공감인 협동 정신의 유대가 거기에서 일하는 자의 정신과 결부되면, 직장은 이제 고립된 개인들로 성립하는 것이 아니고, 협동 정신으로 결합된 훌륭한 협동체이다. 협동체는 인간 외적으로 결합이 아니다. 그것이 단순히 향락이나 이해, 유희로 연결되었다면, 그것은 협동체가 아니다. 협동체는 협동 정신으로 연결되어 개개인이 그 정신을 중심으로 행동하는, 생활이 아니면 안 된다. 따라서, 개인은 협동체의 지체로서 자기를 자각하는 것이다. 협동체에서는 분리된 개인의 체험이라고 하는 것은 없으며, 협동체 자체로서의 경험만이 있을 뿐이다.

하나의 직장이 공동의 일을 목적으로 하는 단체인 이상, 생활에서 동료 정신이 분출되지 않으면 안 된다. 이제 직장 안에서는 독립적인 개인이 아닌 것이다. 사람은 종종 협동체도 개인의 모임에서 성립한다고 하지만, 물론 협동체 안에 개인이 존재하지만 그것은 협동체에서 분리된 독자의 개인이 아닌, 협동체적 정신을 품고 간직한 개인이 아니면 안 된다. 따라서 협동체 안에는, 개인적 이해와 상충되어도 그것을 참고, 희생하는 숭고한 정신이 필요하게 된다. 그러나 우리의 직장은 아직 이러한 동료 정신과 신종의 정신이 결여되어 있다. 이의 확립이야말로 가장 중대하고 긴급한 것이다. 더구나 이 확립의 기초는 지도자, 동료 및 근로에 대한 공동의 성실함이 필요하다. 이러한 것이 직장생활의 기초를 이루는 것임을, 설령 일반이 인식한다 해도, 이를 육성하는 기초조건이 직장에는 부족하다. 협동 정신을 발양함에 부족함이 없는 주체적인 조건이 구비되어 있으나, 이를 육성할 조직이 없다. 이 조직은 주어지는 것이 아니라, 직장 도처에 있다. 동일 공장 내의 제한된 하나의 직장. 이런 생활 속에서 동료간 진정한 애정이 샘솟아, 가까이 접근하는 동지 중에 협동 정신이 만들어지지 않으면 안 된다. 여기에 조 제도의 싹이 있다. 손을 뻗으면 탄생할 수 있는 실마리가 직장의 저곳, 이곳에 있다. 따라서 그의 염려는 나의 염려라고 서로 고통을 나누고 서로 도와, 걱정이나 불안을 해소시키는 것이 가능하다면, 이는 이제 개인주의가 아니고, 전체주의이다.

또 하나, 조는 지도자 원리에 근거한 첨병주의 이론에 근거한다. 다수의 종업원을 거느리는 공장에 있어, 일정한 지향과 목표를 부여하여, 집단을 협동체가 기도하는 방향으로 지도하기 위해서는, 최소단위로 세포화하여, 그 세포에 명령과 위령이 신속하고 정확하게 전달되는 철저한 조직형태를 취하지 않으면 안 된다. 획일적으로 목표가 없고. 아무런 조직이 없는 집단의 통솔은 불가능에 가까울 것이다. 하나의 협동체를 구성하는 각 개인의 의사는 천차만별이기에, 협동체에 대한 열의와 의식의 정도에도 각각의 차이가 있다. 따라서 조직이 확립되지 않은 집단에서는 협동체 그 자체가 취약하고, 외적인 유혹이나 압력에 바로 혼란이 일어나고, 내부는 늘 동요한다. 이는 사람이 많으면 많을수록 혼란과 동요가 격심해진다. 이러한 조직체는 이제 협동체가 아니다. 각자의 자의와 이해에 의해, 사람들은 자기를 살기에 전념하고, 협동체의 발전을 통해 자신을 살리려는 것은 꿈에도 생각하지 않을 것이다. 이를 방지하고, 여기에 질서와 규율을 부여하는 것이 조직이다. 그 조직은 최하부의 세포로부터 점차 쌓은 피라미드형의 유기체가 아니면 의의를 갖지 못한다.

현재 이곳에 한 사람의 훌륭한 지도자가 있어도, 그 지도자가 십만 명의 인간을 자기 혼자서 지도하는 것은 불가능하다. 한 사람이 열 명을, 열 명이 백 명을, 백 명이 천 명을 지도하는 조직이 만들어진다면, 한 사람이 십만 명을 지도하는 것이 가능하다. 왜냐하면 한 사람이 열 명을 지도하는 원리는 만 명이 십만 명을 지도하는 원리이기 때문이다. 이리하여 피라미드형으로 조직을 유기적으로 편성한다면, 피라미드의 상단의 명령이 지체의 각부의 구석구석까지 바로 전파될 것이다. 피라미드의 상부는 저변을 도외시하여서는 성립하지 않는다. 즉 언뜻 아무리 상부구조가 훌륭하더라도, 조직적으로 정비된 하부조직 위에 세워진 구조가 아니면 탄탄한 존립을 유지하는 것은 불가능하다. 거꾸로 말하자면, 저변을 구성하는 하부조직이야말로 상부를 구축하는 토대이다.

이제 조직되지 않은 집단에 관해 생각해 보자. 정치 연설에 모인 집단은 협동체가 아니다. 그러나 이 집단을 일정한 목적으로 묶기 위해서는 이를 묶을 방책이 필요할 것이다. 그것이 정치 연설이라면, 먼저 연설자가 청중을 매료시켜야 한다. 동시에 연설의 내용이 청중의 기호에 부합하여야 한다. 이때 장내의 누군가가 그 연설을 단념하고, 가장 먼저 자리에서 일어나 밖으로 나오는가 하면, 바깥쪽 특히 입구에 가까운 자리에 있는 자다. 생각건대 이는 당연한 것이다. 입구 근처 더구나 바깥쪽에 있는 사람은 원심력이 더 많이 작용하기 때문이다. 즉 장외로 나가려고 하는 원심력이, 연설자와 내용이 갖는 구심력보다 강하게 작용할 때에는, 원심력이 이겨 청중은 밖으로 나가는 것이다. 이와 반대로 자리의 앞쪽 또는 중앙에 있는 자는, 설령 원심력이 그 연설자와 그 내용이 갖는 구심력을 이기더라도, 구심력에 더해 중도에 자리를 뜨는 것은 연설자에게 눈에 띄어 미안하다든가, 다수의 속에서 밀어 젖히며 나오는 것이 부끄럽다든가, 귀찮다든가 등의 여러 조건이 더해져, 원심력을 막아, 장외로 나오는 것을 주저하게 된다. 그러나 이 집단에 첨병을 풀어, 연설자의 연설에 일치하여 박수를 보내거나 또는 집단을 흥분시키는 자극을 준다면, 원심력은 상당히 감소되어, 그 집단은 일정한 방향으로 지향될 것이다. 더욱 이러한 것이 일정한 조직을 갖고 있다면, 이 조직 중에 열 명에 한 명, 백 명에 열 명의 첨병이 각자 자신의 한정된 집단을 유지하는 것이 가능할 것이다.

이러한 하부조직의 정비에 의해 이를 통솔하는 지도자의 지도력이 신속하게 적격하게 그리고 정확하게 하부에 침투되어, 최소 조직의 모체가 지도에 근거하여 충실하게 행동한다면, 아무리 조직이 크다고 하여도 혼란을 야기할 일은 없다. 이는 직장에서도 마찬가지이다. 아무리 명령체계가 확립되어도 이를 수용하는 측이 조직되어 있지 않다면, 명령이 철저히 실행되지 않을 뿐만 아니라 아래로부터 고조되지도 않는다. 조직되지 않은 직장에 조직을 부여하여 협동 정신을 불태워, 협동체를 만드는 토대는, 각각 제각각의 의사를 가지는 개인이 아니고, 개인이 각각의 의사를 지양한 사람들의 인격적 결합체가 아니면 안 된다. 따라서 가장 인격적 결합을 용이하게 하는 다섯 명 내지 열 명을 기조로 하는 협동체를 토대로 하는 것이야말로, 협동 정신을 기조로 하는 조직의 성립을 가능하게 한다.

직장에 있어 우리는 모두로부터 분리된 단순한 혼자만의 개인이 아니다. 서로 모여 전체를 고조시키는 소중한 힘의 하나다. 이 힘을 더욱 강하고, 단단하게 하기 위해서는, 아무래도 하나의 협동체를 만들지 않으면 안 된다. 그를 위해서는 먼저 같은 직장에서 일하는 동료가, 서로 다가가는 영혼 아래에서, 손을 꼭 잡고 새로운 근로정신으로 단련된 근로협동체 조직의 모체를 결성하지 않으면 안 된다. 직장의 전 종업원이 만들어내는 조직의 모체 위에, 상부구조가 전체적인 관계하에 유기적으로 구축되어, 하나가 되어, 산업보국정신이 관철된 강대한 조직체를 건설해, 이 대조직을 육성하고 구축해 가는 중요한 조직의 모체가, 즉 뿌리가 '조(組)'이다.

이 조야말로 산업보국회의 조직 모체이다. 산업보국회는 개개인에 의해 결성되지만, 이 개인이 개인적인 입장을 최초로 지양하는 일정 집단인 조에 기초를 두는 것에 중요한 의의가 있다. 이 최소단위인 조가 몇 개 모여 반 또는 계와 같은 단위가 되고, 그것이 또 모여 과 단위가 되고, 부 단위로 정리가 되어, 산업보국회의 유기적 대조직이 형성되어 간다.

그러나 이렇게 만들어진 조직에 도대체 어떻게 빨간 피를 통하게 하면 좋을까. 그것은 말할 것도 없다. 동아신질서, 고도국방국가 건설이라는 우리 일본의 위대한 국가적 사명의 수행을 위해서라면, 우리 근로자는 산업보국의 무거운 책임을 다하지 않으면 안 된다는, 목숨을 건 피가 아니면 안 된다. 이 피가 산업보국정신을 중심으로 일치단결하여, 근로자는 강철같은 의사를 상호 교류하고, 그 영예와 책임을 다하도록 충성을 맹세하고, 경영자는 지성으로 근로자를 보호하고, 사업 경영이라는 국가적 임무를 다하는 것에 산업보국운동의 의의가 있다.

이러한 중대한 임무와 책임을 갖는 조직은 어떻게 편성해야 할 것인가.

3. 조의 편성

1) 조의 편성방법

직장에서의 조의 편성방법에 관해서는, 직장의 지역을 중심으로 한 것과, 생활의 공감, 조의 동료 정신을 중심으로 하는 것, 두 가지를 생각해 볼 수 있다. 물론 이 두 가지가 일원적으로 통합되어 편성되는 것이 이상이지만, 작업의 성질 및 상태에 따라서는, 일원적으로 통합하는 것이 곤란할 것이다. 그러나 이를 편성함에 있어, 어디까지나 조는 직장의 지역제를 중심으로 편성되어야 한다고 생각한다. 지금 두 가지를 제시하면,

(1) 직장의 지역을 중심으로 편성하는 것

이 경우는 도나리구미가 맞은편 세 집과 양편 두 집으로 편성되는 것과 같이, 동일 작업장에서 지역적으로 편성하여, 가능한 동종의 작업에 종사하는 자를 가지고 조직하는 것이다. 따라서 미성년자이든, 성년자든, 또한 남녀별, 경험공, 미경험공, 통근공, 기숙사공의 여하를 일체 묻지 말고, 작업공에 있어 맞은편 세 집과 양편 두 집과 같이 조를 편성하는 것이다.

(2) 생활의 공감을 중심으로 편성하는 것

원칙적으로, 동일 조직 직장에 있는 동종의 사무, 노무에 종사하는 자로 편성하는 것이지만, 가능한 아내가 있는 자와 독신자, 연장자와 연소자, 경험자와 미경험자 등 조

건이 다른 자들을 구분하여, 물론 남녀는 별개로 하고, 거주지에 관해서도 인접해 있는 자들로 조직한다.

이 양자를 비교해서 보면 생활의 공감이라는 입장에서, 혹은 청년의 지도는 청년의 손으로라는 점에서 말한다면, 후자가 유리할 것이다. 다만 작업의 실체와 밀접하게 결합되어, 맞은편 세 집과 양편의 두 집씩의 지역적 인접자로 조직하는 것이, 의사소통을 도모하는 것뿐 아니라, 여러 면에서 편리한 점이 많을 것이다. 그에 더해, 직장 밖의 생활은 모든 집회단체가 성별, 연령대별로 편성되어 있다는 것을 생각하면, 직장의 조직만이라도 동종의 작업을 중심으로 하는 지역적인 것으로 편성하는 것이 좋지 않을까.

그러나 후자의 방법으로 조직이 가능한 곳은, 후술하는 산업청년대의 결성에 상당한 편한 점이 있다. 따라서 이는 직장의 실정에 따라 각자 편성의 방법이 달라지는 것은 당연한 것이지만, 동종의 작업에 종사하고, 동일 직장 내에서, 더구나 가능한 인접한 자로 편성하는 이 원칙은, 어떠한 경우에도 절대요건이 되지 않으면 안 된다.

편성방법은 이상과 같지만, 사람 수를 몇 명으로 할 것인가. 소인수로 하는 것은 당연한 것이지만, 이를 5인조 제도와 관련해 볼 때, 다섯 집을 하나의 단으로 하는 것이 통례이다. 변칙적인 예로 3호에서 8호를 가지고 하나의 단으로, 또는 15호를 가지고 하나의 단으로 하는 경우가 있어도, 이와 같은 변칙은 5호로 시작했으나, 수십 년의 세월이 경과함에 따라, 폐가, 절가에 의해 감소하거나, 아니면 분가, 폐절가의 부흥에 의해 증가한 것으로, 그로 인한 조의 편성 교체가 이루어진 점, 아니면 드물게 신분, 문벌 등의 요인으로 조를 편성하는 경우도 있으나, 원칙으로는 다섯 집으로 조를 편성하였다. 그렇다면 『주례』의 '오가위비(五家爲比)', '오가위린(五家爲隣)'의 제도, 당령의 '사가위린 오가위보(四家爲隣五家爲保)' 제도 또는 「신센와카(新選和歌)」 6장의 와카 중에 이러한 구절이 있다.

"마을 사람 처마를 나란히 하고 사는 집은
5채까지야말로 이웃이었다."

이 구절은 가마쿠라(鎌倉) 중기의 작품이지만, 이를 가지고서도 5가제였던 것을 알 수 있다.

그렇다면, 직장에서는 몇 명으로 편성해야 할까. 실제 경험에서 말하자면, 공장의 규모에 따라 달라야 하지만, 조가 기능을 발휘하기 위해서는 5인 내지 10인에서 7인 전후가 가장 이상적이 아닐까 생각한다. 원칙으로서 조는 7인을 단위로 하고, 10인 이상이 되는 경우에는 편성 교체를 하여 두 개의 조로 만들면 하나의 조가 5, 6인이 되니 7인을 원칙으로 하는 편이 이상적이다. 그리고 직장 작업의 경우 또는 큰 공장에서는 10인까지 되지만, 실제의 경우 어쩔 수 없지만, 10인 이상이 되면 여러 면에서 불편함이 발생한다.

이를 실제 편성에 적용할 경우, 이상 언급한 점을 고려하여 먼저 조의 통솔자와 조 조력자(世話人) 또는 조의 지휘자로 지명되든 선출되든, 지도성이 있고 인망이 풍부하며 조력을 좋아하는 인물을 중심으로 편성해 간다. 그리고 직책이 있는 공원은 넣지 않는다. 이는 직책이 있는 직장은 조 조력자를 지도통솔해야 할 지위에 있어야 하는데, 이들 직책이 있는 자들이 조에 편성될 때에 그 조는 간부의 의향이 반영된다고 하여 다른 조의 질시를 받는 경향이 많다.

이상과 같이, 원칙적으로 조를 소인수로 한 것은, 소인수라면 조원 상호가 미세한 점 즉 성격, 취미, 능력, 장단점, 가정 상황 등을 서로 알고, 모임이나 의사의 소통에 안성맞춤일뿐 아니라, 단체의식을 갖도록 특별하게 선동하지 않아도 자연히 발달하여, 단체 생활에서 가장 관계 깊은 친애, 신뢰, 동정, 개성존중, 자율성, 연대책임감이 가장 잘 발휘될 수 있기 때문이다. 이는 또 작은 것 안에 풍부한 내용을 포함하고 있다고 하는 선적인 일본인의 성격에도 적합하다.

2) 조 조력자의 선임

5인조에는 한 사람의 조장이 있어 조 공동의 사무를 담당하지만, 직장의 조에도 조를 통제하고 조력을 담당할 자가 필요한데, 이를 어떻게 선임할 것인가. 5인조제도는 선임 방법이 1. 문벌에 의한 것, 2. 선거에 의한 것, 3. 관공서의 임명에 의한 것 등 몇 가지가 있지만, 직장에서도 대체적으로 이와 유사한 방법으로는, 1. 지명제에 의한 것, 2. 선거제에 의한 것, 3. 지명 또는 선거에 의해 선임하는 임기제 등 세 가지가 떠오른다.

손윗사람의 의사로 조 안에서 조력자를 선임하는 지명에 의한 방법은 연장자의 눈에 든 자가 선출되는 편의는 있지만, 그 자가 조의 조력자로서 조원을 납득을 얻을 수 있을지는 의문이다. 이 점에서 조력자가 직제상 아무런 권한도 부여되지 않는 경우에 조의 기능을 행하는 데 있어, 불편한 점이 있을 것이다. 한편 선거에 의해 선출하는 방법은, 조원의 납득을 얻을 수 있는 것에 대해 합리적이다. 자기가 선택한 조 조력자의 명령에 복종하는 심적 근거가 부여되는 까닭이다. 그리고 조 조력자도 조원의 대표로서 정신적 결합을 갖는 것이 가능하다.

이상은 원칙으로서, 한 번 지명 또는 선출된다면, 재직 기간 중 계속 재임하는 제도이지만, 여기에 임기제를 두어, 교체하는 것도 고려할 만한다. 교체제를 시행하는 것이 우선 가장 합리적으로 보이지만, 조직을 움직이는 지도자의 연성은 조직적, 계통적, 계속적으로 실시할 필요가 있어, 빈번한 지도자의 교체는 운동을 하나의 단계에 정체시킬 우려가 다분히 있음과 동시에, 조 조력자 중에서 각 상급 간담회의 위원을 선임할 때는, 이것이 구성을 혼란스럽게 한다. 따라서 교체제를 취할 때는, 적어도 임기는 일 년 이상으로 해야만 한다.

이상 3개의 방법이 있지만, 조 조력자의 선임은, 산업보국운동을 자주적인 운동으로 발전시키기 위해서는, 원칙적으로 조원 전원의 추천으로 선임하는 방법이 무난하다. 이것은 경영의 대소 여하와 상관없다고 생각한다.

이렇게 선출된 조력자를 보좌하고, 대리하는 소위 부조력자 설치의 필요가 있는지에 대해 보면, 현실적으로 필요가 없을 것 같다. 다만 조력자가 장기 결근할 경우에, 임시로 부 조력자를 설치하는 정도에 지나지 않아, 불필요하게 조직을 복잡하게 하는 것은 피해야 한다.

그렇다면 이 선임된 자를 뭐라고 부르면 좋을까. 5인조 법규를 보면, 가장 널리 행해지고 있는 것이, 조두, 판두(判頭), 필두이지만, 그 밖에 조합두, 조친, 보두, 헌두, 장인, 두취, 조장의 명칭으로 불렸다. 직장 안에서는 조 조력자, 조 조력역이 적당하지 않을까. 본서에서는 일단 이를 조 조력자라고 부르는 것으로 하겠다.

3) 청년학교, 기숙사와의 관계

조가 편성되어 조 조력자가 선임되어, 기숙사에는 실장, 청년학교에는 하나의 교실 또는 수십 인을 단위로 반장을 둘 경우에는, 조 조력자, 실장, 반장이 동일인인 것이 산업보국운동의 철저화를 위해서 바람직하다. 이를 위해 직장, 청년학교, 기숙사의 3자가 긴밀하게 연락을 취하는 것이 필요하다.

4. 조의 기능

산업보국정신을 실천해야 할 최소 조직의 모체인 조는, 협동체의 생명인 충신과 동료 정신을 가장 단적으로 발휘하지 않으면 안 되는 기본체이다. 이를 직장생활 안에서 활용하여, 그 중핵적 사명을 다하기 위해서는, 조를 구성하는 조원이 조 협동체의 본의를 이해하지 않으면 안 된다. 도쿠카와 시대의 5인조의 기능을 보면, 근세의 5인조는 이미 언급한 바에 의해 분명한 것처럼, 농촌의 보호와 사회질서의 유지에 중점을 두고 있었지만, 이들 내용의 기저에 일관되게 흐르는 것은, 조의 공동의무와 공동책임의 분담 및 상호부조이다. 현재 직장, 아니, 국가가 가장 희구하는 경영자와 종업원과의 의사소통, 직장의 보안경비, 정려각근(精勵恪勤), 풍기개선, 생활쇄신, 노동봉사, 호조구제, 체위향상 등은 모두 5인조 제도에 의해 이미 도쿠카와 시대에 여러 형태로 실행되었다. 지금 이들 제도와 그것이 갖는 정신을 현대 직장에 이식하여, 직장생활의 생명인 책임과 우애의 관념의 고양을 기하는 것에, 조 제도의 설치 의의가 있다.

그런데, 이들 제도가 갖는 정신과 기능을 최고도로 발양하기 위해서는, 조가 소인수인 조의 결집력을 이용하여 조원 동지가 서로 상대의 성격과 취미, 능력, 장점, 단점을 이해하여, 무슨 일이든지 서로 상담할 수 있도록 지도하지 않으면 안 된다. 이렇게 하면, 이윽고 가정의 사정을 서로 털어놓으며 친밀함이 더욱 증가할 것이다. 이렇게 하면 조원 상호가 서로 신뢰하고, 서로 사랑하며, 개성을 존중하고, 이기적인 행동을 억제하며, 책임을 서로 지게 되면, 조의 기능이 달성된다.

이러한 조의 본질과 5인조 제도의 기능부터 고찰하여, 직장에서 조가 행할 역할은 아래와 같은 것이 중심이 되지 않으면 안 된다.

1) 상의하달, 하정상통

경영체가 일체가 되어, 사업일가의 열매를 맺어, 경영목적인 생산을 높이기 위한 근본의는, 경영자와 종업원과의 의사가 소통되는 것이다. 경영자는 경영체의 지도자로서 지도자원리에 의거, 자기의 능력과 책임에 있어 성의를 갖고 종업원을 보호육성하고, 한편 종업원은 영예와 책임을 가지고 지도자인 경영자에 충성을 맹세해야 양자의 의사가 완전하게 융합하는 지반이 형성되는 것이다. 이 견고한 지반을 만들어내는 것이 산업보국회의 조이다.

즉 상부로부터의 명령, 지시 및 의사는 직제상의 명령계통인 부, 과, 계에서 직장, 조 조력자를 거쳐 일반 조원에게 철저화될 뿐 아니라, 각 간담회를 거쳐 일반 하부조직에 침투시키는 것이 가능하다. 한편 하부의 의사는 조가 단위가 되어 정리된다. 즉 조 조력자는 조원의 의사를 알 수 있는 가장 좋은 지위에 있는 의사 탐지를 위한 첨병이기에, 개인적인 접촉에 의해, 그리고 조상회를 열어 조원의 의사를 듣고, 그것을 정리하여 상신하는 것이 가능함과 동시에, 상부로부터의 의사는 조 조력자를 통해 조원에게 철저화시키는 것이 가능하다. 이리하여 조는 조원의 전체 의사 표명을 위한 최소 조직의 모체가 될 뿐 아니라, 상부의 의사의 실천 모체가 되기도 한다. 여기에서 비로소 상의와 하의의 협심일체가 이루어져, 경영 내에 완전한 사회적, 가정적 평화가 확립된다. 이 중대한 임무의 출발점이 조이다.

2) 능률증진

중일전쟁이 일어나고 제2차 세계대전이 시작되어, 세계의 모든 민족의 생존경쟁 속에, 세계질서의 건설전이 세계 전역에 걸쳐 벌어지고 있다. 특히 복잡한 국제정세 안에서 일본의 전도는 다난하다. 이 다난한 길을 한 길로 도의국가로서 살아가기 위해서는, 전쟁에, 정치에, 경제에 이제 국가의 총력을 다하여 투쟁하지 않으면 안 된다. 즉 고도국방국가 건설을 위해서는 총후의 산업이 생산성을 최고도로 높이지 않으면 안 된다. 이를 위해서는, 근로자가 갖는 내재된 힘을 국가 목적의 한 곳에 집중하고, 최고의 능력과 창의를 발양하지 않으면 안 된다. 물건도 사람도 일체 국가 목적으로 집결하고, 근로자가 진정 국가의식에 자각하여, 국가의 운명이 자기의 양어깨에 달려 있다는 것을 인식하지 않고는, 이 힘든 시대를 타개하는 것은 불가능하다. 한편 근로자의 능력과 창의의 최고도 발양은, 자기가 속하는 사업의 번영을 가져온다. 이 사업의 번영은, 사업에 의해 생계를 영위하고 있는 근로자의 후생, 복리의 증진으로 이어지는 것은 당연하다.

더구나, 산업보국회의 목적은, 생산력 확충을 기하고 사업을 통해 근로보국의 정신을 모든 분야에 걸쳐 실천하는 것에 있는 이상, 근로자는 자기의 일을 존경하고, 서로 돕고, 서로 격려하고, 결근, 지각, 질병, 이동의 방지를 도모하고, 정려각근의 미풍을 양성해야 하는 것은 당연하다. 이를 위해서는 개인이 책임을 지고 이를 행하는 것보다, 조라는 집단이 책임을 지고 행하는 것이 가장 합리적이다. 이제 근로자는 개인이 아니다. 전체를 고조시키기 위한 톱니바퀴의 톱니임을 자각시켜, 조의 단결 강화, 친목 등을 통해 능률증진의 열매를 맺는 것이 가능하다.

3) 생활 쇄신

근로자에 있어 생활쇄신은 이중의 면을 갖고 있다. 즉 하나는 직장생활의 쇄신이며, 다른 하나는 직장 밖에서의 생활쇄신이다. 이 두 가지는 밀접한 관계를 갖고 있어 말하자면 날의 양면과 같아, 하나의 면에서 일어나는 일은, 바로 다른 면에 영향을 끼친다. 특히 근로자는 하루의 대부분을 직장에서 생활하고 있다. 직장 밖에서의 생활시간은 취침시간이나 자택과 직장과의 왕복 시간을 제외하면 두 시간 내지 네 시간일 것이다.

이렇게 생각할 때, 직장 밖에서의 생활과 함께 직장생활의 쇄신이 중요한 문제가 된다. 이 이면적인 생활을 일원화하고 양면에 통하는 규율 있는 생활의 지도가 필요하다.

더구나 생활쇄신의 목적은 생활 면에 있어 비합리성을 배척하고 생활의 과학화, 계획화에 있다고 할 수 있지만, 어디까지나 근로인격을 완성하는 것에 그 목표를 두지 않으면 안된다. 생활의 면보다, 생활의 실천을 통하지 않고서는, 근로 인격의 완성은 불가능하다. 이에 목표를 둘 때, 직장생활의 쇄신은 직장에 있어 현실의 구체적인 문제, 예를 들면 시간의 엄수, 경례의 철저, 복장을 바르게 할 것, 주머니에 손을 넣지 않을 것, 좌측 통행, 작업중 잡담을 하지 않을 것, 작업중 흡연을 하지 않을 것, 담배는 지정 장소에 꽁초는 지정 용기에 넣을 것, 식당에서는 식사 예절을 지킬 것, 기계의 운전 전에 주유하고 점검할 것 등, 열거하자면 얼마든지 있다. 이들 구체적인 것을 실천활동으로 이행하는 것이 필요하다. 직장 내에서 이러한 규율생활이 길들여지면 필연적으로 직장 밖에서의 생활의 면에 작용한다. 또한 직장 밖의 생활쇄신은 가정생활의 쇄신, 독신생활의 쇄신으로 나눌 수 있지만, 독신자의 생활쇄신은 여가선용의 문제와 연결되어 그 범위는 상당히 넓지만, 조는 조원 동지의 규율생활의 교도와, 경제생활의 합리화, 취미생활의 향상, 건강생활의 순화 등에 협력하지 않으면 안된다. 이를 위해서는 직장에서의 협동생활을 직장 밖으로까지 넓혀, 직장 밖에서도 협동생활을 하도록, 즉 경제생활에서는 합의 등의 방법으로 불필요한 지출을 막고, 취미생활에서는 공휴일을 이용하여 낚시를 가든가, 장기대회를 열든가 하고, 건강생활의 순화에서는, 체위의 향상에 노력하고, 밤새기 등을 피하도록 각 조에서 각자 자주적으로 고안하도록, 조가 갖는 정신을 살리도록 지도해야만 한다. 한편 가정생활의 쇄신에 관해서는 가정생활의 과학화, 계획화, 협동화 등 문제가 될 것이 많지만, 이는 가정주부에 관한 것이 많으므로, 이를 조에서 전면적으로 규정하는 것은 곤란하다. 이를 행하기 위해서는, 이를 실행할 수 있는 기초와 별개의 조직체가 필요하다. 일반적인 것을 언급하지 않고 문제를 직장생활과 관련된 것으로 한정한다면, 백중과 연말의 증답품의 폐지, 길흉화복 때의 개인 증여의 폐지, 과도한 음식, 술, 담배의 금지 등, 독신 생활자와 함께 행할 수 있는 정도부터 실천하는 것이다. 이러한 단계를 거쳐 진정한 의미의 가정생활 쇄신의 연구와 그에 의한 실천이 시작되는 것이다. 처음에는 가장 하기 쉬운 것부터 시작하는 것이다. 이렇게 생각하면 조가 지향하는 생활쇄신은, 직장생활에 중점을 두지 않으면 안 된다. 일상의 생활행동을 함께 하는 생활면에 있어, 조원 동지가 조 책임하에 행동하는 것은 중요한 의의가 있고 여기에서 출발하여 이를 직장 밖에까지 파급시켜야 할 것이다.

지금 신동아 건설의 대업을 완성하기 위해, 모든 방면에 걸쳐 신체제의 수립이 제창되고, 총후 생활의 쇄신이 제창되고 있다. 국가활동의 기초를 이루는 우리의 생활이 직장에서도, 가정에서도 재건하지 않으면 안 되는 가장 중대한 때이다. 이에 대처하는 새로운 체제의 수립은, 조직에 의한 것이 가장 적절하다고 생각한다.

4) 직장의 윤리

직장의 윤리란, 직장에 생활하는 근로자 전원이 전체로서 조화와 통제를 유지하기 위해, 친목과 생활의 공감을 중심으로 생겨나, 직장의 책임을 주체로 하여 행하는 윤리를 말한다. 더구나 윤리는 직장 안에서 자연발생적으로 생겨나야지 낙하산처럼 위로부터 부여되는 것이어서는 안 된다. 직장 안에 자치적으로 고조되는 이러한 윤리는, 상호부조가 되고, 공동의무가 되고, 또한 공동 경비가 되어 직장생활의 안에 녹아 들어가 있다.

도쿠카와 시대 조가 모내기, 수확, 경작, 고사 때 서로 도운 것이 직장의 조에서도 행해지고 있는 것이다. 조는 조원의 길흉화복에 대해 슬픔도, 기쁨도 서로 나누며, 그 단결이 강화되는 것이다. 역경에 처한 친구에게는 정신적인 것뿐만 아니라 물질적인 원조도 주어, 조원이 하나가 되어, 제거하는 데 노력하고, 자타가 함께 서로 도와주어야 '자신도 또한 반드시 도움을 받는다'라는 확신이 생겨, 타인의 그날그날의 걱정도 자신의 것처럼 여기고, 조의 정신을 충분하게 발휘하는 것이 가능하다. 이 정신은 특히 군인가족의 구제에 발양되지 않으면 안 된다. 전선에 나선 장병에게는 마음으로부터 감사와 존경을, 남아 있는 가족의 명예로운 쓸쓸함을 위안하고 원조하기 위해서 조가 모든 노력을 다하지 않으면 안 된다. 공동 경비에서도, 전 공장의 보안경비는 방호단원과 수위뿐 아니라, 조가 하나가 되어 소화, 방공, 안전, 도난, 특히 군수공장에서는 공장 내외의 청소 정돈을 하는 것이 가능하다. 직장이 더러워져 있으면, 근로자의 품성과 건강은 손실되고, 공구와 재료가 산만히 흩어져 있어서 여러 재해가 발생하기 쉽다. 그러므로 공동의 의무로서, 바닥, 창, 유리의 청소에서 공장 전체를 미화함과 동시에, 예를 들면 쓰레기 하나 떨어져 있어도 반드시 주워 쓰레기통에 넣는 아름다운 음덕을 쌓는 정신과 노동봉사의 관념을 직장 안에서 심어야만 한다.

이와 같이, 직장의 윤리는 먼저 최소 조직의 모체인 조가, 직장의 윤리에 자각하여, 여기에서 출발하지 않으면, 이를 공장 전체의 윤리로까지 발전시키는 것은 도저히 불가능하다.

5) 악풍의 교정

도쿠카와 시대의 5인조는, 마을이 갖는 도덕적 생활적인 제재력에 의해, 자연스럽게 악풍의 발생을 방지하고, 이를 근절하여 맑은 마을을 구축하였다. 오늘날도 여전히 남아 있는 '마을의 명예'라든가, 면목 없다라든가 하는 말이 나타내듯이, 마을에 살면서 서로 단련해왔던 것이다. 지역적 단체인 조에는 그 정도로 조 정신이 머물러 있다. 이를 직장에 적용해보면, 직장이야말로 근로자의 인격을 구축해가는 실천 도장이다. 직장의 안이나 밖이나 조가 외부로부터 비난받는 것이 없도록 훌륭한 것이 되지 않으면, 공장 전체가 훌륭한 것이 되지 않는다. 각 조가 조의 명예와 함께 직장의 명예를 중시하고, 자신의 행동을 조심한다면, 공장 전체의 풍기는 자연스럽게 개선되어, 악습과 악덕은 흔적 없이 사라지고 질실강건한 근로기풍이 생길 것이다. 이를 위해 조원은 서로 훈계하고, 조의 체면을 더럽히는 자가 있으면, 애정을 갖고 적절한 충고를 하여 교정하는 것이 바람직하다. 근로자로서 존중과 존경을 받기 위해서는, 존귀한 근로에 종사하는 인간으로 개조되어 악습과 악덕이 제거된 새로운 형의 근로자가 창조되지 않으면 안 된다. 근로를 더럽히고 있는 자는, 다름이 아닌 바로 근로자 자신이라는 점을 생각한다면, 조는 악풍 교정의 초석이 되어, 교정에 임해야 한다.

6) 위안, 오락, 체위향상

근로자가 근로 중에 기쁨을 발견하고, 그 기쁨에 배양되어 업무에 최선을 다하는 것이 이상이지만, 현재 근로자는 그 영역에 도달하지 않았다. 이를 위해서는 여러 조건, 예를 들면 근로자의 사회적 지위, 교양, 국가의식 등이 근로자의 측과 국가의 존립 안에 건설되지 않으면 안 된다. 그러나 어디까지나 근로는 환희이며, 영예이며, 책임이어야 한다. 이를 이상으로 하면서도 근로는 일반적으로 고통의 대명사가 되어 있다.

아직도 현실이 그러한 상태에 있다면, 위안오락은 근로의 해방으로서 의미를 가질 것이다. 그러나 설령 근로가 환희라고 하여도 위안과 오락 중에 배양되는 인간성 고양과, 그것이 근로의 생산성 향상에 도움이 된다는 점을 생각한다면, 근로자에 대해, 오락과 위안은 국가적으로 필요하게 된다. 더구나 위안과 오락은 가까이 나뒹굴고 있다. 조가 건전한 오락의 조장에 관심을 가진다면 직장의 구석에, 식후의 한때, 위안과 오락을 발견할 수 있을 것이다.

그리고 인간에 있어 정신과 육체는 대립적인 것이 아니고 일원적인 것이다. 더구나 우리의 신체는 나 하나의 것이 아니라, 가족의 것이고 국가의 것이다. 따라서 근로자 한 사람의 건전함 여부는 작게는 가족, 크게는 국가 사회에 심심한 영향을 끼치는 것이다. 조는 조원이 근로를 통해 국가에 봉사하도록 하기 위해 명백한 근로에 대해 충분한 보양을 취하게 하고, 이를 위해 적극적으로 체위를 향상시켜, 어떠한 노동에도 견디어 낼 수 있는 체격을 만들어 내도록 협력해야만 한다.

5. 조의 강화

이상 조가 취해야 할 기능 중 본질적인 것을 언급하였으나, 조가 적극적으로 이에 참가하고 활동을 강화하지 않으면, 위의 기능을 관철하는 것은 불가능하다. 이를 위해 조의 단결을 강고하게 하는 것이 최우선이다. 지금 조의 활동을 좌우하는 것을 보면, 여기에는 물론 회사 당국의 방침, 상부기관, 상사 등의 활동 방침, 열의 여부 등 아주 많지만, 이를 조 자체에 관해 보면, 근로정신의 강약, 협동정신의 유무, 보은, 감사의 후박, 규율예절, 복종심의 강약, 명랑성, 파벌의 존부, 조원의 기풍 등이 있으며, 이런 것들이 조의 존립 및 활동에 미치는 영향이 상당히 크다. 그 중 파벌성, 당파성은 강하게 배제하지 않으면 안 된다. 역사는 파벌이 어떻게 평화로운 마을과 단체에 독이 되었는지를, 현실로 말해주고 있다. 동시에 조의 파벌화를 막지 않으면 안 된다. 조와 조를 대립항쟁을 방지하여 큰 틀에서 조직 의식을 고양시켜, 이를 더욱 높은 단계로 유도하지 않으면 안 된다.

이와 같이 조 자체가 갖는 요소가 조의 활동을 좌우하고, 그 흥폐를 결정하는 것인 까닭에 산업보국회는 조의 단결 강화와 조의 친목을 도모하는 방법을 강구하여 조의 발전을 조장해야만 한다. 발전의 원동력이 되는 것은, 이를 지도하는 조 조력자의 역량과 이 조 조력자를 지도해야 하는 지도자의 적격성이 중요한 요건이 된다. 육성, 조장을 타율적으로, 조 단위로 실행하여 국가가 산업보국회에 희구하는 생산력 확충에 조를 동원하고, 조의 단결 강화를 도모할 수 있는 방법을 열거하면,

1. 조 결근 방지 경쟁
2. 조 지각 방지 경쟁
3. 조 이동 방지 경쟁
4. 불량품 박멸 경쟁
5. 조 생산능률 배가 궁리 경쟁
6. 무사고 경쟁
7. 건강증진 경쟁
8. 우량조의 표창

9. 조 간담회

이 중에서 실제 시행한 것을 구체적으로 언급하여 참고로 제공하겠다.

1) 조 결근 방지 경쟁

본 경쟁은 종업원이 부지런하게 근로에 임하도록 장려하고, 그 단위를 조에 두어, 근로 자체가 단순히 개인적인 것이 아니라, 전체의 관련에 의해 완수된다는 것을 자각시켜, 개인의 자의와 자유에 의한 결근을 집단의 힘으로 방지하고, 서로 격려하고, 서로 도와, 조의 단결을 강고하게 하는 취지로, 아래와 같은 규약을 통해, 한 달간 한정하여 실행한 것이다.

규약

1. 기간

개시 월 일 종료 월 일 한 달간

2. 입상 조건

아래 각항 중 하나에 해당할 때는 입상 자격을 상실한다.

ㄱ. 결근이 있을 경우 ㄴ. 지각, 조퇴가 있을 경우 ㄷ. 사적 외출이 있을 경우(단 병원 치료, 가족의 출정 환송의 경우는 예외)

3. 경쟁 단위

조 단위로 하여, 7인 이상의 조로 하되 6인 이하의 조는 본 경쟁에서 형식상 통합을 인정한다(따라서 실질적인 통합이 아니고 6인 이하의 조원을 갖는 두 개의 조가 형식적으로만 통합하는 것으로 하였다).

또한 경쟁 개시 때부터 계속해서 2주 이상의 결근자를 제외한 인원수를 기본 단위로 한다.

4. 심사 방법

위 기간 중 개근을 한 조는, 조마다 조 조력자가 조원의 성명을 적어 신청하고, 과장의 인증을 거쳐 산보사무국에 제출한다.

5. 표창 방법

한 달간 개근한 조를 표창한다.

ㄱ. 상 표창장

ㄴ. 부상 금일봉

한 사람당 금 오십 전(錢)을 조에 수여하고, 과장이 보관하되, 상금의 사용처는 아래와 같이 한정한다.

A. 조원의 길흉화복 등의 호조구제

B. 조 간담회, 하이킹, 영화·연극 관람 등 조의 친목을 목적으로 하는 것.

C. 회람 잡지, 서적을 구입하고, 공동 회람하는 것.

D. 조 기금으로 저축

입상 조건을 결근, 지각, 조퇴, 사적 외출 등으로 상당히 엄격하게 하였으나, 이는 공장의 실정에 맞추어 개별적으로 행하여도 좋으나, 상당히 엄격하게 행하는 곳에서는 합의하에 실행하는 것이 효과적이다. 결과는 실로 예상 이상의 성적을 거두었다. 그 성적은 경영체의 대소에 따라 다를 것이다. 그 결과는, 남녀에 따라 현저하게 상반된 현상이 나타났지만, 전체적으로 보아 총 조 수의 38%가 입상하고, 이 조들은 한 사람의 낙오자도 배출하지 않았다. 남자는 종래 결근율이 9~12%를 오르내리던 것이 본 경쟁에 의해, 7.8%로 줄었으나, 여자는 오히려 비율이 상승하였다. 더욱 본 경쟁이 종료한 4월의 결근율을 보면, 남자는 여전히 이 비율이 무너지지 않고 7.7%가 되었다. 이를 일 단위로 보면 최고 8.3%에서 최저 6.2%로 좋은 성적을 내었지만, 5~6월에 이르러서는 귀향자 속출에 의해, 전체의 비율은 상승하였다. 이 방지 경쟁에 의한 통제는 상당한 효과를 가져왔다. 이에 비해 여자 노무자는 아무런 반응도 없고, 오히려 이 목소리에 반발하기라도 하듯이 기간 중 결근율은 상승하고 경쟁 종료 후인 4~5월에 이르러 순차적으로 하강하였다. 평소의 결근 조사는 정확하지 않아 신용할 수 있는 조사자료가 아니기에, 이러한 기회에 조 조력자를 통해 왜 방지 경쟁에서 뒤처졌는지 조사하여, 그 원인을 규명하고 노무관리상의 대책을 강구해야만 한다.

이 경쟁을 개시함에 있어 이 경쟁을 단순한 경쟁으로 끝내지 않고, 이를 하나의 운동으로서 고조시키기 위해 결근 방지 대책을 강조할 필요가 있다. 부장, 과장에게는 물론이거니와, 계장, 직장, 조 조력자 등의 산보운동의 지도자 연성회(여기에 대해서는 나중에 후술)에서, 또 일반회원에게도 결근 방지를 위해 필요한 아래와 같은 사항이 지켜지지 않으면 안 된다는 점을 강조하였다.

1. 본인이 건강할 것, 이를 위해서는
   ㄱ. 술, 유흥을 삼가서 충분한 수면을 취하고 규칙적인 생활을 할 것.
   ㄴ. 적당한 운동을 하여 햇빛을 쬐고 충분한 영양을 취할 것.
   ㄷ. 공휴일의 선용
2. 가족이 건강할 것.
3. 조원 상호가 건강에 서로 유의할 것.

또, 다른 면에서 경쟁에 의해 발생하는 폐해를 제거하기 위해서, 본 경쟁의 의의를 강조하되, 경쟁에 매몰되어 개인의 건강을 희생하지 않도록 조원 중에서 불행하게 건강하지 않는 자가 나타나면, 조원은 자발적으로 명예로운 낙선을 행해야 한다는 점을 강조하였다.

본 경쟁은 종료 후에도 현장에서 과가 중심이 되어, 자주적으로 이를 행하여, 한 사람당 매월 10전을 갹출하여 무결근의 조에 수여하는 방법을 강구하였는데, 본 경쟁에 의한 효과가 지극히 컸다.

더구나 표창은 전 조원에게 표창장을 수여하고, 상금은 조에 주어, 개인 사용을 인정하지 않아, 입상 조는 친목을 다지는 기금을 얻어 유용하게 사용하게 되어 더욱 효과를 거두는 것이 가능하였다.

2) 조 이동 방지 경쟁

본 경쟁의 취지는 결근 방지 경쟁과 같이, 조원 상호의 친목, 신애 등의 결합에 의해, 조원의 이동을 방지하고 조의 단결을 강화하는 것에 있다. 이동 방지의 실시, 노무수첩제를 실시하더라도, 징용까지 발전하지 않으면, 외적 규제에 의한 방지는 한계가 있다. 더구나 이동의 대다수가 개인적인 이유에 의한 것일지라도, 경제협동체에 내재하는 원인에 의한 이동도 상당히 있다는 사실을 놓쳐서는 안 된다. 임금통제령이 시행되고 있는 오늘날, 고임금을 찾아 이동하는 자는 격감하였다. 직장에 내재하는 불만 때문에 퇴사하는 자는, 인간적인 신애와 친목으로 어느 정도 방지할 수 있다. 이 신애와 친목의 인간성에 희망을 걸고, 조가 이에 임한다면, 조는 이동 방지에 상당한 역할을 할 수 있을 것이다. 그리고 조를 단위로 하는 이동 방지 경쟁을 한다면, 상당한 기대가 가능하다고 생각한다. 아니 이를 아래의 규약에 따라 3개월간 지속해서 실시한 결과에 의하면, 종래의 이동률을 현저하게 저하시켰다.

규약

1. 기간

개시 월 일 종료 월 일 2개월간

2. 경쟁 단위

조로 한다. 단 6인 이하의 조는 다른 조와 통합하여 7인 이상으로 한다(신고 필요).

3. 입상 조건

소정의 기간 중, 조원 중 한 사람도 이동자(퇴직, 해고)가 없는 조여야 한다.

ㄱ. 작업 등의 사정에 의해 다른 조로의 이동은 상관없다.

ㄴ. 경쟁 개시 때 이미 퇴직서를 수리한 자 및 개시일부터 계속해서 2주 이상의 장기 결근자는 제외하고 계산한다.

ㄷ. 기간 중 입사 등에 의해 조원이 증가한 경우에는, 증가한 총 인원수가 경쟁 단위가 된다.

4. 심사 방법

위 기간 중 이동이 없는 조는, 조마다 조 조력자가 조원을 기록하여 과장의 인증을 거쳐 산보사무국에 신청한다.

5. 표창 방법

ㄱ. 상 표창장

ㄴ. 부상 금일봉(조원 한 사람당 금 오십 전을 조에 증여한다.)

위 상금의 사용처 및 보관에 대해서는, 전항의 조 결근 방지 경쟁과 동일하다.

이를 실시함에 있어, 일주일 정도 전에 전 종업원에 발표함과 동시에, 산보운동의 지도자인 조 조력자, 직장, 계장급 등에게 이 취지를 철저화시키고, 동시에 이동이 어떻게 국가 및 개인에게 독이 되고, 직장을 혼란스럽게 하는지를 주지시킨다. 직장에서는 조례 시 또는 종례 시에 구체적 예를 들어 이동에 의해 발생하는 국가생산력의 감퇴에 의한 폐해 및 본인의 불행이 얼마나 큰지를, 모든 기회에 타이른다. 또 산보사무국은 사무국의 입장에서 사보, 뉴스, 벽신문 등을 통해 경쟁 기간 중에 이를 측면에서 자극하고, 근로자의 자각을 촉구한다. 경쟁 그 자체보다 이 기회에 근로자를 계몽하는 것에 본 운동의 의의가 있으며, 계몽운동에 의해 더욱 이 경쟁의 의의가 철저화되고 실천화된다.

3) 조 생산능률 배가 궁리 경쟁

오늘날처럼 생산력 확충이 요청되는 시대는 없다. 더구나 생산력 확충은 전적으로 근로자의 근로에 의존하는 것이 많기 때문이다. 근로자가 각각의 공장에서 창의와 능력을 최고도로 발휘하여, 작업에 대해 흥미와 환희를 환기하여 작업에 임한다면, 생산력 확충에 기대되는 바가 크다. 동시에 개인의 능력, 궁리에는 일정한 한계가 있다. 이를 집단의 능력을 통해 조원이 협력일치하여 그 능력과 창의를 발양한다면, 더욱 큰 힘으로 바뀔 것이다. 그럼에도 종래 직장에서는 이러한 창의, 궁리를 충분하게 발양할 지반이 양성되지 않았다. 구습이 직장을 지배하고 있는 경우가 많았다.

즉 근로자가 그 소관하는 작업에 관해, 개선 의견을 상신하는 경우, 윗선에서 그것을 인정하는 것이 자신의 권위와 관련된다고 생각해, 딱 잘라 무시하는 경향이 있다. 이 경향은 자기의 경험을 최선으로 생각하는 구태연한 소위 직인 기질을 가진 근로자에게 많다. 또 근로자의 창의와 능력을 발양하는 것을 장려하는 운동이 많지 않아서 다소의 개선 의견이 있어도 종래대로 작업하는 안이함과 습관에 젖어 그 창의성을 매몰시켜 버리는 경우가 많다. 이와 같이 되면 자기의 작업을 동일하게 반복할 뿐, 작업에 대한 열의와 연구심은 가질 수 없다. 이러한 지반에 명령과 훈령이 아무리 내려와도, 영혼이 깃든 제품이 생겨날 리 없다. 그럼에도 발명과 궁리를 적극적으로 장려하고 이를 칭찬하는 것을 철저화한다면, 근로자는 자유로이 개선 의견을 제출할 수 있고, 표창된다면 영예로울 뿐 아니라, 자기 신뢰와 발분심을 일으켜, 사물에 대한 연구가 왕성해지고, 자기의 작업뿐만 아니라 다른 작업에도 흥미를 갖고 주의하게 된다.

규약

1. 궁리 내용

ㄱ. 불합격품의 발생 방지와 그 활용법

ㄴ. 기름, 낡은 천, 전기, 연료, 자석 등 소모품의 절약

ㄷ. 결함품, 불량품의 원인 조사와 그 대책

ㄹ. 재료 배치의 능률화

ㅁ. 가장 피로도가 적은 작업 자세와 동작의 연구(동작 연구)

ㅂ. 작업 동작을 시간이 가장 적게 들게 하여 능률을 올리는 연구(시간 연구)

ㅅ. 공구, 기계 기타 설비의 개량

ㅇ. 유휴설비의 활용

ㅈ. 공정 관리의 개선

ㅊ. 검사 방법의 합리화

ㅋ. 생산능률을 광의로 이해하여, 직장의 개선에 관한 일체의 사항

2. 기간

개시 월 일 종료 월 일 2개월간

3. 경쟁 단위

조로 하고, 조원 전체의 궁리로 한다.

4. 응모 방법

ㄱ. 궁리 내용을 상세하게 기재하고, 도면을 요하는 것은 첨부할 것.

ㄴ. 조 조력자 이름으로 소속을 명기한 후 산보사무국에 제출할 것.

5. 심사 방법

기술자로 심사위원회를 설치하여 심사한다.

6. 표창 방법

고안궁리가 우수한 것은 입선으로 하고, 특히 우수한 것은 특선으로 한다.

ㄱ. 상 상장

ㄴ. 부상 액자 1개

특선은 그 정도에 따라 별도로 상을 준다.

위 궁리 경쟁은 기간을 두고, 대체적으로 한 달 내지 두 달 정도로 가끔 행하는 것이 좋다고 생각한다. 이 운동의 시행과 동시에 본부는 각 직장간담회에 생산능률의 향상에 관해 간담하도록 지령을 내리고, 각 직장의 장은 연성회에서 이 취지를 설명하고, 나아가 조의 지도에 임하도록 강조하고, 조 조력자에 대해서는 실천에 정진하도록 분기를 촉진하고, 한편 직장에서는 조례 등의 기회에, 또 사보, 산보뉴스 등을 통해 전 종업원의 창의와 능력 발양을 촉진하되, 하나의 운동에 대해, 전면적, 집중적, 입체적으로 취지의 철저를 기하도록 만전을 다해야만 한다.

본 경쟁에 의해, 검사 방법, 소모품 절약, 또 공구의 사용 방법, 기계의 개선 등에 상당한 효과를 거두었지만, 한 근로자의 조그마한 고안을 현장의 기술자가 받아들여, 이에 협력하여 그 궁리고안을 조장하여 근로자에게 공을 돌리는 등, 기술자와 근로자와의 아름다운 애정의 교류가 행해져, 직장의 명랑화에 도움이 되었을 뿐 아니라 인간적 결합이 강고해졌다. 더욱 근로자를 환기시키기 위해 생산능률 배가 궁리 발표회를 개최하고 또 입상자를 사보에 게재하여 그 공을 칭찬하는 등, 근로자의 궁리의 함양을 자극할 필요가 있다.

4) 불량품 박멸 경쟁

생산공정에서 일어나는 손실을 어떻게 방지할 것인가는, 중요한 문제이다. 더구나 손실은 세심한 주의와 숙련된 곳에서는 일어나지 않는 것이 통상이다. 본 경쟁은 공장의 전체적 운동으로서 행하기에는, 일반성을 가질 수 없다. 생산공정에 직접 관계 있는 부문에서는 실시가 가능하지만 그렇지 않는 것에는 적용되지 않는다. 따라서 본 경쟁은 직장의 부분적 운동으로서 임의로 직장에서 행하면 상당한 효과가 있다. 실제에 있어 부분적으로 실시한 결과를 보아도, 조 의식을 활용하여 하나의 직장 내에서 조 단위로 실시하였는데, 상당한 효과를 거두었다.

5) 무사고 경쟁

재해를 방지하고 근로자를 안전하게 지키기 위해서는, 안전운동을 빈번하게 하여, 근로자의 주의를 끊임없이 환기시켜야 하지만, 무사고 경쟁을 실시하여 무사고 조를 표창하는 것은, 재해율이 높은 광산, 철광소에서는 효과가 있다고 생각한다. 특히 협력 작업을 하는 부문에서는 그렇다. 협력 작업을 하는 자가 협력하여 재해를 방지하는 것은 당연한 일이지만, 무사고 경쟁은 그 의의를 철저하게 하는 면에서 효과가 있다. 이 경우 물론 안전운동과 병행해서 실시해야만 한다.

경쟁 기간은 재해 발생 빈도에 따라 결정해야만 하지만, 상당히 긴 기간(6개월~1년)에 걸쳐 실시해야만 한다. 또 이를 각 조에 한정하지 말고, 과나 계 나름의 작업현장에 실시하여도, 효과를 거두는 것이 가능할 것이다. 이러한 경우는 1개월 내지 3개월간 실시하고, 안전우승기를 돌려가며 보관하는 것도 하나의 방법이다.

6) 건강증진 경쟁

건강증진 경쟁은 일정 기간 조의 전원이 질병에 걸리지 않았을 때, 그 조를 표창하는 제도로, 한 사람의 질병자도 내지 않겠다는 것을 취지로 이를 위해서는 어떻게 하면 건강을 증진할 수 있는지를 일상생활 차원에서 설파하고, 위생사상, 예방의학의 보급을 도모하고, 위생 전람회, 영화회 등을 개최하여, 건강증진 경쟁을 단순히 경쟁으로 끝내지 않는 것을 요한다. 기타 건강증진에 관련하는 것으로는, 체력검정도 있다. 30세 미만의 근로자를 대상으로 조 단위로 적극적인 체위 향상에 동원하는 것도, 고려할 만하다.

7) 우량조의 표창

산업보국회의 조직은 모체인 조에 영예와 책임을 부여하여, 조 정신을 명백하게 나타나게 하기 위해, 우량조를 표창하는 것은 다른 조를 자극함과 동시에, 모범 조는 더욱 자중하게 되어, 산업보국운동을 추진하는 데 있어 효과가 있다고 생각한다. 표창을 받은 조 전원은 일정한 표창마크를 부착시킨다. 마크는 한 번 표창을 받아 영구적으로 가슴에 반짝이는 것이 아니고, 대략 1개월 정도를 일정 기간으로 하여, 그 기간 중에 다시 표창을 받지 못하면 다음 달에는 권리를 상실하도록 해 두어야 한다. 그러면 한 번 표창을 받은 자는 두 번, 세 번으로 연속해서 표창을 받도록, 조의 영예와 책임을 위해 정진하게 된다. 또한 세 번, 다섯 번, 열 번 연속해서 표창을 받은 조에 대해서는, 별도의 표창 방법을 고려해야만 한다.

표창 조건으로는 조 정신을 체득하고, 평소의 근무 태도가 양호하여 타의 모범인 조로서, 아래의 각항 중 하나에 해당해야 할 것이다.

ㄱ. 3개월간 전원이 개근할 경우

ㄴ. 6개월간 조원 이동이 없는 경우

ㄷ. 생산 능률의 증진에 최선을 다하는 경우

ㄹ. 산업보국정신의 발양에 최선을 다하는 경우

이 중, ㄹ의 산업보국정신의 발양에 최선을 다하는 것에 관해서는, 구체적으로 여러 면이 있을 것이다. 그때마다 사실에 관해 조사하고, 다른 조의 모범이 될 것은 가능한 표창하는 것이 좋다.

이상은 경제적 및 경제 외적인 표창 제도에 의한 생산력 확충 운동으로, 조의 단결 강화법이다. 이를 근로자의 인격을 무시하는 제도라고 논하는 자도 있지만, 현실의 사태는 이러한 방법에 의해 의식적으로 조를 강화하고 측면에서 생산 증가에 박차를 가해, 근로자의 조직체를 강고하게 하는 것을 요한다. 더구나 이러한 표창 제도는 산업보국운동 발전을 위해서, 본원적인 것이 아니고, 파생적 촉진제에 불과하다. 중요한 것은 조 간담회를 통해 각 조원이 진정으로 근로의 국가적 사명을 자각하고 생산능률의 증진에 기여하는 것이다.

8) 조 간담회

조 간담회야말로 조의 친목을 다지고, 조원 상호 간에 신애와 신뢰를 쌓을 기회이다. 조 상회는 가볍게, 장소와 시간에 구애하지 말고 식후의 휴식시간 중에도 좋고, 또 직장의 구석, 잔디밭에도 좋다. 생각이 나서 서로 이야기할 필요가 있을 때, 언제라도 개최하는 것이다. 상의를 하달하고 하정이 상통하는 최하위의 기관이므로 조 조력자가 상회 회장이 되며, 때로는 연장자도 방청석으로 불러 개최하면 좋다. 조는 전부 동료이므로 아무런 배려도 필요 없고, 허심탄회하게 이야기하기가 가능하며, 여기에서 좋은 것이 생겨나는 경우가 많다. 두세 가지 실례를 들면 다음과 같다.

1. 미성년자는 술과 담배를 끊자.
2. 매 월요일은 근로봉사로 직장의 바닥을 청소하자.
3. 언어 사용을 바르게, 야, 너 등으로 부르지 말고 나, 당신으로 하고, 연장자에게는 '씨'를 붙이자.
4. 제복은 항상 세탁하여 근로자의 이름을 더럽히지 않도록 하자.
5. 작업 중에는 열심히 일하자.

인격적인 면으로는 작업 태도, 소모품 절약, 직장의 윤리화 등 여러 내용을 서로 이야기하여, 실행에 옮기고 있다. 이러한 건설적인 것이 실천되기 위해서는, 조를 불평불만의 온상이 되지 않도록 지도해 가는 것과 동시에, 불평불만에 대해서는 그것이 개인적인 것이 아니고 전체적인 것이라면, 그것을 제거하도록 지도자가 노력해 간다면 직장의 조가 건설적인 방향으로 움직이고 확신을 갖고 말할 수 있다. 성의와 책임을 갖는 지도자야말로 절대 필요하다. 근로자에 대한 허위와 기만은 이 운동을 멸망으로 이끄는 최대의 원인이다.

조원 상호가, 조 조력자를 신뢰하고, 조원 동지 중에 인간적 온정이 생긴다면, 그것은 국가와 연결되는 따뜻한 길이다. 이를 위해 상회는 빈번하게 개최되어야 한다. 인간적인 관계는, 상회가 회를 거듭할수록 깊어질 것이다.

6. 조 조력자의 임무

조가 편성되어, 조 조력자(世話人)가 선출되고, 조가 해야 할 기능이 부여되면, 조는 활동을 개시할 체제가 정비된 것이다. 활동의 중핵체가 되어 지도자가 되는 자가 조 조력자이다. 5인조 제도에서 조두의 임무는 마을의 장 또는 조두의 통지를 조원에게 전달하고, 외부적으로는 조를 대표하며 기타 일반의 공동 사무를 담당한다. 이 외에도 부동산 매매에서 연서하든가, 조원의 논쟁을 재단, 아니면 조원의 품행을 감독하였지만, 조원의 공동 책임에 관해서는 통상 다른 조원과 다른 특별한 책임은 지지 않았다. 이를 직장에서의 조에 대해 보자면, 조 조력자는 선출된 자이자 조의 지도자로서 당연히 여러 임무가 부여된다.

1) 조 조력자의 임무

조 조력자는 스스로 바르게, 자기의 인격을 높여, 조원의 신뢰와 경애에 부합하도록 일상의 생활과 작업에서 표출하는 것에 의해, 자연스럽게 조원을 단결시키고 통솔하는 것이 가능하다. 실생활에서 솔선하여 모범을 보이고, 조의 기능 발휘에 전력을 경주하여, 상사를 보좌하고 그 통솔을 원만하게 수행하도록 협력해야만 한다.

조는 상의하달, 하정상통, 협심일체의 기관으로, 조 조력자는 조원의 의사를 자치적으로 협의하고 의견이라든가 희망 등을 바르게 교도하고, 조의 여론에 관해서는 책임감을 갖고 대처함과 동시에 상의는 신속하게 하달하고, 책임감을 갖고 실천에 임해야 한다. 또한 조 조력자는 대표자로서 다른 조와의 연락에 임하고 조의 기능 발휘를 위해 전체의 입장에 서서 활발한 활동을 실천해야만 한다. 예를 들면 작다고는 하지만 한 조직의 지도자이자 대표자인 조 조력자는 조를 단순한 심적 결합에 멈추는 것이 아니라, 조원의 생활 면에까지 마음을 쓰고 조의 발전과 향상을 위해 조 내의 모든 부면의 책임자가 되는 것이 바람직하다. 즉 조원의 능률증진, 조원의 생활 합리화, 직장윤리의 건설 등에 임하는 것에 더해, 직장의 악풍을 교정하고, 한 사람의 탈락자도 조로부터 나오지 않도록 애정의 손을 뻗어야 한다.

2) 조 조력자와 명령계통과의 관계

조 조력자는 명령계통의 최하부에 위치하는 간부공원(직장)의 분신으로, 이상과 같이 조의 기능을 다하는 것을 임무로 하되, 조원의 작업지도까지는 하지 않는 것을 원칙으로 한다. 조 조력자에게 작업의 지도까지 행하도록 한다면, 조 조력자는 조력자가 아닌 직제상의 명령계통에 근거한 조장이다. 조 조력자에게 이러한 권한을 부여한다면, 명령계통상 옥상옥을 구축하는 것일 뿐만 아니라, 약 5인 내지 10인에게 한 사람의 비율로 조 조력자가 과연 전 조원의 기술지도까지 가능한가이다. 명령계통은 가능한 간소하고 철저하게 운영되는 조직이 되어야만 한다. 기술상의 문제는 물론 작업에 관한 일체의 문제에 관해 조원이 하나하나 조 조력자를 통하지 않으면 안 되는 조직에서는 문제 처리의 정체를 피할 수 없다. 따라서 조 조력자는 명령계통 안에 포함시키지 말고, 이를 보좌하는 기관으로 해야 한다. 그러나 작업의 성질상 작업의 지도까지 행하는 것이 가능하고, 명령계통 안에 두는 편이 편리한 경우도 있을 것이다. 예를 들면 협동작업의 경우이다. 이러한 경우는 명령계통 안에 포함하더라도 할 수 없을 것이다.

조 조력자에게는 명령계통의 계열 중에 직제상의 지위를 부여하지 않고 따라서 직제상 아무런 권한을 부여하지 않기에, 조 조력자 중에서 반드시 권한을 부여해 달라는 목소리가 나올 것이다. 이미 나오고 있지만, 그 원인을 규명해보면, 권한이 없어 조원이 그 지도에 복종하지 않는다는 점이다. 또 조 조력자를 지도해야 할 직장에게도 책임이 있었다. 즉 직장은 조 조력자의 임무를 이해하지 못하고 자신의 분신으로 또 부하로서 이를 충분히 활용하지 않았다. 또 역으로 조 조력자가 자기의 권한을 침범한다고 생각해 경원시한 직장도 있었다. 이러한 상태에서는 직장과 조 조력자와의 관계가 원만하게 갈 수 없는 것과 동시에, 조 조력자가 조원을 통솔할 수가 없다. 직장이 조 조력자의 후원자가 되어 승급, 상여 등의 심사 시에는 적극적으로 조 조력자의 의견을 구하고 부하의 근무상태 등에 관해 조 조력자의 의견을 존중하고 조 조력자를 활용하여 직장과 조 조력자 사이가 평소 원만하다면 특별하게 조 조력자에게 권한을 부여하지 않아도 조원은 조 조력자의 통솔에 복종하게 된다. 권한을 가지고 사람을 통솔하는 것은 누구라도 당연히 가능한 일이며, 권한이 없어 통솔할 수 없다면 조 설치의 의의는 대부분 상실될 것이다. 즉 상사가 조 조력자의 임무를 이해하고, 이에 협력하여, 후원자가 되어 조 조력자가 활동상 불편한 점은 측면에서 보완해 준다면, 설령 권한이 부여되지 않더라도 조 조력자는 유능하게 활동할 수 있다. 또 조 조력자는 명령과 권한에 의존하지 말고 솔선수범하여, 말만이 아닌 몸으로 몸소 조원을 교도한다면 조원은 조 조력자를 마음으로부터 따르게 될 것이다. 조 조력자는 지배적이거나 권한을 휘두르려는 것이 아니라, 권위가 있어야 한다.

이상 직장에서 하부조직의 근간을 이루는 조 제도에 대해 논하였다. 조에 영예와 책임을 부여하기 위해서는 조를 대표하고 조를 통솔하는 조 조력자에게 영예와 책임을 부여하지 않으면 안 된다. 아무리 창의와 능력을 충분하게 발휘할 수 있는 훌륭한 조직을 만들어도, 실제 이를 운영하는 자에게 창의와 능력이 없고, 임무의 영예와 책임을 자각하지 않는다면, 그 조직은 그림의 떡이 되어 버릴 것이다. 조 조력자가 산업보국회의 첨병이자 중핵체로서 영예와 책임을 자각시킴과 동시에, 일반노동자에 비해 영예를 가졌음을 인식시키기 위해, 뭔가 방법이 필요하다. 이를 위해서 조 조력자임을 나타내는 마크를 가슴에 달도록 하는 것이 좋을 것이라고 생각한다. 마크는 가능한 크고, 적어도 직경 약 3cm 이상으로 하고, 상당히 멀리에서도 분명하게 보이는 것이 좋다. 실제로 이렇게 하기 위해, 마크의 도안을 공모하여, 근로자의 주의를 환기하고, 당선 도안에 따라 직경 35mm의 마크를 만들어, 작업복의 왼쪽 포켓 위에 부착하는 것으로 했다. 그 결과 조 조력자 자신에게 연성의 채찍이 되고, 그 책임을 자각시켜, 그 행동을 규율한 효과는 큰 것이었다.

또 선출된 조 조력자가 스스로 연성을 위해 노력하는 한편 조 조력자 연성회에서 산업보국회의 첨병으로서 훈련을 하여 산업보국운동의 의의를 파악함과 동시에 그 향해야 할 길을 분명히 하기 위해 조 조력자훈을 만들어 그에 따르도록 해야 함이 나타났다. 연성회가 있을 때마다 이를 낭송시켜 그 자각을 촉구하였다. 동시에 산보수첩을 작성하여 조 조력자 이상에게 배포하고, 상시 지참시켰다.

신입 종업원이 일정한 교육훈련을 거쳐 직장에 배속되면 조 조력자, 직장(職長)이 열석한 가운데, 과장 앞에서 조의 선서를 낭독하고, 선서에 서명을 하게 한 후, 조 조력자에게 소개하고 그 조에 편입시킨다. 조 조력자는 조원에게 소개한다. 이렇게 선서를 하고 각 조에 배치되며, 매월 흥아봉공일(興亞奉公日)에는 산업보국회 입회식을 행한다. 회의장에는 과장이 배속된 신입 종업원을 인솔하여 참가하여, 부장, 과장 열석하, 사장 또는 지배인, 기사장의 훈사를 받고, 대표자가 선서를 낭독하고 회장에게 산업보국회원으로서 직책을 다할 것을 맹세한다.

산보수첩 내용

1. 입사 연월일, 조 조력자 임명일, 씨명, 생년월일, 본적, 현주소, 병역관계(한 페이지에 담는다.)

2. 후지코시(不二越) 십훈
   1) 시간을 엄수할 것.
   2) 복장을 단정하게 품위를 지킬 것.
   3) 경례를 존중하고 바르게 행할 것.
   4) 경신숭조의 정신을 강하게 할 것.
   5) 직무에 힘을 다하여 노력하고 정확을 기할 것.
   6) 상사의 명령을 지키고 동료와 친화할 것.
   7) 위생을 중시하고 청결을 으뜸으로 할 것.
   8) 건강에 신경을 쓰고 체위 향상을 도모할 것.
   9) 용무를 절약하고 저축의 결실을 거둘 것.
   10) 방첩, 방호, 재해 방지에 협력할 것.

3. 선서

   우리는 후지코시 십훈을 철저히 실천하기 위해 아래의 각 항목을 굳게 다짐한다.
   1) 우리 조원은 회사와 운명을 함께 한다는 각오를 갖고 산업전사의 사명을 다하는 것을 기한다.
   2) 우리 조원은 국난타개를 위해 사회에 절대 복종하는 것을 기한다.
   3) 우리 조원은 자치정신을 발양하고 나아가 자기의 책임을 다할 것을 기한다.
   4) 우리 조원은 군수공장 종업원으로서 명예를 소중히 하고 기밀 보지(保持)에 협력하는 것을 기한다.

5) 우리 조원은 업무상은 물론 사생활에도 인보상조의 실천을 거둘 것을 기한다.

4. 조력자 훈

세계 전환의 대동란에 즈음하여, 우리 황국 일본은 미증유의 국난을 접해, 국력증강이 요구되는바, 오늘날보다 더 큰 적은 없다. 대저 국가의 발전은 산업총생산력이 결정하고, 총생산력은 국민의 근로에 의거하는 바가 많다. 이제 국가가 우리에게 바라는 것은, 최대 최량의 근로로 강고한 근로협동체를 결성하는 것이다.

우리는 매일 일을 산업에 바친다. 생각건대 직장은 신도실천의 도장이고, 근로는 나라에 보답하는 의무이며, 영예이며, 환희이다. 다행히 우리는 후지코시산업보국회의 중견지도자가 된다. 강건한 의지, 불굴의 기개로, 수범하고, 무리를 변화시켜, 동지와 향음(響音)의 사이에 본분을 다하고, 기술에 살며, 황국 산업도를 완수하기 위해 아래와 같은 훈을 확수한다.

제1. 일본인

교육칙어의 진의를 깊이 체득하고 마음을 바르게 하고, 신체를 수양하여 일본인다운 도의로 산다.

제2. 사훈

사훈은 우리의 실천 규범으로서 사업일가 산업보국의 요도이다.

제3. 책임

책임을 중시하는 자, 이는 신념이 있는 자다. 신념은 부단한 수련에 의해 생긴다. 이는 직장의 생명이다. 우리 각자는 그 직분을 지키고 진정 성심으로 몸을 던져, 일업일무(一業一務)를 완수한다.

제4. 솔선수범

우리는 산업보국회의 첨병이다.

1억 무리에 앞장서, 신애를 갖고 수범하고, 늘 실행을 존중하고, 묵묵하게 헌신 복행한다.

제5. 단결 통솔

'조'는 산업보국회의 초석이다.

나라에 보답하고, 사업에 최선을 다함에 진정으로 동조하고, 서로 신뢰하고, 서로 도우며, '조'를 통틀어 협심일체를 이룬다. 우리는 생각을 깊게 조원의 마음으로 생각하고, 근엄하게 통솔한다, 무리 즐거이 신도의 진심으로 상하 서로 통하여 맥락이 일관되고, 이로써 거사일치, 보국의 업에 부지런히 힘쓴다.

제6. 임무

우리는 선발된 지도자이다.

스스로 바르게, 힘을 다하여 노력하고 자신의 몸을 돌보지 않고 진력하여, 항상 자기의 임무를 반성하고, 상사를 보좌하고, 아래 각항의 실천에 전력을 경주한다.

1) 협심일체

2) 보안경비

3) 능률증진, 근무정려

4) 풍기개선 및 교화

5) 생활쇄신

6) 공장 내외의 청소정돈, 노동봉사

7) 군인 가족 원조

8) 상호구제

9) 체위향상

5. 후지코시산업보국회 규약 … 생략

6. 후지코시산업보국회 간담회 위원 선출 규칙 … 생략

7. 조원의 가정 상황 기입란

성명, 생년월일, 본적, 현주소, 가정 상황을 기입할 수 있도록 12항을 두고 있다.

조 조력자가 조원의 가정 상황을 모른다면, 진정한 조력은 불가능한 것으로, 담소 중에, 조원의 가정 상황을 알아보고 그것을 기재해 두도록 지도해야 하며, 경찰관이 신원 조사를 하는 방식은 피해야만 한다.

8. 행사란

산업보국회에서는 매월 활동목표를 지시하는데, 이를 기입하여 그 실천의 철저를 도모한다. 따라서 일개월에 일 항씩 1개월분의 행사란을 설정하였다.

9. 외여백을 두어 비망록으로 삼았다.

제2항 산보청년대

산업보국회의 조직 모체로 결성되는 조 제도는 직장의 하부조직으로, 편성 형태에 따라 타 조직인 산보청년대, 기숙사, 청년학교와 중요한 관련을 가진다. 조는 직장을 중심으로 결성되므로, 산업보국운동이 그 선에 따라 전개되지 않으면 진정한 의의를 갖지 못하는 것을 감안한다면, 이들의 관계를 명확하게 하고 지금 빈번하게 설치가 제창되고 있는 산보청년대와 조 제도와의 관련과 역할 등을 중심으로 타 조직과의 관련을 생각해 보겠다.

산보청년대는 1936년(昭和 11) 후생성의 노무 대책의 자문기관으로 노무관리조사위원회가 설치되어, 청소년 근로자의 생활지도와 관련하여 공장사업장의 실정에 맞는 방책의 연구가 추진되어, 그 결과 각 공장사업장에 결성되어 있는 산업보국회 내에 산업보국청년대를 결성하여, 이 조직을 통해 청소년에게 부여되는 국가적 사명을 달성하고 산업보국운동의 추진력이 되도록 하자는 의견을 중심으로 답신을 확정하고, 1940년(昭和 15) 8월 27일 후생대신에게 의견서를 제출하였다. 정부는 이를 승인하고 본 결성에 관한 대강을 후생성 노동국장의 명의로 1941년(昭和 16) 3월 3일 각 지방장관에게 의명통첩하였다.

이렇게 각 공장사업장에 산보청년대가 결성되게 된 것이지만, 문부성에서는 대일본청년단, 대일본여자연합청년단, 대일본소년단연맹 및 제국소년단협회의 4단체를 통합하여 새롭게 대일본청소년단을 결성하여, 학교 교육과 불리일체의 훈련체제를 확립하는 것을 그 목적으로 한 데 반해, 후생성에서는 직장에서의 실천기관으로, 즉 직장과 불리일체적으로 확보되는 직장조직으로서, 산업보국운동의 일부분을 담당하는 사명을 갖는 산보청년대를 결성하였다. 따라서 청소년단의 일원적 통일을 지향하는 문부성과 그 특수성을 주장하는 후생성 사이에, 지도상 긴밀한 연락이 필요하게 되었다. 이에 관해 문부성 사회교육국장은 「사립청년학교에 단위 청년단 및 여자청년단 설치에 관한 건」이라는 통첩에서 "사립 청년학교를 설치하는 공장사업장에 있어 단위 청년단과 산보청년대와 관련하여, 문부, 후생 양성에서 각자 긴밀한 연락하에 지도에 임한다"라고 규정하여 그 관계를 분명히 하고 있지만, 그 실제의 운영에서는 반드시 그 관계가 명확하게 되어 있지 않다. 부현에 따라서는 일반적 훈련은 문부성계 청년단에서 행하고, 공장사업장에서의 특수훈련은 산보 측에서 행한다고 타협한 곳도 있다. 결국 산보청년대는 단위 산업보국회 내의 직장 실천조직으로 그 실천은 후생성과 산보중앙본부 측에 있어, 문부성 측과는 형식적으로 일원화된 것에 불과하며, 문부성이 간섭하는 것은 허용되지 않는다. 그렇다면 산보청년대가 어떠한 조직 내용을 가질 것인지가 구체적으로 선명해진다. 이에 관해서는 지난 1941년(昭和 16) 4월 23일의 후생, 문부, 육군, 대일본청소년단, 대일본산업보국회중앙본부 등의 관계 당국의 회합에서 「산보청년대 준칙 및 조직 방침」을 결정하였으며, 그 결정된 준칙의 전문을 게재한다.

1) 산업보국청년대 준칙

제1조 본대는 □□산업보국청년대라고 칭한다.

제2조 본대는 대일본산업보국회의 강령을 존봉하고 황국산업청년임을 자각하고 심신을

단련하여 기능의 향상을 도모하여 산업보국운동에 정진하는 것을 기한다.

제3조 본대는 25세 이하의 남자 모두를 회원으로 조직하며 아래의 2개 부를 둔다.

제1부는 20세 이하의 대원으로 조직한다.

제2부는 21세 내지 25세의 대원으로 조직한다.

제4조 본대는 직장을 중심으로 조직하며 각부를 대대, 중대, 소대로 편성한다.

제5조 본대는 아래의 사항을 실천한다.

1. 산업보국정신의 체득 훈련에 관한 사항
2. 직장활동, 기술훈련 등에 관한 사항
3. 체육, 보건, 오락, 생활훈련 등에 관한 사항
4. 국방훈련, 국책협력운동 등에 관한 사항
5. 기타 산업보국의 실천에 관한 사항

제6조 본대에 아래의 간부를 둔다.

대장(1명): 대를 지휘 통솔한다.

대간부(약간 명): 대장을 보좌하고 부대장 이하를 지도한다.

(대장 사고시는 대장이 지명하는 자가 대장을 대신하여 대를 지휘통솔한다.)

부대장(2명): 대장, 대간부를 보좌하고 대장을 명을 받아 대대장 이하를 지휘통솔한다.

대, 중, 소대장(약간 명): 자기 대, 중, 소대를 지휘통솔한다.

고문(약간 명): 청년대의 주요 기획의 자문에 응한다.

제7조 본대 간부는 아래와 같이 선임한다.

대장: 청년학교 교장의 직에 있는 자에 이를 임명한다.

(단, 청년학교가 없는 사업장 또는 청년학교를 설치하였지만 특별한 사정이 있는 경우에는 열의가 있고 지도적 지위에 있는 자를 임명한다.)

대간부: 회원 중 상시 청년에 대해 지도적 지위에 있는 자를 임명한다.

부대장: 제1부, 제2부 중에서 적임자를 각 1명을 선정하여 임명한다.

대, 중, 소대장: 대원 중 지도 능력이 있는 자를 임명한다.

고문: 본회 간부 중에서 임명한다.

제8조 간부의 임기는 1년으로 하되, 단 중임이 가능하다.

제9조 본대의 사업, 예산결산 등에 관한 사항은 회장의 승인을 받아야 한다.

제10조 입대, 제대, 상벌에 관한 사항은 회장이 별도로 정한다.

제11조 본칙의 변경을 요하는 경우는 회장이 정한다.

위에 분명히 나와 있는 것처럼, 산보청년대는 단위 산업보국회의 직장 중심 조직으로 결성되어야 함을 규정하여, 직장 실천조직인 것을 명시하고 있다. 그 조직 방법은 소위 군대 조직을 취하여, 대대, 중대, 소대로 조직하되, 1개 소대를 50명의 대원으로 편성하고, 1개 중대는 4개 소대, 즉 200명의 대원으로, 1개 대대는 5개 중대, 즉 천 명의 대원으로 각각 편성한다. 또한 청년대의 편성에 있어, 25세 이하의 남자 회원이 50명 이상인 단위 산업보국회는 반드시 이를 조직하는 것을 원칙으로 하여, 20세 이하의 대원은 제1부, 20세 이상 내지 25세 이하의 대원은 제2부에 편성한다.

이를 운영지도하는 간부는 대장, 대간부, 부대장, 대, 중, 소대장, 고문으로 되어 있다.

이상과 같이 산보청년대의 조직에 있어 산보중앙본부에서 각 부현 산업보국회에 산보청년대 조직 방침을 통달하여 그 조직방침을 천명하였다.

2) 산업보국청년대 조직 방침

1. 기본에 관한 사항

산업보국청년대는 단위 산업보국회 내의 직장 실천조직으로, 직장과의 불리일체성을 확보하고, 직장의 실정을 살려 대를 편성, 운용할 것.

1. 명칭에 관한 사항

명칭은 □□산업보국청년대라고 칭할 것.

1. 조직에 관한 사항

(ㄱ) 25세 이하의 남자 회원이 50명 이상인 단위 산업보국회에는 반드시 산업보국청년대를 조직할 것. 한편 25세 이하의 남자 회원이 50명 미만인 단위 산업보국회에서도 실정에 맞게 조직할 수 있다.

(ㄴ) 대원은 25세 이하의 남자 회원 전부(직원을 포함)를 포함할 것.

(ㄷ) 원칙적으로 20세 이하의 대원은 제1부, 21세 내지 25세의 대원은 제2부에 편성하지만 해당자가 근소하여 구분하는 것이 실익이 없는 경우에는 구분하지 않을 수 있다.

(ㄹ) 규모가 큰 산업보국회가 사업장마다 지부를 가질 경우 지부별로 청년대를 조직할 것.

(ㅁ) 동일 산업보국회 내에 사립 청년학교가 2개 이상 있는 경우는 학교에 따라 청년대를 조직할 것.

(ㅂ) 2개 이상의 산업보국회에 공동으로 사립 청년학교가 설치되어 있는 경우는, 아래 각호 중 하나의 방법에 의거 사립 청년학교를 기준으로 하는 단위 청년단과 조직의 중복을 피해 실정에 맞게 처리할 것.

1. 각 산업보국회마다 청년대를 조직하고 동시에 이를 대일본청소년단의 단위단으로 할 것(이 경우 하나의 사립 청년학교에 2개 이상의 단위 청년단을 설치하는 것이 된다).

2. 관계 산업보국회장들의 협의 후 공동의 단일 청년대를 조직하고, 동시에 이를 대일본청년단의 단위단으로 할 것(이 경우 하나의 청년학교에 하나의 청년단을 설치하는 것이 된다).

3. 각 산업보국회마다 청년대를 조직하고 동시에 이를 사립 청년학교 중심으로 설치된 단위 청년단의 분단으로 한다(이 경우는 하기 '청년단과의 관계 (ㄱ)'의 규정에

불구하고 대장이 사립 청년학교 단위의 청년단장과 일치해야 할 경우 있다).

1. 사업 실시에 관한 사항

실시해야 할 사업 세목은 차후 발표한다.

1. 편성에 관한 사항

(ㄱ) 원칙적으로 대를 제1, 제2부로 나누어, 각부를 대, 중, 소대로 편성하지만 각부의 편성은 청년대의 규모에 맞추어 적당히 행할 것.

(ㄴ) 소대는 50명을 기준으로 하지만, 직장의 실정에 맞게 증감할 수 있다.

소대는 실정에 따라 분대로 나눌 수 있다.

(ㄷ) 대 편성에 있어 어디까지나 직장을 중심으로 하는 작업조직, 인원수 등 때문에 지장이 있는 경우는 연관 있는 직장마다 편성하고, 사립청년학교 생도 및 기숙사 생활자 등에 관해서는 실정을 고려할 것.

(ㄹ) 지도명령계통을 명백하게 일원적으로 행동할 수 있도록 할 것.

1. 간부에 관한 사항

(ㄱ) 대장은 원칙적으로 사립 청년학교 교장의 직에 있는 자를 산업보국회장이 임명하나, 청년학교가 없는 사업장 또는 청년학교가 있으나 지장이 있는 경우는 사업장과의 관계를 충분히 고려하여 지도력 있는 자를 선임할 것.

(ㄴ) 대간부는 통첩(준칙)에 기재된 지도자에 해당하는 자로 한다.

대간부는 대장과 함께 해당 산업보국회에서 청소년을 직접 지도하는 자로서 대원과 밀착하고, 만반의 지도책임을 가지는 자로, 지도에 임할 시는 청년대의 배후에서 지도하여 청년이 자주적으로 분기 활동을 하도록 유의할 것.

(ㄷ) 부대장은 대장 및 대간부를 보좌하고 대장의 명을 받들어 대대장 이하를 지휘하는 자일 것.

부대장은 위의 직무를 행함에 있어 항상 대장, 대간부와 대원 사이의 연결을 긴밀히 함과 동시에 대원으로 하여금 자동적으로 청년대의 사명수행에 매진하도록 유념할 것.

1. 기능에 관한 사항

(ㄱ) 심의, 의결에 관한 것은 모두, 대장의 결재와 지휘를 받아 행할 것.

(ㄴ) 중요한 청년대의 업무를 심의하기 위해 상시 간부회의를 개최할 것.

(ㄷ) 연 1회 대회를 개최할 것.

(ㄹ) 대원이 수양 단련에 전념하게 하기 위해 각 편성마다 연 1회 회합을 개최할 것.

1. 기타 사항

(ㄱ) 입대, 제대, 상벌

1) 입대는 당해 산업보국회원의 자격을 득할 수 있는 때 입대식을 행할 것.

2) 제대는 당해 산업보국회 또는 청년대원인 자격을 상실하는 경우. 예를 들면 퇴직, 사망, 연령 초과 등.

3) 대원 중 특별 선행자, 기능 우수자 등을 표창할 것.

4) 대원 중 대원이 해서는 안 될 행위, 또는 고의로 청년대의 행동에 지장을 초래할 행위를 방지하기 위해 벌칙을 둘 것. 단 위 벌칙은 어디까지나 형벌의 개념이 아니라 대원의 회개를 촉구하고 자각하게 함을 주안점으로 할 것. 예를 들면 연대책임, 일시 제명 등.

(ㄴ) 경비

청년대의 경비는 원칙적으로 해당 산업보국회의 보조금으로 충당하지만, 필요에 따라서는 대원으로부터 임시 징수하는 것도 가능하다.

1. 청년단과의 관계

(ㄱ) 사립청년학교가 설치되어 있는 사업장의 산업보국청년대의 대장은 반드시 해당 사업장의 청년단장일 것.

(ㄴ) 직장에서 일상의 사업훈련은 산업보국청년대에 있어 실행한다.

(ㄷ) 산업보국청년대 대원 중 공립학교를 중심으로 한 청년단의 단원인 자에 관해서는 대장이 대원이 소속된 청년단장과 밀접하게 연계하여 쌍방의 훈련에 유감이 없도록 기할 것.

1. 여자청년대에 관한 사항

여자청년대 및 조직 방법은 모두 남자청년대의 준칙 및 조직방침을 따를 것.

부기=단기, 완장, 복장 등에 관해서는 연구 후 차후에 지시함.

이상의 준칙 및 조직방침에 의거하여, 각 공장사업장은 산보청년대를 결성하지만, 오늘날 산보청년대로 조직되는 노무자가 급격하게 증가하고, 어느 공장에서도 전 근로자의 6할 내지 7할을 점할 것이다. 더구나 이들 중요한 국가생산력의 원동력이 무방어로 직장에서 노출될 경우, 청소년의 생활을 지도하고 황국청년으로서 자각에 따라 살게 하고, 심신을 단련하고, 기능 향상을 도모하여 산업보국운동에 정진하게 하는 것은 현하의 시국에 있어 가장 긴요하다. 육군 당국에서도 지난 1941년(昭和 16) 4월 24일의 산업연락간담회에서 산보청년대 조직에 관해 다음과 같이 전폭적인 지지를 한 것은, 그 중요성을 깊이 인식한 증좌이다.

육군 당국의 산보청년대에 대한 의견

1. 산보청년대가 그 조직 편성에 있어 대, 중, 소대로 나누어 편성하는 것에 군으로서 찬의를 표하는 바이며, 이러한 편성방침이 청소년단은 물론 경우에 따라서는 학생에도 채용되는 것이 바람직하지만, 일반 산보청년대가 솔선해서 이를 채용한 것은, 청년운동의 조직상 의의가 크다고 말할 수 있다.
1. 공장 청년은 종래 청년에 비해 체력이 현저하게 떨어지지만, 이번에 훈련 조직인 청년대가 결성되는 것은 장정의 체위 향상에 도움이 되는 점이 지극히 크고, 그것이 고 고도국방국가체제 확립상에 영향이 적지 않다.
1. 군은 위와 같은 관점에서 청년대 조직에 찬의를 표하고, 앞으로는 산보청년대의 대장 강습회, 국방훈련 등의 사업에 있어 적극적인 지원을 아끼지 않을 것이다.

산보청년대 조직의 가부에 관해서는 논의의 여지가 없다. 그러나 과연 이러한 조직이 직장 실천조직으로서 직장의 실체에 적합한 것일까, 아니면 당국 또는 중앙본부가 상상하고 있는 실적을 거두는 것이 가능할까. 이 점에 관해 잠시 언급하겠다.

1. 청년대의 조직과 조 제도와의 관계

청년대는 20세 이하의 대원을 제1부, 21세 내지 25세 대원을 제2부로 하여, 직장을 중심으로, 각부를 대대, 중대, 소대 그리고 필요에 따라 분대로 편성하며, 최소 편성 단위는 10인이다. 청년대와 직장의 하부조직인 조 제도와 일치하도록 편성된다면, 이상적인 하부조직이 될 것일 것이다. 그러나 조 제도는 동종의 작업을 하는 자가, 지역적으로 편성되는 점에 의의가 있으므로, 다른 조건을 배제한 채 획일적으로 연령만으로 편성한다면, 대부분의 기능을 발휘하지 못할 것이다. 따라서 직장의 하부조직으로서 조 제도를 설치한다면, 청년대의 하부조직은 별도로 편성하지 않으면 안 된다. 천 명 이상의 공장에서는 열 명 단위로 분대가, 분대원 각자 다른 작업장에서 작업에 종사하여 서로 얼굴을 마주칠 일이 적다보니, 분대가 과연 동료 정신을 발양하여 조 제도와 같이 정신을 발양하는 것이 가능할 것일까. 어렵겠지만, 고양해야면 할 것이다. 이는 중소공장에서도 유감없이 발양해야 한다. 다음, 조 조직과 청년대 조직을 함께 둘 경우, 직장 활동에 대한 지시가 중복되지는 않을 것인가. 특히 한쪽이 청년학교 교장을 대장으로 두고, 다른 한편이 노무자관리계의 주관에 속할 시, 양자의 조정을 어떻게 해야 일원적으로 가능할 것일까. 이 경우는 대장이 반드시 청년학교 교장인 것을 요하지 않으므로 일원화하는 것이 어렵지는 않을 것이다. 만약 청년학교 교장이 대장이 아니라면, 청년학교를 어떠한 형태로 직장을 중심으로 하는 청년대와 연결하는 것이 좋을까. 청년학교는 측면적인 역할밖에 할 수 없지 않을까. 어쨌든 직장을 중심으로 조직을 2중으로 만든다면 이상과 같은 어려움에 봉착할 것이다. 어디까지나 직장 실천의 조직으로, 대, 중, 소 분대장은 직장에서, 직장의 간부 중에서 선출하지 않으면 그 실효를 거두기가 어렵다. 직장의 부대장급인 과장, 계장, 직장을 직장청년대의 각 부대장으로 하지 않고, 대간부에게 청년대 전체의 지도적 역할을 부여하더라도 그것은 형식으로 끝나, 그 행동을 기대할 수가 없다. 하나의 직장을 관리하는 과장에게는, 그 직장의 청년대의 대장이라는 책임이 부여되게 편성하지 않으면, 청년대의 활동은 발전하지 않을 것이다. 그렇다면 청년학교의 활동여지는 한정될 것이다. 따라서 나는 후술하는 산보운동의 중추 지도기관으로서 사무국을 창설하여, 이 솔하에 일원적으로 통솔하지 않는다면, 활동의 일원화를 기하는 것은 불가능하다고 생각한다. 예를 들면 일원적으로 통제되었다고 하더라도 과연 연령별에 의거한 편성만으로 산업보국의 실천 활동을 기대할 수 있는 것일까. 대경영 하에서 단지 조직을 만드는 것만으로는 그 활동을 전개하는 것이 불가능한 것이 아닐까. 왜냐하면 직장의 실천활동 중에는 구별을 두어, 25세 이하의 청년대원만 한정해서 활동해야 하는 분야는 하나도 없기 때문이다. 생산확충을 그 본의로 하는 직장활동에서 연령으로 한정되는 것은 훈련 방면을 제외하고는 무엇 하나 존재하지 않는다. 어찌되었든 조 제도와 청년대 제도와의 일원적 통제에 대해서는 몇 번을 생각하고 몇 번을 반성해야 하는 문제가 많다.

2. 청년대의 사업과 산업보국회의 사업부문과의 관계

청년대로서 실천해야 할 사업에 관해서는 산보중앙본부로부터 상세한 「산보청년대 사업 세목」이 발표되었지만, 이를 요약하자면 산보청년대 준칙 제5조의 다음 각 항으로 귀결된다.

1. 산업보국정신의 체득 훈련에 관한 사항
2. 직장활동, 기술훈련 등에 관한 사항
3. 체육, 보건, 오락, 생활훈련 등에 관한 사항
4. 국방훈련, 국책협력운동에 관한 사항
5. 기타 산업보국 실천에 관한 사항

이들 사업을 「산보청년대 사업 세목」과 관련해 보면, 이들의 사업은 특별히 청년대가 실천해야 할 사업이 아니고, 그 자체가 산업보국운동의 실천의 전 사업이다. 그러나 이들을 청년대의 사업으로 행하는 것에 의의가 있겠지만, 전체적인 운동과의 중복을 어떻게 피하고, 이들을 청년대의 사업으로서 실천할 것인가. 결국 이들 사업 중에 직장을 중심으로 청년대의 사업으로 특히 실천해야 할 것은 4항의 국방훈련 및 5항의 산업보국 실천에 관한 것, 또는 일시적 흥분을 주는 불꽃놀이 방식의 대회 정도가 아닐까. 제1항의 산업보국정신의 체득, 2항의 직장활동, 기술훈련 등은 직장 전체의 활동 실천이 되어야 의의가 있으며, 3항의 체육 보건 오락 생활훈련 등은 직장과 노무과, 청년학교 기숙사가 협력해서 행해야 한다.

따라서 청년운동으로 활동해야 하는 부면에서만 활동하도록 신중하게 고려하지 않으면 안 된다. 필연적으로 청년대의 활동은 총화적이 아니고 직장을 중심으로 하는 청년의 연성에 주안점을 두게 될 것이다.

산보청년대 사업 세목

산보청년대 □□□운동으로 명시해야 할 청년대 사업 세목에 관해서는, 본부 청년부에서는 민간 실업가의 의견도 청취하여 신중하게 심의하여 안을 완성하여, 각 도부군으로 발송하였다. 동 세목은 준칙처럼 참고용으로 각 사업장의 실정에 맞게 취사선택 내지 안을 추가할 것이지만, 특히 청년단 기타 단체와 관련 있는 사업은 해당 단체와 밀접한 연락을 도모하고, 상호 협력하여 목적 완수에 노력하도록 되어 있다.

1. 산업보국정신의 체득 훈련에 관한 사항

(ㄱ) 산업보국정신 연마에 관한 사업=신사참배, 사업장 내 각 기념식, 축제일 의식 거행, 초혼제, 입대식과 제대식, 산업보국정신 앙양강습회, 강습회, 연구회, 수양회, 조회(국기게양식, 산업보국회 강령, 전진훈, 안전송(安全頌), 광산훈 등의 낭송), 청년대, 상회, 산업순직자 추도회, 경신회, 영웅제, 위인을 기리는 모임 등

(ㄴ) 신궁참배운동(연 1회)

(ㄷ) 청년 직장순화운동, 공구제, 제품제(봉납), 기계제, 근로환희제, 작업 전후의 감사 기념 등

(ㄹ) 청년산업보국 선양일 설정=선언식, 체험발표회, 연구발표회, 단체행진, 강연 등

(ㅁ) 청년건설일 설정(월 1회)=무사고, 무결근 능률 배가, 공정개선, 선행, 우수대 표창 등

2. 직장활동, 기술훈련에 관한 사항

(ㄱ) 기술연마에 관한 사업=1인1연구……(개인 지도, 재료제공), 실지 견학조사……(관련 공장, 원료공장), 기술강습, 작업연구……(동작시간), 작업일지 기장, 연구일지……작업 전후의 태도, 작법 공동 연구, 기능우수장 설정(발명 발견 연구 향상), 작품발표회, 공정개선연구회, 기능경쟁 등

(ㄴ) 직장활동에 관한 사업=자재애호운동(재료연료 절약, 낭비 배제. 자원애호상자 설치, 폐품 회수) 등, 청년대 생활 배가운동(지각 결근 방지-무결근자 방문 조사, 분대 연대책임, 무결근 경쟁, 이동 방지, 불량품 박멸 경쟁-분대 대항, 공구와 기구의 검사, 적정 배치 연구회, 배가 연구 발표회 등), 안전운동(청년대 안전일 설정, 의견 발표회, 재해 방지 좌담회, 안전 표어 모집, 무사고대 표창 등), 공장 미화운동(집단 작업으로 식수, 정원 손질 청소, 통로 보수, 제초 등)

3. 체육 보건 오락 생활훈련 등에 관한 사항

(ㄱ) 체력향상에 관한 사업=△체력연성에 관한 것

1) 자연연성……청년도보여행, 하이킹(경신, 탐사, 식물 채집, 곤충 채집 등의 내용을 포함할 것), 야영, 등산, 장거리 자전거 타기, 말타기 등

2) 체조……공장체조, 대일본청년체조, 라디오체조, 야마토체조, 기계체조, 앉아서 하는 체조 등

3) 운동경기……각종 구기=(정식, 탁구, 농구, 배구, 야구, 축구) 경주 경보 등, 도약, 투척(창던지기, 원반던지기, 포환던지기) 스키, 스케이트, 집단경기, 수영, 청년대 대항 체육대회, 기타 단체 대항 체육대회

4) 무도……검도, 유도, 궁도, 씨름, 마술, 총검술, 가라테, 지팡이무술, 장도, 대 대항 무도대회, 다른 단체와의 대항 무도 대회

5) 건강에 관한 것

건강 검진, 결핵 예방, 성병 박멸, 보건 영화, 모형, 체육, 강습회, 보건 강습회, 보건 좌담회, 보건 전람회, 간식 폐지, 냉수마찰, 냉수욕, 건포마찰, 일광욕 등

(ㄴ) 교양 오락에 관한 사업=사적 순례강습(능, 성적, 신사, 불각, 사적 등), 도서실 설치, 도서추천, 순회문고, 토론회, 웅변대회, 강습회, 윤독회, 서도, 회화, 문예, 사진, 음악, 연극, 아마추어 연극, 낭독회, 청년의 밤, 종이연극, 레코드 감상회, 영화관람회, 향토예술 및 향토민요 발표회, 음영, 라디오, 무용 등

(ㄷ) 생활훈련에 관한 사업=일상훈련(소비생활의 규제-용돈 장부 검사 지도, 저금-일찍 자고 일찍 일어나기, 예의범절, 입퇴장, 단체 행동 훈련, 일기 기장, 경례 확실, 금주, 금연 등), 기숙생활훈련(집단생활의 규율 엄수, 아침 행사, 점호, 저녁 행사, 식전 식후의 작법, 당번제의 실행 등), 통근자의 단체훈련(통근, 단체 승차, 도보통근의 장려, 자전차 주차장 정리, 교통 도덕 실행 등), 하숙 생활자 훈련(하숙과의 연락, 1주 1회 방문, 5인조 편성 등), 가정생활 훈련(연락위원회, 부형간담회)

4. 국방훈련 국책협력 운동 등에 관한 여러 사항

(ㄱ) 일반적 국방훈련에 관한 사업=내열내한행군, 노영, 반합-취사, 병영생활 체험 및 견학, 실탄 공포탄 사격, 거리 측량, 구급법, 방위 판정, 분열식, 야간훈련, 독도, 비상동원, 국방경기 등

(ㄴ) 특수적 국방훈련에 관한 사업(각각의 직장에 맞게 훈련방법을 갖고 실행할 것)=공장경비훈련, 방공, 방화, 피난, 간호, 방공호 설비 등, 기계화 부대 교육 및 훈련(자전거 훈련, 자동차 훈련-분해 조종-무선통신훈련-전차 훈련, 글라이더 훈련-제작, 조작 등), 해양훈련(함상 생활 훈련, 단전 훈련, 범선 훈련, 노 젓기 훈련, 발동기선 조작 훈련), 방첩훈련(직장 기밀의 보전, 유언비어의 박멸, 경보 감시 등)

(ㄷ) 국책협력운동 등에 관한 사업=△청년대 헌납운동-비행기 헌납, 전차, 장갑차 헌납, 말먹이 헌납, 기관총 헌납, 고사포 헌납, 국방헌금, 위문 금품 등 △총후후원운동-가정 위문(근로봉사, 위안회, 부상병 위문 등) △식량증산운동-공한지 이용, 산보농장 설치, 공지 이용 등 △저축장려운동, 애국저금, 기념저금 등

5. 기타 산업보국의 실천에 필요한 여러 사항

근로봉사운동 청년대 지도자 훈련, 사업 실시에 관한 연락협의회, 청년지도연구회, 청년대 운영에 관한 산보회 간부 간담회, 대륙 현지 훈련, 청년숙박소, 청년집회소 설치 등

6. 여자청년대는 사업 선택과 훈련 시행에 있어, 여성의 특성을 고려하여, 특히 가옥 건설, 모성 보호의 입장에서 필요한 교양훈련(예=요리, 재봉, 육아, 생리, 꽃꽂이, 다도 등)을 가미할 것.

3. 산보청년대의 연성

산보청년대에서, 대원의 연성은 전대에 파급되지 않으면 안 될 것이다. 그렇다면 직장을 중심으로 이를 실천할 때, 수천의 청년이 있는 공장에서는 그 철저를 기하는 것이 곤란하다. 설령 그것이 몇십으로 나뉘어 실시되어도.

대규모의 공장에서는 첨병주의를 취하여, 전 대원 중에서 대원들을 지도할 만한 청년을 뽑아 연성한 후, 이들 청년들로 하여금 전 대원을 지도하도록 한다면, 직장 간부는 청년대의 연성에 쫓기어 오히려 생산이 저해될 것이다. 그러나 중소 규모의 공장에서는 전대원을 연성하는 것이 그다지 어려운 일이 아니다. 그러나 설령 대원의 수가 적다고 하더라도 대원 전원에 대한 동일한 연성은, 물론 필요하지만, 특히 그 중에서 청년대를 지도할 만한 대원을 뽑아, 이들 지도대원을 더욱 연성하여 지도적 인물로 양성하는 방향으로 진행하지 않으면 그 발전을 기하는 것은 불가능할 것이다. 한편 조를 설치하고 있는 직장에서는 조 조력자의 연성과 중복되는 일도 발생할 것이다. 그와 같은 이중 연성이 청년학교 생도로서 행해지는 것과 병행하여 이중이 된다면 할 수 없지만, 산보로서 실시하는 것은 불편함이 발생할 것이다. 이와 같이 조 제도와 산보청년대는 연성의 일면에서도 중복하는 일이 발생한다.

이상 청년대 조직과 조 제도 등과의 관계에 관해 대략 의문을 게시한 것이지만, 직장에서의 하부조직을 조 제도로 취한다면, 직장 중심조직으로서 청년대와의 사이에 이러한 모순은 해소되지 않을 것이다. 따라서 운영에 대해 연구가 더 필요하다.

직장에서 청년층이 점하는 지위는 크고, 그 수는 전 근로자의 6~7할을 점하고 있다. 이들 다수의 청년층에서 어느 부분을 훈련하는지가 종래의 현안이었다. 기숙사가 중심이 되거나은 청년학교가 중심이 되거나 노무과가 중심이 되어 이에 임하고 있다. 그런데 산보청년대의 결성은 이상의 부문에서 직장의 생산활동을 중심으로 그 지도훈육을 입체화하는 것에 의의가 있다. 즉 기숙사, 청년학교, 노무과, 직장이 하나가 되어, 이들 기관이 산보청년대를 소관하는 산보지도기관의 지도통제에 따르도록 조직되는 것에 의의가 있다. 더구나 현재와 같이 청년의 분기를 요하는 가을은 없다. 청년에게 직장활동의 전위 역할을 완수하려는 기개와 열의를 갖도록 하여, 청소년의 생활 전반-체육, 보건, 오락기술, 경제생활-에 걸쳐 지도훈육을 강화하는 것의 긴급성은 말할 필요가 없다. 이 점을 생각한다면, 실제 행하는 데 여러 어려움이 있더라도, 청년대는 청년의 조직으로, 또 직장 실천의 정신대로서 활동을 하지 않으면 안 된다. 더구나 근로자에 있어 직장은 단순히 근로하는 장소가 아니라, 근로인격을 구축하는 도장이자, 신도실천의 도장이며, 생활의 본거지이다. 이를 진정으로 명목으로만 끝내지 않기 위해서는, 직장을 관리하는 과장, 계장, 직장이 단순한 기술자가 아니고 부대장인 것을 인식하여, 직장의 실정에 적합하도록 솔선수범해야 하는 것이다.

제3항 산보정신대의 결성

산보운동이 단위 산업보국회에서는 전 종업원의 운동이므로, 어떠한 근로자라도 솔선하여 이 운동에 참가하지 않으면 안 된다. 그런데 많은 근로자는 이에 관해 적극적인 관심을 나타내지 않는다. 따라서 직장 안에서 고조되는 운동이 되지 못하고, 오히려 어느 경우에는 위로부터의 혁신이 되고, 스스로 이 운동에 정진하지 않으면 안 되는 근로자가 수동적이 된다. 근로자를 공세로 전환시켜 근로자 중에서 아래로부터 고조되는 운동을 하기 위해서는 고조의 주체적 조건이 구비되지 않으면 안 된다. 즉 고조되는 힘을 온양시킬 조직이 형성되지 않으면 안 된다. 그 일단계로서 이미 조 제도, 산보청년대를 조직하였다.

조는 조 조력자가 산업보국운동 실천의 첨병이 되어, 첨병으로서 교육, 훈련을 받아, 산보운동의 최소 조직의 모체 지도자로서, 운동에 정진해야 할 임무가 부여되어 있다. 또 산보청년대에서는 분대장에게 조 조력자와 같은 임무가 부여되어 있다. 그런데 이 선출된 지도자가 모두 이 운동에 정진할 적극성을 갖고 있는 것일까. 선출된 자라고 하더라도 백 명이면 백 명, 천 명이면 천 명 모두 동등한 의식과 열의를 갖고 있다고는 할 수 없다. 그 중에는 임명된 거라서, 선출된 거라서 하는 소극적인 자도 있다.

이들 소극적인 분자는 운동의 과정 중에 몰락하든가, 혹은 적극적인 분자로 발전하겠지만, 이 운동을 진전시키기 위해서는 첨병 또는 일반 근로자 중에서, 산업보국운동의 전위로 임하고, 적극적으로, 공격적으로, 자주적으로 자기의 창의와 능력을 발양하고 이 운동에 정진하려고 하는 자발적 동지를 모아, 이들 동지의 강력한 결합체를 만들고, 조 조력자 전체의 중핵체를 만드는 것이 필요해진다. 산보운동은 결코 단순한 지시나 입만으로 움직이는 것이 아니다. 지령을 내려 움직이게 하는 조직체가 직장 구석구석까지 뿌리를 내려, 아래로부터의 고조되는 힘이 되어 솟아오르지 않으면, 이 운동의 성공을 기대할 수 없다. 경영자의 의사가 신속하게 전위대에 전달되어 그것이 직장활동이 되어 나타나는 두터운 신념이 근로협동체 안에 통하지 않는다면 강력한 조직체가 될 수 없다.

지금 회원 중에서 조 정신을 진심으로 체득하고 정진하는 혈맹적 동지가 세 명, 다섯 명 결합되어 이윽고 이 동지들이 전 근로자의 무리의 기대를 짊어지고 조 조력자로, 각 직장간담회의 위원으로, 사업부문의 위원으로 위촉되어 조 조력자 전원과 각 간담회, 사무 부분의 위원 전원이 이 전위대로 채워지게 된다면, 지도자 원리에 의거한 전일체적, 유기적 조직체가 형성되어 그 안에 점하는 한 사람은 단순한 개인이 아니고, 전체를 구성하는 개인이라는 것을 인식하게 되고, 이 동지적 결합은 산보운동을 더욱 진전시킬 것이다. 이 동지적 결합체를 산보정신대라고 명명하자.

그렇다면 현실에서 산보정신대는 어떻게 조직하는가. 공장 규모에 따라 다를 것이다. 200~300명 이하의 공장이라면, 경우에 따라서는 조 제도가 정신대의 역할을 수행할 수 있겠지만, 500~600명 이상의 공장에서는 먼저 조직의 1단계로서 정신대를 조직할 기초적 조직인 조 제도의 설치가 시행되어야 한다.

조 제도가 설치되고, 조 제도의 설치 의의가 이해되어, 조 제도가 어느 정도의 기능을 수행하여, 조직이 우선 안정이 되지 않는다면, 산보정신대의 조직은 시기상조라는 느낌을 피할 수 없다. 그 시기는 반년 내지 일 년이 걸릴 것이다. 그리고 이 정도의 준비 기간이 필요할 것이다. 생각건대 조 제도를 설치하여, 조직적인 활동을 개시하면 조 조력자는, 그 운동의 과정 중에 그 운동의 자율적 반응을 나타내게 된다. 또 조 조력자의 연성회를 매월 정기적으로 조직적으로 실시하면, 반드시 의식이 높은 자가 그것에 반응하여 하여 모두에게 실시되는 동일한 연성에 만족을 하지 못하게 된다. 이 만족하지 못하고 고조되는 힘을 하나로 결집하여, 정착시켜 발전앙양시키기 위해서, 산보 조 조력자 유지간담회를 개최하는 것이다. 물론 이 경우 조 조력자 대회를 비롯하여 조 조력자의 집합 시나 사보 등의 방법으로, 일반에게 유지간담회의 개최를 알리고, "사무 당국과 진심으로, 산보운동의 추진에 대해 허심탄회하게 대화를 나누자. 조 조력자 제군의 의견을 듣고 또 실제 이를 담당하고 있는 우리들의 의견도 말하고 싶다"라고 그 취지를 분명히 하고 조 조력자 유지(有志)들의 집회를 요구한다. 처음에는 모이는 자가 적을 것이다. 이 집회에서는 무엇이든 솔직하게 서로 이야기를 나눈다. 이 모임을 제1반으로 매월 1회 이상 정기적으로 집회를 개최해 가는 과정에 자연적으로 동지적 결합체가 생겨난다. 또 생겨나도록 지도해 간다. 계속해서 제2반, 제3반과 같은 방법으로, 유지들이 중복되지 않도록 간담회를 개최한다. 각각 별도로 모임을 가지는 과정에서 필연적으로 합동(合同)의 문제가 유지들 중에서 발생한다. 이러한 기운을 보고 대체적으로 조 조력자의 20~50%까지의 동지가 얻어졌다면, 이들로 산보정신대를 조직하고, 이를 직장별로 편성하는 것이다. 동시에 최초의 동지만으로 모이는 반별 편성도 존치해 둔다. 여기까지 오는 데 반년 내지 일 년이 걸린다. 이 과정에서 열외로 도피하는 자도 생긴다. 그러나 이들 불순물이 여과되면서, 혈맹적인 동지가 만들어진다.

이리하여 정신대가 결성된다면, 대장은 회장 또는 산보사무국 등의 직에 있는 자, 또는 이를 지도하는 자가 담당하도록 하고, 현장의 과장은 대간부를 맡는다. 혹은 큰 공장이라면 지부조직을 취하여 소속 과장을 지부장으로 조직화하는 것도 필요하게 될 것이다. 그렇다고 하여도 명령계통의 일원화의 입장에서 대원은 소속 과장, 계장, 직장의 지휘명령에 의해 움직이도록 조직화하지 않으며 안 된다. 따라서 본부의 지시도 이 명령계통을 통해 발신되지 않으면 안 된다.

다음으로, 새로운 대원의 입대를 어떻게 할 것인가이다. 일단 동지적 결합체가 결성되었다면, 그 후의 입대자는 상당히 엄선하는 것이 좋다. 대원이 되는 영예와 책임을 수행할 수 있는가에 중점을 두고 전형하는 것이지만, 대원 두 명 이상의 소개와 현장 과장의 추천으로 평소의 행동을 조사한 후에 입대시켜, 최초 6개월간은 준대원으로 엄격한 훈련을 실시하고, 평소의 성적을 참작하여 전형한 후 정식 대원으로 하는 것이 바람직하다. 연령, 근속 연수는 구애하지 않는 것이 좋다. 진심으로 이 운동에 헌신하려는 자라면 경력에 구애받을 필요가 없다.

이렇게 해서 남은 문제는, 결성된 대원을 어떻게 활동시키고 또 연성하는가이다. 이에 대해서는 장을 달리하여 산업보국회의 운영 및 지도자의 연성 항목에서 상술하겠지만, 연성에 대해 한 마디만 하자면, 자발적으로 결집된 대원은, 타의 모범이 되고 무슨 일에도 솔선수범하여 진정한 지도자이자 전위로서 자각을 갖고 일에 임하지 않으면 안 된다. 이를 위해서는 가차없는 자기 비판과 자기연성이 필요하다는 것은 말할 필요가 없다. 또 연성이야말로 대의 규율을 유지하고 무리의 신망을 얻을 수 있는 방법일 것이다.

제3절 산업보국회의 추진기관

제1항 사무국 제도

각 직장에 설치되는 각 지부 곧 산업보국회의 기본 조직이 각각 산업보국 실천의 구체적 활동을 하는 경우는, 반드시 운동을 지도통할하고 이 운동의 추진을 담당해야 할 지도추진기관의 설치가 필연적으로 요청된다. 이 기관은 단순한 사무처리를 위한 기관이 되어서는 안 되며, 강력한 실천력이 있는 기관이 되는 것을 요한다. 이 지도기관의 우열이 그 산업보국회의 운명을 좌우한다고 해도 과언이 아닐 정도로, 이 운동에서 사무국의 역할은 크다. 그래서 교토부(京都府)에서도 일찍이 산업보국운동을 공염불로 끝내지 않고, 어디까지나 실천을 중심으로 추진하지 않으면 안 된다고 보고, 노무관리기구 정비확충방침을 수립하여, 1941년(昭和 16) 11월 18일 아래의 「산업보국운동을 중핵으로 하는 공장관리사무처리를 위한 기구의 정비강화 요강」을 발표하여 노무관리기구의 정비 방책을 분명히 하였다. 위 「요강」의 중점은

1. 회사공장에 산업보국부 또는 과(계)를 설치할 것.
2. 산업보국회, 노무관리 일체는 산업보국부 또는 과(계)에서 소관할 것.
3. 사장, 상무중역, 공장장 등이 산업보국회에 직접 관여 지도할 것.

세 가지로 귀결된다.

더구나 주목할 것은, 이 신기구 설치에 있어 미리 지사에게 명단, 신기구 구성원 수, 소관사항의 세목 및 분장 규정 등을 열기한 후, 신고하도록 되어 있다는 점이다. 이를 보아도 종래의 단순한 권장 같은 미온적인 것이 아니라 다분히 강제적 특질을 내포하고 있음이 분명하여, 적극적인 산업보국운동을 시사하는 것이다. 이하 참고를 위해 「요강」 전문을 제시하면 아래와 같다.

산업보국운동을 중핵으로 하는 공장관리사무처리를 위한 기구의 정비강화 요강

1. 취지

신체제의 취지에 바로 응하여 산업보국회의 자주적 운영의 적정 충실화를 도모하고 더욱 전면적으로 공장관리를 산업보국정신에 입각하게 하는 것에 있다.

회사공장 내의 현존 제 기구의 정비강화를 도모하고 이를 통일화하여 산업보국부 또는 과를 설치하여 강력한 사무처리 기구를 확립하여 신체제에 바로 응하는 산업보국운동의 진전을 기한다.

2. 신기구 명칭 및 설치의 대칭

신기구는 가능하면 산업보국부 또는 과(계)라 칭하고 대체적으로 회원 50명 이상을 가지는 단위 산업보국회를 갖는 회사 또는 공장에 설치하는 것으로 하며, 단 50명 미만의 회원을 가지는 회사공장에서도 사업주는 자기의 책임하에 전기한 취지 달성을 위해 충분하게 궁리하고 고려할 것.

3. 신기구의 소관 및 지위

1) 산업보국부(과, 계)에서는 산업보국회에 관한 사항, 노무행정사무에 관한 사항, 기타 일체의 인적 공장관리에 관한 사항을 그 소관으로 한다. 따라서 다음이 필요하다.

ㄱ. 종래의 노무 관계 사무기구(예를 들면 노무과(계) 교육계, 안전계, 체육계 등)를 통합하고 노무 관계 제 시설(예를 들면 청년학교, 기숙사, 매점, 식당 등)에 대한 감독 연락의 계통을 일원화할 것.

ㄴ. 새롭게 사원 직원 등 전 산업보국회원을 대상으로 하는 관리사무를 그 소관으로 할 것.

2) 산업보국부(과, 계)는 사장 직속으로 하여 산업보국회의 총의 반영 실현에 노력함과 동시에 사장의 지휘를 받아 그 소관 사무의 처리에 임하는 것으로 한다. 따라서 산

업보국부(과, 계)의 소관 사항에 관해서 분별없이 다른 부나 과, 중역회의 등에서 관여하지 않도록 할 것.

3) 신기구의 장은 단위 산업보국회가 회사에 있는 경우는 상무가 담당하게 하고 공장의 경우에는 공장장 또는 이에 준하는 고위 간부로 충당한다.

신기구의 성원은 숙련된 기예의 인재로 채운다.

4) 신기구의 장 및 성원은 그 직무 수행에 있어, 상투적인 처리에 그치지 않고 적극적인 태도로 산업보국회의 총의 실현을 기하고 산업보국정신의 철저한 보급과 산업보국회의 운영에 관해 모든 책임을 지는 것으로 한다.

5) 신기구에 사무처리의 편의상 각 계를 설치하여 사무를 분장할 것(예를 들면 교육, 안전, 보건, 후생, 서무의 각계와 같이). 단, 각 계의 유기적 연락 및 공조를 특히 고려할 것.

4. 신기구를 설치하고자 할 때는 미리 아래 사항을 지사에게 신고할 것.

1) 명칭

2) 신기구의 장, 성명, 지위, 종래의 직무

3) 신기구 성원의 인원수

4) 신기구 소관 사항의 세목 및 분장 규정

그런데, 당시 본 요강이 발표되자, 교토부 당국에서는 다수의 논의가 이루어진 것을 감안하여, 1941년(昭和 16) 12월 18일 부로 아래와 같은 통첩을 산하 지역별 산업보국회에 발신하고 오해의 일소를 도모하였다(『내외노동주보』 462호에 의함).

산업보국부 설치에 관한 건

산업보국부의 설치는 각각 지도를 통해 점차 설치가 이루어지고 있지만, 그 중에는 앞서 통첩 기구의 정비강화 요강 제3항 제2호의 취지를 이해하지 못하는 것에 대해, 아래와 같이 충분히 이를 이해시켜 설치에 유감이 없도록 도모하고자 한다. 이에 통첩하는 바이다.

기(記)

1. 제3항 제20호 중 "따라서 산업보국부의 소관 사항에 관해서 분별없이 다른 부나 과, 중역회의 등에서 관여하지 않도록 할 것"이라고 한 것은 소위 산업보국회 중심, 사장명산업보국회 중심의 경영을 고려하라는 뜻으로, 전체의 의견을 일부의 의사에 의해 왜곡좌우되지 않도록 하라는 뜻으로, 이것이 "분별없이 관여하지 않도록 할 것"이라는 말의 의미이다.
   예를 들면 장래 산업보국회의 위원회, 간담회 등에서 결정되는 사항을 산업보국부에서 처리하는 데 있어, 다른 부나 과, 중역이 분별없이 변경하는 것과 같은 것은 산업보국회의 신용을 실추하고 산업보국운동의 진전에 지장을 초래할 우려가 있어, 어떻게 이런 일이 없도록 할 것인가에 의의가 있다.
2. 신기구의 성원에 대해서는, 그 회사공장의 수뇌부에 있는 자를 그 장으로 하고, 현재 그 회사공장에서 복무하고 있는 전 사원 중 가능하면 유능하고 적절한 자를 선발하여 그 성원으로 충원하라는 것으로, 특별하게 신규 채용을 요구하는 취지가 아니다.

이것은 산업보국회의 조직에 강력한 지도력을 부여하고, 산업보국운동이 일부의 의사에 의해 왜곡되는 일이 없이, 산업보국정신의 발양에 유감없기를 기한 것으로 주목되어야 한다. 이 목소리에 호응해 공장 노무관리 기구에 개혁이 실행되어 교토부 군제제사(郡是製糸)를 비롯해 십수 개 공장에 파급되어 있지만, 이들 공장의 개혁에서 가장 큰 특색은 산업보국부 또는 산업보국과를 두어, 사장 직속으로 하고 있다는 점이다. 그러나 이들의 개변은 종래의 노무과 혹은 후생과를 산업보국부 또는 산업보국과로 개칭하는 것에 그쳐, 중역 직속의 관계를 제외한다면, 종래의 노무관리기구와 본질적으로 조금의 차이도 인정할 수 없다. 즉 그 규정을 보자면 종래의 노무과, 노무계는 모습이 사라지고 이들 소관 사항은 신관리기구인 산업보국부·과에 이관된 것에 불과하다. 과연 이러한 단순한 이관으로 그 실효를 기할 수 있을까. 아니다. 그러나 리쿠오우합금(陸王合金)주식회사와 같이, "산업보국과는 사장 직속으로, 다른 부나 과, 중역회의 등에서 관여하지 말 것"이라고 명문화하여, 지도기관의 권위와 그 확립을 기하는 곳도 있다. 그러나 위의 십여 개 공장 어느 곳도, 지도기관을 사장 직속으로 두고 여기에 강력한 지도력을 갖게 한 것은 산업보국운동 사상 하나의 진보이다. 따라서 교토부가 던진 하나의 돌은 산업보국운동 추진의 기지를 구축한 것으로 주목할 만하다.

한편 이상과 같이 사업장의 직제 중에 지도기관을 두지 않고, 사업장과는 전혀 별개로 산업보국회 사무소 또는 사무국을 설치하고 있는 곳이 있다. 이는 산업보국회는 공장사업장과 표리일체적 관계에 있다고는 하나, 산업보국회 조직은 공장사업장의 직제와는 별개이므로 산업보국회 활동의 지도적 집행기관도 산업보국회 조직과는 별개로 설치해야 한다는 견해에 근거를 둔 것이지만, 산업보국회가 독자의 활동을 하는 데는, 별개의 지도기관을 설치하는 것이 이 운동의 운영상 편의성이 많고, 원칙으로 또 별개로 설치되어야 한다고 생각한다. 생각건대 지도기관을 산보부 또는 과로서 직제상 다른 부, 과와 병렬해서 두는 경우에는, 이를 사장의 직속기관으로 하지만, 공장사업장에서 부, 과, 계 상호의 권한에 의한 섹셔널리즘으로부터 탈피하는 것은 불가능하여, 직제에 근거한 하나의 과나 부가 횡적으로 다른 과나 부에 지령을 내고, 그 지령에 복종하는 것은 상당히 곤란하다. 따라서 지도성의 신속한 침투가 요구되는 이 운동의 추진에 장애가 되는 것이 지극히 많다. 이는 종래의 관리기구인 노무과, 계가 지도성을 확보하지 못한 원인 중 하나이다. 지도기관은 어디까지나 다른 부과의 제약을 받지 않고 그 지도성이 그대로 통달되는 형태와 내용을 갖지 않으면 안 된다. 이를 위해 지도기관은 회장의 회무 집행기관으로서 참모본부적 역할과 막료이자 본부로서 지위와 역할을 갖고 각 부와 과는 지부, 분회와 같은 조직형태로, 본부의 지시 명령이 그대로 지부와 분회에 의해 처리되고 운동으로 이행되도록 조직 전체를 갖지 않으면 이 운동의 추진은 있을 수 없다. 산업보국회는 사업장과 밀접한 불가분의 관계에 있다고는 하지만, 어디까지나 산업보국운동 추진의 조직체이다. 따라서 조직체에는 조직체를 움직여야 할 지도기관이 사업장과는 별개로 설치되는 것이 조직 원칙이 되지 않으면 안 된다. 경영의 일부분으로서 그 직제 안에 들어가는 것은, 경영의 편의주의에 좌우되는 경향이 있다. 따라서 산업보국회의 추진기관은 공장사업장 본래의 노무관리 기구와는 전혀 별개로 산업보국회의 기관으로서 설치해야만 한다. 그러나 이 경우 구성과 관련하여 아래의 점에 주의해야 한다.

1. 산보사무국의 국장은 중역 또는 공장장이 담당할 것.
2. 사무국은 노무관리의 중추 부문으로 편성할 것.
3. 사무국과 공장사업장의 종래의 관리부문(소위 노무과, 계)과는 표리일체적 관계에 있으므로, 상층부의 일부 겸무와 같은 인적 구성을 고려할 것.
4. 사무국은 원칙적으로 전임의 국원으로 구성할 것(겸무는 간부, 또는 위원만으로 한다).
5. 사무국의 구성원은 젊고 유능한 자로 이를 담당하도록 할 것.

그렇다면 사무국은 구체적으로 어떠한 업무를 실행하여야 할까. 이와 관련하여 산업보국회의 사업부문 중 산업보국회의 사업으로서 취급해야 할 부문을 규정하지 않으면 안 되지만, 산업보국회가 근로협동체라는 본질에 비추어 볼 때, 원칙적으로, 복지, 후생, 교육 일체를 산업보국회의 사업으로 운영해도 좋다고 생각한다. 그러나 산업보국회의 규모, 발전단계 등이 다르므로, 지금 일괄적으로 모든 산업보국회에서 운영하지 않으면 안 된다고 단언하는 것은 위험하지만, 산업보국운동의 본질 및 사명에서 생각하여, 이들을 산업보국회의 사업으로 하는 것은 이상으로서 바람직하다. 그러나 현재의 단계에서 산업보국회의 사업으로서 운영하는 것이 무난한 것을 산업보국회의 사업에 포섭하여, 지도에 임해야 할 것이다. 이하에서는 사무국의 임무에 관해 언급하겠다.

원래 사무국은 내부적으로 각종 간담회의 연락 및 운영 등의 일상사무를 취함과 동시에, 본래 산업보국을 위해 조사, 연구, 기획을 하여, 노무관리의 중추기관으로서 참모본부적 역할을 수행하지 않으면 안 된다. 한편 중앙 및 도부현 지도통제기관과 밀접한 연락을 취하여, 국가가 의도하는 근로신체제의 노선에 따라, 산업보국운동을 발전시키기 위한 지도적 임무를 가진다. 또한 간담회에서 협의되어 상신된 제 문제에 관해 검토와 심의를 하고 이를 회장에 상신하고 회장에게 상신된 것에 대한 결과를 답신으로 각 간담회에 통달한다. 이런 협의 상황 등의 상황은 국보 또는 산보기관지 등을 발행하여 다른 간담기관에 통지하고, 어떠한 것이 다른 간담회에서 안건으로 올려져 처리되고 있는지를 알려, 타 부대 활동에 참고가 되도록 한다.

또 사무국은 경영지도자의 사업경영에 관한 제 방책, 또는 종업원의 지도상 그 의도하는 바를, 종업원에게 철저화시키는 중핵체이다. 이처럼 상부와 하부의 의사소통은 사무국이 담당한다. 그 밖에 각 직장에서 산보운동을 통할하고 연락의 중추기관이 되어, 활동에 협력하지 않으면 안 된다. 또 사무국은 회원 및 산보운동의 지도자의 연성에 임하지 않으면 안 되며, 그 범위는 상당히 광범위한 것이다.

이상의 운영 외, 가장 중요한 임무는 복리후생 등의 시설 관리와 지도가 있다. 이들은 각 회원의 자주적 운동으로 해야 하지만, 지도육성은 사무국의 지도에 크게 의존하는 것이 있다.

실제의 사무국 기능에 관해 보면, 사무국의 소관 사항은 아래의 같은 것이 될 것이다. 이들 사항을 전 사업장에서 획일적으로 바로 산업보국회의 사업으로 운영해야 할 것인가에 대해서는 각 사업장의 사정에 따라 다르겠지만 산업보국회 발전의 현 단계 및 이를 더욱 발전시키기 위해서는 다음의 사업은 산업보국회의 사업으로 긴급하게 운영하지 않으면 안 된다.

1. 산업보국회의 구체적 방책의 조사, 연구 및 기획에 관한 사항

1. 각종 간담회의 운영, 연락 및 통괄에 관한 사항

1. 관청 및 외부 산업보국회와의 연락에 관한 사항

1. 서무 및 회계에 관한 사항

1. 산보기관지의 발행에 관한 사항

1. 회원의 교양 향상 및 연성에 관한 사항

1. 산보청년대에 관한 사항

1. 회원의 생활지도에 관한 사항

1. 회원의 향토 및 부형회에 관한 사항

1. 회원의 취미, 위안 및 오락에 관한 사항

1. 회원 및 가족의 신상에 관한 사항

1. 회원의 체위의 향상, 체육의 장려에 관한 사항

1. 회원의 지식 및 정보의 향상에 관한 사항

1. 회원의 공제에 관한 사항

1. 회원의 저축 장려에 관한 사항

1. 회원의 복리후생에 관한 사항

1. 회원의 보건위생의 지도 및 의료에 관한 사항

1. 회원의 위해안전에 관한 사항

이상의 사항을 지도통할해야 할 사무국의 구성은 공장사업장의 규모에 맞추어 각각 결정해야 할 것이다. 혹은 큰 공장에는 국장의 아래에 총무과, 사업과의 2과를 두고, 그 아래에 총무과에는 서무계, 기획계, 회계계, 사업과에는 후생계, 복리계, 향상계 등을 두면 될 것이다. 닛산(日産)자동차는 사무소장 아래에 회무계, 복리계, 보건위생계, 의무계, 안전계의 5계를 두고 각각의 사업을 통할하고 있다. 중간 규모의 공장에는 총무계 및 사업계의 2계로 충분할 것이다. 또 작은 공장에는 계를 두지 않아도 운영이 가능할 것이다.

산보사무국이 이상의 사항을 담당하게 되면, 종래의 노무관리 기구인 노무과와 계 또는 후생과와 계 등의 소관 사항으로 어떠한 것이 남을 것인가. 종래 기구에서 관리해야 할 것은, 사무적인 관리부문이 대부분을 차지하고, 나머지는 시설을 동반하는 교육시설만이 남게 될 것이다. 이를 열거하면 대체적으로 아래와 같다.

1. 근로자의 모집, 전형, 고용, 해고, 전무, 승급, 승격, 상벌, 국민등록 등의 처리 및 이에 따르는 관청 업무
2. 기숙사 및 사택의 관리에 관한 사항
3. 공원수와 공임의 관리 및 이에 따르는 노동통계의 작성에 관한 사항
4. 교육시설(청년학교, 기능자 양성, 신입사원 단기 양성)에 관한 사항

그러나 이들 사항에서도, 산업보국회의 사업으로 실천하는 것은 문제가 없는 것으로, 진정한 근로협동체의 완성은 근로에 관한 일체의 사항을 근로협동체 그 자체에서 실행하는 것에 의해 완수되는 것이다.

사무국이 이상의 임무를 수행하기 위해서는, 현장과 밀접한 관계를 가짐과 동시에, 사무국의 지도를 지지하고 이에 협력하고 그 처리를 뒷받침하는 것이 요청된다. 이것은 즉 다음 항에 언급하려는 심의 제도이다.

마지막으로 사무국 제도는 공장사업장의 대소 여하에도 불구하고, 획일적으로 설치되어야 할 것인가. 대체적으로 500명 이상 사용하는 공장사업장에 한정해야 할 것이다. 500명의 노동자를 사용하는 사업장에는 전속 노무 담당자가 열 명 전후로 필요하므로, 당연히 설치할 수 있다. 500명 이하라 하더라도, 설치할 수 있는 곳은 설치하는 것이 바람직하다. 이것은 전임 사무국원을 둘 것인가와 관련이 있지만, 이 문제도 앞과 마찬가지로 원칙적으로 두는 것이 운동의 책임제가 확보되어 추진에 큰 도움이 된다.

제2항 심의 제도

산업보국회의 구체적 운영에 관해, 사무국의 지도에 기대해야 하지만, 사무국이 진정으로 강력해지기 위해서는 사무국의 구성 및 지위에 중점을 두지 않으면 안 된다는 것은 두말할 필요가 없다. 그러나 산업보국회의 활동이 실천으로 그 지도방침에 강력한 뒷받침을 부여하여 현장의 이완을 방지하고 그 지도가 각 직장의 부대조직에 침투하여 진정한 구체적 실천력을 갖기 위해서는 직장에서 사무국의 지도방침 결정에 참여하는 위원회 제도가 설치되지 않으면 안 된다. 즉 산업보국 실천에 관한 사항에 관해 조사, 연구하고 답신 또는 의견을 서술하는 기관, 혹은 회장의 자문에 응해 지도방침 등 중요사항에 관해 심의 연구하는 기관이 운동의 진전과 함께 필연적으로 요청된다. 또 한편 이러한 기관에 가능한 다수의 현장 부대장을 참여시키는 것은, 부지불식간에 현장 부대장에게 산업보국운동을 이해시키는 것이 된다. 이 운동의 진전은, 사무국의 열성적인 지도에 기대하는 바가 크다고는 하여도, 직접 근로자의 지도에 임하는 각 직장의 부대장이 스스로 헌신하여 이 운동에 임하지 않으면 그 진전은 불안하다.

더구나 현상은 어떤가. 이 운동의 거점인 노무관리자 자신에게 있어서도 이 운동의 진의가 진정으로 이해되고 있지 않다. 예를 들면 이해되고 있다고 해도 그것은 극히 개념적으로 소박한 단편에 지나지 않는 경우가 상당히 많다. 그뿐 아니라 이 운동의 이해에 있어 그 시야가 좁고 그 전망은 자기가 소속된 공장의 일상 노무관리 영역을 벗어나지 않는 경우가 많다. 따라서 이 운동을 전체적인 관점에서 파악하고, 진전시키는 박력이 부족한 것으로 생각된다. 더군다나 직장 부대장의 이 운동에 대한 이해가 산업보국회를 액면 그대로 이해하고 있는 점에서 기인하는 현상이 아닐까. 이와 같은 현 상황을 타파하기 위해서는 주야 근로자를 직접 지도하는 부대장의 연성이 급무이다.

그런데 이들 부대장은 부장, 과장, 계장이라는 직장의 지도자이며, 공장사업장의 간부이다. 이에 사무국에서 지도연성하는 것이 용이하지 않고 오히려 산업보국운동의 진전에 역효과로, 반감을 사게 되는 경우가 많다. 따라서 이 지도는 각 직장의 장에게 기술자이자 부대장이며 노무관리자임을 이해시켜, 이 운동에 적극적인 관심을 갖도록 지도하는 것에서 시작하지 않으면 안 된다. 이를 위해서는 위원회에 참여시켜, 그 책임과 영예를 자각시켜 이해를 높이는 것이 가장 효과적이다. 따라서 임기는 대체적으로 공장사업장의 규모에 따라 결정해야 하지만, 최저 3개월 정도로 하고, 일 년에 한 번은 전부가 취임하도록 하고 위원회 전후에 연락을 취하기 위해 상임제를 일부 두는 것을 고려하지 않으면 안 된다.

이상의 임무를 갖는 심의기관에 대해서는, 각 공장사업장에서는 종종 이를 이사회, 참여회, 간사회, 위원회, 노무위원회 등의 명칭으로 설치하고 있지만, 그 성격을 명확히 하고 이를 활용하고 있는 곳은 근소하다.

이러한 심의회는 공장사업장의 규모의 대소에 따라 그 구성 및 종류를 결정해야 할 것인데, 큰 공장에서는 2, 3단계의 심의회를 설치하는 것이 득책인 경우도 있겠지만, 중간 규모의 공장에서는 1, 2단계로 족할 것이다. 그러나 작은 공장에서 간담회로 충분하게 그 운영이 기대되는 곳은, 전혀 설치할 필요가 없을 것이다. 그러나 어떠한 경우에도 4단계 이상은 필요가 없을 것이다. 다음으로 이들 심의회는 사무국의 자문기관으로 할 것인가, 산업보국회의 기관으로 하여 사무국에서 완전히 독립적인 것으로 할 것인가는, 의견이 나누어지는 부분이지만, 그 임무의 여하에 따라 어떤 것은 사무국의 자문기관으로, 어떤 것은 산업보국회의 기관으로 하는 것이 좋다고 생각한다. 이것은 심의기관의 종류 및 그 구성과 중대한 관계가 있으며 종류와 구성에 대해서는 다음에 서술하기로 한다.

먼저 심의기관의 구성원은 어떠한 분야에서 선출해야 할까가 가장 중요한 문제이다. 원리원칙론에서 말하자면 소위 근로자를 일부 선출하지 않으면 안 될 것이다. 그러나 공장사업장의 현 단계의 실정에서 산업보국운동의 모든 분야에 걸친 중요문제의 심의에 근로자를 참여시키는 것은 경우에 따라서는 경영의 일부에도 관계함에 따라 주저될 것이다.

실제 문제로서 설령 참여시키는 기관을 설치하여도 단지 노무에 관한 실정을 청취하고 의견을 듣는 정도의 영역을 벗어나지 못할 것이다. 이는 근로자의 교양의 저급함과 사물 관찰에 대한 시야의 협소함에도 기인하지만, 보다 더 산업보국회가 공장사업장의 직제와 표리일체적 관계인데 명령계통의 단계를 무시하고 중요사항의 심의에 참여시키는 것이 직장 질서를 문란하게 할 수 있는 것에 기인한다. 또 실제 경우를 보면, 일반 근로자가 과장도 모르는 중요사항에 참여하는 것은 직장 질서의 통솔상 불편함이 발생할 경우가 많다.

따라서 심의기관의 구성원은 심의기관의 각각의 단계에 따라 부장, 과장, 계장급의 소위 직원(사원)급과, 직장(職長)급에 의해 구성된다. 이는 간담회와 달리, 그 기능의 특수성에서 어쩔 수 없다.

심의기관은 큰 공장에서는 이사회, 간사회 및 노무위원회 3단계 정도로 분리하는 것이 바람직하다. 즉 최고 방침의 결정에는 이사회가 이에 임하고, 그 방침을 미리 조사연구하는 기관으로 간사회를 둔다. 이사는 부장급, 간사는 과장급으로 한다. 그러나 이것만으로는 노무의 실제 문제를 조사연구하기에는 불충분하기에, 계장 또는 직장급으로 노무위원회를 조직하여, 여기에서 문제의 기초적인 안의 심의 연구를 한다. 이것이 천 명 이하의 공장이라면 부장과 과장을 포함하는 간사회 및 계장과 직장을 포함하는 노무위원회, 두 종류 족할 것이다. 이들 위원회는 각각 그 직에 있는 자 전원으로 구성하는 것이 바람직하지만, 큰 공장에서는 간사, 노무위원 수가 많게 되니 위원회에 이십 명 정도를 취하는 것이 불가능할 경우가 있을 것이다. 그러한 경우에는 윤번제를 취하여, 교체로 이 임무에 임하도록 해야 할 것이다. 단지 이 경우에는 노무관리에 직접 관계하는 사무직원, 인사과(계)장, 교무과(계)장, 후생과(계)장 등 현장의 과장과 계장 중에서 약간 명을 상임간사, 또는 상임위원으로 두어, 회의 전후에 통일적인 연락을 하도록 할 필요가 있다. 이를 통할하는 자로, 이사장(회장 또는 사무국장) 간사장(사무국의 책임자) 및 노무위원장(사무국의 책임자)을 선출한다.

이상은 직제 단계에 따라 설치하는 심의기관이지만, 이와는 별도로 사업부문별로 위원회를 설치하여 오로지 사업의 운영에 도움이 되는 기관을 설치하는 것이 요청된다. 예를 들어 복리후생위원회, 보건위생위생위원회, 안전위원회, 식당위원회, 문화위원회, 체육위원회 등의 위원회가 있으며, 이들 위원회는 산업보국운동의 전체에 관계하는 것이 아니고, 사업부문의 운영에 부수적인 간담기관의 일부로 활동한다. 이들 위원회는 전에 언급한 자문기관과 그 성격을 달리하는 것이지만, 이들 위원회는 사무국의 독단전행을 방지하고, 사업부문에 자주성을 갖게 하기 위해 필요한 것이다. 더구나 심의 내용을 사업부문의 운영에 한정시킴에 따라 그 구성원은 이사회, 간사회, 노무위원회와 같이 사원급에서 선출할 필요는 없고, 널리 일반 근로자 중에서 그 사업에 흥미를 느끼는 자 중에서 선택하는 것이 바람직하다. 따라서 위원회의 장이 되는 자는, 반드시 회장이나 국장이 이에 임할 필요는 없다. 그것을 소관하는 과(계)장이면 충분하다. 그 개최 횟수도 필요에 따라 개최하면 좋지만, 사무국이 적극적으로 지도하지 않으면 유명무실한 위원회가 되기 쉽다. 운영에 관해서 사무국은 끊임없이 위원회와 연락을 취하며 위원회가 활발하게 사업부문의 활동을 기해야만 한다.

방향을 바꾸어 심의 제도와 직제 즉 공장사업장의 간부조직과의 관계, 이어서 명령권과의 관계에 대해 살펴보자. 산업보국회의 각 심의기관에서 심의한 것이, 실천되는 경우 문제가 되는 것은, 산업보국회의 조직이 사업장의 조직과 동일한 지반에 서서, 함께 근로자를 중핵으로 하는 동일체의 위에 서는 표리관계로 있는 것이다. 따라서 산업보국회의 지도명령권과 공장사업장의 지도명령권이, 혼동을 초래하는 경우가 있다. 이를 방지하기 위해서는 산업보국회에서 발신하는 지시는, 공장사업장 그 자체의 지시로 취급한다.

예를 들면 이사회의 최고심의회에서 결정된 것이 바로 공장사업장의 경영 최고심의회에서 결정된 것과 동일한 효력을 갖도록, 이사회의 구성원과 경영의 최고심의회의 구성원을 일치시키는 것이다. 이러한 조직이 취해지지 않는다면, 반드시 산업보국회의 지휘명령과 공장사업장의 지휘명령 사이에 혼란이 생겨, 산업보국회의 운영에 지장을 초래할 것이다. 혹은 다른 방법으로는 이사회를 두지 않고 간사회의 심의사항을 공장사업장의 직제에 기초해 최고심의회에 부의하여 기업경영체의 정식 결정에 의해, 이를 산업보국회의 결정사항으로 심의사항의 처리를 도모하는 것이다.

이러한 것은 공장사업장과 본사가 동일 지역 내에 위치하는 경우에는, 회장 통제하에 원활하게 진행되어 심의사항을 신속하게 처리할 수 있지만, 본사와 공장이 별개의 지역에 있는 경우는 다수의 불편함을 피할 수 없다. 이 경우는 원칙적으로는 공장에서 독자적으로 같은 방법을 취하여 공장장의 판단에 따라 신속하게 처리하고, 다만 중요한 것은 별도로 회장에 품의하여 실시하는 것 외에 달리 방법이 없다.

이상과 같은 조직형태를 취하면 심의 제도는 공장사업장의 직제와 모순 없이 권위적 기능을 수행하는 것이 가능할 것이다. 다음에서는 참고를 위해 모 보국회의 간사(회 과장급으로 구성함)에서 실제 취급한 주요한 것에 대해 기술하겠다.

1. 조 제도의 기능 강화에 관한 건

1. 조 선서의 건

1. 조 조력자 마크 제정의 건

1. 사무국보 발행의 건

1. 직장 및 조 조력자(조의 지휘자) 연성의 건

1. 간담회 위원의 임기 및 교체 출석의 건

1. 조 결근 방지 경쟁의 건

1. 계장, 직장 및 조 조력자 단체훈련 1년 행사 예정표의 건

1. 장기 결근자 처리의 건

1. 간담회 본부 지시사항의 건(매월 간담회에 지시한다.)

1. 생활쇄신 운동 촉진의 건

1. 면회소 및 면회인 취급 건

1. 고무장화, 순면 작업복, 담배 배급의 건

1. 사무직원의 복장 교정의 건

1. 산보수첩 제정의 건

1. 산보간담회 제출사항 처리의 건

1. 공장 도로에 흰 선을 긋는 건

1. 열처리 작업장 개선의 건

1. 타임카드 찍는 장소 개선의 건

1. 교대근로자의 시간 변경의 건

1. 교대 순서, 휴식시간 변경의 건

1. 점심시간의 음악 방송의 건

1. 조 이동 방지 경쟁의 건

1. 화장실 청소의 건

1. 일용품 배급소 개선의 건

1. 사보 개량의 건

1. 공원 모자 개선의 건

1. 흥아봉공일 행사의 건

1. 공장 내 녹화 운동의 건

1. 하절기 작업 중 복장의 건

1. 산보회 회비 부담의 건

1. 산보운동 추진 구체안의 건

1. 쌀 소비 규정의 건

1. 영양 메뉴 재료 배급소 설치 건

제4절 간담회의 구성

제1항 간담회의 본질

원래 기업경영체에서 직제는 기업경영체의 운영을 도모하는 조직으로, 그 본질상 명령계통을 중심으로 하는데, 경영체가 크면 클수록 그 조직은 복잡해지고 하정상통은 물론, 상의하달조차도 곤란해진다. 한편 명령이 명령으로서 철저히 실행되기 위해서는, 명령이 철저하게 실행될 수 있는 신의와 도의에 기초한 협동체가 직장 안에 수립되지 않으면 안 된다. 군대와 같은 특별 권력 관계의 조직이라면 명령의 철저화가 도모될 것이다. 이것은 군인이라는 특수한 의의와 군대조직의 특수성에 기인하는 것으로, 이를 기업경영체에 그대로 이식하는 것은 그것이 의거하는 조건이 다르므로 곤란하다. 그러나 이는 기업경영체가 경영 본래의 목적인 국가 목적에 따라 경영되어, 근로자가 경영의 국가 목적을 자각하고 그 국민적 훈육이 이루어짐에 따라, 군대적 규율을 기업경영체에서 확립하는 것이 가능할 것이다. 실로 규율의 확립은 명령의 철저화이며 규율의 확립은 근로정신의 확립이다. 그러나 이러한 것을 현실에서는 어떠한 방법으로 완수할 수 있을까. 근로자의 자각과 훈육은 우선적으로 해야 하는 것이지만, 동시에 경영자의 자각을 촉구하는 것도 필요하다. 경영자가 부하를 이해하지 않고, 복리후생에 무관심하다면, 종업원의 자각도 분기도 기대할 수 없다. 특히 근대의 산업조직에 있어 자유주의적 '자아'에 자각한 근로자와 경영자 사이에 일거에 충근관계를 구축하는 것은 용이하지 않다. 그러나 아무리 곤란하더라도 동아의 신질서 확립을 위해서는 완수하지 않으면 안 된다. 이를 위해서는 국가가 경영공동체로서 공공성을 더 강하게 부여하고, 경영자의 의사와 종업원의 의사가 먼저 서로 통하고, 경영자와 종업원이 경영목적에 일체적으로 결합되어야 한다. 기업경영체에서는 단순한 위압이나 지배로는 석연치 않은 것이 있어, 종업원의 전폭적인 신뢰가 생산성 향상의 절대 조건임을 감안한다면, 근대 산업부문에서는 어찌 되었건 잃어버리기 쉬운 인간미를 끌어내어, 명령이 명령으로서 철저하게 실행되는 협동체를 만들어가는 것은 소위 명령을 받는 기본체로서, 간담회가 가지는 의의가 크다.

간담회는 "일본 고래의 평정 정신을 본받아, 산업보국의 실천을 위해 중지를 모으는 기관이다. 상의하달하고 하의를 상달하여, 경영책임자의 지도적 임무와 일반회원의 건의적 역할을 수행하여 산업보국정신의 중심으로서 전 회원의 인격적 융합일체를 현현하고 산업보국 실천의 구체적 방책을 토의하고 이를 실천 이행하는 기관이다"주)1 즉 "사업주는 사업경영에서 여러 방책 또는 종업원의 지도상 그 의도하는 바를 종업원에게 충분하게 철저화시킴과 동시에 간담회를 통해 발표되는 종업원의 의사를 파악하여 사업경영상에 참고해야 할 것이며, 종업원은 그 행복만을 주장하지 말고 사업 발전에 협력해야만 한다"주)2

이상은 간담회의 본질적 의의이지만, 간담회는 이러한 의의만을 갖는 것이 아니다. 간담회야말로 타면 훈련의 도장이라고 할 수 있다. 좌장인 각각의 장은, 윗사람으로서 식견도 있고, 시야가 넓어서, 간담회에서 위원을 계몽 지도하고 그 육성을 도모해야만 한다. 근로자의 직장 내 작업은, 분업에 의해 지극히 세분화되어 있어 기업경영체 전반의 일은 물론, 자기가 속하고 있는 직장의 의의조차도 모르는 경우가 있다. 더구나 직장 내의 소문에 휘둘리는 경우가 많아, 그것으로 인해 직장이 명랑하지 못하는 경우가 많다. 이러한 때 간담회가 경영자의 뜻이나, 기업경영의 실정을 알린다거나, 시국 인식의 철저화를 도모하는 등 간담회가 지도계몽하는 역할이 크다.

또 간담회는 단결친화의 기관이다. 상사와 부하와의 단결 친화는 물론, 동료와의 친화도 도모하는 것이 가능하다. 간담회가 상사와 부하, 동료 동지를 인격적 연대로 결합하여 직장의 단결친화가 도모된다면, 직장 활동은 간담회를 주축으로 돌아간다. 경영자와 종업원의 결합이 중요한 바와 같이 각 직장에서는 직장의 지휘자와 근로자가 일체적으로 융합하여 인격적으로 융합일체가 되지 않으면 직장의 생산활동에서 능률 발휘가 불가능하다. 간담회를 개최함에 따라 직장의 지휘자와 부하, 동료 동지는 친목이 두터워지고, 부하는 평소 볼 수 없었던 부대장의 성격을 알게 되어 친하게 대하는 것이 가능해질 것이며, 또 부대장은 평소 몰랐던 부하의 장점이나 성격을 알게 되어 인격적으로 결합될 것이다. 여기에도 간담회의 중요한 의의가 있다.

따라서 간담회는 단순히 노동조건을 요구하는 기관, 또 불평불만을 토로하는 기관이어서는 안 되는 것이다. 그것은 어디까지나 간담회 소속 부대의 단결력을 강화하여 기업경영체를 고조시켜 국가의 진전을 목표로 국가 목적에 바로 응하는 것이 주가 되어야 한다. 그것은 바꿔 말하면 생산력의 증강이다. 최근 시국의 요청이 점차 간담회에 이러한 중대한 의의를 가미하게 되어, 간담회의 주요 과제는 생산력 확충에 집중되어야 한다. 그러나 이를 위해서는 노동력의 유지배양은 물론, 근로자의 교육연성이 실시되지 않으면 안 된다. 따라서 간담 내용은 생산력 확충의 관점에서 근로조건, 복리, 후생, 방호, 안전, 위생, 저축, 공제, 생활쇄신 등 산업보국정신 발양에 관한 일체의 사항에 미쳐야 한다.

간담회는 "소위 의결기관도 아니며 단순한 자문기관도 아니며, 산업보국정신을 현현시키는 간담기관이다. 회장은 산업보국 실천과 경영 전체의 각도에서 회원인 지도자도 산업보국 실천의 견지에서 회원 일반의 체험, 연구, 창의, 의견, 희망 등을 토로하는 것이다."주)3 이와 같이, 결의기관도 아니고 단순한 자문기관도 아닌 것에 간담회의 본질적 의의가 있지만, 간담회는 어떤 경우에는 결의기관으로 즉시 실행력을 가지는 경우가 있다. 예를 들면 전원의 의견에 의해 실행 합의 등의 결의를 하는 경우이다. 또 단순히 자문기관으로 일정 사항의 자문에 응하는 경우도 있다. 혹은 경영자에 대해 희망의견으로서 결의하는 경우도 있다. 그러나 그 어느 것도, 간담회의 간담사항은 어둠 속으로 사라지는 것이 아니라 어떠한 형태로든 처리되어 그것이 사업장에 반영되고, 혹은 산업보국회의 사업으로 채택되어, 회원의 복리후생이 되고, 혹은 회원의 지도방책이 되어 나타나지 않으면 안 된다. 여기에 간담회 기능의 묘미가 있는 것으로, 간담회 사항이 햇빛을 보지 못 하고 어둠 속에 매장되는 일이 있어서는 안 된다. 만일 근로자의 기대에 반해 이와 같은 사태가 일어난다면 산업보국회의 진전은 기대할 수 없다.

주)1, 2 「산업보국운동 요강」
주)3 산업보국연맹 발행, 「산업보국회 간담회 운영」

제2항 간담회의 조직

간담회 구성의 형태는 다종다양해서 이를 그 기능에 따라 분류하면 직장별, 사업부문별, 출신지역별, 직제별, 주거별 및 남녀별, 여섯 종류로 나눌 수 있다. 이 중 가장 일반적이고 대표적인 간담회는 직장간담회이다. 먼저 간담회의 기본형태인 직장간담회부터 서술하기로 한다.

1. 직장간담회

직장간담회는 각 공장사업장의 직제 즉 부과계반 등의 각 단계에 따라 표리일체적으로 결성되는 각 직장 부대조직의 부수조직으로 설치되는 간담회이다. 따라서 직장간담회는 작게는 조 제도를 중심으로 한 조상회(組常會)에서 순차적으로 반, 계, 과, 부 단위의 부대조직에 따라 설치하고 회장을 중심으로 하는 산업보국회의 전체간담회에 이르게 된다. 이러한 직장을 중심으로 한 피라미드형의 유기적 간담회에서 각 단계의 간담회 좌장은, 반드시 과계반의 장 즉 각 부대의 지휘자가 담당하지 않으면 안 된다. 이러한 형태를 취하는 간담회는 직장 조직과 불가분의 관계에 있으므로, 산업보국 실천의 직장활동은 간담회를 주축으로 실시된다는 점에서 편의성이 지극히 크다. 그러나 이러한 간담회의 구성은 각 공장사업장의 규모 또는 특수성이나 전통 때문에 일률적이지는 않다. 간담회가 직제의 단계에 따라 설치되는 것으로 인해, 간담회는 하나로 족한 곳도 있을 것이고, 또 여러 단계의 간담회를 설치해야 할 사업장도 있다. 그러나 이 어느 경우에도 간담회 조직은 간담회의 본질적 의의를 발휘하도록 구성하지 않으면 안 된다. 여러 단계의 간담회 조직이 필요한 큰 공장에서 가장 중요한 간담회는 본부간담회와 계간담회 및 조상회이다. 이 세 간담회는 어떠한 경우에도 개최가 담보되지 않으면 안 된다. 향후 간담회의 법제화 문제가 발생한다면, 이 세 가지가 가장 먼저 거론될 것이다.

간담회의 적정한 인원수는, 사람에 따라 의견이 나뉘지만, 대체적으로 하나의 단위에서 최대 30명일 것이다. 이상적인 인원수는 15명 내지 20명이지만, 조상회를 제외하고 대다수의 간담회는 20명 내지 30명이 통상일 것이다. 30명 이상이 되면 좌장 한 사람의 종이연극

이 될 것이 뻔하며, 간담의 목적을 달성하지 못한다.

간담회 위원 선정은 일반회원의 의견을 충분히 파악하여, 일반회원을 충분히 지도할 수 있는 자를 뽑는 것을 조건으로 하며, 각 사업장의 실정에 따라 적절하게 고려하면 된다. 간담회의 위원이 산업보국운동의 지도자로서, 회원의 의사를 파악하여 지도할 수 있느냐는, 산업보국운동의 성패가 걸린 문제다. 따라서 선출 방법은 특히 깊이 고려 연구한 후 그 사업장에 맞는 방법을 선택해야만 한다.

위원 선정 방법으로 현재 실시되고 있는 것은, 회장 지명, 추천 지명, 반수 지명 반수 선거, 전원 추천, 전원 선거, 5종류이지만, 앞의 세 가지가 다수를 점하고 있다. 1938년(昭和 13) 12월 말 후생성 조사에 의하면, 조사한 624개 산업보국회 중 회장 지명이 152개, 반수 지명 반수 선출이 184개, 추천 지명이 261개, 회원 호선이 27개로 되어 있다. 이를 통해서도 대세를 알 수 있다.

지금 거론한 선임 방법의 장단점을 살펴보면, 회장 지명은 좌우간 사업주의 독단전행에 빠지기 쉽고 직장지도자의 지명 추천도 결국 그 폐해를 피할 수 없다. 전자의 회장 지명이라고 하여도, 회장 독단으로 지명하는 경우는 극히 적을 것이다. 양자 모두 소속 상사의 추천에 의해 회장이 임명하는 형태를 취할 것이지만, 그 어느 경우에도 지명에 의해 선출되는 본인은 모범적 인물인 경우가 많으므로 불평과 불만이 적지만 그러한 인물은 대체적으로 직원과의 접촉이 많으므로 회사의 사정을 알고 있는 경우가 많아 문제 제기를 꺼리는 경향이 있다. 또 그러한 모범적 인물은 직장 활동이 모범적이지만 행동이 보수적이어서 사람을 이끌고 사람을 지도하는 기개가 약한 경우가 많다. 말하자면 창의와 자주성이 빈약한 무난한 사람이 선출되는 것이다. 따라서 그러한 위원은 무슨 일이든 잘 받아들이지 못하는 경향이 있다.

한편 지명 또는 지명 추천은 그 직장의 의사를 일단 무시하고 지명하는 것이 되어, 다른 회원의 납득을 얻을 합리적 근거가 빈약하여 다른 지명받지 못한 회원의 반감, 질시를 사서, 선발된 위원과 회원 간에 사이가 원만하지 않는 경우가 많다. 이러한 경우는, 특히 조의 지휘자 즉 조 조력자를 선임할 때 조원의 의사를 감안하지 않고 당해 소속장이 일방적으로 지명한 경우에 많이 발생한다. 더구나 조 조력자는 원칙적으로 직제상의 권한을 갖지 못하는 산업보국회 조직의 한 구성원이므로, 직제상 아무런 권한이 부여되지 않는 경우에는 조원을 지휘통솔할 권한이나 조원을 지휘할 합리적 근거가 없어, 조 조력자 자신이 조원 지휘에 부담을 느껴 조원을 지휘할 능력을 발휘할 수가 없어 조 자체의 통제가 되지 않는 경우가 많다. 지휘명령권에 기초를 두지 않는 산업보국회의 위원 선임은 회원의 합리적 납득을 얻을 방법을 취해, 가능한 회장의 지명 또는 당해 소속장의 추천은 피하는 것이 좋다. 특히 조 조력자를 선임할 경우에는 더욱 그렇다.

이에 반해서 전원 추천, 전원 선거의 방법은, 회원이 수긍하는 합리적 근거를 제공하는 면에서는 한발 앞서 있다. 또 선거를 하기 때문에 분위기를 띄워서 산업보국회에 대한 관심을 갖게 하는 데 일조하게 된다. 그러나 선거가 필연적으로 폐해를 수반한다는 것은 부정할 수 없다. 더구나 시대는 선거를 자유주의 시대의 유물로 백안시하기에 이르렀다. 이러한 시대적 상황에서 직장 내의 선거가 불리한 상황에 놓이게 되었다. 자유주의의 환영을 걷어치우기 위해 지도자 원리가 화려하게 등장하여, 정치경제 분야는 물론, 기업경영체의 경영도 이 원리에 따르지 않으면 안 되는 시대가 되었다. 진정한 의미의 지도자 원리가 기업경영체에서 실시되는 것이 바람직하다. 이것의 실행을 위해서는, 기업경영체 그 자체 안에 실시 체제가 수립되지 않으면 안 된다. 그렇지 않으면 현재의 기업경영체에서는 자본의 일방적 지배에 빠질 수밖에 없다. 그러나 문제는 지도자 원리의 진정한 의의를 이해하지 못하고 소박한 관념론에 빠져 잘못된 지도자 원리를 주장하며, 지도자 원리를 경영자가 독재적으로 경영하는 것으로 생각하여, 근로자의 의사를 무시하는 것이다. 그러한 지도자 원리에 기초한 경영정신은 하정을 부정하기에 이르게 될 것이다.

그러나 경영협동체에서의 지도자 원리는 하정을 무시하여 행하는 것이 아니라, 하정의 움직임을 알고, 하정을 토대로 한 경영지도자의 책임제를 의미하는 것으로, 지도자 원리와 간담회 위원의 선거는 털끝만큼도 모순되는 것이 아니다.

위원의 선거 또는 추천 방법은 많지만, 피선거권자를 전 회원으로 할 것인가, 또는 일정한 범위로 한정할 것인가. 선거제를 취하는 사업장에서도 이를 한정하고 있는 것이 통상적이다. 예를 들면 입사 1년 이상을 조건으로 한다든가, 연령 21세 이상이어야 한다는 식으로, 자격을 한정하고 있다. 산업보국회의 하부조직으로서 조 제도를 취하고 있다면, 선거권자는 조 조력자로 한정해야 한다. 또 선거권자에게 일정한 한계를 둘 것인가. 선거제를 취한다면 당연히 선거인 명부를 일정한 기일부로 작성해야 하므로, 선거권자는 한정될 것이지만,

사실 입사 초년생은 직장의 실정에 어둡기 때문에, 입사 3개월 또는 6개월 이상인 자와 같이 한정해야 한다. 피선거권자는 하나같이 본인의 의사와 무방하게 선거에 나서게 할 것인가, 입후보를 하여 나서게 할 것인가가 문제다. 본인의 자주성을 중시하여 이 운동에 헌신하게 하기 위해서는 이 운동의 특수성으로 보아 입후보제를 취해야 할 것이다. 그러나 본인이 바라지 않더라도 동일 직장 내에서 일정수(규모의 대소에 따라 다르지만, 열 명 내지 삼십 명)의 추천이 있다면, 입후보와 동일한 효과가 있게 하는 방법을 취하는 것도 필요할 것이다.

이러한 선거제는 각 단계의 모든 간담회 위원 선출에 적용하는 것은 불가능하다. 최하부 조직의 조 조력자는 전원 추천으로 선출된다. 이는 최하부 간담회인 계간담회 위원에게만 적용된다. 다른 상급 간담회에서는 호선의 방법을 취해야 한다. 입후보제는 자신이 있는 자가 입후보하므로, 합동연설회를 개최하는 등의 방법을 써서 선임하는 것은, 산업보국회에 관심을 갖게 하여 기세를 올리는 효과가 있을 뿐 아니라 간담회 자체에 생기를 부여할 것이다.

그러나 위의 방법으로 위원 전원을 선출하면 최종적으로 회장이 임명하는 형식을 취하더라도, 종업원들은 자기들의 일방적 의도대로 자기 계급의 대표를 보낸다고 하는 착각을 하게 될 위험성이 있을 뿐 아니라 경영지도자 및 부대장의 의도가 반영되지 않을 우려가 있다. 따라서 이런 결락을 바로잡기 위해 반수 지명 반수 선거라는 방법이 취해진다. 이 방법은 경영지도자의 일방적 지명과 종업원의 일방적 선거의 절충방법으로서 가장 많이 선택하고 있다. 요는 조 제도 설치 시, 조의 편성이 합리적으로 실시되어 피선거권자인 조 조력자의 선임이 합리적이라면 전원 선거로 해도 문제는 없다고 생각한다. 큰 공장에서는 입후보에 의한 선거제를 취하는 공장도 있다. 그러나 전체적으로 보면 드문 경우이지만, 산업보국회 운영에서 묘미가 있는 하나의 방법이라고 생각한다.

위의 방법들은 모두 일장일단이 있어, 획일적으로 어떤 방법을 취해야 한다고, 단정하는 것은 위험하다. 공장사업장의 규모, 업종별 전통 및 종업원의 연령 구성 등에 따라 그 공장의 실정에 맞게 선임 방법의 장단점을 연구한 후 선택해야 한다. 부대 조직에 순응하는 직장 간담회 조직의 대표적 형태 두세 가지를 참고로 제공하도록 하겠다.

〈예1〉 지부조직에 의한 것

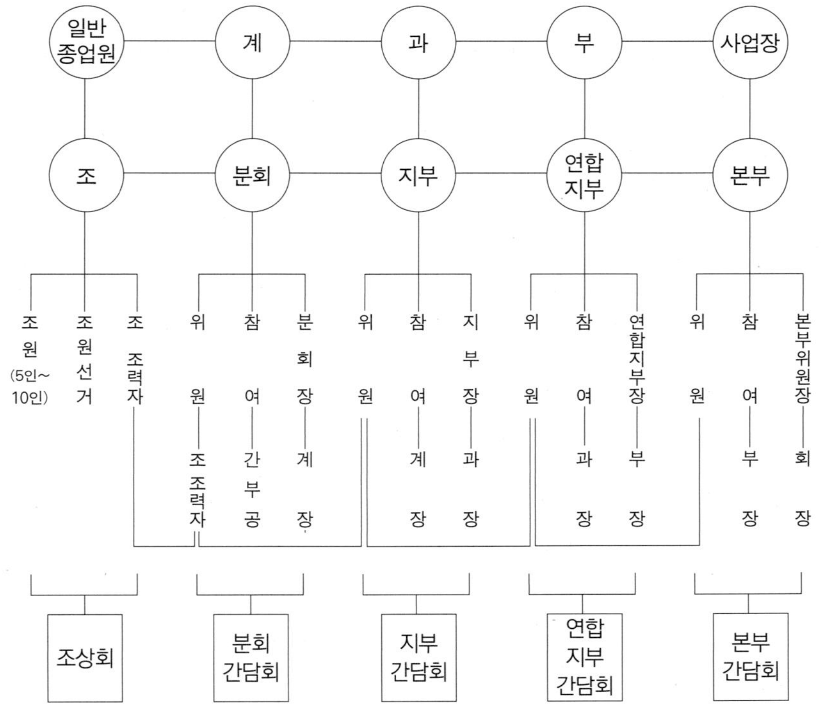

〈예2〉 직별에 의한 것

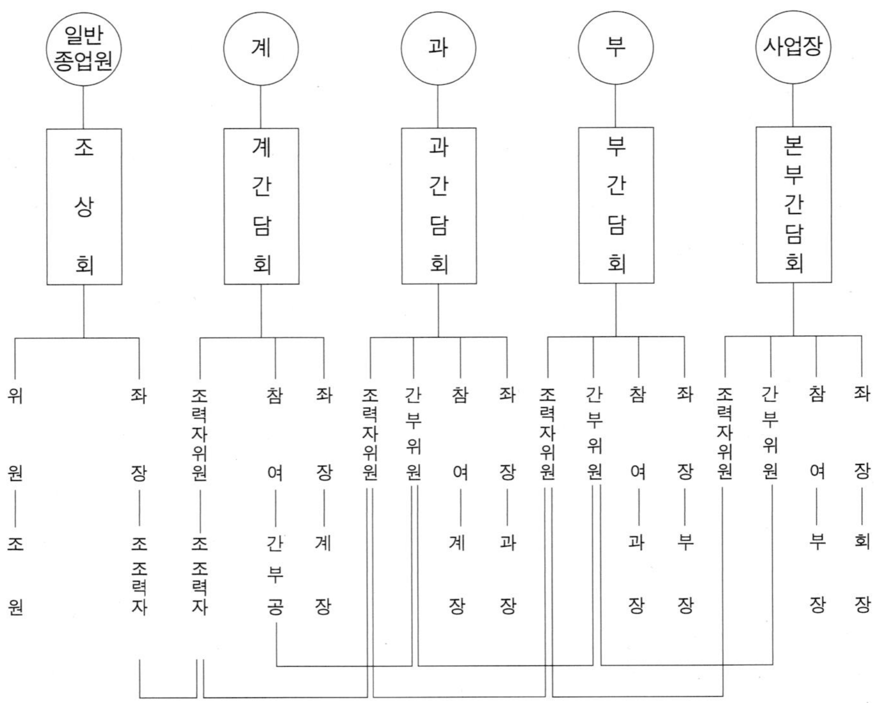

〈예3〉 부대장을 중심으로 하는 것

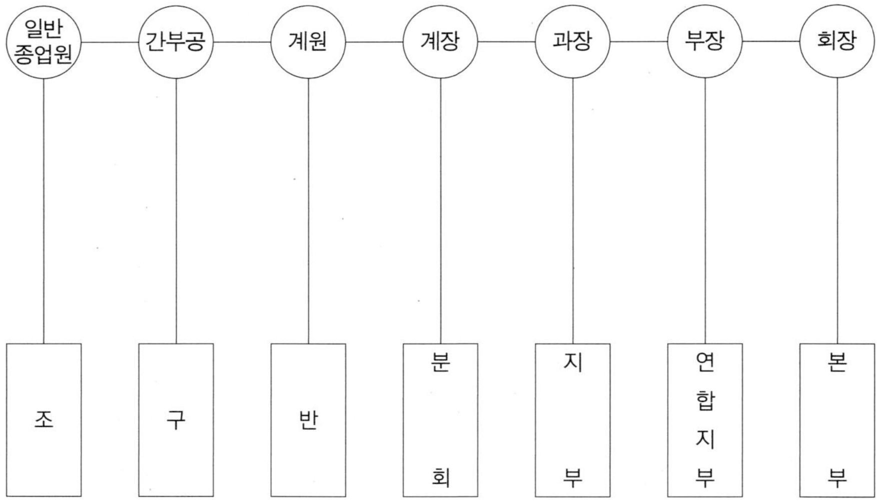

이상의 세 개의 예는 각각 지부조직에 의한 것, 직제에 의한 것 및 부대장을 중심으로 하는 것, 세 종류가 있지만, 각각의 간담회 구성의 특색을 아래에 서술하겠다.

1. 〈예1〉의 지부조직에 의한 간담회 위원의 선출 방법은, 조 조력자만 조력자 위원으로 분회에서 본부간담회에 이르기까지 위원의 호선 또는 추천으로 선출되며, 다른 계장, 과장은 하나 위의 상급 간담회에 참여로 출석은 가능하지만 참여는 불가능하다. 간담회를 하정상통의 기관으로서 의의를 깊게 하게 위해서라면 이 방법도 좋겠지만, 과장과 계장의 존재가 무시되어 현실적으로는 불편함이 생기는 경우가 있다.

2. 위의 〈예2〉의 구성은 간부위원과 조력자위원을 2중으로 두어, 과장, 계장 및 직장은, 본부간담회에 간부위원으로서 참여시킬 수 있도록 하였다. 즉 계간담회는 계장을 좌장으로 하고 직장과 조 조력자로 구성되고, 과간담회는 과장을 좌장으로 하고 계장은 참여로, 직장이 간부위원이 되고, 부간담회는 부장을 좌장으로 하고 과장은 참여로, 계장과 직장 전원 또는 일부가 간부위원이 되고, 본부간담회에는 회장 아래 부장이 참여, 과장, 계장, 직장의 전

원 또는 일부가 간부위원이 되고, 조력자위원이 참가하여 구성되는 것이다. 이러한 간담회 조직에서는 각 간담회에 직제에 근거한 각 계층이 모두 망라되어 각각의 입장에서 간담이 이루어지는 편의가 많다. 단 간부위원의 수를 무제한으로 하면 큰 공장의 경우는 본부 및 부의 간담회에서는 조 조력자위원의 수를 합하면 간담의 목적을 달성하기에 불가한 정도로 수가 많아질 것이다. 따라서 간담회의 인원수에 참여를 포함해 전원을 20명 내지 30명으로 할 경우, 조력자 위원의 수는 10명 정도로 해야 할 것이다. 무엇보다 계간담회와 같이 간부위원이 없는 간담회에서는 5명 정도 증원해야 한다. 한편 간부위원의 수는 간담회 설치 의의와 취지에 따라 조력자 위원의 수를 넘지 않도록 하지 않으면 안 된다고 생각한다. 간부위원의 수에 이러한 제한을 가하는 경우 대다수의 사업장에서는 필연적으로 본부 및 부 간담회의 간부위원 수는 제한되어, 과장, 계장 및 직장의 일부만이 참여하는 것이 불가하게 된다. 따라서 이 선임 방법은 기술적으로 상당한 어려움을 동반하지만, 〈예1〉보다는 뛰어난 특색을 갖고 있다.

3. 〈예3〉의 부대장을 중심으로 하는 것은 사업장의 실정에 따라 〈예1〉 또는 〈예2〉 어느 쪽을 선택하더라도 여기에 적용할 수 있지만, 이 특색은 계장을 중심으로 결성하는 분회와 조와의 사이에, 계원으로 반을, 간부공으로 구를 조직하는 것에 있다. 이러한 조직은 큰 공장에서 혹시 필요할지 모르겠으나, 중급 이상의 공장에서는 설치할 필요가 없다.

2. 기타 간담회

이상 직제의 단계에 기초하여 간담기관의 기본적 구성에 대해 언급하였지만, 이제 각각의 기능에 근거하여 사회적 역할을 하는 간담회의 구성에 관해 언급하기로 한다. 이를 그 내용 및 행태에 따라 분류하면 사업별, 직제별, 출신지역별, 남녀별, 주거별의 5가지로 나눌 수 있다.

1. 사업별 간담회

사업별 간담회는 사업활동의 지도 및 추진기관으로서 설치해야만 한다. 따라서 간담내용은 그 사업활동의 범위로 한정되게 된다. 그 구체적 실례를 약간 들어보면, 예를 들면 능률증진부, 교양부, 복리부, 위해예방부, 저축부, 공제부, 체육부, 안전위생부, 생활쇄신부 등 사업장의 대소에 따라 이들을 적당히 집약 또는 확대하여 설치하고 있다. 그러나 과연 그러한 간담회를 직능별로 설치하여 능률증진 대우 복리공제, 교양 체육 보건 안전 위안 오락 등을 논의할 필요가 있을까라는 의문도 들겠지만, 사업 활동을 지도추진하는 기관으로 또는 사업집행의 자문기관으로 혹은 정해진 방침을 집행하는 기관으로 설치 하는 의의는 충분하다고 생각한다. 그러나 이러한 기관은 왕왕 휴면 상태에 빠지는 경우가 아주 많아, 사무국의 지도가 강력하게 이루어지지 않으면 안 된다. 사업별 간담회의 구성원은 각각의 간담회가 갖는 특수성에 따라 일부의 사원 또는 간부로 한정하지 말고, 각 단계에서 널리 구하여, 가능한 중지를 모으도록 궁리하지 않으면 안 된다.

2. 직제별 간담회

직제별 간담회는 공장사업장의 단계에 따라 예를 들면 크게 나누어 직원 부회 및 공원 부회와 같은 것 혹은 과장회, 계장회, 직장회, 공원회 등과 같은 것을 말한다. 이들 간담회는 공원과 직원과 또는 직원 중에서도 직급에 따라 각각의 조건이 달라, 모든 문제를 동일하게 취급하는 것이 적당하지 않은 경우가 있어, 사업장의 사정에 따라서는 따로 설치하여 간담해야 할 필요가 생기는 경우가 있다. 특히 과장 계장 및 직장 회의는 업무상 연락과 협의, 정보의 교환 및 의사소통을 도모하므로 반드시 설치하지 않으면 안 된다.

3. 출신지역별 간담회

출신지역별 간담회는 소위 현인회 활동으로서, 크게는 출신 현 단위로 현인회를 결성하고 사업장 소재의 지역 현에서는 군 및 정촌(町村) 단위로 세분하여 향토회를 만든 곳이 있다. 이들 향토회는 원래 방적공장에서 모집대책으로 모집 지역별로 설치하면서 시작되었지만, 이러한 향토회를 활용하여 향토적인 친목을 고취하고 이동의 방지를 도모하는 것에 더해, 근로자 모집대책을 모색한다. 그런데 최근 향토회 결성의 기운이 각 사업장에서 일어 향토회를 중심으로 한 위안, 오락 체육 등의 후생운동이 실시되고 있다.

지역별 간담회는 출신자가 서로 만나 친목을 도모하고 더욱 산업보국운동에 일조하는데 예를 들면 신입사원의 조력 및 부형회의 개최 등 향토적 색채가 있는 것에 더해, 산업보국운동 실천의 활동 단위로서 크게 이를 활용하도록 지도해야 한다.

4. 주거별 간담회

일반적으로는 주거별 간담회는 그다지 필요가 없을 것이다. 탄광, 광산 등의 노무관리는 주택문제를 빼놓는다면 그 의의를 갖지 못할 정도로 주택관리는 노무관리의 중요한 부분이다. 따라서 여기에는 주택을 중심으로 한 도나리구미, 상회의 활동을 통해 산업보국운동의 실천이 주거별 간담회의 중심과제가 되지 않으면 안 된다. 또한 기숙사에서도 실간담회, 실장간담회 등을 기숙사 관리의 일부로 실행하여 자치 정신의 발양을 통해 조금이라도 기숙생이 살기 좋은 곳이 되도록 만들어 노동 생산성이 고조되는 방향으로 향하지 않으면 안 된다. 그러나 주거별 간담회의 간담내용은, 반드시 주거에 관한 내용으로 제한할 필요는 없으며 직분봉공 전반에 걸쳐 지도해야 한다.

5. 남녀별 간담회

최근 여성근로자는 방적공장에 국한되지 않고 중공업 부문에도 그 진출이 현저하다. 따라서 여성근로자는 도처에 진출하고 있다고 해도 과언이 아니다. 게다가 여성근로자는 특성과 생리적 조건이 남자와 달라, 여성근로자의 관리방법이 남자의 그것과 다를 수밖에 없다. 따라서 간담회도 동일 직장에서 남녀가 뒤섞여 일하고 있는 경우, 직장간담회에서 남녀동석으로 간담하겠지만, 여자의 특성을 감안하여 별도로 여성근로자만의 간담기관의 설치가 요청된다. 여성근로자의 간담회에서는 남성근로자가 배려해야 할 여러 의미있는 문제가 여성의 관점에서 제시된다. 그것이 노무관리의 귀중한 자료가 되는 경우가 많다. 남성 노무자를 주로 사용하는 공장에서는 어찌 되었건 경시하기 쉬운 여성노무자의 관리를 위해 이러한 간담회를 설치하는 것이 급선무이다.

제5절 사업부문의 구성

제1항 사업부문의 본질

산업보국회에서 실시해야 할 교육, 훈련, 후생복리, 국책협력, 총후후원 등의 여러 사업은 산업보국 사업일체 정신의 파악 실천을 그 목적으로 하므로, 산업보국회의 모든 사업은 산업보국사업 일체정신의 진의 철저와 동 정신의 현현한 사업이 아니면 안 된다.

따라서 산업보국회가 실시해야 할 사업은 단순한 근로자의 복리후생을 목적으로 하는 것이 아니라, 어디까지나 사업일체 정신의 파악실천을 목적으로 하지 않으면 안 된다. 그런데 산업보국회의 사업은 사업이 노무관리의 도구로 전락하여, 이동 방지 혹은 모집대책으로 활용되어 숭고한 목표가 상실되었다. 원래 기업경영체에 있어 복리후생사업은 사업주의 자혜적 은혜에서 출발한 것이다. 이는 개인주의, 자유주의에서 오는 당연한 귀결로, 사업주는 근로자를 가능한 대다수가 저임금으로 일하게 하여 조금이라도 많은 이윤을 거두는 것에 전념하였다. 동시에 근로자는 조금이라도 편하게 일하고 임금을 많이 받는 것에 급급하였다. 이러한 개인주의적 관계에서는 윤리적인 은혜조차도 싹틀 여지가 없었다. 더구나 이러한 상태가 서서히 악화되면서 양자의 관계는 사회질서의 변화와 더불어 갈등이 점점 첨예화되었다. 제1차 세계대전 종료 이후 만주사변에 이르기까지의 기간은 실로 암담한 시대였다. 기업경영체에서 생산은 국가 목적에 연결된다기보다 이윤추구의 도구가 되어 공장사업장은 계급 투쟁의 전장이 되고 중세기에 보였던 주인과 직인과의 충신관계는 흔적도 없이 사라지고, 사업주와 근로자는 자기의 이윤을 주장하며 서로 다투었다. 그런데 만주사변을 전기로 사회적 경제적으로 우리나라의 진로에 한 줄기 광명이 비치게 되었지만, 실로 복리후생 사업은 본래의 목적에서 이탈하여 사업주의 은혜에 근거를 둔 계급 조화의 윤활제로서 도움이 되어 왔다. 그런데 중일전쟁의 발발 때문에 산업계가 겨우 활기를 띠고 공장사업장은 간신히 생기를 되찾게 되어 일부에서는 우리나라 고래의 미풍양속인 가족제도에 기초를 둔 제 제도가 공장에도 간신히 침투하여 계급 투쟁은 시국의 반영을 받아 감소하게 되었다.

그런데 중일전쟁의 급격한 진전으로 생산력의 확충이 더욱 급하게 요구됨에 따라, 근로자의 수급이 점점 힘들어지고, 1938년(昭和 13)경부터 점차 근로자의 모집이 곤란하게 되었다. 이에 각 사업장은 근로자의 모집 및 확보를 위해 구체적 대책을 수립하는 것이 급선무가 되었다. 복리후생사업이 구체적 대책으로 본격적으로 전면에 등장하였다. 각 사는 다투어 복리후생사업의 충실화와 정비에 뛰어들어 근로자의 모집에 박차를 가하였다. 한편 국민직업지도소에서도 근로자 후생의 입장에서 복리후생시설의 정비가 충분하지 않은 사업장에는 적극적으로 근로자의 충원을 하지 않았던 것 같다. 이것은 지극히 당연한 것으로 국가가 근로자의 배치에 관여하면서 복리후생시설의 지도에까지 뛰어들지 않으면 안 되는 과도기에 어쩔 수 없는 조처였다. 한편 노무수급의 불균형 때문에 근로자에게는 사업장 선택의 자유가 생겨, 대우 및 복리후생시설이 좋은 곳을 따라 이동하는 자가 속출하였고 이를 방지하기 위해 사업주는 적극적으로 대우의 개선 및 복리후생시설의 확충 등을 도모하였다. 이리하여 사업주의 자발적 경쟁에 의해 이번 전쟁으로 인한 근로자의 생활향상은 지금까지 보지 못했던 진전을 이루었다.

하지만 산업보국회의 사업을 이와 같은 사업주의 일방적인 은혜에 혹은 모집 및 이동 방지 대책에 맡겨도 좋은 것인가. 산업보국회의 사업은, 이러한 은혜와 편의주의에 의해 좌우되어서는 안 된다. 그것은 어디까지 "산업보국 사업일체 정신의 파악실천"을 목적으로 하지 않으면 안 된다. 어쩌면 기업경영의 목적이 기업경영체의 이윤추구가 아니고 국가 전체의 생성발전에 기여하기 위한 것이 아니라면 오늘날의 시국은 해결되지 않을 것이다. 모든 물건이, 사람이 총력을 다하여 국가 목적에 집약하지 않으면 안 되는 경우, 국력증강의 근원이자 국가생산력의 원동력인 노동력의 보호 및 근로자의 교육 및 후생복리는, 일개 사업주의 일방적인 자의와 자혜에 맡겨둘 것이 아니다. 국가 스스로 강력하게 지도하고 보호육성해야 한다. 그러나 이상의 사업 목적은 근로자 보호라는 윤리적 측면에서 더 나아가 산업보국 사업일체 정신의 진의 철저를 목표로 전 기능을 발양하도록 운영하지 않으면 안 된다.

따라서 산업보국회의 각반의 사업은 아래와 같이 새로운 의의를 갖는다.(주)

1. 교육훈련의 여러 시설은 산업보국 사업일체 정신을 철저히 하고, 새로운 인생관을 확립하고 사업장에서 전원의 정신적 통일을 도모하는 것을 중심목표로 계획하고,
2. 후생복리의 제 시설은, 산업보국사업 일체정신의 현현한 사업 번영과 만민후생의 융합일체를 실현하기 위해 장래 혹은 당면의 실천목표인 생산력 확충에 사업장의 전 기능

을 발양하기 위한 근본방책으로 연구를 실시하고,

3. 국민협력, 총후후원의 제 사업은 사업장이 국민이 통제하는 유력한 활동체임을 감안하여 산업보국정신의 국민적 실천 부면으로서 실시하고,
4. 간담회의 운영은 산업보국사업 일체정신을 중심으로 전 회원의 인격적 융합일체를 현현하고 산업보국을 실천적 궁행하는 거점으로 운영되어야 한다.

주) 「산업보국운동 요강」

더구나 오늘날 산업보국회에 부과된 당면의 과제에 따라 실천 활동의 중심은 생산력의 확충이다. 따라서 산업보국회의 사업은 이상의 새로운 의의에 입각하여 산업보국운동의 전 조직을 동원하여 생산확충이라는 목표를 향해 운영에 만전을 기하지 않으면 안 된다.

이상 산업보국회의 사업 목적에 대해 서술하였지만, 산업보국운동의 본질 측면에서 이를 고찰해 보고 싶다. 원래 산업보국운동은 단순한 정신운동이 아니라 산업보국회를 주축으로 산업보국정신의 파악실천을 도모하는 것으로, 물심양면으로 조직의 기능을 발양하고, 국가와 산업과 산업인을 산업보국정신으로 결합하고, 조직화하여 국가의 의사와 산업인의 협력을 직장에서 현현화시키는 것이다. 따라서 기능의 발휘는 정신운동의 진전을 뒷받침하는 각반의 문제 즉 기술능률, 교육 훈련, 후생, 보건 등이 산업보국정신과 유기적으로 결합하여 일체화되지 않으면 그 성공은 기대할 수 없다. 또 넓은 의미의 경제적 뒷받침이 없는 단순한 정신운동으로는 발전에 한계가 있다. 물심양면으로 유기적으로 결합해야만 본격적 기능을 수행하는 것이 가능하다. 그런데 산업보국정신을 정신운동으로 삼아 사업의 뒷받침이 없이 진행하고 있는 곳도 있지만, 이러한 곳의 산업보국운동은 필시 더 나아갈 수 없게 될 것이다. 근로자의 생활안정과 지위향상을 수반하지 않는 수양운동이 실패한 예를 거론할 것도 없이 그 쇠락은 역사가 증명하고 있다. 산업보국운동은 생산력 확충 방침에 따라 근로자의 생활 안정의 방향에도 나아가지 않으면 단순한 정신운동만으로는 그 성공은 도모할 수 없다. 따라서 정신운동과 함께 활발한 사업활동이 요청된다.

제2항 사업부문의 구성

산업보국회의 활동은 사업의 실천이 생명으로, 사업의 실천과 간담회의 운영이 서로 맞물려서 산업보국 사업일체 정신의 파악실천이 행해진다. 그렇다면 산업보국회는 사업의 본질에 비추어 적정한 사업 계획을 입안하고 사업장에서 즉시 실시해야 한다.

원래 산업보국회가 실시해야 할 사업 중에는 일부 혹은 전부가 사업장의 사업으로 실시되었던 것이 있을 것이다. 따라서 이를 일부러 산업보국회의 사업으로 만들 필요는 없고 사업주가 행해야 할 노무관리의 실천적 조치로서 사업주가 기업경영체의 사업으로 실시하면 족하다는 주장도 있지만, 그 정신의 대부분은 사업능률증진의 견지 혹은 인도주의적 내지 사회정책적 견지에 서 있다고 생각된다. 산업보국회의 사업은 이러한 정신에서 더 한 발 나아가, 사업을 산업보국정신의 파악실천에 기초를 둘 필요가 있다. 다시 말해, 사업에 대한 관념의 변경이 필요하다. 또 산업보국운동의 진전을 위해 새로운 정신의 수립과 이에 수반되는 사업 운영의 유기적 연계와 일체화가 요청된다.

따라서 사업장의 복리후생시설 등 기존 사업 내지 기존 단체는 산업보국회의 사업으로 변경하여 산업보국정신에 의거 방향을 통일하고 내용 정비를 추진하지 않으면 안 된다. 그러나 사업 중에는 건강보험조합 등의 공법상의 단체도 있고 또 교육기관과 같이 큰 시설을 수반하는 것도 있어 통합까지는 장래에 해결해야 할 것이 적지 않지만, 산업보국회는 먼저 현재 통일 가능한 것부터 산업보국회의 사업으로 적절한 것을 통합 운영해야 한다. 사업장에서 통합은 상당히 신중을 기하지 않으면 인적 관계에서 마찰이 생겨 원만한 운영이 저해되는 경우가 발생한다.

그러나 산업보국회의 사업은 쓸데없이 많은 것을 바라고 이를 산업보국회의 솔하에 두는 것이 능사가 아니라, 요는 실효를 거두는 것에 있다. 따라서 그 종류와 규모는 각 사업장의 규모 업태 및 능력에 따라 기업경영체 각개의 발전 단계에 따라 결정하지 않으면 안 된다. 또 그 근본정신과 목표에 반하지 않는 한 사업장이 각자 가지는 전통, 사풍 등을 감안하여 가능한 특수성과 자주성을 활용하도록 하지 않으면 안 된다.

이상의 견지에서 각 사업장에서 실시하고 있는 사업부문의 구성 두세 가지를 참고로 제시하겠다. 게시한 구성은 독자의 편의를 위한 것으로, 필요한 부문만 발췌한 것이므로 미리 양해를 구한다.

1. 나카지마(中島)비행산업보국회 사업부문의 구성 및 조직

제1조 사업부문에 총무부, 향상부, 복리부 및 후생부를 둔다.

제2조 총무부는 서무, 회계, 인사상담 등의 부서에 속하는 사항을 담당한다.

향상부는 교양, 수양, 경신 기타 회원의 자질 향상에 관한 사항을 담당한다.

복리부는 공제, 경조, 영양 기타에 관한 사항을 담당한다.

후생부는 체육, 보건, 위안, 생활쇄신 기타에 관한 사항을 담당한다.

제1절 총무부

제3조 총무부는 서무과, 회계과 및 인사과와 계를 둔다.

제4조 총무부에는 아래와 같은 간부를 둔다.

1. 부장
2. 부부장
3. 과장
4. 계장

제5조 부장은 상임간사 중에서, 부부장은 상임간사 또는 간사 중에서 회장이 지명한다.

과장 및 계장은 간사 또는 위원 중에서 부장이 이를 지명한다.

제6조 서무과는 아래의 사항을 담당한다.

1. 산업보국정신 보급에 관한 사항
2. 방첩 방호 사상의 함양에 관한 사항
3. 선거 사무에 관한 사항
4. 총회 및 간부회 개최에 관한 사항
5. 기관지 발행에 관한 사항
6. 기타 부서에 속하는 사항

제7조 회계과는 아래의 사항을 담당한다.

1. 예산 및 결산에 관한 사항

2. 회비 징수에 관한 사항

3. 금전출납에 관한 사항

4. 재산 관리에 관한 사항

5. 각부의 회계 감사

6. 기타 회계 사무 일반

제8조 인생상담과는 회원의 신상, 호적, 병역, 납세, 대차 등에 관한 상담에 응하고 이 지도에 임하는 것으로 한다.

제2절 향상부

제9조 향상부에 아래와 같이 과 및 반을 둔다.

1. 향상과

   수양반

   경신반

2. 교양과

   서도반

   하이쿠반

   시음반

   음악반

   부예반

제10조 향상부에 아래의 간부를 둔다.

1. 부장

2. 부부장

3. 과장

4. 계장

전항 각호의 간부의 결정 방법은 제13조 규정을 준용하며 제39조 및 제46조의 경우도 같다.

제11조 향상과 수양반은 회원의 덕성을 육성하기 위해 수양회, 강습회, 근로봉사 기타 필요한 사항을 담당한다.

경신반은 경신숭조의 정신을 앙양하기 위해 황릉·신사·불각의 참배, 신불 제사, 조석 예배, 성묘 기타 필요한 사항의 지도에 임한다.

제12조 교양과 서도반은 서도를 통해 회원의 교양을 고취하여 일본정신의 작흥에 이바지한다.

하이쿠반은 자연 관조를 통해 두터운 인정을 양성하고 정조 함양에 이바지한다.

시음반은 시문을 통해 질실강건한 기풍을 양성하고 고취한다.

음악반은 음악을 통해 회원의 정조를 고취하여 취미를 풍부하게 한다.

부예반은 부도(婦道)를 습득하기 위해 다도, 꽃꽂이, 작법, 무용(仕舞) 등의 강습회를 개최하고 지도에 임한다.

제3절 복리부

제13조 복리부에 공제과 및 영양과를 둔다.

제14조 복리부에 아래의 간부를 둔다.

1. 부장
2. 부부장 1명
3. 과장 2명

제15조 공제과는 상호부조의 정신에 기초하여 아래 사항을 담당한다.

1. 공제에 관한 사항
2. 경조에 관한 사항
3. 총후후원 기타 필요가 인정되는 사항

제16조 전조 제1호 및 제2호 해당 사항은 별표로 정한다.

제17조 회원은 전조의 해당 사항 발생에 따른 증여에 대해서는 일체 답례를 하지 않는 것으로 한다.

제18조 영양과는 아래의 사항을 담당한다.

1. 식당에 관한 사항
2. 영양식 보급에 관한 사항

제19조 전조 제1호의 경영에 관해서는 특별회계로 한다.

제4절 후생부

제20조 후생부에 아래의 과 및 반을 둔다.

1. 체육과
   경기반
   보급반
2. 보건과
3. 위안과
   기획반
   보도반
4. 생활쇄신과
   소내반
   가정반

제21조 후생부에 아래의 간부를 둔다.

1. 부장
2. 부부장 2명
3. 과장 4명
4. 반장 약간 명
5. 단장 약간 명

제22조 체육과 경기반은 운동경기를 통해 회원 체위의 향상을 도모하고 단체정신의 지도에 임한다.

제23조 경기반에는 아래의 단체를 둔다.

1. 육상경기단
2. 수상경기단
3. 유도단
4. 검도단
5. 궁도단
6. 스모단
7. 야구단
8. 정구단
9. 축구단
10. 럭비단
11. 농구단
12. 배구단
13. 탁구단

제24조 체육과 보급반은 회원의 체육을 장려하고 체육사상의 보급을 도모한다.

제25조 보급반에는 아래의 단체를 둔다.

1. 보급단
2. 도보단
3. 스키단
4. 사이클링단
5. 빙상단

제26조 보건과는 의료기관 및 당소 건강보건조합 등과 협력하여 보건위생 사상의 보급을 도모한다.

제27조 위안과 기획반은 여행, 관극, 가든파티, 운동회 기타 적절한 위안 방법의 기획 및 입안을 한다.

제28조 위안과 보도반은 도검 서화의 감상, 원예, 낚시, 사진 등의 건전한 취미를 함양하여 보도에 임한다.

제29조 생활쇄신과 소내반은 회원 상호 간에 허례 폐지, 낭비 절약, 자원 애호, 저축 장려 등 생활쇄신상 필요한 사항을 신청 종용하고 실천의 지도에 임한다.

제30조 생활쇄신과 가정반은 회원 가정생활의 간소화를 도모하기 위해 예산 생활의 실행, 소비의 합리화, 요리 재봉 등의 강습회 개최 기타 장려 지도에 임한다.

2. 닛산(日産)자동차산업보국회 사업부 구성규칙

제1장 총칙

제1조 본회의 사업부는 아래와 같다.

1. 서무부 1. 교양부
1. 생활지도부 1. 인사상담부
1. 체육부 1. 문화부
1. 부인부 1. 친교부
1. 애국저축부 1. 금융부
1. 구매부 1. 복리부
1. 보건위생부 1. 의료부
1. 안전부

제2장 서무부

제2조 서무부는 아래 사항을 담당한다.

1. 사업 각부의 통합에 관한 사항
2. 서무회계에 관한 사항
3. 간담회에 관한 사항
4. 쇼와(晶和) 회관 및 종합운동에 관한 사항
5. 기타 부서에 속하는 사항

제3장 교양부

제3조 교양부는 회원의 교양 향상 및 연성에 관한 사항을 담당한다.

제4장 생활지도부

제4조 생활지도부는 회원의 생활지도 및 위안오락에 관한 사항을 담당한다.

제5장 인사상담부

제5조 인사상담부는 회원 및 가족의 신상에 관한 사항 및 법률 수속에 관한 사항을 담당한다.

제6장 체육부

제6조 체육부는 회원의 체위 향상, 체육 장려에 관한 사항을 담당한다.

제7조 체육부는 일부에게 이용을 제한하거나 하는 일 없이 회원 전체를 하나로 묶어 체위 향상과 기술의 연마와 정신의 작흥을 도모하는 것을 지도 정신으로 한다.

제8조 체육부는 이 분야의 장려를 위해 회원 유지들로 부를 조직하며, 이 경우에는 부의 세칙을 정하여 회장의 승인을 구해야 한다.

제9조 체육부 각부에 아래의 간부를 두고 회장이 위촉한다.

장 1명

위원 약간 명

제10조 각종 체육시설은 회사에서 무료로 대여를 받아 본 회에서 관리하고 회원의 체위 향상 및 체육 장려에 이바지하기 위해 각부를 통해 회원이 무료로 사용하도록 제공한다.

제11조 각종 시설을 훼손하고 또는 분실할 시는 배상하게 한다.

제12조 이 길의 장려를 목적으로 제 대회를 개최할 시 미리 이사장의 승인을 얻어 참가 회원으로부터 실비를 징수하거나 그 비용의 일부를 보급(補給)받을 수 있다.

제13조 각부의 회계는 본회 회계연도에 따라 이사장에게 예산보고서를 제출하고 감사를 받아야 한다.

제7장 문화부

제14조 문화부는 회원의 지식 및 정조의 향상에 관한 사항을 담당한다.

제15조 문화부는 일부에게 이용을 제한하거나 하지 않고 회원 일반의 지식 및 정조의 향상, 정신의 작흥을 도모하는 것을 지도 정신으로 한다.

제16조 문화부는 사업의 수행상 필요할 때에 회원 유지로 부를 조직할 수 있으며 이 경우에는 부의 세칙을 정하여 회장의 승인을 구해야 한다.

제17조 문화부 각 부에 아래의 간부를 두고 회장이 위촉한다.

장 1명

위원 약간 명

제18조 각종 문화적 시설에 관해서는 회사에서 무료 대여를 받아 본회에서 이를 관리하고 각부를 통해 회원의 지식 및 정조 향상에 기대하기 위해 무료로 회원 사용에 제공한다.

제19조 제21조 및 제22조는 문화부에 준용한다.

제8장 부인부

제20조 부인부는 부덕의 향상을 도모하는 것을 목적으로 하며, 부인회원 및 회원의 가족 중 부인의 교양과 친목에 관한 사항을 담당한다.

제9장 친교부

제21조 친교부는 회원 및 그 가족의 경조에 관한 사항을 담당한다.

제22조 회원 중 길흉사가 있을 경우 이사장에게 경조금의 증여를 신청한다.

제23조 회원의 경조에 대해서는 아래의 각호에서 정하는 바에 따라 하기 금액을 증여하

고 경조의 뜻을 표한다.

1. 회원 사망 시 조의금: 사원 월급의 반 달분

공원 일액 15일분(일액은 건강보험의 표준보수 일액으로 한다.)

단 조의금이 30엔에 미달하는 경우에는 30엔으로 한다.

2. (ㄱ) 회원의 부모(동일 호적 내 또는 동거중) 사망 시 조의금: 금 10엔

(ㄴ) 회원의 배우자(동일 호적 내 또는 동거중) 사망 시 조의금: 금 15엔

(ㄷ) 회원의 자(동거중) 사망 시 조의금: 금 10엔

다만 (ㄱ), (ㄷ)에 해당하는 회원이 2인 이상일 때는 조의금을 5할 증액하여 연장회원에게만 증여한다.

3. 회원 부상 또는 질병으로 결근이 한 달에 이르는 경우 위로금: 금 5엔

4. 회원이 전시 또는 전쟁으로 소집에 응하는 경우 전별금: 금 10엔

회원이 3개월 이상 병역 소집에 응하는 경우 전별금: 금 5엔

회원이 병역 징집에 응하는 경우 입영 축하금: 금 5엔

5. 회원 퇴원 시 가입 기간에 따라 1년 이상 2년 미만자 전별금: 금 2엔으로 하고 1년이 증가할 때마다 1엔 50전을 추가하여 증여한다.

단 20년까지로 한다.

전별금은 전별충당금의 한도 내에서 지급하는 것으로 한다. 전별금 수령자가 2인 이상인 경우에는 전별충당금에서 지급금이 부족할 시는 수령자가 받을 금액을 비례배분하여 전별금으로 한다.

전별금은 회사에 대한 무례 또는 배신 행위로 인해 징계로 해직 또는 해고된 자에게는 증여하지 않는다.

第24조 전별충당금에 의한 회계는 특별회계로 한다.

전별충당금은 퇴회에 관한 전별금 이외의 증여금으로 사용하는 것이 불가하다.

第25조 회원 또는 본인의 가족이 천재지변 등으로 재난을 당했을 시는 회장의 승인을 받아 위로금을 증정한다.

제26조 사망한 회원이 유족 또는 관계자 없이 장례를 치를 경우 친교부가 대신 집행할 수 있으며 이 경우 본 규칙에서 정하는 증여금액 한도 내에서 장례를 집행한다.

제27조 회원 사망 시 간부가 본 회의 대표로서 장례에 참여한다.

제28조 회원의 동거중인 부모, 배우자 또는 자녀 사망 시 간부가 본 회의 대표로서 장례에 참여한다.

제29조 앞의 3개 조의 경우 사정 전형 후 간부 또는 회원을 파견하여 직접 전달하는 것이 가능하다.

제30조 증여금은 이를 수령할 사항이 발생한 때로부터 6개월 이내에 신청하지 않으면 증여하지 않는다.

제31조 본 규칙 중 배우자 및 자녀에 대해서는 호적에 의거하지 않을 수 있다.

제32조 본 규칙 중 회원 기간 산정에 대해서는 친화회, 평화회 및 쇼와(唱和)회의 가입 기간도 통산한다.

친화회, 평화회의 가입 기간의 가산은 처음 회비를 납입한 달부터 시작된다.

제10장 애국저축부

제33조 애국저축부는 저축 장려의 취지에 따라 비상시 재정경제 정책에 협력하여 저축보국의 열매를 맺기 위해 회원의 저축 실행을 지도정신으로 하고 관계 사항을 처리한다.

제34조 회원은 전조의 정신을 체득하고 매월 아래의 기준에 따라 저축하는 것으로 한다. 다만 결근 또는 기타의 이유로 회사로부터 급료를 받지 못한 날이 15일 이상인 자는 해당되지 않는다.

구분		봉급급여 월수령액							
		35엔 이하	50엔 이하	75엔 이하	100엔 이하	150엔 이하	200엔 이하	300엔 이하	300엔 초과
표준율	부양자 없는 자	10%	10%	15%	20%	30%	40%	50%	60%
	부양자 있는 자	1%	1%	3%	5%	7%	10%	15%	20%
최저율	부양자 없는 자	5%	5%	7%	10%	15%	20%	25%	30%
	부양자 있는 자	1%	1%	1%	3%	4%	5%	6%	8%

제35조 애국저축부는 회원이 회사에서 받을 급여에서 전조에 의한 신청 저축액을 공제한다. 단 신입회원은 입회 다음 달부터 공제하는 것으로 한다.

제36조 본회는 매월 회원의 급여 수령일에 제34조에 따라 저축액을 일괄적으로 견실한 은행에 본회 명으로 정기예금으로 한다.

전 항의 예금 이자는 갑종 예금 협정이율에 의거 정기예금 이자로 한다.

제37조 본회는 회사로부터 애국저축의 장려를 위해 전 조의 정기예금 이자와 동액의 이자를 보급받아 회원 저축액의 이자에 준해 그 동액을 장려금으로 보급한다. 단 이자의 합계가 연 6%에 미달하는 경우에는 연 6%까지 보급한다.

제38조 본 규칙에 의한 저축은 저축 원부에 의해 이를 분명히 하고 필요할 경우에는 이사장의 승인을 받아 본인이 열람할 수 있다.

제39조 본 규칙에 의한 저축금은 아래의 경우를 제외하고 돌려주지 않는다.

1. 회원 퇴회 시

2. 기타 이사장이 어쩔 수 없다고 인정한 경우

제11장 금융부

제40조 금융부는 회원 중 어쩔 수 없이 생계상 필요한 자에게 금전을 융통하고 서민금고를 알선하는 것을 목적으로 관계 사항을 처리한다.

대부의 경우 수속에 관한 세칙을 별도로 정한다.

제41조 본 회의 대부는 금 1만 엔 안에서 다음 조 이하에서 정하는 바에 따라 실시한다.

제42조 대부를 받을 자격을 가지려면 만 1년 이상 회원이어야 한다. 단 대부를 받고자 하는 미성년자 또는 부인의 경우, 법정대리인이나 남편의 동의를 얻어야 한다.

제43조 대부 금액의 한도는 아래의 구분에 따라 정한다.

사원 급여 1개월분

공원 일액 30일분(일액은 건강보험의 표준보수 일액으로 한다.)

제44조 대부금에 대한 이율은 닛산자동차 종업원 임시예금 규정에 의한 예금이율과 동일하게 한다.

제45조 대부금은 대부 다음 달부터 월부 납입으로 변제하며, 대부를 받는 자의 매월의 급여 및 기타 급여에서 공제한다. 단 회원 탈회 시 미납금은 기한을 당겨 한 번에 변제한다.

제46조 대부를 받은 자는 다른 대부를 갚을 목적으로 대부금을 사용할 수 없다.

제47조 회사 및 본회가 정하는 제 규칙에 위반하여 처벌을 받은 자에게는 대부를 해주지 않는다.

제48조 대부를 받은 자가 다시 대부를 받고자 하는 경우 완전 변제 후가 아니면 받을 수 없다.

제49조 금융에 관한 회계는 독립회계로 한다.

금융에 의해 발생하는 잉여금의 처분은 이사회의 논의를 거쳐 회장이 정한다.

제12장 구매부

제50조 구매부는 매점 기타 구매에 관한 사항을 담당한다.

제51조 매점은 회원을 위해 여러 필요 물품을 염가로 판매한다.

제52조 회원의 외상값은 그 회원이 회사로부터 받는 급여에서 공제하는 것으로 한다.

제53조 구매부의 회계는 독립회계로 한다.

제54조 구매부에서 발생하는 잉여금의 처분은 이사회의 논의를 거쳐 회장이 정한다. 이 경우에 잉여금 중 상당액은 일반예산에서 수입으로 편입하는 것이 필요하다.

제13장 복리부

제55조 복리부는 회원의 복리증진 관련 업무 중 구매부 관련 사항 이외의 업무를 담당한다.

제56조 제61조는 복리부에 준용한다.

제14장 보건위생부

제57조 보건위생부는 보건위생의 지도 및 회원 가족의 의료 알선에 관한 사항을 담당한다.

제15장 의료부

제58조 의료부는 회원의 의료에 관한 사항을 담당한다.

제16장 안전부

제59조 안전부는 공장 업무와 관련하여 위해를 방지하고 기타 안전운동에 관한 사항을 담당한다.

3. 파일럿만년필산업보국회 사업부 구성

제1조 본회는 산업보국회의 결실을 거두어 사업의 진전을 도모하고 회원의 행복 증진을 위해 본 회에 아래의 회 및 부를 둔다.

1. 우키와(憂喜和)간담회-사업부문에 포함되어 있지만 이 조직에 대해서도 할애한다. (저자)

1) 보건부　　　　1) 안전부

1) 복리부　　　　1) 방호부

1) 향상부　　　　1) 회계부

1) 생활쇄신부　　1) 기타 부

제2조 본회의 운영에 있어 아래 각호를 염두에 둔다.

1. 상의를 하달하고 하정을 상달하여 상호 정신적 교류를 왕성하게 한다.

1. 공론을 피하고 실천에 있어 1일 1진의 결실을 거둔다.

1. 자아를 버리고 지도에 따라 단체운동의 본령을 발휘한다.

1. 맹종을 배제하고 자발적으로 자치의 진과를 거둔다.

1. 획일에 치우치지 않고 개성을 신장하여 인격의 향상을 기한다.

제3조 우키와(憂喜和)회의 운용에 관한 규정은 별도로 정한다(제1칙).

제4조 보건부에서는 아래의 사항을 실행한다.

1. 의료시설에 관한 사항

ㄱ. 촉탁의 ㄴ. 정양실 ㄷ. 구급수배 ㄹ. 구급함 ㅁ. 기타

2. 위생시설에 관한 사항

ㄱ. 강연회 ㄴ. 인쇄물 ㄷ. 영화 ㄹ. 건강진단 ㅁ. 예방주사 ㅂ. 소독

ㅅ. 환경개선 ㅇ. 식당 위생 ㅈ. 기숙사 위생 ㅊ. 기타

3. 체육시설에 관한 사항

ㄱ. 체조 ㄴ. 스포츠 ㄷ. 무도 ㄹ. 여가 단련 ㅁ. 휴양 ㅂ. 기타

4. 식당부에 관한 사항

ㄱ. 식당 운영 ㄴ. 기타

5. 기타 회장이 필요하다고 인정하는 사항

제5조 복리부에서는 아래의 사항을 실행한다.

1. 공제시설에 관한 사항

ㄱ. 퇴직위안금(퇴직위로금부 규정은 별도로 정한다. 제2칙)

ㄴ. 경조교례(경조교례부 규정은 별도로 정한다. 제3칙)

ㄷ. 보험(보험부 규정은 별도로 정한다. 제4칙)

ㄹ. 기타

2. 건강보험에 관한 사항

ㄱ. 파일럿건강보험조합 ㄴ. 기타

3. 경제시설에 관한 사항

ㄱ. 금융(금융부 규정은 별도로 정한다. 제5칙) ㄴ. 구매조합 ㄷ. 기타

4. 기숙사에 관한 사항(기숙사 규정은 별도로 정한다.)

ㄱ. 기숙사 ㄴ. 기타

5. 위안시설에 관한 사항

ㄱ. 휴식시간의 선용 ㄴ. 라디오, 영화, 강예회 ㄷ. 간이농원, 화원 ㄹ. 수예, 음곡, 전람회 ㅁ. 여행, 소풍 ㅂ. 취미 ㅅ. 운동회 ㅇ. 각종 오락 ㅈ. 기타

6. 기타 회장이 필요하다고 인정하는 사항

제6조 향상부에서는 아래 사항을 실행한다.

1. 수양에 관한 사항

ㄱ. 회사 간부의 정기 회합을 이용하여 항상 본회 사업의 협의를 실행할 것.

ㄴ. 흥아봉공일 행사

ㄷ. 매월 1회 산업보국회 강연회 개최할 것.

두 번째 토요일 오후 대청소를 실시한 후 3시에서 5시까지 2시간씩 한다. 단,

일시 변경이 가능하다.

ㄹ. 강연회, 좌담회, 수양회

ㅁ. 도서, 잡지, 신문, 팜플렛

ㅂ. 조례, 예배, 식전

ㅅ. 기타

2. 교육시설에 관한 사항

ㄱ. 청년학교 ㄴ. 강습회 윤독회 ㄷ. 연구회 ㄹ. 직업 교육 ㅁ. 정조 교육

ㅂ. 종교 ㅅ. 기타

3. 사외시설에 관한 사항

ㄱ. 감독 관청 주최의 강습회 ㄴ. 각종 사회 회합 ㄷ. 기타

4. 기타 회장이 필요하다고 인정하는 사항

제7조 생활쇄신부에서는 아래의 사항을 실행한다.

1. 의식주의 합리화에 관한 사항

ㄱ. 강습회 강연회 ㄴ. 인쇄물에 의한 지도 ㄷ. 실지지도 ㄹ. 영양식 지도

ㅁ. 주거 관계 ㅂ. 기타

2. 저축장려에 관한 사항

ㄱ. 저금(저금부 규정은 별도로 정한다. 제6칙) ㄴ. 예금 ㄷ. 국채 ㄹ. 기타

3. 생계지도에 관한 사항

ㄱ. 예산 생활 지도 ㄴ. 허례 폐지 ㄷ. 소비 절약, 폐품 이용 ㄹ. 자원 애호

ㅁ. 신상 상담 ㅂ. 기타

4. 여가 선도에 관한 사항

ㄱ. 가정과의 연락 ㄴ. 취미 지도 ㄷ. 기숙사와의 연락 ㄹ. 기타

5. 실행세목의 합의에 관한 사항

ㄱ. 실행세목는 각자 합의하는 것 자체에 중점을 둘 것.

ㄴ. 실행세목은 지도자 측에서 참고로 제시하는 것을 막지는 않지만 반원의 자

발성을 훼손하지 않도록 염두에 둘 것.

ㄷ. 실행세목 중에 반드시 합의한 저축 실행액을 명시할 것.

ㄹ. 실행세목은 나열적 형식미에 빠지지 말고 실행이 용이한 것부터 시작해서 점차 이상 실현을 위해 노력할 것.

ㅁ. 실행세목은 경우에 따라 기한을 정해 합의하는 것도 가능하다.

ㅂ. 실행세목은 반원 공통의 사항으로만 제한을 둘 필요는 없으며 당사자만의 발원 사항으로도 가능하다.

ㅅ. 실행세목은 적시에 변경하여 자극을 새롭게 할 것.

ㅇ. 반장은 매주 수요일 식사 시간이나 휴식 시간에 반원과 합의하여 실행 세목에 합의를 보고 합의할 때마다 소속 이사에게 보고할 것.

ㅈ. 이사는 반장으로부터 보고된 실행세목을 소속 이사장에게 보고하여 소속 각 반이 참조하도록 제공할 것.

ㅊ. 이사장은 매월 1회 반장회의를 개최하고 실행세목의 실행 성적을 청취하고 더욱 적당한 지도장려를 행하는 것과 동시에 회장 및 소속 분회장으로부터의 지도사항을 전달할 것.

ㅋ. 회장은 적시에 본 운동에 관한 지령을 발하고 성적이 우수한 반은 표창할 것.

6. 기타 회장이 필요하다고 인정하는 사항

제8조 안전부에서는 아래의 사항을 실행한다(공장안전위원회 회칙은 별도로 정한다).

1. 사고 발생 및 처치에 관한 사항

ㄱ. 사고발생 시의 기록 ㄴ. 사고발생에 대한 처치 ㄷ. 자주 발생하는 사고의 음미 ㄹ. 기타

2. 상해예방에 관한 사항

ㄱ. 복장 ㄴ. 안전장치 ㄷ. 위험 표시 ㄹ. 설비 점검 ㅁ. 기타

3. 화재예방에 관한 사항

ㄱ. 화기주의 ㄴ. 소화 설비 ㄷ. 피난 ㄹ. 불 번짐 방지 ㅁ. 기타

4. 안전교육에 관한 사항

ㄱ. 강연, 영화 ㄴ. 연습 ㄷ. 마음가짐 ㄹ. 기타

5. 기타 회장이 필요하다고 인정하는 사항

第9조 방호단에서는 아래 사항을 실행한다(특설방호단 규정은 별도로 정한다).

1. 특설방호단에 관한 사항
2. 방공에 관한 설비 및 자재의 정비에 대해 다년 계획 및 연도 계획의 수립에 관한 사항
3. 방공 교육 보급에 관한 사항
4. 기타 회장이 필요하다고 인정하는 사항

第10조 회계부에서는 아래 사항을 실행한다.

1. 수지 계산에 관한 사항
2. 각부의 예산 사항에 관한 사항
3. 회비 보조금 등의 징수에 관한 사항
4. 적립금에 관한 사항
5. 퇴직위로금 경조위로금 기타 일반 지출에 관한 사항
6. 식당부 기타 사업의 수지에 관한 사항
7. 기타 회장이 필요하다고 인정하는 사항

第11조 본회의 중요한 사항은 우키와회에 제기하여 결정하는 것으로 한다.

4. 아이치(愛知)시계전기주식회사산업보국회 사업실시 요강

1. 사업 요강

1) 일본정신의 발양

(1) 제사와 생활의 융합에 의한 경신숭조의 실현

(2) 국체의 본의의 명징에 의한 보국신념을 철저화

2) 산업보국정신의 현창

(1) 국체에 근거한 일본산업도의 확립

(2) 업계종사자 일체라는 의식에서 나오는 기술의 진보, 사업의 번영과 인적 후생의 융합

3) 후생공영의 증진

(1) 식견의 함양 기술기량의 연마에 의한 근로보국의 실현

(2) 충효의 본의에 따라 예의염치와 견인불발의 의기 진작을 목적으로 하는 국민도덕의 실천

(3) 체위 향상을 지표로 하는 체육의 장려

(4) 동포상애의 정의현현의 공제

(5) 민족성과 국민적 정서를 근저로 하는 취미정조의 정화

(6) 근로보국 조장을 위해 작업장 환경의 정비 미화

(7) 업계종사자 일체관에서 발하는 애사심의 배양과 공장방위의 완성

4) 총후후원의 강화

(1) 황군의 노고봉사를 염두에 두는 후원사업의 강화

(2) 복원 장병에 대한 산업적 감사와 원조의 철저화

5) 비상시 국책 협력

(1) 시국인식의 강화 철저화

(2) 애국정신에 근거한 물자 사용의 적정화

(3) 적자 관념에서 발하는 전비 부담의 보급 강화

2. 실시 요강

1) 일본정신의 발양(각부 전체)

ㄱ. 황거 신궁의 참배요배 ㄴ. 신사, 씨족신, 공장신사의 참배요배 ㄷ. 가정의 가미다나(神棚), 불단의 배례 ㄹ. 국가봉창, 국기게양 ㅁ. 축제일 등 국가적 행사의 철

저 ㅂ. 수양 기타 각종 사업에서 경신행사의 실천 ㅅ. 황릉, 신가, 불각, 역사적 유적의 순배 ㅇ. 신사, 공원, 도로 등 근로봉사 ㅈ. 각종 회합 문서에 의한 일본정신의 발양 ㅊ. 국체의 본의를 명징하고 국민봉공의 도를 바르게 하기 위해 사상과 이론의 규명 확립

2) 산업보국정신의 현창(각부 전체)

ㄱ. 국체에 근거한 사업 및 근로보국의 진의 선양 ㄴ. 산업노동에 관한 중정한 사상의 확립 ㄷ. 철저한 능률 향상 ㄹ. 기계 및 제품 인격화의 철저 ㅁ. 천황 방문 기념식, 산업보국 강조주간 ㅂ. 총친화 실현을 위한 간담 ㅅ. 산업위령제 등 제 식전의 실시 ㅇ. 공장 신사봉안기념비 건립 ㅈ. 공장 내 근로봉사 ㅊ. 예절규율의 여행

3) 후생공영의 증진

• **교양부**

ㄱ. 수양강습회 ㄴ. 정례 수양 강화 ㄷ. 참배회 ㄹ. 강연회, 현장강연회 ㅁ. 영화회, 전람회 ㅂ. 학술강습회 ㅅ. 기술강습회, 연구회, 경기회 ㅇ. 웅변회, 독서연구회 ㅈ. 도서, 잡지, 신문 ㅊ. 언어선미화의 보급

• **각부 전체**

ㄱ. 단체훈련 ㄴ. 공덕 ㄷ. 시간 준수 ㄹ. 물건을 소중히 함, 낭비 절약, 물자 애용 ㅁ. 생활품 신규 구매 보류 ㅂ. 답례 폐지 ㅅ. 복장 간소 ㅇ. 연회 제한 ㅈ. 관혼상제 개선 ㅊ. 향락, 투기, 도박 등의 절제, 폐지 ㅋ. 쓰레기 불용품의 활용

• **체육부**

ㄱ. 운동기구 및 운동설비의 정비 애용 ㄴ. 각종 체육의 훈련과 장려 ㄷ. 각종 체육대회, 소규모 대회 ㄹ. 강행회, 소풍, 견학회, 강연회 ㅁ. 응원단의 지도 통제

• **공제부**

ㄱ. 회원 및 가족의 경사 시 증여 ㄴ. 회원 및 가족의 흉사 시 증여 ㄷ. 회원 및 가족의 발병 시 증여 ㄹ. 장례 시의 참례 ㅁ. 회원 및 가족의 의료상 편익 ㅂ. 회원 및 가족의 병역 응소 시 증여 ㅅ. 회원 및 가족의 퇴회 시 증여 ㅇ. 회원 및

가족의 공무 증상 잔존 장애자의 증여 ㅈ. 회원 및 가족의 재해 시 증여 ㅊ. 회원 및 가족의 장례로 인한 결근 시 증여 ㅋ. 회원 및 가족에 대한 공로상 수여 ㅌ. 회원 및 가족에 대한 기념배 수여

• 취미부

ㄱ. 정조 취미에 관한 기구설비의 애용 ㄴ. 정조 취미에 관한 훈련장려 ㄷ. 정조 취미에 관한 대회 ㄹ. 정조 취미에 관한 견학회, 강연회 ㅁ. 각종 위안회, 오락회에 대한 협력 지도

• 청년부

ㄱ. 청년에 대한 특수훈련지도 ㄴ. 강화 강연회 수양회 강습회 ㄷ. 독서회 ㄹ. 1인 1연구 발표회 ㅁ. 웅변회 ㅂ. 서도 대회, 전람회 ㅅ. 문고 ㅇ. 참배, 견학회 방문 ㅈ. 각종 식전, 위인 사적 기념회 ㅊ. 경로회, 부모에 대한 감사제, 성묘 ㅋ. 중심 인물 양성 ㅌ. 각종 근로봉사, 사회봉사 ㅍ. 환경 정비, 생활향상, 가정방문 ㅎ. 우수 선행 표창 ㄲ. 기타 청년의 입장에서 하는 사업 참가협력

• 부인부

ㄱ. 부인 및 가족에 대한 특수 지도 ㄴ. 부인수양회, 견학회 ㄷ. 재봉·수예·편물 강습회 ㄹ. 육아·위생·간호법 강습회 ㅁ. 꽃꽂이·다도 작법 강습회 ㅂ. 가사·요리 강습회 ㅅ. 세탁·염색·마사지 강습회 ㅇ. 폐품이용·물자애호 강습회 ㅈ. 가정부업 강습회 ㅊ. 부인, 가족이 하는 자기 사업 참가협력

• 각부 전체

ㄱ. 작업장 정리정돈미화 협력 ㄴ. 보건위생 제 시설 정비 협력 ㄷ. 위해방지안전운동 완성 협력 ㄹ. 일반 보안경비 협력 ㅁ. 방화·방공·변재 방지 협력

4) 총후후원의 강화(각부 전체)

ㄱ. 출정인에 대한 감사후원 ㄴ. 출정군인에 대한 후원 ㄷ. 전사병자에 대한 위로와 후원 ㄹ. 전사자 가족에 대한 조위·후원 ㅁ. 전상병귀환군인에 대한 감사·후원 ㅂ. 복원 군인에 대한 감사·후원

5) 비상시 국가 협력(각부 전체)

ㄱ. 자원애호(군수자재 및 수입재료, 특히 철, 합금동, 알루미늄, 주석, 아연, 석탄, 각종 광중유, 종이, 피혁, 목재, 면, 양모) ㄴ. 국산품 대용품의 애용 ㄷ. 물자 활용 애용(집기, 비품, 전등, 가스, 전력, 수도, 포장지, 끈 등) ㄹ. 폐품 회수 ㅁ. 근검저축 ㅂ. 헌금 ㅅ. 군사 비밀 보지(保持) ㅇ. 유언비어 삼가

협력단체로는 하기의 단체가 설치되어 있다.

1. 제국재향군인회 아이치시계전기분회
2. 아이치시계전기 건강보험조합
3. 아이치시계전기 안전위원회
4. 아이치시계전기 응소군인가족후원회
5. 아이치시계전기 애국저축조합
6. 아이치시계전기 청년학교
7. 아이치시계전기 공장방호단
8. 아이치시계전기 능률증진연구위원회

이상 산업보국회 사업부문의 구성 및 사업실시 요강에 관해 서술하였지만, 후생복리사업은 각 사업장의 부담능력이나 규모 또는 업종에 따라 현재와 같이 사업주의 일방적인 시설에 맡기고 있는 경우에는, 획일적으로 실행하는 것은 곤란하다. 근로자 중에는 근무하는 사업장에 따라 보호와 편익에 상당한 차이가 있는 사람이 있다. 근로자가 어떠한 사업장에서 근로하더라도 국가에 바치는 길이 하나라면 생활 이익이 근무하는 사업장에 따라 다른 점이 있어서는 안 된다. 그런데 현실은 사업장 규모와 업종에 따라 큰 차이가 있다. 이를 시정하기 위해서는 퇴직적립금, 건강보험, 노동보험 규정을 하나로 둔 연금제도, 사회보험제도 및 광범위한 사회시설의 확립이 절대적으로 요청된다. 그러나 이것이 제정되기까지는 잠정적으로 최소한의 복리후생시설의 표준을 제시할 필요가 있을 것이다.

이상과 같이 사업장에 따라 복리후생사업에 차이가 있어, 이에 관해 획일적으로 제정하는 것은 곤란하므로, 이를 제외하고, 어떠한 사업장에도 용이하게 실시할 수 있는 사업을 아래에 제시하겠다.

1. 산업보국정신의 발양에 관한 것
   1) 경신숭조의 관념의 승양(신사참배, 가미다나, 불단의 설치 등)
   2) 순직자 및 전몰자의 위령제 집행
   3) 조례의 실천(궁성요배, 묵도, 체조, 훈사)
   4) 협동훈련의 철저(경례의 철저, 근로봉사, 숙박훈련 등)
   5) 산업보국정신의 철저(도서, 영화, 강독회, 표어, 포스터, 논문의 모집, 산보마크의 패용)
   6) 산업보국 지도자의 양성(수양회, 강습회, 좌담회, 단체훈련 등)
   7) 우량직장, 우량조 및 우량회원의 표창
2. 능률증진에 관한 것
   1) 작업 및 근로제도의 개선
   2) 기술교육, 기능의 표창, 설비의 개선, 작업능률의 궁리 증진
   3) 노동조건의 적정화
3. 생활쇄신, 국책협력에 관한 것
   1) 생활쇄신의 지도(경제생활의 합리화, 생활시간의 계획화, 건강생활의 순화 등)
   2) 재정정책 협력(공채의 구입, 저축의 증가)
   3) 물자정책 협력(소비절약)
   4) 물동계획 협력(자원애호, 폐품회수, 소모품의 절약, 낭비 배제)
   5) 노무동원계획 협력(이동 방지, 기술의 향상, 노동력의 보호)
   6) 총후국책 협력(국방헌금, 방첩 방공, 출정장병의 위문, 순직자 · 전몰자 유가족 및 상이군인의 위문)
   7) 회원의 공제시설
4. 복리후생에 관한 것
   1) 작업복 작업모 제정
   2) 체육의 증진(체조 휴양의 지도 및 운동회의 개최)

3) 작업장 내외의 정리정돈미화

4) 구매조합 또는 구매회를 두는 것

5) 식당 목욕탕의 설치

6) 금융시설의 설치

7) 취미생활의 향상

이상과 같이 산업보국회에서 실행해야 할 사업은 다종다양하지만, 요는 이를 실천하는 데 있다. 이를 실행할 때 자주적으로 행할 조직이 필요하다. 실행부분을 무슨무슨부로 두고, 부문별로 사업장의 규모에 따라 각각의 실정에 맞게 설치한다. 설치하였다면, 부의 책임자를 근로자 및 사원 중에서 뽑아 그 부문에서 스스로의 창의와 능력에 따라 자주적으로 활동하도록 사무국이 지도하는 것이 필요하다. 이들 사업부문의 운영에 관해서는 다음 장 제3절 사업부문의 운영에서 서술하기로 하지만, 세상 대부분은 종이 위에 훌륭한 조직을 만들어 놓았지만 이것이 실천활동에 게으름을 피우고 있어, 이는 산업보국운동을 위해 진정 유감스러운 일이다.

공장지대에서는 산업보국회의 사업을 단독으로 운영하는 것보다는, 여러 군데가 공동으로 운영하는 것이 효과적인 경우가 있다. 예를 들면 강연회, 운동회, 위안회 등의 개최, 병원의 설치, 영양식 배급소의 설치 등은 작은 공장 단독으로 운영하기가 곤란하므로 수십 개의 산업보국회가 공동으로 여러 군데에서 설치하는 것이 편리하다.

이상 산업보국회에서 실시해야 할 사업과 이를 실시할 기구의 조직체의 실례를 두세 가지 제시하였지만, 사업실시 기구는 사업 규모, 업종에 따라 달라야 하며 대체적으로 향상, 복리, 후생의 3부문으로 나눌 수 있다고 생각한다.

1. 향상부에서 실시해야 할 사업은 일상생활을 고조시켜 수양 및 교양을 통해 일상 작업에 반영시켜 국가의 일원으로서 국책에 협력하는 것이다. 실시 요강은 산업보국회 당면의 사업으로서 이미 언급한 바와 같이 아래의 세 가지로 개괄할 수 있다.

   1) 산업보국정신의 발양에 관한 것

   2) 생활쇄신, 전시국책 협력에 관한 것

   3) 작업 능률증진에 관한 것

이들 사업 중 1)과 같이 다분히 타율적인 것이 있고 이 앙양은 사무국의 발의성(發意性)과 지도에 좌우된다. 2), 3)은 근로자의 자주적 운동으로서 발전시켜야 한다.

2. 복리부분에서 실시해야 할 사업은 대체로 시설을 수반하는 것이다. 예를 들면, 식당, 매점, 탁아소, 이발소, 기타나막신, 자전차, 양복 수선소, 상, 방석 등의 대여 등이지만, 이들 시설은 근로자에게 생활에 안정감을 주고 풍부함을 부여하여 생활경영체가 하나의 협동체임을 의식하도록 적극적인 열의를 가지지 않으면 안 된다.
3. 후생부문에서 실시해야 할 사업은 체육 보건 안전 취미 오락 등이지만 이 사업들도 노동력의 유지배양에 힘쓰는 역할은 크다.

이상 3부문은 대체로 산업보국회의 사업부문 구성의 골자이다. 큰 공장은 그 실정에 따라 더욱 이를 세분화하고 사업장이 실체에 바로 응하도록 편성하면 족할 것이며, 중소 공장이라면 세 부문으로 충분할 것이다. 요는 사업장의 실체와 각 사업부문의 활동 상황 및 정도에 따라 구성해야 하지, 쓸데없이 형식을 고집하여 형식미에 빠져서는 안 된다.

제3장 산업보국회의 운영

제1절 산업보국회 운영원리

산업보국회의 운영은 간담회 및 사업부문의 운영 및 지도자의 연성을 유기적으로 연계하여, 이를 조직적 및 계통적으로 운영하는 것에 있다. 그러나 산업보국운동은 현 단계에서는 운동이라는 것을 염두에 두지 않으면 안 된다.

산업보국운동의 전개에 따라 산업보국회 운영의 목표는 산업보국 사업일가 일체의 파악 실천을 통해, 현하 가장 긴급을 요하는 생산력 확충에 있음은 두말할 필요가 없다. 그러나 생산력의 확충은 강권이나 지배에 의해서 어느 정도의 목적 달성은 하겠지만, 근로자가 진정으로 근로의 국가성을 자각하고 근로는 국가에 바치는 의무이며 영예이며 환희로 여겨 진정으로 근로 실체에 결합되고, 근로자의 생활 체험이 뒷받침되지 않으면 근로의 창의와 능력은 최고도로 발양되지 않는다. 더구나 사물은 인간이 만드는 특권을 가지며 우수한 제품은 높은 근로인격을 가진 근로자에 의해 만들어진다고 생각할 때, 근로인격의 완성이 산업보국운동의 제일보가 되지 않으면 안 된다. 따라서 산업보국회의 활동은 그 발전 단계에 따라 상이할 것이지만, 먼저 어떠한 산업보국회도 근로인격을 만들어 운동으로부터 출발해야 한다.

생각건대 산업보국회의 목표는 시국이 요청하는 생산증강에 있으므로 생산능률의 향상을 산업보국회 활동의 제일선으로 채택하여 이를 위해 운영하지 않으면 안 되는 것은 말할 나위 없다. 그러나 근대적 '자아'에 자각한 근로자에게 아무런 훈련도 하지 않고 또 산업보국회가 활동다운 활동도 하지 않으면서 단도직입적으로 생산능률향상의 문제를 전면적으로 거론하며 이를 근로자에게 주입하는 것은 근로자에게 자본의 일방적 지배를 연상시켜 오히려 '자아'의 근로자에게 반감을 사서, 결과적으로는 오히려 실패하는 경우가 많다고 생각한다.

따라서 한편에서는 생산능률의 향상에 이바지하고, 다른 한편에서는 근로자에게 가장 긴급을 요하며 산업보국운동으로서도 당연히 취급하지 않으면 안 되는 근로인격의 완성이라는 무난하고 유효한 문제를 거론하여 이 운동의 최초의 출발점으로 삼아 직장 질서의 확립을 기하고 여러 조의 활동을 강화하고 조를 단위로 결근방지경쟁, 이동방지경쟁 등으로 생산력을 간접적으로 강화하고 그간 생산증강이 필요한 이유를 근로자에게 역설하여 근로자가 근로의 국가성, 생산성, 인격성을 자각하도록 지도하고 서서히 생산능률 향상의 방향으로 나아가게 해야 한다.

이렇게 하면 근로자는 산업보국회가 의도하는, 생산능률의 향상이라는 주요 명제를 자연적으로 이해하게 될 것이다. 이를 위해서는 근로자의 연성과 시국 인식의 철저화가 부단히 실행되지 않으면 안 된다.

물론 이러한 방법은 산업보국회의 활동이 활발하게 실시되고 있는 사업장에서는 취할 필요가 없을 것이지만, 이러한 일견 실현 불가능한 방법이 오히려 큰 효과를 거두는 것이다.

최근 근로자를 존중하고 근로자를 공경하라는 슬로건이 주창되고 있지만, 과연 근로자는 공경받을 만큼의 근로인격을 가지고 있는 것일까. 경제적으로 근로의 가치가 상승하였다고 해서, 근로자가 공경받아야 할 이유는 조금도 없다. 공경받고 존중받기 위해서는 근로의 국가성에 따라 근로자가 갖고 있는 내재적 힘이 최고도로 발양되는 근로인격을 구축해야 한다.

이 근로인격은 근로자의 일상생활을 통해 더구나 가까운 것 하나하나를 완성함에 따라 구축되어 가는 것이다. 근로인격이라고 해서 그리 높은 곳에 있는 것이 아니다. 근로자가 근로자로서 의의를 자각하고 긍지를 갖고 생활을 바르게 하고 윤리적으로도 바른 품격을 만들어 근로의 진의에 투철하게 함으로, 새로운 형태의 근로인격이 만들어지는 것이다. 이를 위해 먼저 '생활의 훈련화'와 '훈련의 생활화'가 거론되지 않으면 안 된다.

뭐라고 해도 가장 근본적인 것은, 현실의 생활에 뿌리를 내리고 생활을 통해 생활에 구체화된 근로인격이 아니면 안 된다. 그렇지 않으면 근로자는 사람을 납득시킬 만한 자신과 감화력을 가지지 못할 뿐 아니라 존중받지도 못하고 공경받지도 못한다. 또 근로자가 진실로 존중받지도 못하고, 공경받지도 못하면서, 어찌 근로의 진의에 투철하게 될 수 있겠는가. 근로자의 존경은 외부로부터 부여되는 것이 아니라, 근로자가 내재적 힘을 최고도로 발휘하여 스스로의 힘으로 수립해야 할 것이다. 산업보국회는 먼저 이 부분에 착안하여 근로자의 분기를 촉구해야 한다. 이제 근로자가 근로인격을 구축하여, 국가의 중요계층의 하나로서 지위를 구축하지 않으면 근로자의 지위 향상은 있을 수 없다. 원래 근로는 존귀한 것이지만, 인간이 결부되어 근로자가 근로를 변화시켜 비천한 것으로 만든 것이다. 근로를 욕되게 만든 것은 인간의 가장 큰 죄악 중 하나이다.

다음으로, 산업보국회의 운영목표는 현재의 민족전과 시국의 의의를 근로자에게 철저화시키는 것이다. 산업보국회의 목표를 시국에 결부시켜 근로자의 감격에 호소하여 근로의 생산성이 얼마나 중대한가를 인식시키는 것이다.

이상 두 가지를 산업보국회가 취함에 따라 직장질서의 확립과 생산증강이 필연적으로 가능하게 되었다. 이리하여 직장 질서의 확립은 규율의 철저화를 촉진하고 양자는 함께 산업보국회의 기초를 구축하는 것이다.

이러한 방법으로 산업보국회가 운영됨과 동시에 사업부문 간담회의 활동도 이 선에 따라 운영되지 않으면 안 된다. 물론 모든 기능을 이에 집중할 필요가 없지만, 이러한 운영 목표의 달성에 협력하지 않으면 안 된다.

산업보국회 전체가 먼저 이상의 목표를 향해 나아가고 구체적 운동을 실행하기 위해서는 각 직장의 자주적 운동으로 실행해야 한다. 대부분의 직장에서 산업보국운동에 관심이 없는 경우가 많지만, 각 직장의 부대장에게 책임을 맡겨 자신의 명예를 위해 진전시키도록 지도하지 않으면 안 된다.

또한 산업보국회의 운영은, 근로인격의 완성과 시국인식의 철저에서 더 나아가 직장 안에서 질서를 중요시하고 복종하며 근로의 진의에 철저하게 하도록 직장 질서가 확립되지 않으면 안 된다. 근로인격의 완성, 시국 인식의 철저, 직장 질서의 확립은 생산증강의 근간이다. 이의 완성이 없이 진정한 생산증강은 이룰 수 없다.

그러나 이를 위해서는 근로자의 복리후생시설을 확충하여, 근로자의 생활안정을 산업보국회의 중요사항으로 취급하지 않으면 안 된다. 이를 위해서는 시국의 인식과 함께 실로 사업부문의 활동, 간담회의 활용에 기대하는 바가 크다. 전체적인 운영은 각각의 사업장에서 산업보국회의 발전 단계에 따라 다르겠지만, 운영은 먼저 근로인격에서 출발하였으면 한다. 여기에서 출발하는 산업보국회는 결국 생산능률이 향상되는 산업보국회로서 깃발을 높이

올려 지금까지의 전부를 여기에 집중시킬 수 있을 것이다. 간담회 및 사업부문의 운영에 대해서는 절을 바꾸어서 살피기로 하고, 먼저 산업보국회 운영의 구체적 방법에 대해 서술하도록 하겠다.

제1항 사업보국회의 운영

산업보국회가 하나의 운동 형태인 이상 운동은 구체적 활동 목표가 있어야 한다. 따라서 간담회 및 사업부문은 각각의 활동 분야에서 운영되어야 하지만, 회 자체가 구체적 활동 목표를 가져 그 활동 목표를 향해 회원을 동원하고 또는 훈련하고 회 활동을 왕성하게 하지 않으면 산업보국회는 전체 운동으로서 형태를 취하는 것이 불가하다. 더구나 그 활동 목표는 구체적이어야 하며 또한 지속적으로 행해서 그 실효를 기해야 한다.

1. 구체적 활동의 목표

먼저 매월 두세 가지 실천 사항을 선택하고 산업보국회의 모든 기관을 동원하여 철저화를 도모하는 것인데, 실제로 행한 것은 다음과 같다.

복장을 바르게 합시다.

ㄱ. 모자는 바르게 씁시다.

ㄴ. 상의의 버튼은 제대로 채웁시다.

ㄷ. 깨끗한 복장을 합시다.

바지 주머니에 손을 넣지 말고 당당하게 걸읍시다.

경례를 바르게 합시다.

작업 중 잡담과 흡연은 그만둡시다.

취업시간을 엄수하고 종업시간 사이렌이 울리기 전에는 일을 멈추지 않도록 합시다.

좌측통행을 엄수합시다.

흡연을 지정된 장소에서, 꽁초는 지정된 용기에 넣읍시다.

1. 쓰레기를 주웁시다.

보조를 맞춥시다.

1. 음식물을 식당 구석에 버리지 않도록 합시다.

운전 전에 기름을 발라 점검합시다.

시간을 엄수합시다.

ㄱ. 시계를 맞춥시다.

ㄴ. 집합시간을 지킵시다.

ㄷ. 지각을 하지 맙시다.

이상 외, 실천 사항을 직장 안에서 찾자면 얼마든지 있다. 자원 애호, 자연 산물 감사, 폐품 회수, 언어는 바르게 하자 등 혹은 작업의 실천과 관련되는 것도 있다. 그러나 실천적 목표는 항상 구체적이어야 한다. 그리고 오늘부터라도 하려고만 한다면, 바로 실천할 수 있어야 한다. 추상적인 목표는 그냥 제목으로만 끝나 공염불로 그치는 경우가 많다. 이렇게 해서는 쓸데없이 실천 항목을 업신여길 뿐으로 그 구체적 활동을 기할 수 없다.

위에 열거한 활동 목표 중 눈여겨볼 것은 생활의 훈련화와 훈련의 생활화 즉 일상생활의 구체적 실천이다. 이는 근로자 전원이 공감하는 공통의 목표이어야 한다.

이러한 활동 목표를 제정하려면 먼저 사무국이 원안을 작성하고 이를 심의기관인 간사회(과장급으로 구성)에 상정하고, 상급심의회를 거쳐, 회장의 결재를 받아 본부에서 각 직장에 지령을 발하는 것이다. 직장의 부대장은 지령을 받아 조례 등의 기회에 이를 부하에게 전달하고 실행을 기하는 것이다. 한편 지시를 받은 과장, 계장은 이를 직장에게, 직장은 조 조력자회를 개최하여 조 조력자 전원에게, 조 조력자는 조상회(組常會)에서 조원 전원에게 각각 납득시킨다. 동시에 본부에서는 조 조력자 이상 계장의 연성회를 열어 활동 목표의 취지를 설명하고 철저한 실천을 호소한다. 조의 중심인 조 조력자가 실행에 솔선 헌신하고 자기의 조를 잘 통제한다면 철저한 실천은 그다지 어렵지 않다. 따라서 활동 목표의 실천에서 조 조력자의 어깨가 무겁다. 산업보국회의 활동은 지도자의 솔선수범에 기대하는 바가 상당히 크다. 이제 지도자는 팔짱을 끼거나, 지도자 얼굴을 하고 책상에 앉아 있거나, 그것은 너희

들이 할 일이다라는 식으로 무관심을 나타내는 것은 불가능하게 되었다. 부대장으로서 선두에 서는 것이 요청된다.

여전히 활동 목표의 철저에는 기숙사, 청년학교와 연락을 취하고 측면에서 이의 철저를 기하는 것에 더해, 사보, 벽신문, 전단, 포스터 등으로 그 취지를 밝히거나 선전하고 직장간담회에 부의하여 자주적 운동으로 전화시키는 등 모든 기관을 동원하여 이에 주력한다.

활동 목표 중 예를 들면 시간 엄수의 철저화는, 산보 주최의 일체의 회합은 설령 두세 사람밖에 집합하지 하지 않아도 제시간에 시작하여, 몇 번을 반복하는 사이에 '시간은 산보시간으로 가자'는 표어까지 자연스럽게 생겨나, 어떠한 모임에도 시간을 엄수하는 풍습이 양성된다.

또 식당에서는 마음에 들지 않는 상 위 음식이나 생선 뼈 등을 무신경하게 버리므로, 이를 근절하려고 생각하여, '음식은 상에 버리지 말고 생선 뼈는 접시 구석에 둡시다'라는 활동 목표를 정하여 위와 같이 운동을 전개하였지만, 식당 하나에서는 식사 위치가 정해지지 않아, 쉽게 효과를 거두지 못하였다. 식탁을 과 또는 계마다 정착시킨 후, 식당청소근로봉사대를 각 직장에서 모집하였다. 각 직장 봉사대가 매일 일정을 정하여 근무 시간 종료 후 청소하도록 하여 상 위에 버리는 자가 많이 있고 이 때문에 청소하지 않으면 안 되는지를 몸소 체험하게 하고 동시에 다른 종업원에 대해서는 제군의 동료가 식당 청소를 하고 있다고 사보 등을 통해 호소하여 그 부덕의(不德義)를 책망하였다. 이러한 식탁 지정과 식당청소봉사대에 의해 불과 2개월이 안 되어 상 위에 음식을 버리는 악습이 사라지고 식당은 깨끗해졌다. 이와 같이 활동 목표는 실천활동이 수반되어야 큰 연성 효과가 있다. 그 봉사대의 제일진이 참가했을 당시의 상황을 사보에서 보자.

〈예1〉

식당 청소의 봉화가 오르다
아카마쓰(赤松) 과장 진두로 제1제작과 일어서다!

이미 알려진 바와 같이 식당 정화를 위해 정신대를 모집한바, 그 소리에 호응하여 제1제작과에서는 흔연히 이 희생적 봉사에 협력의 손을 내밀었다. 필자는 7월 모일 제3식당을 방문하여 구체적으로 그 근로봉사대의 활약을 알게 되었다. 오후 6시 50분경 40명 정도의 인원이 땀과 기름에 절은 채 피로도 내색하지 않으며 정연하게 식당 앞에 집합하여 통솔자 지휘에 따라 남자는 두 개의 반으로 나누어 상을 청소하고 여자는 식탁을 닦았다. 모두 열심이었다. 힘 닿는 대로 상 위의 야채와 음식 찌꺼기를 하나도 남기지 않으려고 열심이다. 모두의 얼굴에는 비지땀이 많이 배어나온다. 그러나 "자신들의 힘으로 아름다운 세계를 전개하고 우리가 진정 보람 있는 세계를 만드는 것이다"라고 하는 의욕에 불타 정말로 즐거워 보인다. 문득 식당 입구로 눈을 돌리면 아카마쓰 씨가 올해 초등학교를 졸업한 것으로 보이는 소년공이 자기 키의 두 배나 되는 빗자루를 들고 힘에 겨워하는 것을 보고 손을 잡고서 청소 방법을 지도하고 있다. 얼마나 흐뭇하고 아름다운 정경인가. 이 과장의 지도하에 처음으로, 이와 같이 진격적인 종업원 제군이 있음을 절실히 느꼈다. 이리하여 오후 6시 반 우리들의 즐거운 식당은 깨끗해져 식당 본연의 청정한 모습으로 되돌아왔다. 끝나고 "수고하셨습니다"라고 위로의 말을 건네니 "아, 좋은 운동이네요."라고 답한다. 그 심정 정말 그윽하고 고상하지 않은가. 식당에서 식사하는 제군, 제1제작과에 의해 식당은 깨끗해지고 있다. 우리들은 이들을 위해서도 또 덕의 입장에서도 식당을 더럽히면 미안하다. 무릇 공덕은 항상 양심의 위에 서서 밝은 사회생활의 영위에 참여하는 존엄한 사명을 갖고 있다. 우리가 현재의 생활에 있어 다소의 불만을 참으며 공덕에 따르는 것은 결국은 살기 좋은 사회를 구축하는 데 강력하게 도움이 되는 일이 무엇인지 확인하지 않으면 안 된다. 그리고 이러한 세계야말로 진선미를 발견할 수 있는 곳이 있다. 또 봉사대 사람들 중에는 가정에 돌아가 식사를 하는 사람이 다수 있어 저녁식사도 하지 않고 땀을 흘리고 있었다. 우리들은 이들에 대해 마음으로부터 감사를 드리지 않으면 안 된다.

이 제1제작과 봉사대의 활약은 9월 8일까지 매일 이어졌다.

또 "쓰레기를 줍다"도 개인 개인으로는 좀처럼 줍기가 힘들다. 처음에는 집단적으로 훈련을 시작하지 않으면 안 된다. 모두가 "쓰레기를 줍다" 정신을 가지면 정리정돈을 특별히 말하지 않아도 직장 내외는 청소되고 폐품 회수도 자원 애호도 실행된다.

따라서 처음에는 한 직장에서 전원이 일제히 함께 훈련을 받는 것이 필요할 것이다. 그러다가 서서히 자주적으로 조 활동을 하도록 지도하고 직장의 전원이 이러한 음덕을 쌓는 아름다운 정신을 양성하도록 지도해야 한다.

또 "음식은 전부 먹읍시다"에서도 영양 지식이 선결 문제이기에 영양 지식의 보급을 평행적으로 실시할 필요가 있다. 혹은 강연, 신문, 포스터 등으로 지식의 철저한 보급을 도모해야 한다. 여기에 관해서도 사보에 게재된 일부를 수록하겠다.

〈예2〉

"더럽히지 마·남기지 마·잘 씹어"

식당계의 부탁

"식당이 상당히 좋아졌다!"

최근 들어 자주 들으니 정말 반가울 뿐입니다.매일의 격한 작업의 피로를 위안하는 것은 에너지 보급, 조용한 수면과 즐겁고 청아한 기분으로 전환하는 것입니다.

이 피로 방지와 회복이야말로 식당이 갖는 큰 임무이자 책임입니다.

밝고 깨끗한 식당에서 즐겁고 감사한 식사야말로 누구라도 생각하고 희망하는 바입니다.

지금이야 솔선! 산보사무국의 열렬한 호소와 여러분의 자각과 성원 덕분에, 우리들의 식당 정화가 착착 실행되고 있는 것에 식당 종업원에게 감사해 마지않는 바입니다.

그러나 식당 정화는 아직 그 목적을 달성하고 완벽을 기하기에는 앞날이 아직 멉니다.

"남긴 음식이 상당히 많이 나온다!"

이것이 남겨진 큰 문제입니다.

자연 산물 감사 면에서, 체위향상 면에서 음식을 남기지 않았으면 합니다.

아무리 영양에 유의하고 메뉴를 부심하여도 음식이 남겨져 버려지면 모든 것이 수포로 돌아갑니다.

남긴 음식을 조사한 결과 일 년에 5,100여 엔 남긴 음식으로 버려집니다만, 이 조사는 돈이 아까워서라기보다 영양에 만전을 기하고 여러분의 신체를 보호하고 싶기 때문입니다.

비상시국 하, 증산 목적 달성을 위해 인내하는 산업전사의 훌륭한 체위의 유지와 향상을 위해 식당 관계자는 여러분 덕분으로 열심히 노력을 지속하고 있습니다.

"잔반을 없애자."

편식은 사람을 병약하게 만들어서 생명을 단축시킵니다.

"편식은 사치다!"

편식은 반드시 교정 가능합니다. 서로의 건강을 위해 조 하나 결심 하나로 교정해 주세요.

식당에서는 메뉴와 조리와 음식 담는 것에 고심하고 더욱더 개선에 임하겠습니다.

멸사직역봉공.

초비상시임을 인식하고 증산 목적 달성의 전제인 서로의 체위향상, 건강증진에 협력하여 전원 손을 잡고 후지코시(不二越)를 위해 일어섭시다.

밝고 깨끗한 식당에서 즐거운 식사를 감사하고, 그리고

"더럽히지 마·남기지 마·잘 씹어"

이 운동 구호를 제창하면서 여러분의 강력한 협력과 실행을 희망합니다.

이상의 활동 목표를 철저히 실행하는 두세 가지 예를 들었지만, 이러한 방법으로 철저를 도모하지 않으면 좀처럼 그 실효를 거두기는 어렵습니다.

2. 간담회의 활용

간담회의 구체적 운영에 관해서는 후술하겠지만, 각 간담회의 활동을 촉진하고 각 간담회에서 공통된 주제로 간담하도록 하여 전체적으로 고조시키기 위해 간담회에서 여러 의견을 청취하는 목적으로 본부에서 매월 두 건 정도 각 간담회에 「각 간담회에 대한 본부 지시사항」이라는 것을 보내어 간담하도록 하는 것은 효과적이다.

예를 들면 다음과 같다.

1. 직장생활 쇄신의 건

1. 식당 청소 대책 여하

1. 일용품 배급소에 대한 희망

1. 점심 휴식시간 음악 및 뉴스 방송 가부의 건

1. 사보에 대한 희망

1. 조 조력자의 당면 활동 목표를 어디에 둘 것인가

1. 이동 방지 및 결근 방지 대책 여하

1. 생산능률 향상에 대해

1. 직장의 실정에 맞는 건강 보지(保持) 대책

1. 산보운동 추진을 위한 구체안

1. 소모품의 절약에 대해

어떠한 직장에도 공통적인 사항을 지시한 것인지만, 간담회에 상정되어 바로 실천 활동화되어야 실천 활동으로 이행하는 것이다. 이 외에도 지시사항을 직장 안에서 구한다면 건설적인 것이 많이 나오겠지만, 활동 목표와 관련이 있다면 더욱 좋다. 이들 본부지시사항은 간담하여 보고를 해야 하는 것이다. 활동 목표의 실천이든, 본부 지시사항이든, 모두 철저한 실행 여부를 보고하게 하고, 상황을 시찰하지 않는다면 직장 책임제가 확립되지 못하고 그 실효를 기대할 수 없다.

이상 활동 목표의 제정과 본부 지시사항에 관해 서술하였지만, 운동 추진의 중핵체가 되는 것은 지도자인 각 직장의 부대장과 조 조력자이다. 그 중에도 조 조력자의 활동이 큰 역할을 하므로, 그 지도 활용을 위해 한층 더 노력이 요구된다. 사업부문의 운영에 관해서는 후술한다.

제2항 산업보국회의 추진

산업보국운동에 대한 일반 근로자의 인식 정도는 상당히 단편적이지만 그나마 단편적으로라도 알고 있다면 다행이라고 말할 정도로 지극히 낮다. 이것은 근로자 한 사람에 국한된 문제가 아니어서 직장의 장인 부대장조차도 인식의 정도가 상당히 불안한 상황이다. 근로 관리자조차 진정으로 인식하고 있는 자가 그리 많지 않은 것이 아닐까. 그러한 인식 정도로는 이 운동이 진전될 리가 없다. 운동이 상당히 추진되고 있는 곳은 그렇다고 치고, 이제부터 시작하려는 곳 및 조 제도를 설치하여 운영지침 등을 직장의 부대장 등에게 지시하지 않으면 안 되는 곳에서는, 먼저 과장간담회를 개최하여 부과장에게 산업보국운동의 진의와 조 제도 및 간담회의 운영 등을 철저히 알리는 것이다.

다음으로 부 또는 과 단위로 최초 산보운동을 직장의 자주적 운동으로 만들기 위해 부 또는 과가 주최가 되어 책임의 소재를 명확하게 하고 직장 또는 조 조력자 이상의 간담회를 개최한다. 부장 또는 과장이 산보운동에 관한 이야기를 하고, 산보사무국에서 이를 도와서 구체적으로 여러 가지 진의를 철저화하도록 지도하는 것이다. 작은 공장에서는 전원 합동으로 실행하지만, 큰 공장에서는 조 조력자를 별개로 구분하여 실행하게 될 것이다.

이렇게 하면 산보운동은 새로운 출발을 하게 되는데, 큰 공장에서는 일반회원에 대한 취지의 철저화가 용이하지 않다. 아마 중간 규모의 공장에서도 용이하지 않을 것이다. 취지의 철저화뿐 아니라 운동의 추진 자체도 실로 곤란하다. 구체적 추진 방법을 열거하도록 하겠다.

1. 계몽선전에 의한 방법

산보운동의 취지 철저화를 위한 일반적인 계몽 방법은 산보 기관지, 벽신문, 통첩, 팜플렛, 영화, 강연, 웅변대회, 고지판의 이용, 포스터 등 여러 가지가 있으며, 온갖 수단을 다 사용하여 몇 번이라도 반복하여 설득하는 것이다.

이 외에도, 청년학교에 산보 강좌를 설치하여 매주 1회 강의를 한다. 또 청년학교의 교사 및 사감과 부단히 연락을 취하여 산보정신의 보급 철저를 도모한다.

2. 연성회에 의한 방법

연성회는 후술(제4절)하는 바와 같이, 조직적, 계통적 및 단속적으로 행하는 것이 효과가 있으므로, 매월 개최하여 과장, 계장, 직장 및 조 조력자에게 지난 일개월의 산도 활동 상황 및 금후의 전망 등에 관해 이야기하고 그 진의 철저를 도모한다. 산보의 지도자인 이 사람들이 진정으로 이 운동을 이해하고 이 운동에 헌신하지 않으면, 이 운동은 말만으로 끝날 것이다. 지도자의 연성이야말로 가장 긴급한 사항이다.

3. 간담회에 의한 방법

각 간담회에 산보사무국에서 반드시 출석하여 5분 내지 10분이라도 산보에 관해 이야기하고 계몽하는 것이다. 그러나 간담회에 출석하는 자는 조 조력자 이상이기에, 일반회원은 산보운동에 대해 이해할 수 있는 기회가 매우 적다. 따라서 일반회원의 계몽을 위해 조 조력자에게 어필하기 위해 각 과 단위 또는 전원의 산보 대회, 또는 조 조력자 대회를 개최하여 이 시국의 철저한 산보운동에 관련된 구체적 여러 문제에 대해 계몽해야 한다.

4. 사무국과 직장의 연락에 의한 방법

산보운동에서 지도적 지위에 있는 사무국의 열의와 박력이, 이 운동에 중대한 역할을 가지는 것은 말할 필요가 없다. 사무국원은 가능한 현장에 나가 현장의 실정을 조사함과 동시에 현장의 과장, 계장, 직장과 연락을 취해 산보의 문제에 관해 무릎을 맞대고 간담하고, 피가 통하는 인간적 연대를 사무국과 현장 사이에 만들어야 한다.

이쪽에서 나가서 인간적 유대를 만든다면, 상대도 여러 문제에 관해 상담하러 오게 될 것이다. 이러한 인간적 연결이 사무국과 직장 사이에 만들어지지 않는다면 산보운동은 진전하지 않는다.

5. 사업부문의 활동에 의한 방법

사업부문의 목적이 산업보국 사업일체 정신의 파악실천에 있는 이상, 활발한 활동은 산업보국운동의 구체적 활동의 표현으로 근로대중에게 호소하는 바가 크다. 따라서 산업보국회의 이름으로 사업 활동을 적극적으로 실행할 필요가 있다. 산업보국회가 근로자의 생활 실천에 결부되어 있음을 하나의 사업을 통해 자각시키는 것은 근로자에게 백 가지 설교보다 훨씬 큰 영향을 끼칠 것이다.

6. 산보운동 추진원(推進員)의 결성

산보운동을 아래로부터 고조되는 운동이 되게 하기 위해서는, 운동의 거점을 직장에 만들지 않으면 안 된다. 산보정신대는 이 역할을 수행할 것이다. 이 설치는 이미 상술하였기에 중복을 피하기 위해 생략하지만, 이의 활용을 연구하기를 바란다.

이렇게 산보운동은 시작되어 점차 추진해 나가겠지만, 산보운동의 추진은 이상의 것만이 아니다. 간담사항의 구체적이고 철저한 처리, 근로자의 후생복리 증진 등 근로자의 관심의 표적이 될 만한 것을 실천적으로 행하는 것이 운동 추진의 중요한 일환이다.

이상의 추진 방법은 일체의 산보운동 기관을 총동원하여 실행하는 것이 방책이지만, 전항의 활동 목표 실천도, 본부 지시사항의 철저도 이러한 추진 방법을 활용하여 본격적으로 활동해야 하며, 이를 통제하는 사무국의 책임 또한 상당히 무겁다.

제2절 간담회의 운영

제1항 간담회의 개최

각 직장에서 간담회를 개최하려면 먼저 사무국에 의안을 제출해야 한다. 이하에서는 순서에 따라 개최하기까지 준비 등에 대해 서술하겠다.

1. 간담사항의 제출 방법

간담사항의 제출 방법은 간담회 석상 위원의 자유 제안에 의한 방법, 회장 또는 좌장의 제안 및 사전 위원 제안, 세 가지 나눌 수 있지만, 그 어느 것으로 할 것인지 하나로 정할 수는 없지만, 간담회에서 제멋대로 발언하지 않게 하기 위해서는, 해당 간담회에서 회장에게 자문받은 사항, 좌장이 미리 제안한 사항 및 위원이 미리 제안한 사항에 관해 간담하는 것을 원칙으로 해야 한다. 이들 세 가지 중 어느 방법을 가장 많은 사업장에서 취하고 있는가는, 1939년(昭和 14)의 당초 산업보국연맹이 700개의 공장을 조사한 자료가 있어 아래에 이를 공개한다.

업종	염직	기계기구	화학	음식물	교통운송	광산	기타	합계
사업장수	240	203	110	29	17	27	74	700
사전 종업원 제안	131	112	48	10	7	9	40	357
회장 제안	154	95	53	14	8	11	31	366
간담회 석상 자유 발언 허가	151	95	58	14	12	14	37	381

주) 보국연맹 발행, 『산업보국총서』, 제6집 개정판.

이에 의하면 세 가지 중에서 하나만 채택한 곳은 수가 적고, 다수의 사업장이 세 가지 모두 혹은 세 가지 중 두 가지를 병용하고 있다. 더구나 세 가지 모두 동일한 정도로 실행되고 있는 것을 알 수 있다. 그 중에서 특이한 점은, 염직공장에서는 종업원 측의 사전 제안 또는 회의 석상의 자유 제안보다, 회장 제안이 많은데, 이는 타 부문에서는 보이지 않는 현상이다. 여자의 소극성 때문에 제안이 적어서 회장의 제안에 근거해 의안을 추진하는 것일 것이다. 이에 반해 타 부문은 남자가 많은 탓으로 적극적으로 자기의 의사를 발표하는 것일 것이다.

이러한 통계는 세 가지가 대체적으로 동일한 비율로 실행되고 있음을 나타내지만, 간담회 석상에서의 자유 제안을 철저하게 금지할 필요는 없지만, 이를 원칙으로 인정하게 되면, 사전에 제안하는 자가 적어지고 각 위원의 숙려를 요구하지 않기에 각자 제멋대로 즉흥적인 의견을 내게 되어, 간담회가 혼란해질 우려가 상당히 크다. 따라서 간담회 석상의 자유 제안은 시간이 있다면 인정하는 정도로 해야 한다.

따라서 간담사항은 원칙적으로 위원의 사전 제안과 회장이나 좌장의 제안으로 정해지지만, 이에 의하면 의안의 진행에 있어 경영자 측 또는 좌장 측에서 사전에 제안에 대해 준비가 가능할 뿐 아니라 온당하지 않은 의견을 배제하고, 좋고 적극적인 의견은 구체화해서 준비하게 되어 편리하다.

또 간담회를 개최할 시는 회장 또는 좌장은 위원의 출석 상황을 고려하여 개최 일정을 정하고 늦어도 개최일 4, 5일 전에는 각 위원에게 의안 제출을 요구하고, 다시 2, 3일 전에 회장 또는 좌장 제안 사항, 본부 지시사항을 포함한 모든 의안을 전 위원에게 배포하여 위원이 숙려하도록 해야 한다.

동시에 사무국을 거쳐 회장에게 간담회 개최 일시, 장소, 출석자, 직책 성명 및 간담사항(의안 및 제안 이유) 등을 제출한다. 사무국은 이를 통해, 혹은 중요한 의안에 대해 특히 상급자의 출석, 의안의 정리, 근무 시간 이후이면 석식을 하는 등, 적정한 구체적 처치를 실행해야 한다.

2. 간담회의 개최

간담회의 의안이 각 위원에 전달되어 일수, 장소 등이 결정되어, 사무국을 거쳐 회장에게 전달되면, 드디어 간담회가 개최되게 되지만, 문제가 되는 것은 (ㄱ) 간담시간과 취업시간의 문제, (ㄴ) 간담과 다과 및 식사, (ㄷ) 간담회 장소, (ㄹ) 좌석의 배치 등이다. 일견 평범하게 보이는 것부터 해결하지 않으면 때가 되어 당혹스러운 일이 생길 수 있다. 먼저 간담회 시간과 취업시간과의 관계부터 보자.

ㄱ. 간담시간과 취업시간의 문제

간담시간은 대체적으로 2시간으로 한정해야 한다. 이에 대해 좌장은 개회 시 미리 이 모임은 몇 시 몇 분에 종료한다는 뜻을 확실하게 선언하고, 각 위원에게 시간을 엄수하도록 주지시켜 시간을 계산하며 회의를 진행해야 한다. 설령 그 시간 내에 의제가 협의를 마치지 못하더라도 시간이 되면 분명하게 끊어서 미진한 부분은 다음 회로 넘겨야 한다. 또한 개회 시간에 설령 세 명, 다섯 명밖에 모이지 않아도 개회하여, 시간 엄수의 관념과 습관을 들여야 한다.

그렇다면 간담회는 취업시간 중에 해야 할까, 취업시간 후에 해야 할까? 저자는 원칙적으로 취업시간 후에 개최해야 한다고 생각한다. 생산확충이 요청되는 오늘날, 간담회를 위해 취업시간을 잡아먹는다면 간담회의 개최가 활발하게 되면 될수록 중요한 문제가 된다. 또 간담회에 출석하는 위원은, 직장의 지도자 및 중견자로, 다른 일반종업원을 지도하는 지위에 있는 자가 많을 것이다. 이러한 사람들이 설령 2시간이라도 직장에서 자리를 비우는 것은 시국의 요청에 부합하지 않는 것이 될 것이다. 그러나 최근과 같이 취업시간이 연장되어 만성적으로 12시간 내지 14시간의 근무를 하지 않으면 안 되는 사업장에서는 도저히 취업시간 후에 개최가 불가능한 경우가 있을 것이다.

이러한 경우에는 어쩔 수 없이 취업시간 중에 개최해야 하겠지만, 다만 장소를 고려하여야 한다. 가능하면 직장에 딸려 있는 사무소, 식당, 휴게실을 이용하는 것이 바람직하다. 지도자가 직장에서 멀리 있게 되면 작업상 여러 가지로 불편하다.

ㄴ. 간담과 다과 및 식사

간담시간이 취업시간 후가 되면 당연히 식사 제공이 필요하다. 공원식당의 석식권을 지급하면, 특별히 불만은 없었다. 혹은 또 식사 제공 대신에 간담시간을 취업시간으로 간주하여 시간외 수당을 지급하는 것도 생각할 수 있고, 또 실제로 그렇게 하는 곳도 있지만, 간담회 시간까지 임금을 지불하는 것은, 산보정신의 전제와 다른 근로자에 대한 영향 및 근로인격 존중 등의 견지에서, 엄격하게 피해야 한다. 간담회는 우리가 자발적으로 행하는 것이라는 정신을 어디까지나 견지해야 한다.

다과도 요즘처럼 과자 배급이 여의치 않은 시대에 특별히 제공할 필요는 없겠지만, 때로는 좋을 것이다. 차 정도는 제공해야 할 것이다. 과자를 먹으며, 차를 마시면서 하는 원탁회의는 뭐라 말할 수 없는 친근감을 더해 줄 것이라고 생각한다면, 설령 센베이 두세 개라도 제공해도 좋다고 생각한다. 다과 및 식사 비용으로 한 사람당 30전 정도를 간담회에 지급하여 식사대 등을 해결하게 하면 좋다. 때로는 좌장이 얼마를 더하여 덮밥 하나를 먹으면 기세가 오를 수 있지만, 반복되면 부담이 되므로 이러한 무리한 행위는 가능한 피하는 것이 좋다.

ㄷ. 간담회 장소

간담 장소는 구애받지 않는 것이 좋다. 취업시간 후라면 직장의 한 구석에서도 가능하다. 굳이 책상을 앞에 놓지 않아도 좋지만, 가능하다면 적당한 집합소가 있어서 다다미 위에 책상다리를 하고 앉아 편한 기분으로 간담을 할 수 있는 장소가 바람직하다. 그러나 이는 종업원이 수천 명이 넘는 곳에서는 간담회 횟수가 많아 곤란하다. 장소에 따라 간담 분위기가 변한다는 것을 고려하여 적당한 조치를 취하여야 한다.

ㄹ. 좌석의 배치

간담회는 좌장을 중심으로 전 출석자가 편한 마음으로 본심을 숨기지 않고 이야기할 수 있는 형태를 취하는 것이 필요하다. 좌장을 중심으로 둘러앉아 서로의 얼굴이 보이도록 자리를 잡는다. 그러한 착석 위치는 직명이나 자격 급료 등에 구애하지 말고, 오는 순서대로 끝에서부터 순차적으로 착석하고, 좌장의 보좌역은 좌장 옆에 인접해서 앉도록 정해 놓으면, 회가 시작함에 따라 앞쪽을 채워주세요라든가, 이분을 돌아가세요라든가, 자리를 움직일 필요가 없어질 뿐 아니라, 가장 늦게 오는 자가 언제나 끝에 앉게 되어, 시간을 지키는 습관이 자연스럽게 생긴다.

이렇게 전원이 자리에 앉으면 경례, 궁성요배, 출정장병 및 전몰용사의 영령에 대한 감사의 묵념을 올리고 착석 후 간담에 들어간다.

3. 간담회의 적당한 개최 횟수

간담회의 개최 횟수는 사업장의 규모가 다르므로 일괄적으로 논하는 것은 불가능하지만, 대체적으로 한 달에 한 번 정도 개최하는 것이 바람직하다. 큰 공장에서는 각 간담회를 매월 1회로 정해 개최하는 것이 힘들겠지만, 하부 간담회인 소위 계간담회 및 조 상회는 매월 개최해야 한다. 과간담회는 격월로, 부 이상은 1년에 3회 내지 4회 정도를 정례화하고 하부 간담회의 운영에 중점을 두어야 한다. 작은 공장에서는 몇 시에라도 전체 간담회 개최가 가능하므로, 이러한 회합은 매월 개최하는 것이 좋다. 그러나 직제에 근거한 과장, 계장, 직장간담회와 같은 것은, 매월 개최하는 것이 사무의 연락 등에서 바람직하며, 기타 출신 지역별, 주거별 간담회 등은 필요에 따라 개최하는 것으로 하고, 남녀별 간담회의 여자간담회는 한 달 내지 두 달에 한 번 개최하는 것이 좋다. 또 사업별 간담회(전문 부회)는 경우에 따라서는 정체에 빠지기 쉬운 사업의 활발한 활동을 촉진하기 위해 빈번하게 회합을 개최해야 한다. 적어도 한 달에 한 번 정도 이러한 회합을 열어 사업의 성과를 비판하고 앞으로의 활동 방침에 대해 협의하는 것이 중요하다.

또 이렇게 매월 또는 격월로 간담회를 열면 의제가 떨어져서 결국에는 이야기하지 않아도 좋다고 하게 되어, 오히려 악영향이 생긴다. 따라서 간담회는 필요에 따라 개최해야 한다는 목소리도 있지만, 저자의 경험에서 말하자면 운영의 방법을 연구하면 절대로 이러한 일은 발생하지 않는다고 생각한다. 여기에 대해서는 다음 항에서 서술하기로 하겠다.

제2항 간담회의 운영

간담사항이 준비되어 시간, 장소 등이 결정되어, 일정한 장소에 집합하면 드디어 간담에 들어가게 되며, 좌장은 먼저 5분이나 10분, 상사로서 직장에 관한 것, 공장 또는 회사 전체의 경영 동향, 혹은 사업장에서 일어나고 있는 새로운 문제에 관해 이야기한다. 그러고 나서 제안된 의안에 대해 좌장은 사견을 덧붙이지 말고 먼저 제안자의 설명을 구하고 제안자의 설명이 끝나면 자유롭게 각자의 의견을 구하여 협의하도록 한다.

선택된 위원으로서 책임을 다하지 못하는 사람이 생겨, 일부 사람들의 독무대가 되어서는 중지를 모을 수가 없다. 따라서 좌장은 이러한 일이 없도록 일부의 발언을 억제하고 다른 사람의 발언을 구하여 의견을 충분히 모으는 것이 필요하다. 그러기 위해서도 좌장은 늦어도 2, 3일 전에는 의안을 각 위원에게 배포하고 미리 각 위원이 충분하게 자기의 의견을 생각해 두도록 하지 않으면 안 된다. 돌발적으로 의안이 제출되면 좀처럼 문득 떠오른 정도의 생각 이상으로는 나오지 않는다. 전 위원이 미리 숙려하고 모두 자기의 능력을 발휘하여 서로 진지한 의견을 개진해야 비로소, 좋은 결과가 나오는 것이다. 또 여성근로자를 사용하고 있는 곳에서는, 좌장이 간절하고 정중하게 종업원의 발언을 유도하도록 하지 않으면 안 된다. 각자의 의견이 갈라져 협의를 이루지 못하는 경우도 있을 것이다. 저자의 경험에서 말하자면 이런 경우는 없었지만, 만약에 협의를 이루지 못하였다면, 그때그때 경우에 따라, 다시 한번 각자의 생각을 확인한다는 의미에서 끝에서 또는 중앙에서라도 순차적으로 각자 발언을 하도록 하여 총괄하는 것이다. 또는 각자의 의견을 구하고 나서 그것을 일단 맡아 두었다가, 다음 기회에 다시 한 번 협의하도록 하는 것도 하나의 방법일 것이다. 설령 대립적 의견이 있어도 각각의 장은 이를 인정하고 그것을 조장하여 좋은 점은 서로 납득할 수 있도록 하지 않으면 안 된다. 이것이 또 하나의 중의총괄이다. 그러나 같은 직장에서 대척적인 의견이 있을 수는 없으므로, 타협의 길은 반드시 있다고 생각한다.

이렇게 하여 발표된 전 출석자의 의견 즉 중지를 어떻게 정리할 것인가. 거기에는 좌장이 전 출석자의 발언 요지를 하나하나 파악하여, 자기의 바른 신념과 판단하에 이들 제출된 의견을 잘 비판하고 취할 것은 취하고 버려야 할 것은 버려, 지혜를 취하지 않으면 안 된다. 따라서 좌장은 그들의 의견을 평균적으로 결론을 내려서는 안 된다. 그것은 어디까지나 자기의 책임과 권위로 결론을 내리는 것이다. 그렇다고 해서 강제적으로 제멋대로의 결론을 내려서는 안 된다. 좌장에 따라서는 함부로 자기의 생각을 주장하거나 중의의 총괄이 아니라, 끊임없이 논의의 밸런스를 잡는 것에 부심하며 결론 내리기에 둔한 사람이 있지만, 출석위원을 설득시킬 수 있는 만큼의 자신과 권위를 가지는 것이 좌장에게 요청된다. 따라서 중의총괄의 원리에 기초하여 자기의 책임과 권위로 결론 내리는 것이 좌장인 자의 제일의 임무로, 이것을 행할 수 없는 좌장은 간담회 운영의 자격이 없다고 말하지 않을 수 없다. 그러나 이러한 권위와 책임의 임무는 간단하게 수행할 수 있는 것이 아니지만, 좌장인 자는 스스로 지도자로서 인격과 견식 및 이를 실천할 수 있는 실행력을 배양하는 것을 기하고, 부단한 노력을 기울이지 않으면 안 된다. 또한 간담회의 취급 방법은 다수결이 아니라 만장일치의 형식을 따라야 한다는 의견도 있지만, 중의총괄의 원리는 이러한 다수결 또는 만장일치에 좌우될 필요가 없다. 모든 것은 좌장의 권위와 책임에 의해 결정되는 것이다. 따라서 당연히 좌장의 권위가 사람을 납득시킬 수 있어야 한다. 이렇게 되면 가장 중요한 역할을 하게 되는 자는, 회의 중심인 좌장이다. 좌장은 지도자로서 높은 인격과 깊은 식견을 갖고 항상 사업장이 나아갈 방침에 따라 확실한 판단을 내리지 않으면 안 된다. 좌장은 동시에 간담회를 통해 위원을 계몽지도하고 그 육성에 힘을 쏟아 위원 스스로 몸을 던져 산업보국정신 실천의 중핵체가 되어 솔선수범의 열매를 맺을 수 있도록 교도하지 않으면 안 된다. 그러나 이러한 새로운 임무를 행할 수 있는 좌장을 모든 직장 부대장에게 요구하는 것이 가능할까. 좌장에 임하는 부대장의 식견이 그 좌담회 운영의 핵심으로, 부하로부터 그 실력을 의심당하게 되면, 직장 활동의 현실을 반영하여 간담회를 개최하다가 오히려 직장의 분위기가 악화되는 경우가 있다. 이렇게 좌장의 지위는 무겁고 그 임무와 책임은 중차대하다. 좌장이 그러한 사람일지가 어떠한 경우에도 중요한 문제이다.

간담회는 말할 것도 없이 무릎을 맞대고서 하는 회의이다. 격식을 차린 딱딱한 분위기에서는 모처럼 무슨 의견을 내려고 해도 잘 나오지 않는다. 좌장은 간담에 어울리는 분위기를 만들기 위해 특별히 배려를 하고 화기애애하게 진행되도록 신경 써주기를 바란다. 적어도 간담회 중에 대립항쟁적인 공기나 감정에 지배된 개인적인 불만의 나열로 끝나지 않도록 사회해야 한다. 간담 중에 개인적인 불평불만 또는 사업장의 대우, 시설 등에 대해 집요하게 묻고 늘어지는 자도 있지만, 이러한 개인을 응대하다 보면 시간 낭비가 되므로, 이럴 경우에는 장소를 바꿔 당사자와 간담하는 것으로 한다.

또 간담회는 좌장 한 사람의 종이연극이 되는 경우가 많다. 좌장은 총괄자인 입장을 자각하고 처음부터 자설을 언급하든가 주장하든가 해서는 안 된다. 좌장이 처음부터 자신의 의견을 언급하면 좌장의 부하인 각 위원은 설령 그것과 반대의 의견을 가지고 있어도 그 의견을 토로하는 것이 불가능하다. 또 처음부터 의견을 언급하다 보면 좌장의 의견이 틀리는 경우가 발생하는 일이 있다. 이것을 나중에 알아 정정하는 것은 좌장으로서 면목이 없게 되므로, 가능한 출석위원의 논의에 집중하고 여러 의견을 듣고 이를 적당하게 총괄하는 것이 바람직하다. 좌장은 하나의 문제에 대해서도 여러 각도에서 문제를 제기하여 전원이 논의하도록 하지 않으면 안 된다. 또 간담 중 좌장 자신이 옆길로 새는 경우가 있다. 또 어느 정도 죄지 않으면 논의가 의제에 집중하지 못하고 엉뚱한 방향으로 가는 일이 왕왕 일어나며, 오히려 중요한 의제보다 다른 쪽으로 이야기가 만발해질 우려가 있다. 이 때문에 좌장은 끊임없이 의사의 진행에 부단한 주의를 기울여 항상 의사가 주제에 따라 진행하도록 명심해야 한다.

간담회에서 상의해야 할 사항은 다종다양하다. 이를 요약하자면 산업보국의 구체적 방책, 즉 산업보국정신의 발양, 생활쇄신, 직장 질서의 확립, 비상시 국책 협력, 작업능률의 증진, 보건, 복리후생 등에 관한 문제가 있다. 따라서 간담의 내용은 직장 내외의 일체의 문제를 토의하는 것이지만, 간담의 중심이 되는 것은 직장생활의 실천에 관한 것이어야 한다. 어떻게 생산력을 높여 국가가 요청하는 생산력 확충에 기여하는가가 간담회의 중심문제가 되도록 지도하지 않으면 안 된다. 순서상 생산능률의 확충 문제에서 더 나아가 생산협동체의 이윤촉진 방향으로 향해 나아가지 않으면 안 되지만, 근대적 '자아'에 자각한 근로자에게 처음부터 바로 간담회에서 생산능률의 문제를 거론하면, 근로자에게 자본의 일방적인 감각을 자극하는 경우가 있으므로, 간담 내용에서도 근로인격 혹은 직장 확립 등의 문제보다 생산협동체 및 국가의 이익 증강을 추진하여 서서히 위원을 계몽지도하고 직접 생산능력증강의 방향으로 나아가도록 기술적으로 연구 고려하고, 길은 멀겠지만, 근로자의 '자아'를 자극하지 않고 마음을 얻을 수 있는 것부터 측면에서 서서히, 생산능률 향상의 간접적 효과를 노려 근로의 국가성, 인격성을 납득시켜 생산력 증강의 요청을 납득시켜, 근로자의 분기를 촉구하도록 지도하지 않으면 안 된다. 예를 들면 생산협동체 및 국가의 이익 향상 문제는 다음과 같다.

(ㄱ) 불합격품의 방지, 갱생

(ㄴ) 기름, 누더기, 폐품, 남은 재료 등의 이용후생

(ㄷ) 재료 배치의 능률화

(ㄹ) 유휴 설비의 활용

(ㅁ) 공구의 개량

이와 관련하여, 공장 내외의 청소 정돈(창문 닦기, 바닥 청소, 기계의 청소 등), 작업 태도의 엄

정, 경례의 철저, 화장실 낙서 방지 협력, 직장의 단체훈련, 언어 사용의 정정, 공구의 정돈, 근로 시간 중의 금연, 담배를 입에 물고 피우는 행위 금지, 잡담 배제, 신입공의 교도, 휴식시간의 이용, 미성년자의 금연, 금주, 라디오 체조 이행, 보건, 위안, 휴양, 오락 등, 간담해야 할 것이 직장 안에는 얼마든지 있어, 어느 것 하나 간담회의 의제가 되지 않는 것이 없다.

모든 간담회에서 처음부터 이상과 같이 건설적인 것에 집중하도록 지도한다면, 노동조건의 개선 등을 제안하는 자는 적어진다. 그것을 처음부터 건설적인 것으로 이끌지 않고 직장생활의 불평, 대우, 복리 문제를 거론하게 되면, 간담회는 이러한 대우, 복리 문제를 논의하는 것이라는 관념이 양성되어, 도중에 이 관념을 바꾸어 간담회를 직장 질서, 직장윤리의 건설 및 작업능률의 향상을 유도하려고 하여도 방향 전환이 쉽게 이루어질 수는 없다. 근로자가 일단 생활상의 문제로 들어가게 되면 탈출은 용이하지 않다. 그러나 노동조건, 복리후생 등 근로자의 문제가 되는 것에 대해서는, 경영지도자는 솔직하고 성실하게 그 의도하는 바를 충분히 종업원에게 철저화시켜 가능과 불가능의 한계를 제시해야 한다. 이와 같은 방법으로 간담회가 매월 활발하게 개최되어도 의제가 부족해지지 않는다고 생각하지만, 간담회를 열어도 의제가 없다고 하는 이야기를 왕왕 듣는데 간담회 활용에 관한 연구가 부족한 것이 아닌가 생각한다.

또 간담회는 위원 및 좌장의 교육훈련 도장이다. 만일 의제가 없다면 자기의 체험담을 서로 이야기하는 것도 하나의 방법이며, 좌장 스스로 자기의 체험을 이야기하든가, 처세훈을 이야기하는 것도, 혹은 시국 담화 등을 하는 것도 하나의 방법이다. 저자의 경험으로는 의안이 너무 많아서 두 시간에 마치지 못한 경우가 많았다. 요점은 활용 여하에 있으며, 궁리 여하에 있다.

제3항 간담사항의 처리

간담회가 좌장 총괄하에 운영되어, 각 조원의 의견이 개진되고, 협의가 되면 그런 사항의 처리가 필요하다. 간담회가 결의기관은 아니지만, 또 단순한 자문기관도 아니다. 중의통재에 의해 산업보국의 목표에 합치할 수 있는 것은 이행하도록 하지 않으면 안 된다. 간담회에 제안된 간담사항은 어떻게 처리해야 할까.

1. 간담사항의 처리

이렇게 하여 간담된 사항은 대체적으로 채용, 불채용, 연구, 고려 등과 같이, 개념적으로는 이해되지만, 이러한 것을 즉석에서 해명하고 판단을 내려 그 대책을 즉각 처결할 수 있는 자는 회장뿐일 것이다. 그러나 간담회의 좌장으로서 자기의 책임과 권위에 의해 중의총괄하지 않으면 안 되는 경우, 좌장은 가능한 명확한 결론과 회답을 주어, 어쩔 수 없는 경우를 제외하고는 연구나 고려 등은 피하는 것이 좋다. 연구와 고려가 너무 많으면 좌장의 권위가 떨어진다. 그러나 혼자서는 모르는 문제는, 경솔하게 결론을 내리지 말고 모르겠다고 솔직하게 언명하고 이 모르는 문제에 대해 다음 회합까지는 답을 준비하여야 한다. 다음 회합에 답을 준비하지 않고 방치하는 것은 피해야 한다.

회장, 아니 좌장이라도 간담사항이 그 직장 내의 건설적 합의라면 즉시 채용하여 이를 실천 활동으로 이행할 수 있다. 그러나 사업장 전체에 영향을 끼치는 것 등이나 사업장 전체까지는 가지 않지만, 상급 지도자 소속의 직장 전체에 영향을 끼칠 수 있는 것 등은 연구, 고려 또는 희망 사항으로 상신한다. 예를 들면 복리후생, 노동조건의 개선 등은, 하나의 간담회에서 해결할 수 있는 문제가 아니어서 사업장 전체의 문제로 토의해야 하므로, 희망 사항으로 상신하지 않으면 해결 방법은 없다.

간담회가 종료되면 간담회의 각 좌장은 어떠한 문제가 간담회에서 다루어졌는지, 그 상황을 회장에게 보고하여야 한다. 이 경우 간담상황 보고는 일단 사무국에 제출되어, 사무국에서 회장에게 상신하도록 해야 한다. 만약 사무국에서는 상황보고서와 간담회 개최 신고서를 조회하여 간담회 개최 여부를 조사할 뿐만 아니라, 후술하는 간담사항을 구체적으로 처리하고, 건설적인 것에 대해서는 다른 이에게 주지시켜, 간담회의 활발한 활동을 촉구하고 간담사항을 통일적으로 처리해야 한다.

따라서 간담회 상황보고서는 일정한 양식에 따르도록 고려해야 한다. 즉 상황보고서에는 간담회 개최 일시, 장소, 출석자의 직책과 성명, 간담 내용(의안 및 상황) 등의 난을 두어 기입하도록 해야 한다.

간담회 상황보고서에 기재하는 간담 내용을 적는 방법을 처음부터 각 좌장에게 지시하지 않으면, 게시된 내용의 대부분은 간담한 결과, 그것도 좌장 한 사람의 의견만이 기재되어, 위원의 의견이 조금도 표면에 드러나지 않는 경우가 많다. 좌장은 그냥 통재한 의견만을 기입하여 업무 종료라고 하는 관념이 깊다. 간담 상황을 보고서로 제출하는 의의는 이러한 좌장의 의견을 듣는 것에 있는 것이 아니다. 좌장은 직장의 장이고 부대장이다. 이러한 직에 있는 자는 자기의 의견을 혹은 부장 회의, 과장 회의, 계장 회의 등의 석상에서, 또는 회장이라든가 부회장에게 보고할 수 있다. 또 회장, 부회장도 부장, 과장, 계장 등 간부의 의견을 들을 기회는 얼마든지 있다. 간담회 상황보고서는 이러한 의의를 가지는 것이 아니고, 하정 즉 일반종업원의 의사, 의견 등을 담아내는 것에 의의가 있다. 따라서 의견이 상당히 과격한 것도 있을 것이다. 그러나 또 타당한 것도 있을 것이다. 사정이 상통해야 하는데, 냄새나는 것을 뚜껑을 덮어, 좋은 것만 회장에게 보고하는 것은 경영지도자의 경영을 그릇되게 하는 원인이 된다. 따라서 사실을 사실대로 솔직하게 보고해야 한다. 그러나 간담회에서는 좌장이 과격하거나 온당하지 않은 의견에 침묵을 지키는 것이 아니라 좌장의 권위와 책임에 따라 설득하는 것이 필요하다는 것은 두말할 나위가 없다. 보고서에는 이에 대한 좌장의 의견, 즉 총괄의 상황도 함께 기재하지 않으면 안 된다. 따라서 구체적 기재 방법은 요강 속기와 같이 체재를 취하는 것이 바람직하다.

이렇게 하면 간담회의 상황보고서가 다소 길어지게는 되지만, 위원의 의견이 담겨지고 동시에 좌장이 통재하는 모습이 조각되어, 회장, 부회장 등 경영지도자는 그 보고서를 보고서 간담회의 활동 상황 및 하정을 일목요연하게 알게 된다. 그러나 이러한 양식의 보고서에 따라 할 때도 나쁜 의미로 요령이 좋은 좌장은 이러한 것을 보고하면서, 자기의 승진 등에 지장을 초래할 것을 우려하여, 좋은 것만 보고하는 경우가 있다. 따라서 이를 방지하기 위해 각 간담회에는 가능한 사무국원이 출석하여, 상황을 청취하고, 필요에 따라 전 간담회의 보고서에 위원 중에서 상황보고서 서명 위원을 선정하여 서명을 받아 제출해야 한다.

또 상황보고서는 각 좌장이 작성하여 사무국을 거쳐 상신되고, 각 간담회는 일단 모두 독립적이라고는 하지만, 직제상의 조직과는 표리일체로, 양자의 완전한 상호 관련에 의해 그 목적을 달성하는 것이 가능하므로, 계간담회라면 과장에게, 과간담회라면 부장에게, 적어도 직속 상사에게는 간담사항을 상세히 보고하고 부내의 사정을 통효하도록 하지 않으면 안 된다. 그러나 간담회의 상황보고서는 지휘명령권에 의한 상사(회장, 부회장은 사무국에서)를 통해 사무국에 제출하도록 해야 한다. 이렇게 제출된 사항에 대한 구체적 조치에 들어 전에, 간담회의 구성이 여러 단계로 나누어져 있으므로 그 관계를 서술하겠다.

2. 상부 간담회와 하부 간담회

간담회의 구성은 사업장 규모에 따라 다르다. 간담회가 하나면 족한 곳도 있지만, 여러 단계가 필요한 사업장도 있다. 예를 들면 본부, 부, 과, 계간담회 등으로 나누어져 있어도, 이들 간담회는 상호 밀접한 관계를 갖지 않으면 안 된다. 그렇다 해도 계간담회에서 협의된 것이 전부 과, 부, 본부에 순차적으로 상신되어 각각의 간담회에서 협의된 것이 아니면 회장의 결재를 받을 수 없다는 형식적인 접근은 피해야 한다. 만약 그러한 형식적인 방법이 간담사항의 처리에 취해지고 있다면 계간담회 또는 과간담회에서 협의된 간담사항은 질식해 버릴 것이다.

각 간담회는 자유로 산업보국 실천의 구체적 문제들을 협의하고 그 직장에서 실시할 수 있는 것은 바로 실천활동으로 옮기고, 해당 부서 내에서 해결되지 않더라도 상급 간담회에서 해결할 수 있는 것은 상급 간담회에 상신하여 그 해결을 도모해야 하지만, 사업장 전체에 영향을 미치는 것은 좌장이 상황보고서에 희망 의견 등을 붙여 회장에게 상신하지 않으면 간담사항의 신속한 처리를 기대할 수 없다.

이러한 각 단계의 간담회는 일단은 독립한 기관으로서 활동을 해야 하지만, 각 간담회는 명령계통에 근거한 직제에 근거하므로 상하 간담회의 연락은 긴밀하게 취해야 한다는 것은 말할 필요도 없다.

3. 간담회와 사무국의 관계

각 간담회에서 간담 상황보고서가 사무국을 거쳐 회장에게 상신됨에 따라, 이러한 각 간담 상황보고서는 모두 사무국에 집중된다. 간담내용 중에는 사업장 전체에 관한 대우, 복리, 후생 등의 내용, 또는 생산협동체의 이익촉진에 관한 것 등 다종다양하다. 사무국은 이들 간담사항을 정리하고 적정한 처리를 강구하고 간담사항을 통일적으로 처리하여, 그 방향이 판연하게 처리되지 않으면 안 된다.

따라서 간담사항의 처리 방법으로는 대체적으로, 안건의 중요 정도에 따라 아래의 구별에 따라 회장에게 품의하여 결재를 요청하면, 신속한 처리를 기할 수 있을 것이다.

(1) 안건이 지극히 경미한 것, 예를 들면 식당이 나쁘다든가, 매점이 불친절하다든가 등은, 그저 당해 과장 또는 계장의 주의를 환기시키는 것으로 충분하므로, 그 내용을 사무국에서 과장 계장에게 통고하고 실행을 감시한다.

(2) 더욱 (1)보다 중요한 안건은 사무국에서 구체안 또는 의견을 첨부하여 바로 회장에게 상신한다.

(3) 더욱 (2)보다 중요한 안건은 상임 심의위원회(예를 들면 상임 간사회)에 의견을 물어 그 의견을 첨부하여 회장에게 상신한다.

(4) 가장 중요한 것은, 심의위원회(예를 들면 간사회)에 상의하여 회의를 거쳐 회장에게 상신한다.

그러나 (3) 및 (4) 등의 중요한 문제는 심의위원회가 사업장의 최고 심의회라면 문제가 없지만, 예를 들면 직제가 부장, 과장, 계장제를 취하고, 심의위원회가 부장이 참가하지 않는 과장급 또는 계장급으로 구성되어 있다면, 상급 심의회에 부의할 필요가 있다. 각 심의위원회에 부의하는 원안은 사무국에서 각반의 의견을 종합해서 구체안을 수립하여, 각각 심의위원회에 부의하는 것이지만, 사무국은 간담 상황보고서를 수리하였다면, 안건의 중요도를 인정하고 난외에 (1) 안에 대해서는 관계 과장이나 계장에게 통고, (2) 안에 대해서는 사무국이 구체적 의견을 부의하고, (3)과 (4) 안에 관해서는 각각 심의위원회에 부의한다고 기재하고 회장에게 제출하는 것이다.

회장이 그러한 처리 방법에 대해 이의가 있다면, 회장으로서 실천적 조치를 바로 취할 것이고, 또 사무국만의 의견만으로는 부족하여 심의위원회의 의견을 구하라는 것과 같은 다른 방법으로 처리를 명할 것이다. 그러나 회장은 사무국에서 제시하는 처리 방법에 이의가 없다면 사무국의 구체적 방책 제출을 기다릴 것이다.

이렇게 하여 사무국은 간담사항의 처리를 위해, 심의위원회를 열어 사무국의 책임하에 구체적 처리안을 작성하거나 사업장의 최고 심의회에 부의하는 등, 안건의 구체적 조치를 도모하게 되지만, 회장의 결재를 받은 후에는 시설의 개선을 요하는 것이나 사무국만으로는 구체적 처리가 곤란한 것에 관해서는 회장 또는 사장 명의로 안건의 당해 사항을 소관하는 관계 과장이나 계장에게 통첩하고 그 처리 또는 구체안의 작성을 명령한다. 위 통첩을 받은 당해 과장이나 계장은 명령받은 안건의 구체적 처리안을 신속하게 작성하여 사무국을 경유하여 사장에게 품의하도록 한다. 이 경우 사무국은 처리를 명한 관계 과장이나 계장이 신속하게 구체안을 작성하도록 충분히 감독함과 동시에 사무국을 거쳐 사장에게 품의된 것에 대해서는 충분한 검토를 거쳐 과연 이것이 명령한 안건의 취지와 부합하는지를 조사하는 것이 필요하다.

위와 같은 안건의 구체적 처리를 당해 관계 과장이나 계장에게 명함과 동시에 그 내용을 바로 명령서의 사본을 해당 의안을 제출한 간담회의 좌장에게 통고하고 그 처리 상황을 분명하게 하는 것이 필요하다.

이렇게 하여 회장의 결재를 받아 실천에 옮기는 것이지만, 처리 결정의 상황을 당해 안건을 제출한 간담회에게 통보함은 물론이거니와, 일반적이거나 건설적인 것은 일반에게 주지시켜야 한다.

4. 간담사항의 주지 방법

간담사항 중 처리하기로 결정을 본 사항을 전 회원에게 철저히 주지시키는 방법은 공장사업장의 규모에 따라 다르며, 그 방법은 다종다양하지만, 간담사항 중에 결정되어, 그것이 건설적인 것으로, 다른 간담회에서도 거론되어, 직장의 실천사항으로 이행되는 것을 요하는 것의 주지 방법은, 근로대중에게 어필하도록, 특히, 그 방법은 일반적으로 알려진 것으로 족하다는 것은 스스로 다른 것이 있어야 한다.

일반적 주지 방법으로는 게시, 인쇄물의 배포(사보, 팜플렛, 통첩), 구두 주지, 집회에서의 설명 등이 취해지고 있을 것이다.

게시는 입구 혹은 직장 안에 칠판을 두고 거기에 게시하는 방법으로, 큰 공장에서는 특히 산보 게시판을 만들어 여기에 산보사무국, 도부현산업보국회, 및 대일본산업보국회 뉴스, 통첩, 신문 등을 부착하여 공람하면 유효하다.

인쇄물에 의한 주지 방법은 팜플렛, 통첩, 회사 기관지, 산보 기관지에 의한 방법이지만, 중형 이상의 사업장이라면 사보 또는 기관지를 발행하여 주지하도록 하는 방법이 가장 좋다. 작은 공장이라면 구두로도 족하지만, 200~300명 이상의 공장이라면 이 방법이 바람직하다. 큰 큰 공장에서는 더욱 조 조력자 이상에게 특히 산보뉴스와 같은 것을 수시 발행하여 산보 활동 상황을 알린다든가 실천활동 강화에 활용하면 상당히 효과적이다.

각 좌장은 간담회의 운영상 어느 간담회에서 어떤 것이 의제로서 채택되어 협의되고 있는지를 알고 있어야 한다. 이를 위해 사무국에서는 각 좌장에게 각 간담회의 개최 상황 및 의제를 주지시켜야 한다. 그러나 간담내용은 상당히 광범위한 탓에, 경우에 따라 노동조건 등에 관한 문제가 있으므로, 주지의 방법은 특히 외부에 누설되지 않도록 진중히 취급해야 한다. 이 간담내용을 각 좌장에게 알리면 각 좌장은 자기의 간담회 개최 때 참고할 뿐 아니라, 건설적인 의안에 의해 가르침을 받아 자기의 직장에서도 해보고자 하는 분기심을 갖게 되어 효과가 크다.

구두 주지에 의한 방법은 각 직장에서 조례 또는 석례 시간에 상사가 구두로 주지하는 방법으로, 산보운동에는 없어서는 안 될 가장 유효한 방법이다.

제3절 사업부문의 운영

제1항 사업활동의 추진

산업보국회에서 실시해야 할 사업은 이미 사업부문의 구성에서 언급한 대로지만, 운영의 편의상, 그 대강에 대해 재설하자면, 향상, 복리, 후생, 3부문으로 나눌 수 있는데 다음과 같다.

1) 향상부문은 근로자의 일상생활을 고조시켜, 수양을 통해서 이를 일상의 생활과 작업에 반영시키는 것이며, 여기에서 실시해야 할 사업은,

(1) 산업보국정신의 발양에 관한 것

(2) 작업능률의 향상에 관한 것

(3) 생활쇄신, 전시국책 협력에 관한 것

이상은 소위 정신운동을 주축으로 활동하는 사업이다. 즉 여기에서 취급되는 사업은, 정신의 일체적 현현으로서 사업화되어, 이에 의해 스스로의 인격을 높여줌과 동시에 그 인격이 일상 생활의 작업 실체에 반영되도록 하는 사업이다. 따라서 향상부문은 근로자의 자주적 운동으로서, 그 발의성(發意性)에 기대하는 바가 크기는 하여도, 이 창의를 발양할 수 있도록 사무국의 지도가 필요하다.

2) 복리부문은 이에 반해, 예를 들면 매점, 탁아소, 이발소 등의 시설을 수반하는 사업에서 근로자가 오히려 이용하는 측에 서게 된다. 이것만으로도 사무국의 지도가 큰 역할을 한다.

3) 후생부문의 체육, 보건, 오락, 취미 등은 근로자의 일상생활에 관계하는 것으로 그 이용은 근로자의 창의에 기대하는 바가 크다.

이상의 세 부문은 사업장 규모, 업종 등에 따라 발전 및 활동 상황이 각각이지만, 이들의 사업은 사업의 본질인 "산업보국 사업일체 정신의 파악실천"을 목적으로 운영되지 않으면 안 된다. 이것은 사업이 설령 결과적으로는 근로자의 생활과 인격을 높여 노동력의 유지배

양 및 신장에 도움이 된다고는 하여도 사업은 어디까지나 그 본질적 의의인 '산업보국 사업일체 정신의 파악실천'을 위해 운영되지 않으면 안 된다.

따라서 경영지도자의 적극적 참가가 요청됨과 동시에, 이를 근로자의 자주적 운동으로 발전시키는 것이 요청된다. 즉 사업일체 정신의 파악은 산업보국회가 사장 이하 전 종업원의 조직체임을 인식시키는 것에서 출발하지 않으면 안 된다.

사업부문의 실질적 발전은 근로자의 창의와 능력을 존중하고 그 자주성과 독립성을 중시하고, 때로는 지도성을 근로자에게 부여하여 사업부문에 대한 관심과 협력을 기대하는 것에서 시작하지 않으면 안 된다. 이제 와서 근로자에게 이를 바라는 것이 무리가 있지만, 이를 지도하고 근로자가 생활에서 체험하고 또 근로자가 갖고 있는 창의와 능력을 신장하도록 지도하고, 특히 향상 및 후생부문은 근로자의 자주적 운동으로서 발전시키지 않으면 안 된다.

그럼에도, 종래 사업부문 중에서 특히 체육, 보건, 취미, 오락 등의 부문은 형태상의 정비로 끝나기 십상으로, 실질적 발전이 뒤처지는 것은 원인이 여러 가지가 있지만, 근로자의 참가에 관해 적극적 지도와 그 창의력 신장이 이루어지지 않은 것에 기인하는 것이 아닐까.

산업보국회의 사업에 참가하는 자는, 간담회와 같이, 선택된 자의 사업부문이어서는 안 된다. 또 일부 사람에 의해 독점이 되어서는 안 된다. 모든 노동자가 참가할 수 있는 조직체가 됨과 동시에, 이에 대한 적극적 지도가 이루어지지 않으면 근로자의 적극적 참가를 얻는 것은 불가능하다. 또 사업의 이용 및 활동상, 전 종업원의 의사가 반영되지 않으면 안 된다. 사업부문이 근로자의 적극적인 관심을 불러일으키지 못하는 것은 이를 이용하는 측 즉 근로자의 의사가 반영되지 않는 것에도 기인한다고 생각한다. 따라서 운영 면에서는 사업부문이 간담회와 밀접하게 결부되어, 간담회에서 토로된 근로자의 의사가 사업부문에 반영되어야 하며 또한 동시에 산업보국회의 지도기관인 사무국의 적극적인 지도가 없으면, 근로자의 적극적 관심을 조장하고 사업부문에 적극적인 참가를 기대하는 것은 불가능하다. 이하 간담회와의 관계에 대해 서술하도록 하겠다.

1. 사업부문과 간담회의 관계

사업부문의 활동을 촉진하고 사업활동의 중핵체가 되고, 이를 주축으로 사업부문을 활동하도록 사업별 간담회를 설치하는 것은, 사업 운영상 지극히 바람직한 것이다. 사업별 간담회는 향상, 복리, 후생의 각 부문에 설치하고 필요에 따라 더욱 세분하여 생활지도, 체육, 오락, 교양, 식당, 안전, 문화 등의 각 부문에 간담회를 설치하도록 한다. 그리고 이런 사업활동은 사업별 간담회를 운영하여 활동 지침을 부여하고 이에 의해 사업활동이 촉진되지 않으면 안 된다. 그러나 간담회 위원을 근로자 중에서 선출하는 것은, 산업보국회를 전체의 운동으로 사업부문에 대한 근로자의 적극적 관심을 환기함과 동시에 근로자의 자주성을 존중하고 근로자의 의견을 중시한다는 점에서 바람직하다.

그러나 왕왕 이들 기관이 설치되어도 동면 상태에 들어가는 경우가 많아, 단지 형태를 갖춘 것에 불과한 경우가 많은 것 같지만, 이러한 일이 없도록 활동을 사무국과의 연락하에 실시하지 않으면 안 된다.

이상의 사업별 간담회가 설치되지 않더라도 직장간담회에는 사업부문에 대한 의견이 반영된다. 특히 복리부문에 대한 비판은 가장 많이 간담회 의제로서 거론되는 것 중 하나이지만, 이러한 비판이 간담회에 나와서 그것이 사업부문의 적정화와 진흥을 촉진하도록 하지 않으면 안 된다. 그럼에도 사업부문이 간담회와 아무런 관련이 없어서 간담회에서 사업부문에 대한 건설적 의견이 거론되지 않는다면, 근로자는 사업부문에 대한 관심을 잃어버릴 뿐 아니라 사업부문이 산업보국회 발전의 장애물이 되는 경우가 있을 것이다. 따라서 사업부문은 끊임없이 간담회와 밀접한 관련을 갖고 간담회에서 나온 건설적인 의견은 채용하여 사업의 건전한 발전을 기도하지 않으면 안 된다.

2. 사무국과 사업부문의 관계

산업보국회의 사업이 건전한 발전을 성취하기 위해서는, 이상과 같은 간담회의 건설적 의견을 채용하여, 이를 사업의 생성 발전에 도움이 되도록 해야 하지만, 그와 동시에 사업을 발전의 선상에 올려서 운영을 추진할 원동력이 있어야 한다. 즉 사업부문의 발전을 위해 참모본부 역할을 하는 부문이 없으면 안 된다. 이 중요한 임무를 갖는 것이 바로 사무국이다.

사무국은 사업의 활발한 활동을 촉진하기 위해, 사업부문 일체를 총괄하고, 그 건전한 발전을 위해 적극적으로 힘을 다해야 한다. 또한 사업별 간담회를 소집하여 사업운영의 의견을 구하고, 직장간담회에 자문하여 근로자의 의견을 구하는 등, 그 원만한 운영을 기하지 않으면 안 된다. 그럼에도 이들을 통괄하는 사무국을 두지 않고 운영을 오로지 근로자의 자주성에 맡기고 위임하는 것이다. 즉 직장에서 사업부문 일체의 조력자 및 지도자를 선출하여 이들에게 사업부문의 운영을 위임하는 것이다. 이와 같은 방법은 우선은 근로자의 자주성과 발의성을 존중하는 의미에서 타당할 수 있지만, 사업부문의 관리 및 운영은 상당한 전문적인 능력이 필요한데, 과연 직장에서 넘어온 자가 운영 능력이 있을까 하는 것이 제일의 문제가 된다. 동시에 이 사람들은 자신의 본업을 갖고 있어 사업부문의 운영은 부업이라고 생각하게 되어, 이 부업 때문에 자신의 본업이 소원해지는 경향이 있다. 또 운영에 관해 적극적인 노력을 기울이지 않으면 참여할 새로운 근로자를 구하는 것이 불가능하여, 결국 체육, 취미, 오락과 같은 분야는 일부 간부의 사업이라고 생각하기가 쉽다.

근로자의 자주성과 발의성을 존중한다고 하는 것은, 어디부터 어디까지만 근로자에게 사업을 맡기는 것이 아니라 운영에 근로자의 창의와 능력, 자주성이 반영되고 사업 활동에 발현되는 것을 의미하는 것으로, 모든 운영을 맡기는 지나친 행위는 근로자를 본래의 생산 활동에서 유리시킬 우려가 다분히 있으며, 오히려 사업부문의 진전에 도움이 되는 부분이 적다고 생각한다. 따라서 이러한 방법을 선택하는 것보다, 사무국의 지도성을 강화하여 근로자의 창의와 능력 및 자주성이 반영되도록 구성하는 것이 바람직하다. 이를 위해서는 사업별 간담회를 설치하고 근로자의 적극적인 참가에 의해 성립되는 체육 및 취미 단체에 참가하도록 방책을 확립해야 한다.

사무국의 조직은, 사업부문의 활동과 일체화되도록 구성하지 않으면 안 된다.

제2항 사업부문의 운영

이상 사업부문의 개괄적 운영에 관해 서술하였으며, 이제 사업부문 각각의 구체적 운영에 관해 서술하도록 하겠다.

1. 향상부문

향상부문은 근로자의 자발성이 가장 기대되는 분야로, 이것 없이는 향상부로서 진정한 효과를 발휘하는 것은 불가능하다. 따라서 이 분야에 관해서는, 근로자가 자주성을 발휘하도록 사무국의 강력한 지도가 실행되지 않으면 안 될 뿐만 아니라, 각 직장의 장의 적극적인 참가가 이루어지지 않으면 안 된다. 예를 들면 조례에서 산업보국정신의 발양에 관한 것 중에서 물자 절약, 자원 애호의 문제를 하나둘 거론해 보아도, 사무국만 나선다면 효과를 기대할 수가 없다. 조 조력자 이상의 직장의 지휘자가 서로 호응하여 일어나, 실천의 철저를 기할 때 활동의 철저가 나타난다. 그러나 산업보국회의 구호만 종시하고, 단순한 정신운동으로 끝내버리는 것은 이러한 적극적 노력을 기울이지 않았기 때문이다. 이를 위해 사무국과 직장의 부단한 연락은 물론이거니와 인격적 결합을 기대하지 않으면 안 된다.

또 이 활동을 위해서는 한 번에 많은 것을 기대해서는 안 된다. 하나하나 가장 가까운 곳에서 쉽고 구체적 실천이 눈에 보이는 것부터 구축해 나가야 한다. 긴장을 늦추지 이러한 노력을 꾸준히 지속적으로 행하지 않으면 안 된다. 거기에는 직장의 장의 협력은 물론, 일반 노동자에 대한 부단한 계몽운동이 전개되지 않으면 안 된다. 그리고 이들 운동을 사무국의 운동과 같은 감각에서 직장의 자주적 운동이라는 감각으로 옮겨 각 직장의 부대 활동이 자주적 운동으로서 의의를 갖도록 하여 각 부대가 적극적으로 이 운동에 나서게 된다면, 이 운동은 한층 더 광채를 발산할 것이다. 이 운동에 대한 사무국의 지도도 여기에 중점을 두지 않으면 안 된다.

또한 향상부문의 사업 대부분은 생활의 훈련화를 수반하는 연성을 통해 실천되는 것이다. 따라서 지도자의 실천적 지도와 열의가 요청된다. 이것이 없이는 근로자가 지도에 복종하지 않을 것이다. 여기에 향상부문의 활동이 특수한 의의가 있는 것이다.

2. 복리부문

복리부문의 운영에서 가장 문제가 되는 것은 식당, 매점, 이발소, 세탁소, 그리고 나막신, 양복, 자전차 등의 수선소의 경영은 영리를 목적으로 하지는 않지만, 경제적 이익을 근로자에게 제공할 시설이어야 할지에 대한 문제이다. 이들 경제시설이 설치된 당초의 이유는 이를 통해 염가로 공급하고, 임금정책에 일조하며, 실질적 이익을 근로자에게 부여하는 것에 있다는 것은 의심할 여지가 없다. 따라서 이들 시설은 종업원에게 단순히 편익을 제공하는 것뿐 아니라 경제적 이익을 제공하는 것에 있다.

그럼에도 최근 이들 시설은 경제적 이익을 제공하는 것이 아니고, 경제적 이익은 임금 급부에 의해 이루어지므로, 단지 편익을 제공하는 시설이라는 생각이 대두되어, 이에 근거하여 시설을 운영하는 곳도 있다. 따라서 매점, 일반 식당, 수선소에서도 일반 시가와 같은 가격으로 영업하고 있다. 물론 기업경영체가 이익을 남기지 않더라도 투자한 자본에 대한 이자의 회수는 물론 인건비, 물품비 일체를 매상에 매상에 의존하여 자급자족하고 있다. 이러한 복리 개념을 복리시설의 개념으로 인정할 것인가. 임금통제령 제정의 취지에 따라 복리시설을 통해 경제적인 이익을 근로법 이외의 것을 제공하는 것은 금지하여야 하며, 여기에는 일정한 한계가 있더라도, 설비비 정도는 부담하는 것이 경영지도자의 온정을 느끼게 하여 경영지도자와 근로자와의 사이에 충근관계를 구축하는 정책으로 취해야 할 것으로 생각한다. 또 복리시설도 본질상 영리를 목적으로 하지 않는 이상, 다소의 경제적 이익이 부여되는 것이 당연한 것 아닐까.

복지문제에서 가장 문제가 되는 것은 식당과 매점이다. 식당은 영양의 근원지로서 가장 중시되어야 하며, 최근 노동의 내연(노동 강화) 및 외연(노동시간의 연장) 강화에 의해 노동력의 유지배양은 보건관리와 영양의 공급에 중점을 두지 않으면 안 된다. 따라서 영양의 공급은 중대한 의의를 가지며, 영양식의 제공에 더해 이를 섭취하는 근로자에 대한 영양 지식의 보급도 긴급하게 실시되지 않으면 안 된다. 또 식사는 영양뿐 아니라 기호와 미각에 좌우되는 바, 식사의 개선에 관해서는 식사위원회를 설립하여 식사하는 측의 의향을 청취하도록 해야 한다.

매점이나 수선소 등에서도 복리부문의 활동은 사무국의 지도에 기대하는 바가 크므로,

경영지도자의 복리시설에 대한 관념과 사무국의 양호한 지도가 있다면 복리부문에 대한 근로자의 이반은 초래하지 않을 것이다. 사무국은 적극적으로 근로자의 복리부문에 대한 희망을 간파하여 그 희망에 부응하기 위해 앞장서 편익 개선을 도모하고 그 의의에 순응하도록 노력해야 한다. 만약 시설이 근로자에게 불만족한 곳이 되면, 헛되이 조소를 사고 시설이 불평불만거리가 되어 오히려 역효과를 초래하게 된다.

3. 후생부문

후생부문은 근로자의 생활에 가장 직접적으로 결부되는 사업으로, 운영 여하에 따라서는 노동력의 앙양이 크게 기대되는 부문이다. 체육, 보건, 오락, 취미는 근로자의 생활과 중대한 관계가 있으므로, 이러한 운영에서 근로자의 창의와 능력을 발양하도록 해야 한다.

체육을 진흥시키기 위해서는 종목별로 체육단을 결성하고, 이 체육단이 중심이 되어 체육단의 육성에 나서지 않으면 안 된다. 체육단을 결성해야 할 것은 다수 있지만, 이를 열거하면, 하이킹, 스모, 사격, 궁도, 검도, 유도, 육상경기, 수영, 농구, 야구, 배구, 정구, 탁구, 럭비, 스키, 총검, 등산, 체조, 자전차 등 다수가 있다. 이들에 최초로 관심이 있는 자가 중심이 되어, 체육단을 결성하고 그 중에서 조력자를 선출하여 각 단체의 주도권을 장악하도록 한다. 취미와 오락에서도 동일한 방법으로 해야 한다. 영화, 서화, 가요, 연극, 다도, 문예, 사진, 원예, 시음, 바둑, 장기, 당구, 낚시 등의 동호회를 각각 만들어 동호회가 주도권을 갖도록 한다.

이상의 체육단과 동호회는 자칫하면 일부가 독점하기 쉽지만, 체육, 취미, 오락 등은 이들 단체가 중심이 되어 육성에 주력하도록, 적극적인 지도가 이루어져야 한다. 그리고 필요하다면, 약간의 회비를 징수하는 것이 자주 단체로서 자각을 촉구하고 활동을 왕성하게 하는 효과가 있을 것이다. 또 아마추어 활동은 각 단체가 중심이 되어 하되. 종업원 중에서 선택하거나 다른 지도자를 초빙하여 지도에 임하게 한다. 이들에 관해서는, 봄가을 2회 자랑회나 대회를 개최하는 것도 장려하는 것이 될 것이다. 어느 것이나 근로자의 자발성에 기대하는 바가 크지만, 이들 체육단이나 동호회 가입은 기다리는 것이 아니라 적극적으로 신규개척을 하지 않으면 안 된다.

보건은 영양과 휴양, 체육의 3자가 일체가 되어, 근로자를 질병의 해악에서 보호하지 않으면 안 된다. 따라서 병원은 단순히 병원 치료에, 건강보험은 급부사무에 얽매이지 말고 적극적으로 후생부문과 협력하여 질병 예방에 진출하는 것에 의의가 있지만, 대다수는 각각의 부문에만 몰두하고 있는 상황이다. 즉 병원은 병원, 건강보험으로 각각 독립적이어서, 그간 적극적인 협력이 이루어지지 않고, 또 적극적으로 체위의 향상을 위해 체육 및 영양을 제공해야 하는 식당도 각 부문이 고립되어 있다. 도대체 이러한 상황에서 어떻게 근로자의 보건관리가 실행될 수 있을까. 근로자의 보건관리는 결코 병원만의 일이 아니다. 이제 비로소 이러한 것의 일체적 결합이 이루어질 수 있다. 이런 취지에서도 향후 병원, 건강보험조합 등이 산업보국회의 솔하에 들어가는 것이 바람직하다. 마지막으로 사업비에 관해 한마디 하겠다.

산업보국회의 운영에 필요한 경비는, 연별예산을 정해 조달하는 것이 계획을 실행하는 면에서 합리적이다. 이를 위해 사무국은 소요 경비를 계상하게 되는데, 경비를 전액 사업장이 부담해야 하는가. 또는 종업원도 그 일부를 부담해야 할 것인가로 의견이 나뉜다. 특히 또 1941년(昭和 16)과 같이, 대일본산업보국회는 경비의 민간 부담을 남자회원은 연간 일인당 72전, 여자회원은 36전씩 각 단위 산업보국회에서 징수하였고, 동시에 도부현산업보국회, 지부 산업보국회도 약간 징수를 하여, 양자를 합하면 대체적으로 본부의 징수액과 동액 정도가 되었다.

사업부문을 산업보국회에서 운영하는데, 제 경비를 회원에게 징수해야 하는가 생각할 수 있지만, 원칙적으로 회원이 일부 부담하는 것은 산업보국회의 공공적 성격에 비추어 볼 때 당연한 귀결임과 동시에, 산업보국운동에 관심을 갖게 하는 점에서 채용해야 할 것으로 생각한다.

각 사가 이에 대해서 어떻게 하고 있는지는, 1939년(昭和 14) 당시 산업보국연맹이 행한 조사표에 따르면 다음과 같다. 산업보국회의 구성 내용 및 공제회 등의 호조구제기관이 산업보국회의 사업에 포함되어 있는 곳은 당연히 회비를 징수하고 있지만, 이 조사에 포함되었는지가 불분명하여, 이 표가 다소 부정확하기는 하겠지만, 이를 통해 당시의 대체적인 상황을 알 수 있다고 생각한다. 현재는 회사가 전액 부담하는 곳이 7할 정도를 점하고 있지 않을까 추정된다.

산업보국회 사업비 징수방법 분류표

	세별	염직 공장	기계기구 공장	화학 공장	식품 공장	기타 공장	교통 운송업	광산	소계	계
회원만 부담	회원만	10	35	9	1	2	2	2	60	122
	기부 있음.	5	13	9	2	11	1		41	
	부족시 보조 있음.	2	9	8		1		1	21	
회사만 부담	회사만	121	53	25	12	22	4	14	251	326
	기부 있음.	3	4		1	2		1	11	
	특별한 경우 회원에게 징수 가능	24	3	2			3	1	33	
	규약에 회원과 공동 부담 또는 전부 회사 부담	8	1						9	
	규약에 없지만 습관적으로 회사 부담	1	1	3		1			6	
	회원 징수 목하 연구중	6	4	2		2		2	16	
회원 및 회사가 부담	비용의 반액 이상을 회사가 부담	5	9	3	1	11	1		30	198
	비용 동액 부담	23	51	28	3	3	2	3	113	
	비용 반액 이하 회사 부담	5	6	2		6	1		19	
	부족분만 회사 부담		1			2			3	
	일부(부 회비 등)만 회원 부담이며 기타는 회사 부담	7	7	11	7		1		33	
회원 부담 및 찬조금 기부		1	2		1	1	1	1	7	7
부담 방법 미정	미결정	7	3		1	6	1	1	19	34
	아직 징수하지 않음.	10		4		3			15	
미기입		2	2	4		1		2	13	
계		240	203	110	29	74	17	27	700	700

제4절 산업보국운동 지도자 연성

제1항 연성원리

산업보국회의 조직을 아무리 훌륭한 조직으로 만들어도, 이를 운영하는 지도자가 산업보국운동이 무엇인지를 이해하지 못하고, 산업보국정신의 의의를 인식하지 못한다면, 불상을 만들고 혼을 넣지 않는다는 비유처럼, 산업보국회의 조직은 기능을 발휘하는 것이 불가능하여, 그림의 떡과 같은 운명에 이를 것이다. 조직의 운영은 사람이 좌우한다고 하지만, 이것은 조직을 움직이는 사람만 얻는다면 조직은 어떠하더라도 상관없다고 하는 의미가 아니며, 조직을 운영하는 사람의 역할이 얼마나 중요한가를 의미하는 것이다. 이것은 산업보국회의 조직과 지도자에게도 적용되는 것이다.

산업보국회의 하부조직인 조 조력자부터, 직제의 단계에 의한 과장, 계장, 직장 등의 각 장이, 지도자로서 적격성을 갖추어, 산업보국운동에 헌신하고, 부하를 지도한다면, 산업보국운동의 발전은 기대할 수 있다. 그러나 종래의 지도자는 오로지 기술이 뛰어나다든가, 학식이 풍부하다든가, 학력이 있다는 것을 표준으로 삼아 선발하여, 지도자의 적격성으로 현재 가장 요청되고 있는 솔선수범 같은 것은 문제가 되지 않았다.

그런데 이제는 지도자는 항상 부하들의 선두에 서서 뜻을 품고 무리 앞에서 신애로 모범을 보이며, 항상 책임을 중시하는 사람이 아니면 안 된다. 이는 실로 지도자로서 새로운 형태가, 형성되지 않으면 안 된다는 것을 나타내는 것으로, 종래의 지도자는 새로운 이념과 새로운 체험에 기초하여 새로운 지도자로 개조되지 않으면 안 된다. 이는 사업장 지도자 전반에 적용되는 것으로 지도자가 먼저 개조되지 않고 어찌 일반 근로자에게 새로운 형태의 근로인격을 구축하라고 부르짖을 수 있을까.

그렇다면 이 연성은 어떠한 원리에 기초하여 실시해야 할 것일까.

먼저 연성은 '생활의 훈련화'와 '훈련의 생활화'에서 시작하지 않으면 안 된다. '생활의 훈련화'는 일상의 현실 생활에서 훈련을 통한 연성이고, '훈련의 생활화'는 어떤 이상을 위한 훈련이 구체적인 생활 체험이 되고 생활화까지 이어지는 연성이다. 이것을 통일된 사상하에서 일원적으로 통일하면, 연성의 원리가 되어야 한다.

따라서 이러한 연성원리는 근로인격 완성과 산업보국정신의 파악실천이라는 높은 이상을 지향하며 추진해야 하지만, 이러한 이상 달성의 방법은 현실적이어야 하며 고답적 관념적 추상적이어서는 안 된다. 이상을 품은 향기는 높은 것이어야 하지만, 우리들에게 가까운 그리고 지금이라도 실행할 수 있는 구체적인 것에서, '생활의 훈련화', '훈련의 생활화'를 하지 않으면, 익숙해지지 않는다. 지식만으로 훌륭한 인격이 구축된다면 대학을 나온 자는 모두 훌륭한 인격자가 될 것이다. 그런데 현실은 반드시 그러하지 못하다. 우리에게 가장 중요한 것은 아는 것과 이를 실행하는 것이 되지 않으면 안 된다. 그러나 종래에는 인간 활동에서 아는 것과 실행하는 것을 통일체로 파악하지 않았다. 이를 통일체로 파악하기 위해서는 실천을 중심으로 하는 연성원리가 수립되지 않으면 안 된다.

그것은 먼저, 현실의 생활 훈련에서 출발하지 않으면 안 된다. 현실적인 것을 훈련함에 따라 인간 활동에서 불필요한 허식이나 인간 활동의 본성을 방해하는 허위와 인간 자체를 질적으로 저하시키는 여러 요인이 씻겨 나가는 것이다. 즉 사람이 이상을 품고 그 이상을 향해 행동하면, 이상도 사람을 품고 이상이 사람을 끌고 나아가는 것이다. 현실의 생활에서 출발하는 훈련은 높은 이상을 갖고 실행되지 않으면, 연성은 그 높은 의의를 상실할 것이다.

더욱 근로자에 대한 연성은, 직장의 실천과 결부되어야 한다. 원래 직장 자체가 인간연성의 도장이기 때문이다. 따라서 직장에서 생산활동은 물론이고, 일체의 활동이 연성이 아니면 안 되는 이유이다. 그런데 직장이 연성의 도장이라는 것을 간파하지 못하고, 교육훈련은 직장에서 하는 것이 아니고 학교, 강습회 등의 특별한 기구에 의해 실시하고, 직장에서는 그저 일만 하면 된다. 또 일만 하면 좋다는 관념이 상당히 널리 행해지고 있다. 이러한 잘못된 관념을 빨리 바꾸어 직장이야말로 연성의 도장이라는 근본원리를 직장의 대대장이 인식하지 않으면 안 된다. 그러나 직장에서 행할 수 있는 연성에는 일정한 한계가 있어, 실행할 수 없는 것은 학교 등의 기관에서 실행해야 할 것이다.

또 근래에 인간연성의 방법으로 목욕재계, 선(禪) 등의 방법을 취하고 있는데, 인간연성의 방법으로 분명히 효과적이다. 그러나 인간연성에 이런 방법만 있는 것은 아니다. 인간연성의 방법이란 사물의 진의를 철저히 파악하는 방법으로, 근로자의 연성방법으로 채택할 때는 직장의 실체와 결부된 새로운 연성방법이 확립되지 않으면 안 된다. 이는 국가적 사명을 가진 근로자에게 당연한 귀결로, 직장 활동이 근로자에게는 생명이며, 이로부터 유리된 연성은 근로자의 생활에 바로 적용되지 않아 현실과 거리가 먼 방법으로, 설령 단편적으로 행해진다 해도, 그저 해보았다라고 하는 것으로 끝나서 직장활동은 물론, 일상생활에서조차 아무것도 이루지 못할 것이다. 모든 연성이 그러하지만, 근로자의 연성도 직장활동에 무엇인가 반영되는 것이 있지 않으면 안 된다. 따라서 실생활에 반영되는 연성방법을 궁리하지 않으면 안 된다.

연성은 또 불꽃놀이식이어서는 안 된다. 연성은 계속해서 계통적·조직적으로 행해야 의의가 있어, 한두 번만 하면 되는 것이 아니라, 이를 경험하고 몇 번씩 반복해서 행해야 한다. 특히 선 수행과 같이 '공'에 이르는 것은 다섯 번이나 열 번의 수련으로는 불가능하다. 그것은 몇 번이고 반복하는 과정에서 점차 수련이 되어 깊어져 가는 것이다. 이는 선에만 국한된 것이 아니라, 모든 수련에 해당되는 것이다. 또한 연성은 계통적 조직적으로 행하지 않으면 안 된다. 계속 행해야 제각각이 아니고 전체로서 일정한 방향으로 연결되어 전체를 구성하고 있는 각 부분이 전체를 고조시키는 유기적 구성이 되지 않으면 안 된다. 따라서 연성이 계통적, 조직적으로 실시되기 위해서는 그것이 일정한 계획성을 가져야 하고 연성의 구성이 입체적이지 않으면 안 된다. 무목표, 무계통인 연성은 헛되이 반감만 초래하여 실효가 없다.

제2항 연성방법

1.

제1항에서 서술한 연성원리에 기초한 구체적 연성방법은 어떠한 것일까. 산업보국운동의 지도자에 대한 연성방법은 여러 가지가 있지만, 지도자에게 행해지는 연성에는 지도자 계층에 따라 각각 별개의 방법이 채택되어야 함과 동시에 그 상호 간에 깊은 관련이 있어야 한다.

따라서 연성은 모든 계층의 지도자에게 행해져야 하며, 부장, 과장, 계장, 직장 및 조 조력자가 모두 연성되지 않으면 안 되지만, 부장이나 과장인 자는 일단 인간적으로 연성된 인물이라고 보고, 실제 문제는 계장, 직장 및 조 조력자의 3자에게 중점을 두어야 한다. 그러나 연성은 직장의 연성과 연계하여 실시하는 것에 의의가 있으므로, 직장 외의 연성은 직장 내의 연성과 제휴하여 실시해야 한다.

따라서 연성회 실시를 위해, 사무국에서는 연성 행사의 원안을 작성하고, 이를 자문기관인 심의위원회(간사회)에 부의한 다음, 사업장의 최고심의회에 부의하여 회장의 결재를 득한 후, 산업보국회의 사업으로 실시해야 한다. 그러나 그 실시에 앞서, 예정표를 인쇄 또는 등사하여 직장의 생산계획에 지장을 초래하지 않도록 늦어도 일개월 전에는 연성 대상자에게 배포해야 한다. 그 연성 일시도 공장의 사정에 따라 다르겠지만, 대체적으로 마감일 7, 8일 전이 가장 바쁘므로, 가능하면 피하는 것이 바람직하다. 이렇게 매월 연성행사가 실시되게 되면, 직장에서도 일단 결정한 이 행사를 지지하고 연성회 출석 장려에 만전을 기하도록 배려하지 않으면 안 된다. 이렇게 해서 행사 예정표는 매월 일정한 계획하에 작성하여, 월 단위 행사로 실시된다. 하지만 그 핵심은 다음과 같은 것일 것이다. 그러나 이들은 매월의 행사로 실시해야 한다.

먼저, 연성은 규율훈련으로 시작하지 않으면 안 된다. 규율의 확립은 명령의 확립이며, 명령의 확립은 직장 질서의 확립이므로, 이는 당연한 결과이다. 이를 위해 직장에서는 조례의 실시, 경례의 철저, 복장의 통일, 언어동작의 활발, 시업, 종업, 휴식시간의 엄수, 종업 시 퇴장의 규율훈련 등에 중점을 두어, 이들은 직장활동에서 부단하게 시행되지 않으면 안 되며, 전체적인 연성은 군대식 단체훈련이 가장 유효하다. 훈련은 일시적이 아니고, 계통적, 조직적으로 시행해야 의의가 있으므로, 단체훈련으로 적어도 1년 정도의 행사 예정표를 만들어, 매월 정기적으로 실시해야 한다. 참고로 1년분의 단체훈련 예정표를 게시한다.

또한 덧붙여서, 단체훈련 지도자(직장)의 마음가짐을 병기한다.

단체훈련 실시 예정표(남자부)

기일	교재		실시시간(예정)
	과목	주요 항목	
약 2개월	학과 각개교련	단체훈련에 관한 마음가짐, 복장점검법, 부동자세, 경례	30 30 30
약 3개월	각개교련	부동 자세, 우/좌/뒤로돌아, 경례(정지간)동작, 물품수수법	30 30 30
약 4개월	각개교련	속보행진, 경례(행진정지), 우/좌/뒤로돌아(행진간)	25 35 30
약 5개월	각개교련	전회 복습 호령, ○동작교정법(교육법)	40 25 25
약 6개월	밀집교련	기본체조, 부대정돈, 경례, 집합, 해산	30 30 20 20
약 7개월	밀집교련	부대경례, 우/좌/뒤로돌아(정지간, 행진간)	40 40
약 8개월	밀집교련	전회 복습, 부대의 행진	40 40
약 9개월	밀집교련	야외행군	
약 10개월	밀집교련	부대의 방향전환, ○부대지휘법	40 40
약 11개월	밀집교련	전회 복습	1,10
약 12개월	밀집교련	열병분열, 간부 훈시	40 40
약 1개월	간담회	단체훈련습득 소감 발표	

단체훈련 실시 예정표(여자부)

기일	교재		실시시간(예정)
	과목	주요 항목	
약 2개월	학과 각개교련	단체훈련에 관한 마음가짐, 부동자세, 경례	20 60
약 3개월	각개교련	부동자세, 경례, 우/좌/뒤로돌아(정지간)	30 30 30
약 4개월	각개교련	속보행진, 경례, 우/좌/뒤로돌아(행진간)동작	25 35 30
약 5개월	각개교련	물품수수법, 전회 복습, 동작교정법	40 40
약 6개월	밀집교련	기본체조, 부대정돈, 경례, 집합, 해산	30 30 20 20
약 7개월	밀집교련	부대경례, 우/좌/뒤로돌아(정지간, 행진간)	30 50
약 8개월	밀집교련	전회 복습	1,10
약 9개월	밀집교련	부대의 방향전환, ○부대지휘법	40 40
약 10개월	밀집교련	야외행군	
약 11개월	밀집교련	전회 복습	1,10

약 12개월	밀집교련	열병분열, 간부 훈시	30 30
약 1개월	간담회	단체훈련습득 소감 발표	1,10

비고) 1. 시간엄수
2. 훈련 개시 전에 반드시 복장검사 실시할 것.
3. 무단 결근 허락하지 말 것.
4. 결근자는 반드시 이유서를 산보사무국에 제출할 것.
5. 매회 강습 종료 후 출결 조사할 것.
6. 연습 변경시 미리 통지할 것.
7. ○표시는 장(長)만 실시할 것.

단체훈련 지도자의 마음가짐

1. 단체훈련의 목적

직장의 임무에 관해서는 이미 산보의 간담회에서 충분히 이해하리라 생각하지만, 이에 수반하여 직장을 중심으로 하는 단체훈련이 필요하다. 훈련이라고 하면 여러 방법이 있는데, 군대교육은 전쟁용으로 필요한 군사 전문 교육을 하는 것이 본지이지만, 본 훈련은 규율을 존중하고 확고한 정신을 양성하여 단체적 협동일치의 생활에 순치시켜 국민의 자질을 향상시키는 것이 본지로, 조금 차이가 있지만, 교육의 목적을 달성하기 위해서는 군대식의 견고한 결의와 엄숙한 태도로 실시하는 것이 가장 유효한 방법으로 군대식으로 하는 것이 가장 단적으로 충분한 효과를 거둘 수 있다고 생각된다. 직장은 군대의 분대장과 같이, 자기의 부하를 잘 돌보고 잘 지도하며 엄격한 훈련을 하여, 규율을 지키며, 상사의 말에 따라 예의를 바르게 협동일치의 기풍으로 근로를 즐기는 강건한 신체를 연성하여 직장을 중심으로 견고한 단체를 만들어, 행동거지 일체와 같이 협동 사항에 따르며, 이로써 단체훈련의 목적을 충분히 달성하는 공고한 단체를 만들어 상사의 명령에 따르며 중심일치, 엄숙정정, 일사분란하게 하나의 명령에 물불을 가리지 않는 영역에 도달하는 것이다.

1. 직장의 마음가짐

제1. 직장은 자기의 인격을 높여 부하의 신뢰와 경애를 받는 것이 중요하다.

제2. 부하에 솔선하여 일거일동에 모범을 보일 것.

제3. 책임을 깊이 이해하여 신념을 갖고 임무를 충실하게 수행할 것.

1. 부하 훈련 시 직장의 마음가짐

ㄱ. 부하에게 단체훈련의 목적과 정신을 잘 설명하고 협동일치의 필요성을 행동으로 시범할 것.

ㄴ. 부하의 굳어버린 버릇을 빨리 발견할 것.

ㄷ. 지도자는 자세, 태도, 복장을 바르게 할 것.

ㄹ. 교재 지도 시에는 동작을 분해하여 친절하게 교육할 것.

ㅁ. 점검 교정 시에는 부하의 기분을 살펴 처음부터 많은 것을 기대하지 말고 착안점을 파악하여 순차적으로 교정하되, 도가 지나치지 않도록 할 것.

ㅂ. 아름다운 성품이나 장점을 상양(賞揚)할 것.

ㅅ. 직장의 명령, 지시에 따라 전체가 민활하게 활동하는 좋은 습관을 길들일 궁리가 필요하다.

ㅇ. 통제규율확립을 위해서는 훈련 개시 초에 엄숙하게 경례, 복장검사, 훈시 및 시범을 행하는 것이 긴요하다.

ㅈ. 부하에게 각자가 책임이 있음을 항상 분명하게 하여 지도할 것.

이상은 특히 주의해야 할 점이다.

위의 단체훈련은 계장, 직장, 조 조력자의 3자가 각각, 지도 임무가 다르나, 함께 대응할 수 있도록 직장과 계장은 지도자 훈련에 중점을 두고 실시하는 것이 필요하다. 이 훈련이 이미 어느 정도, 반 년 정도 실시되었다면, 직장의 상황에 맞춰 각각 별개로 훈련하지 않고 계장은 소대장으로서, 직장은 분대장으로서, 조 조력자는 병사로서 직장 생활에 밀착된 단체훈련을 실시하는 것이 필요하다. 이를 통해 소대장, 분대장, 병사의 의사가 단체훈련을 통해 소통되어 친목의 정이 더욱 깊어져 직장질서 확립에 큰 역할을 하게 될 것이다. 또한 직장, 계장에게는 지도자 훈련을 실시하는 것이 현실적으로 가능하다.

이러한 입체적 단체훈련을 통해, 그것이 직장의 부대조직과 연결에 있어서, 각 계층이 별개로 하는 것은 평면적이어서 큰 의의가 없다. 그러나 이 입체적 훈련을 통해 계장, 직장 등의 지도자는 전날 예행연습을 해야 해서, 지도자로 일하는 것은 쉽지 않은 것이다.

2.

산업보국운동의 활동이 일정한 실천목표를 중심으로 실시되어, 각 사업과 간담회가 활발한 활동을 개시하면, 사보 등의 기관을 통해 회원에게 호소하는 것이 필요하다. 매월 일정한 활동목표를 정하고 실천하기 위해서는, 구두로 지도자에게 호소함과 동시에, 1개월간의 산업보국회의 활동 상황을 보고하고 금후의 활동에 대해 적극적인 관심을 촉구하는 것이 필요하다. 이를 위해서는 매월 상황보고회에 1, 2시간을 사용하지 않으면 안 된다.

그 밖에도 큰 공장이라면 현장의 계장이나 직장은 사내 공장 견학회 등을 열어 서로 연찬하는 것이 필요하다. 미리 공장을 지정하지 말고 일정한 장소에 모이도록 하여 그곳에서 어디어디의 공장을 견학한다고 발표하여, 그 공장의 (ㄱ) 소모품 절약, (ㄴ) 정리정돈, (ㄷ) 기계 손질, (ㄹ) 절차와 방법, (ㅁ) 기술지도 전반, (ㅂ) 작업 태도 등에 관해 각 계장이나 직장이 각자의 눈으로 본 결과에 관해 연구좌담회를 개최하는 것이다. 이를 통해 각자가 여러 문제를 주제로 논의와 연구를 하고, 각자 기술적 인격적으로도 성숙해 가는 것이다. 직장의 실체에 바로 응하는 연성이란 이러한 것을 말하는 것이다.

혹은 명사를 초빙하여 강연하는 것도 시국 인식의 철저화를 위해, 매월 실시하지 않으면 안 되는 행사 중 하나다. 그 강연도 일방적인 것이 아니라, 모든 방향에서 시국 인식을 투철하게 하여 근로의 생산성을 고양하도록 제목과 강사를 선정해야 한다. 동시에 강사는 산업보국회와 일체가 되고, 강사에게 공장 견학을 시켜 공장의 좋은 것과 나쁜 것을 알려 강연의 내용, 청중의 질 등에 관해 협의하는 것에 더해서, 강연에서는 사업장의 좋은 점은 북돋우고 여기에 근로하는 자의 행복을 찬양하고, 나쁜 점에 대해서는 근로자의 노력을 요청하는 등 제3자적 입장에서 사업장의 아름다운 점을 북돋우고 근로자의 감격에 호소하고 근로자의 분기를 촉구하여 강사와 산업보국회는 일체가 되지 않으면 안 된다. 여기에 강사와 사업장의 결합이 있을 수 있다. 그리고 항상 강사 한 사람의 강연 내용은 이어서 진행되는 강사 전체의 강연 내용과 전체적 관련을 갖도록 고려하지 않으면 안 된다. 이러한 강연회 직후에는 일부에게 감상문을 적게 하여 사보 등에 발표하거나 하여 그 강연을 그 순간으로 끝내는 것이 아니라 더욱 발전시키지 않으면 안 된다.

또 사무실의 계장급 또는 사무직원의 연성에는 기술 실습을 하는 것이 여러모로 효과적이다. 사무를 하는 자는 본인에게 의향이 없다면 몇 년을 공장에서 근무해도 사업장의 실정에 밝지 못하다. 이로 인해 근로자의 실제 생활을 좀 접하는 것이 사무직원에게는 하나의 연성이다. 거기에는 정 박기나 줄질부터 시작한다. 정도 정확하게 박을 수 없다. 줄질도 바르게 할 수 없다. 모두가 바른 기본 자세와 동작을 갖추지 않으면 안 된다는 것을 배우는 것만으로도 그 의의는 깊다. 더 나아가 유사시에 대비하여 기술을 습득하는 것도 고려하지 않으면 안 된다.

계장급의 실습 훈련에는 기술계장을 지도자로 하여 사무계장이 훈련을 받게 하는 것은 좌우간 융합이 부족한 사무와 기술 양자의 융합을 깊게 하는 면에서도 상당히 의의가 깊은 것이다. 기술계장과 사무계장 중에서 적당한 강사를 선정하여 교양강좌를 개설하는 것도 바람직하다.

사업장의 소음 속에 있는 자에게는 월 한 번 정도는 적멸의 경지에 들어가 '일체지개공'[16]의 선(禪) 수업을 하는 것도 하나의 수련이다. 취업시간 후 참선수양회 때 산보의 상황보고를 겸해 실시하면, 시간적으로도 경제적이다. 그러나 지도자인 자는 한 번은 일박 수양회를 경험하는 것이 바람직하다.

이밖에도 산보 연성회는 여러 가지가 있으나, 이상 서술한 단체훈련, 산보상황보고, 공장견학 연구회, 강연회, 실습훈련, 참선수양회 등은 매월 행사로 지속적으로 열기 바란다. 그러나 이를 계장, 직장 및 조 조력자, 혹은 일반 근로자에게 행하는 데는, 공장견학연구회, 실습훈련과 같이, 직장, 계장급에 한정되는 것도 있지만, 일반근로자에게 단체훈련, 상황보고회, 강연회의 3자는 불가결한 것으로 매월 실시해야 한다. 그 중에도 상황보고회는 가능한 소인수로 하고 상황보고를 겸해 간담회나 체험발표를 하거나 산보 후에 서로 여러 가지 이야기를 하는 기회를 만들 필요가 있다. 이를 통해 사무국에서 배우는 것이 많다.

실제 실시되고 있는 예 한두 개를 참고로 아래에 게시하겠다.

---

16 모든 현상이나 존재에는 실체가 없고 공(空)이다.

연성회 행사표

□월 □일

각 계장　　귀하

작업주임

오장

조 조력자

⊙ 월도 산보지도자 연성회 개최의 건

⊙ 월도 산보지도자 연성회를 아래 요강에 따라 실시하므로 출석을 요청합니다.

⊙ 계장 연성회

일	요일	행사	출석자 및 강사	시간	장소
6일	금	간담회	국장, 차장, 주사 기타	5:50~7:30	일심 강당
13일	금	일박 수양회	광엄사 세키 간규(關頑牛) 씨 차장, 주사 기타	6:00 광엄사 집합	광엄사
14일	토	산보 좌담회	산보중앙본부 관리부 부장 기획원 조사관 쓰루시마 미즈오(鶴島端夫) 씨 동 참사 히로사키 신빠치로(広崎眞八郎) 씨 차장, 주사 기타	3:00~4:30	일심 강당
21일	토	단체훈련	후루키(古木)단체 계장 등	5:30~4:30	운동장

비고) 계장은 중대장으로 22일에서 27일까지 실시하는 단체훈련에서 소속 조 조력자를 지휘한다.

⊙ 직장 연성회

<table>
<tr><th>일</th><th>요일</th><th>행사</th><th>출석자 또는 강사</th><th>시간</th><th>장소</th></tr>
<tr><td>3일</td><td>화</td><td>작주간담회</td><td rowspan="3">사장, 국장, 차장, 주사 기타</td><td rowspan="3">5:50~8:30
5:50~8:30
5:50~8:30</td><td rowspan="3">사택계
사무소</td></tr>
<tr><td>4일</td><td>수</td><td>오장간담회
(정기공장)</td></tr>
<tr><td>5일</td><td>목</td><td>오장간담회
(기타 각부)</td></tr>
<tr><td>14일</td><td>토</td><td>산보강연회</td><td>산보중앙본부 관리부 부장
기획원 조사관 쓰루시마 미즈오(鶴島端夫) 씨
동 참사 히로사키 신빠치로(広崎眞八郎) 씨
차장, 주사 기타</td><td>6:00~8:00</td><td>우천
체조장</td></tr>
<tr><td>21일</td><td>토</td><td>단체훈련</td><td>후루키(古木)단체 계장 등</td><td>5:30~6:30</td><td>운동장</td></tr>
</table>

비고) 작주는 소대장으로, 오장은 분대장으로 22일에서 27일까지 실시하는 단체훈련에서 소속 조 조력자를 지휘한다.

⊙ 조 조력자 연성회

<table>
<tr><th>일</th><th>요일</th><th colspan="2">행사</th><th>출석자 또는 강사</th><th>시간</th><th>장소</th></tr>
<tr><td rowspan="2">9일</td><td rowspan="2">월</td><td colspan="2">조 조력자대회</td><td>사장, 지배인, 기사장, 지도위원,
차장, 주사, 기타</td><td>6:00~3:00</td><td>우천
체조장</td></tr>
<tr><td colspan="2">상동(교대번)</td><td>상동</td><td>1:00~3:00</td><td>일심
강당</td></tr>
<tr><td>14일</td><td>토</td><td colspan="2">산보강연회</td><td>산보중앙본부 관리부부장
기획원 조사관 쓰루시마
미즈오(鶴島端夫) 씨
동 참사 히로사키
신빠치로(広崎眞八郎) 씨
차장, 주사 기타</td><td>6:00~8:00</td><td>우천
체조장</td></tr>
<tr><td>19일</td><td>수</td><td colspan="2">조 조력자간담회(유지)</td><td>차장, 주사 기타</td><td>5:50~7:30</td><td>사택계
사무소</td></tr>
<tr><td>22일</td><td>일</td><td rowspan="2">제1, 2, 3, 4반</td><td rowspan="6">조 조력자
단체훈련</td><td rowspan="6">각 반 이틀간 연속해서 계장
작주 및 오장 지도 하에
단체훈련을 실시
후루키(古木)단체 계장 등,
각 계장, 작주, 오장</td><td rowspan="6">5:30~6:30</td><td rowspan="6">운동장</td></tr>
<tr><td>23일</td><td>월</td></tr>
<tr><td>24일</td><td>화</td><td rowspan="2">제5, 6, 7, 8반</td></tr>
<tr><td>25일</td><td>수</td></tr>
<tr><td>26일</td><td>목</td><td rowspan="2">제9, 10, 11,
12반</td></tr>
<tr><td>27일</td><td>금</td></tr>
<tr><td colspan="7">제13반(교대번)의 단체훈련은 26, 27일의 양일 운동장에서 전번 2:20~3:20, 후번은 0:40~1:40까지 실행한다. 당해 오장은 소속 조 조력자를 지휘한다.</td></tr>
</table>

비고) 조 조력자유지간담회는 전회의 출석자를 제외한다.

⊙ 주의

⊙ 단체훈련

1. 우천시는 청년학교 설중연습장에서 한다.

2. 각반 착용할 것.

⊙ 일박 수양회

1. 석식 및 조식은 광엄사에서 식사한다.

2. 수건, 칫솔, 잠옷 등 1박에 필요한 것을 지참할 것.

3. 행사표

제1일	**후**	3:00	6:00	7:00	9:00
		광엄사 집합	석식(식사훈)	수양법화 좌선지도	취침
제2일	**전**	3:30	5:00	5:30	6:00
		기상 좌선	아침 근행	조식	출사

□월 □□일

산보사무국장

모 씨

각 계장　　귀하

작업주임

오장

조 조력자

⊙ 월도 산보지도자 연성회 개최의 건

⊙ 월도 산보지도자 연성회를 아래 요강에 따라 실시하므로 출석을 요청합니다.

⊙ 계장 연성회

일	요일	행사	출석자 또는 강사	시간	장소
6월 20일	월	참선 행사 보고	차장, 주사 등	6시~7시 상황보고 7시~7:30 좌선	광엄사
22일	화	단체훈련	후루키(古木)단체 계장 등	5:30~6:30	운동장

비고) 계장은 중대장으로 23일에서 25일까지 실시하는 단체훈련에서 소속 조 조력자를 지휘한다.

⊙ 직장 연성회

일	요일	행사	출석자 또는 강사	시간	장소
2일	수	작주 참선상황보고회	차장, 주사 등	6시~7시 상황보고 7시~7:30 좌선	광엄사
3일	목	오장 참선상황보고회	차장, 주사 등	6시~7시 상황보고 7시~7:30 좌선	광엄사
9일	목	작주 공장견학연구회	국장, 차장, 주사 등	1시~2시 공장견학 5:50~7:30 연구회	제1제작과 일심강당
10일	목	산보강연회	후쿠이(福井)현산보회 고문 이즈미 하시라(泉柱) 씨 차장, 주사 등	6시~8시	우천체조장
22일	화	단체훈련	후루키(古木)단체 계장 등	5:30~6:30	운동장

- 작주공장견학연구회의 경우 전 공장의 작업주임이 제1제작과에서 아래의 사항에 관해 실지 견학 후, 5시 50분에 일심강당에서 연구좌담회를 개최한다.
  1. 소모품 절약 2. 정리정돈 3. 기계 청소 4. 절차 방법 5. 기술에 관해 6. 작업태도
- 비고) 작주는 소대장으로, 오장은 분대장으로 23일에서 25일까지 실시하는 단체훈련에서 소속 조 조력자를 지휘한다.

⊙ 조 조력자 연성회

일	요일	행사	출석자 또는 강사	시간	장소
5일	토	조 조력자대회(교대번)	국장, 차장, 주사 등	1시~3시	일심강당
7일	월	조 조력자대회(정기공장)	국장, 차장, 주사 등	6시~8시	우천체조장
8일	화	조 조력자대회(기타 각부)	국장, 차장, 주사 등	6시~8시	우천체조장
10일	목	산보강연회	이즈미 하시라(泉柱) 씨 차장, 주사 등	6시~8시	우천체조장
22일	화	조 조력자간담회(유지)	차장, 주사 등	5:30~7:30	일심강당

<table>
<tr><td>23일</td><td>수</td><td rowspan="3">조 조력자 단체훈련</td><td>제1, 2, 3, 4반</td><td rowspan="3">각 계장, 작주, 오장
각 반은 계장, 작주 및 오장 지도하 단체훈련을 실시, 후루키(古木)단체 계장 등</td><td rowspan="3">5:30~6:30</td><td rowspan="3">운동장</td></tr>
<tr><td>24일</td><td>목</td><td>제1, 2, 3, 4반</td></tr>
<tr><td>25일</td><td>금</td><td>제1, 2, 3, 4반</td></tr>
</table>

• 제13반(교대번)의 단체훈련은 25일 실시한다. 전번 2시 20분~3시 20분, 후번 0시 40분~1시 40분.
• 주의: 이번 모임의 상황보고참선회는 광엄사에서 석식이 없음을 유의할 것.

3.

연성회는 자발적으로 실시되는 것이 바람직하지만, 이를 처음부터 기대하는 것은 불가능하다. 따라서 연성회 출석 장려책으로 여러 가지 방법이 채택될 것이다. 무엇보다 스스로의 자발심을 촉구하는 것에 중점을 두지 않으면 안 되지만, 8할 이상의 출석을 확보하는 것은 용이하지 않다. 출석 장려책으로 채택된 방법을 열기하겠다.

먼저 출석을 확인하는 것이다. 그리고 연성회가 끝났다면 각 과별 혹은 계별로 출석 일람표를 작성하여 결석 이유를, 신고 결석(병, 사고, 작업, 출장, 휴가)과 무신고 결석으로 나누어 상세히 기입하여 계장 이상에게 배포한다. 이렇게 하면 각 과는 연성회 출석에 상당히 민감하게 되어 각 과가 경합하는 상태가 되어, 일람표를 작성하지 않을 때보다 출석이 비약적으로 증대하였다. 간부의 열성이 출석상황에 반영되는 것은 말할 것도 없다.

또 연성이 산업보국운동의 지도자에게 당연히 부과된 것이기는 하지만, 연성은 시간적 속박을 받을 뿐 아니라 일정한 강제를 수반하기에, 일종의 고통을 수반한다. 따라서 연성회 출석자에 대해서는 산업보국회가 어떤 형태로 감사의 뜻을 표하지 않으면 안 될 것이다. 혹은 기말에 금일봉을 증정하는 것도 하나의 방법이겠지만, 또 반대로 무신고 결석자가 평균에도 못 칠 경우 지도자 자격 박탈 혹은 상여금을 감액하는 등의 방법을 취해야 할 것이다. 그러나 엄밀하게 말한다면, 이와 같은 것은 산업보국운동의 정신에 비추어 취해야 할 조처는 아니지만, 이와 같은 상벌제도도 과도기의 현상으로 어쩔 수 없다고 생각한다.

연성에 열심인 간부는, 연성회에서 무엇이 실시되고 있는가에 무관심하게 있을 수 없다. 따라서 열성적인 간부는 연성회의 시찰에 나서게 되지만, 이러한 것은, 연성을 받고 있는 자에게 상당한 감명을 주는 것으로, 이것이야말로 부대장과 부하를 연결하는 보이지 않는 정신적 유대가 있다고 생각한다. 연성회는 부대장이 일체가 되어 부대장과의 마음이 연성에 반영되지 않으면 그 연성은 사무국만의 연성으로 끝날 것이다.

또 현장에서도 연성회는 자신들을 위해 해주는 것이라는 감사의 마음이 일어난다면, 가만히 있을 수 없다. 그런데 많은 부대장은 자기가 직접 하지 않는 연성에는 무관심하고, 남의 일이라고 생각하여 자기 일처럼 생각하지 않는 것이다. 이렇게 해서는 부하도 연성회를 경시하여 출석자가 늘지 않는 것도 무리가 아니다. 사무국과 직장의 장이 일체가 되어 연성하지 않는다면, 연성은 궤도에 오를 수 없다.

마지막으로 연성과 근무시간과의 관계에서, 생산력의 확충이 요청되는 오늘날, 간담회와 마찬가지로 근무시간 이후에 시행해야 한다. 따라서 연성시간은 임금에 가산되어서는 안 된다.

찾아보기

동북아역사재단 일제침탈사 자료총서 83
강제동원편

전시 노동력 동원 번역자료집(2)

초판 1쇄 인쇄 2021년 12월 20일
초판 1쇄 발행 2021년 12월 31일

기획 | 동북아역사재단 일제침탈사 편찬위원회
번역 | 오일환·김봉식
펴낸이 | 이영호
펴낸곳 | 동북아역사재단

등록 | 제312-2004-050호(2004년 10월 18일)
주소 | 서울시 서대문구 통일로 81 NH농협생명빌딩
전화 | 02-2012-6065
팩스 | 02-2012-6189
홈페이지 | www.nahf.or.kr
제작·인쇄 | 공앤박 주식회사

ISBN 978-89-6187-701-5 94910
978-89-6187-699-5 (세트)

• 책값은 뒤표지에 있습니다. 잘못된 책은 바꾸어 드립니다.